Richard Wagner

an

Mathilde Wesendonk

Tagebuchblätter und Briefe

1853—1871

Dreiundzwanzigste durchgesehene Auflage.

BERLIN

Verlag von Alexander Duncker

1904.

ZUR EINFÜHRUNG.

Vorbemerkung.

Der Meister wünschte die vorliegenden Blätter vernichtet.

Frau Wesendonk betrachtete sich nicht als ausschließliche Besitzerin der an sie gerichteten Briefe. Sie bewahrte sie stillschweigend, erhielt sie der Nachwelt und bestimmte sie zur Veröffentlichung, unter Beigabe von Bildern und Faksimiles.

Die Familie Wagner entäußerte sich ausnahmsweise und für diesen Fall ihres Autorrechtes und trat es dem Sohne und dem Enkel der Verewigten ab.

Diese bestimmten, daß diese Publikation zugunsten des Stipendienfonds in Bayreuth erfolgt.

„Natur- und Kunstwerke lernt man nicht kennen, wenn
sie fertig sind; man muß sie im Entstehen aufhaschen, um sie
einigermaßen zu begreifen."

Goethe an Zelter (4. August 1803).

Als Richard Wagner im August 1858 Zürich verließ,
stand ihm Mathilde Wesendonk am allernächsten. Bis
zum Dezember 1863 blieb er mit ihr im regsten, nur
selten unterbrochenen Briefwechsel und vertraute ihr
rückhaltlos alles an, was seine Seele bewegte. „Hören
Sie so zu, wie Brünnhilde dem Wotan zuhörte", heißt es
in einem Briefe (Nr. 106 a). Wie Selbstgespräche erscheinen viele dieser Briefe, mit denen eine neue,
wundersam reine und edle Quelle zur Kenntnis des
inneren Lebens unsres Meisters sich erschließt.

Mathilde Wesendonk war die Tochter des Kgl. Kom-
merzienrats Karl Luckemeyer und seiner Frau Johanna
geb. Stein. Am 23. Dezember 1828 wurde sie zu Elber-
feld geboren. Ihre Erziehung erhielt sie in Düsseldorf,
wohin ihre Eltern später verzogen waren, und hernach
in einer Pension zu Dünkirchen. Am 19. Mai 1848 ver-
heiratete sie sich mit Otto Wesendonk (geb. 16. März 1815,
gest. 18. November 1896). Wesendonk war Teilhaber
eines großen New-Yorker Seidenhauses, dessen Geschäfte
er in Deutschland vertrat. Die Neuvermählten ließen sich
zunächst in Düsseldorf nieder, wo der älteste Sohn Paul
27. Nov. 1849 (gest. 21. März 1850) geboren wurde. Im
Jahre 1850 reisten sie nach Amerika. 1851 kamen sie
nach Zürich, wo sie zunächst im Hotel „Baur au lac"
Wohnung nahmen. Wesendonks erwählten sich Zürich
zu dauerndem Wohnsitz, nur den Winter 1856/57 lebten
sie in Paris. In Zürich wurde am 7. August 1851 eine
Tochter, Myrrha, am 13. September 1855 ein Sohn Guido

und am 18. April 1857 ein zweiter Sohn Karl geboren. 1856 erbaute sich Wesendonk auf dem „grünen Hügel" in der Enge eine Villa, die aber erst am 22. August 1857 endgültig bezogen wurde. Ein kleines daneben liegendes Häuschen war von Wesendonk angekauft worden, der Baumeister Zeugherr baute es wohnlich und behaglich um, und Ende April 1857 konnten Wagner und seine Frau, die bisher in den Escherhäusern am sog. Zeltweg, einer am Fuße des Zürichberges sich hinziehenden vorstädtischen Straße mit hübschen Häusern und Gärten, gewohnt hatten, ins „Asyl" übersiedeln.

Die persönliche Bekanntschaft des Meisters, dessen künstlerische Größe ihnen zuvor in einem Konzert bei Aufführung einer Beethovenschen Sinfonie sich geoffenbart hatte, machten Wesendonks im Jahre 1852, im Hause seiner Dresdener Bekannten, der Familie des Advokaten Hermann Marschall von Bieberstein, der seit 1849 in Zürich wohnte. Frau Wesendonk erzählt in ihren Erinnerungen,[1]) wie sie ganz unbelehrt, gleichsam wie ein weißes, unbeschriebenes Blatt, nach Zürich kam und welch tiefe Eindrücke sie allmählich durch Wagner gewann. Sie schreibt:

„Erst 1853 wurde der Verkehr freundschaftlicher und vertrauter. Alsdann begann der Meister, mich in seine Intentionen näher einzuweihen. Zunächst las er die „Drei Opern-Dichtungen", die mich entzückten, hierauf die Einleitung dazu und allmählich eine seiner Prosa-Schriften nach der andern.

Da ich Beethoven liebte, spielte er mir die Sonaten; war ein Konzert in Sicht, wo er eine Beethovensche Sinfonie zu leiten hatte, so war er unermüdlich und spielte vor und nach der Probe die betreffenden Sätze so lange, bis ich mich ganz heimisch darin fühlte. Es freute ihn, wenn ich ihm zu folgen vermochte und an seiner Begeisterung die meinige entzündete. /

---

[1]) Mitgeteilt durch A. Heintz in der Allgemeinen Musikzeitung vom 14. Februar 1896.

1854 (von Juni bis Dezember) schrieb und vollendete er die Skizzen zur „Walküre". Das kurze Vorspiel trägt die Buchstaben: G(esegnet) S(ei) M(athilde)!

Wesendonk verehrte ihm um diese Zeit eine amerikanische Goldfeder. Mit dieser Goldfeder hat er die ganze Orchester-Partitur der Walküre geschrieben, die ein wahres Meisterwerk der Kalligraphie ist. Diese Partitur war Wesendonks Eigentum, er hatte sie durch Ankauf vom Meister erworben. Später hat er sie, auf Wunsch des Meisters, Sr. M. dem König Ludwig II. von Bayern zum Geschenk gemacht und dafür einen eigenhändigen Brief des Königs als Dank und als Gegengabe erhalten.

Eine Faust-Ouvertüre, geschrieben in Paris im Januar 1840, neu bearbeitet in Zürich im Januar 1855, hatte er die Absicht, mir zu widmen. Plötzlich aber überkam ihn der Gedanke, daß das unmöglich sei! „Unmöglich, rief er aus, kann ich Ihnen das furchtbare Motto an die Brust heften:

„Der Gott, der mir im Busen wohnt,
„Kann tief mein Innerstes erregen;
„Der über allen meinen Kräften thront,
„Er kann nach außen nichts bewegen;
„Und so ist mir das Dasein eine Last,
„Der Tod erwünscht, das Leben mir verhaßt."

So begnügte er sich, mir die Partitur zu verehren und darunter die wenigen Worte zu setzen: „R. W. Zürich 17. Jan. 55 zum Andenken S(einer) l(ieben) F(rau)!"

Einmal, auf einem gemeinschaftlichen Ausfluge nach Brunnen, spielte er auf dem Klimperkasten des dortigen Speisezimmers bei einbrechender Dunkelheit Abschnitte aus der Eroica und der C-moll-Sinfonie. In der Frühe aber, zum Frühstück, wurde ich mit Lohengrin-Klängen begrüßt.

Im Jahre 1854 führte er mich in die Philosophie Arthur Schopenhauers ein, war überhaupt darauf bedacht, mich auf jede bedeutende Erscheinung in Literatur und

Wissenschaft aufmerksam zu machen. Entweder las er selbst, oder er besprach den Inhalt mit mir.

Was er am Vormittage komponierte, das pflegte er am Nachmittage auf meinem Flügel vorzutragen und zu prüfen. Es war die Stunde zwischen 5 und 6 Uhr; er selbst nannte sich: „den Dämmermann".

Da kam es denn auch vor, daß etwas ihn nicht befriedigte und er nach einem andern Ausdruck suchte. Einmal war das der Fall beim Aufbau des Walhall-Motivs. Ich sagte: „Meister, das ist gut!" Er aber: „Nein, nein, es muß noch besser werden". — Er ging eine Weile ungeduldig im Salon auf und ab, rannte dann endlich hinaus. Am folgenden Nachmittag erschien er nicht, auch am zweiten und dritten blieb er fern. Endlich kommt er ganz still und unbemerkt herein, setzt sich an den Flügel und spielt das herrliche Motiv ganz wie früher. „Nun?" — frage ich. — „Ja, ja! Sie hat recht, ich kann's nicht besser machen!"

So habe ich das beste, was ich weiß, nur ihm zu verdanken.

Die in Zürich verlebten Jahre waren für Wagner eine Zeit der Sammlung, der Arbeit und der inneren Abklärung, die nicht weggedacht werden kann, ohne den Faden seiner Entwicklung gewaltsam zu zerreißen. Er war ein anderer als er kam und da er ging!

„Öde" hat er nie gekannt. Anregung brachte er dahin, wo er sie nicht fand. Trat er ja einmal ins Zimmer, sichtlich ermüdet und abgespannt, so war es schön zu sehen, wie nach kurzer Rast und Erquickung sein Antlitz sich entwölkte und ein Leuchten über seine Züge glitt, wenn er sich an den Flügel setzte.

Die schöne und geräumige Wohnung in den Escherhäusern war ihm durch die vielen Klaviere in den Nachbarwohnungen unleidlich geworden. Mit einem ihm gegenüber wohnenden Schmied hatte er einen Vertrag gemacht, wonach dieser nicht am Vormittage (Wagners Arbeitsstunden) hämmern durfte, weil er „Siegfrieds

Schmiedelied" komponierte. Daher die Sehnsucht nach einem eigenen Heim, die im April 1857 endlich befriedigt werden sollte.

Er war ein großer Naturfreund. In seinem Garten belauschte er das Nestchen der Grasmücke, eine Rose auf seinem Schreibtische konnte ihn beglücken, und das Waldweben im Siegfried erzählt von dem Geflüster hoher Wipfel im Sihltalwalde, wohin er auf weiten Wanderungen, öfters in Gesellschaft des Dichters Georg Herwegh, seine Schritte lenkte. Das Gespräch der beiden drehte sich dann um die Philosophie Arthur Schopenhauers.

Seine „Flügel-Adjutanten" waren zeitweise Tausig und Hans v. Bülow. Wagner nannte Hans sein Alter-Ego. Die Dankbarkeit, Uneigennützigkeit und Opferfreudigkeit v. Bülows kannte keine Grenzen. Aber auch Tausig war rührend in seinem Bestreben, die Wünsche des Meisters ihm an den Augen abzulesen. So hat er, als er in der Wagner-Villa zu Gast weilte, nach dem Mittagessen mit der aufgeregten, kränkelnden Frau eine Stunde lang — Domino (!) — gespielt, damit das Mittagsschläfchen Wagners nicht gestört werde.

Die Berufung Gottfried Sempers an das Polytechnikum in Zürich war ein Ereignis freudigster Art; Gottfried Kellers „Grüner Heinrich" und „die Leute von Seldwyla" las Wagner mit vollendeter Meisterschaft vor. „Spiegel, das Kätzchen", die „drei gerechten Kammmacher" und „Romeo und Julie auf dem Dorfe" waren seine Lieblinge.

Mit Frau Eliza Wille auf Mariafeld besprach er alles, was ihn künstlerisch und menschlich tief bewegte.

Endlich nenne ich noch den Getreuesten der Getreuen, seinen Hausfreund Dr. Jacob Sulzer, der auch die Zurückberufung Gottfried Kellers im Großen Rat befürwortete und schließlich durchsetzte.

Besuche aus Weimar fehlten nicht. Gräfin d'Agoult verschmähte es nicht, von Paris nach Zürich zu reisen: „Pour faire connaissance des grands hommes"!

Richard Wagner liebte sein „Asyl", wie er sein neues Heim in der Enge bei Zürich nannte. Mit Schmerz und Trauer hat er es verlassen, — freiwillig verlassen! Warum? Müßige Frage! Wir haben aus dieser Zeit das Werk: „Tristan und Isolde"! Der Rest ist Schweigen und sich neigen in Ehrfurcht!" —

Über seinen Einzug auf dem grünen Hügel schreibt Wagner an Liszt am 8. Mai 1857:

„Ich habe eine üble Zeit hinter mir, die nun allerdings einem recht angenehmen Zustande zu weichen scheint. Seit 10 Tagen haben wir das bewußte Landgütchen neben der Wesendonkschen Villa bezogen, das ich der wirklich großen Teilnahme dieser befreundeten Familie verdanke. Zuvor aber sollte mir noch manche Not erwachsen; die Einrichtung des Häuschens, die übrigens sehr nett und mir entsprechend ausgefallen ist, bedurfte langer Zeit, so daß wir mit dem Auszuge gedrängt waren, ehe die Möglichkeit des Einzuges zustand kam. Nun wurde auch meine Frau krank, so daß ich sie immer nur · von jeder Einmischung abzuhalten, und dafür alle Auszugsmühe selbst und allein zu übernehmen hatte. Zehn Tage wohnten wir im Hôtel, und endlich zogen wir bei furchtbarem Wetter und Kälte ein, so daß es wirklich nur dem Gedanken der definitiven Umsiedelung möglich war, die Laune mir gut zu erhalten. Nun ist aber alles überstanden; alles ist nach Wunsch und Bedürfnis für die Dauer hergerichtet und eingeräumt; alles steht am Platz, wo es stehen soll. Mein Arbeitszimmer ist mit der Dir bekannten Pedanterie und eleganten Behaglichkeit hergerichtet; der Arbeitstisch steht an dem großen Fenster, mit dem prachtvollen Überblick des Sees und der Alpen; Ruhe und Ungestörtheit umgibt mich. Ein hübscher, bereits sehr gut gepflegter Garten bietet mir Raum zu kleinen Promenaden und Ruheplätzchen, und meiner Frau die angenehmste Beschäftigung und Abhaltung von Grillen über mich; namentlich nimmt ein größerer Gemüsegarten ihre zärtlichste Sorge in Beschlag. Du

siehst, ein ganz hübscher Boden für meine Zurückgezogenheit ist gewonnen, und wenn ich bedenke, wie
sehr ich seit lange nach einem solchen verlangte, und wie
schwer es wurde, nur eine Aussicht dafür zu gewinnen,
so fühle ich mich gedrängt, in diesem guten Wesendonk
einen meiner größten Wohltäter anzuerkennen. Anfang
Juli hoffen nun auch Wesendonks ihr Gut beziehen zu
können; die Nachbarschaft verspricht mir Freundliches
und Angenehmes. — Nun denn: das wäre erreicht! —
Nächstens hoffe ich meine lange unterbrochene Arbeit
nun auch wieder aufnehmen zu können, und jedenfalls
verlasse ich nun mein hübsches Asyl nicht eher (sei es
zu irgend welchem Ausflug) als bis Siegfried mit Brünn-
hild vollkommen in Ordnung gekommen ist."

Frau Wille schildert die Gastlichkeit des Wesendonk-
schen Hauses in ihren Erinnerungen also: „Es war eine
Zeit fast verklärten Daseins für alle, die in der schönen
Villa auf dem grünen Hügel zusammenkamen. Reichtum,
Geschmack und Eleganz verschönerten dort das Leben.
Der Hausherr war ungehindert im Fördern dessen, was
ihn interessierte, voll Bewunderung für den außerordent-
lichen Mann, den das Schicksal ihm nahe gebracht. Die
Hausfrau, zart und jung, voll idealer Anlagen, war mit
Welt und Leben nicht anders bekannt, als wie mit der
Oberfläche eines ruhig fließenden Gewässers: geliebt und
bewundert von ihrem Gatten, eine junge glückliche Mutter,
lebte sie in Verehrung des Bedeutenden in Kunst und
Leben, der Macht des Genius, die ihr bisher noch nicht
in solchem Umfange des Wollens und Vermögens vorgekommen war. Die Einrichtung des Hauses, der Reichtum des Besitzers machten eine Geselligkeit möglich, an
welche jeder, der sie genossen, gerne zurückdenken wird.
So gestaltete sich ein Verhältnis, das unter wechselnden
Stimmungen und Erlebnissen auf Freundschaft und gute
Regungen gegründet, wie unter einem reineren Himmel
sich entfaltete."

Richard Pohl sagt in seinen Erinnerungen: „Die

Abende in Wagners Hause waren fast immer belebt, und natürlich im höchsten Grade anregend. Mit der Familie Wesendonk verkehrte er täglich: sie wohnten ja Haus an Haus. Frau Wesendonk, eine schöne Erscheinung, eine weiblich anmutige und poetisch sinnige Natur, übte auf den Meister einen ersichtlich anregenden Einfluß. Ihr gegenüber mußte Wagners schnell gealterte Gattin Minna, mit ihrem ziemlich nüchternen, gutmütigen, aber hausbackenen Wesen freilich sehr im Schatten stehen. In Wagners Gegenwart verhielt sie sich meist still; wenn man sie allein traf, machte sie ihrem Herzen Luft. Sie konnte absolut nicht verstehen, wie ihr Gatte sich jahrelang mit Projekten trug, die nicht die geringste Aussicht auf Verwirklichung hatten. Von den Nibelungen hoffte sie nichts. Kompositionen, welche überall Aufnahme finden könnten und auch pekuniäre Erfolge bringen würden, wären ihr viel lieber gewesen. Daß diese beiden Naturen nicht harmonieren konnten, sah man auf den ersten Blick; daß früher oder später eine Trennung ihres ehelichen Zusammenlebens erfolgen müßte, war unschwer zu prophezeien."

Auch Wagner selbst erwähnt in einem Brief an Frau Ritter (Glasenapp II, 2, 159) diese Zusammenkünfte während Bülows Besuch: „den Tag über (d. h. nachmittags) wurde fast immer musiziert, wo denn Frau Wesendonk treulich jedesmal herüberkam und wir so unser dankbarstes, kleines Publikum gleich zur Hand hatten."

Wie sich der Verkehr zwischen dem Meister und Wesendonks vollzog, davon zeugen die Briefe aus der Züricher Zeit, in denen ja die bereits erwähnten Vorgänge und Stimmungen sich abspiegeln. „Das war immer das Ausgezeichnete unsres Verkehrs, daß der eigentliche Inhalt des Tuns und Denkens in geläuterter Form uns unwillkürlich einzig als beachtungswürdig erschien, und wir gewissermaßen vom eigentlichen Leben uns sofort emanzipiert fühlten, sobald wir nur zusammentrafen"

(Brief 114, S. 264). Im letzten Winter 1857/58 wurde namentlich spanische Literatur, vor allem Calderon, gemeinschaftlich gelesen. Glasenapp (II, 2, 164) sagt: „dem Dichter von ‚Tristans Ehre — höchste Treu' trat in den Schöpfungen dieses Dramatikers eben jener Begriff der ‚Ehre' als der Ausdruck eines feinen und tief leidenschaftlichen Sinnes der spanischen Nation entgegen." Wagner schreibt an Liszt im Januar 1858 (Briefwechsel II, 188): „die ergreifendsten Darstellungen des Dichters haben den Konflikt dieser ‚Ehre' mit dem tief menschlichen Mitgefühl zum Vorwurf; die Ehre bestimmt die Handlungen, welche von der Welt anerkannt, gerühmt werden; das verletzte Mitgefühl flüchtet sich in eine fast unausgesprochene, aber desto tiefer erfassende, erhabene Melancholie, in der wir das Wesen der Welt als furchtbar und nichtig erkennen. Dieses wunderbar ergreifende Bewußtsein ist es nun, was in Calderon so bezaubernd schöpferisch gestaltend uns entgegentritt, und kein Dichter der Welt steht ihm hierin gleich."

Im Rückblick auf die Züricher Jahre schreibt der Meister (Brief 65, S. 122): „mir ist recht deutlich, daß ich nie etwas Neues mehr erfinden werde: jene eine höchste Blütenzeit hat in mir eine solche Fülle von Keimen getrieben, daß ich jetzt nur immer in meinen Vorrat zurückzugreifen habe, um mit leichter Pflege mir die Blume zu erziehen." Ring — Tristan — Parzivalentwurf — und endlich aus der Todessehnsucht des Tristan die das Leben durch Entsagung überwindende, aber nicht verneinende Dichtung der Meistersinger — also Blütenpracht und spätere reifste Lebensfrucht! „Wer sich über die Nachbarschaft des Tristan und der Meistersinger befremdet fühlen kann, hat das Leben und Wesen aller wahrhaft großen Deutschen in einem wichtigen Punkte nicht verstanden: er weiß nicht, auf welchem Grunde allein jene eigentlich und einzig deutsche Heiterkeit Luthers, Beethovens und Wagners erwachsen kann, die von andern Völkern gar nicht verstanden werden wird und den jetzigen Deutschen selber abhanden gekommen zu sein scheint — jene goldhelle, durchgegorene Mischung von Einfalt, Tiefblick der Liebe, betrachtendem Sinn und Schalkhaftigkeit, wie sie Wagner als köstlichen Trank allen denen eingeschenkt hat, welche tief am Leben gelitten haben und sich ihm gleichsam mit dem Lächeln der Genesenden wieder zukehren." (Nietzsche, Richard Wagner in Bayreuth.)

In dieses Keimen, Sprossen, Blühen, Reifen eröffnen die Briefe und Tagebuchblätter, die hier vorgelegt werden, wunderbar tiefe und ergreifende Einblicke. Was Glasenapp vom vierten Buche seiner großen Biographie sagt: „nach seiner inneren Entfaltung zeigt es uns den Übergang von Wotans ungestümem Wollen zur verklärten erhabenen Resignation des Hans Sachs", gilt auch für diese Urkunden, die mit seltener Fülle und Lebendigkeit die geheimsten seelischen Stimmungen des ringenden und schaffenden Künstlers offenbaren. „Das eigentliche Material für die Biographie Richard Wagners liegt in seinen eigenen Lebenszeugnissen in Briefform" (Glasenapp III, 1, S. X). So erscheint namentlich diese Brieffolge von außerordentlichem Werte und als wichtigste Ergänzung zu Glasenapp II, 2, wo der äußere Rahmen der in diesen Briefen erwähnten tief inneren Vorgänge mit bewundernswerter Gründlichkeit und Zuverlässigkeit dargestellt ist. Wir können uns daher in dieser Einleitung und in den Anmerkungen zu den Briefen fast immer mit kurzem Verweis auf Glasenapp begnügen und brauchen durch keinerlei Weitläufigkeit den unmittelbaren Eindruck der Urkunden selbst zu stören.

Vom Ring ist in den Briefen nicht mehr viel die Rede. Als der Meister von Wesendonk am 31. Juli 1865 die Originalpartitur des Rheingolds für den König erbat, schrieb er: „Ihre Frau verwahrt für immer, was mehr wert ist, als die zurückerbetene Reinschrift jener Partitur." Frau Wesendonk erhielt die ersten Bleistiftskizzen vom Ring, soweit er in Zürich vollendet wurde. In kleinen roten Mappen sind diese kostbaren Blätter verwahrt. Manche ganz persönliche Widmung und Stimmungsäußerung ist mit flüchtigem Stifte gelegentlich hier und da eingeschrieben. Das Rheingold ist begonnen am 1. November 1853, beendet am 14. Januar 1854; Walküre Akt I 28. Juni 1854 — 1. September 1854; Walküre II 4. September 1854 — 18. November 1854; Walküre III 20. November 1854 — 27. Dezember 1854; Siegfried I (nach Glasenapp II, 2, 122 am 22. September 1856 begonnen) hat nur das Schlußdatum 20. Januar 1857; Siegfried II 22. Mai 1857 — 30. Juli 1857.

Jetzt tritt Tristan hervor. Im Herbst 1854 tauchte gleichzeitig mit Schopenhauers Philosophie der erste Gedanke daran auf. Wagner schreibt an Liszt (Briefwechsel II, 46): „da ich im Leben nie das eigentliche Glück der Liebe genossen habe, so will ich diesem schönsten aller Träume noch ein Denkmal setzen, in dem von Anfang bis zum Ende diese Liebe sich einmal so recht sättigen soll: ich habe im Kopfe einen Tristan und Isolde entworfen, die einfachste, aber vollblutigste musikalische Konzeption; mit der schwarzen Flagge, die am Ende weht, will ich mich dann zudecken — um zu sterben." Glasenapp II, 2, 58 bemerkt hierzu: „die schwarze Flagge, die am Ende weht, deutet auf einen Zug der alten Tristansage, der am Ende nicht in die wirkliche Ausführung der Dichtung übergegangen ist. Wir erfahren aber noch von einem anderen Zuge der ursprünglichen Tristan - Konzeption, wonach es damals im Plane des Meisters gelegen hätte, den nach dem Grale suchenden Parzival zu dem an der Sehnsucht nach der Nacht sterbenden, nicht sterben können-den Tristan pilgernd gelangen zu lassen. Da wäre denn die Weise des Gralsuchers wirklich hineingeklungen in die des Nachtgeweihten; der Entsagende als der Mitleidige wäre wie eine himmlische Trosterscheinung vorübergezogen an dem Schmerzenslager des selbst in der Verneinung noch Begehrenden und daher endlos am Leben Leidenden."

Am 12. Juli 1856 heißt es: „ich habe wieder zwei wundervolle Stoffe, die ich noch einmal ausführen muß: Tristan und Isolde — dann aber — der Sieg — das Heiligste, die vollständigste Erlösung." Am 20. Juli 1856: „wenn Ihr mir recht gute Laune macht, krame ich Euch vielleicht auch meine ‚Sieger‘ aus; wiewohl es damit seine große Schwierigkeit haben wird, da ich die Idee dazu zwar schon lange mit mir herumtrage, der Stoff zu ihrer Verkörperung mir aber eben erst nur wie im Blitzesleuchten angekommen ist, zwar für mich in höchster Deutlichkeit und Bestimmtheit, aber noch nicht so für die Mitteilung. Erst müßtet Ihr auch meinen Tristan verdaut haben, namentlich seinen dritten Akt, mit der schwarzen und der weißen Flagge. Dann würden erst die ‚Sieger‘ deutlicher werden." Also zwei Werke, Tristan-Parzival und ein indisches buddhistisches Drama trug der Meister im Kopfe. Zwischen 1854/56 sind die drei Tristanakte im Entwurf, im dritten Akt noch mit Parzival und der schwarzen Flagge, aufgezeichnet worden. Die Flagge des ursprünglichen Entwurfes weht übrigens auch noch im vollendeten Drama in Tristans fragendem Ausruf:

„Die Flagge? Die Flagge?

Kurwenal:
Der Freude Flagge
am Wimpel, lustig und hell."

Immer mehr nahm die Tristanstimmung überhand, so wenn Wagner bereits am 22. Dez. 1856 an Wesendonk schreibt: „ich kann mich nicht mehr für den Siegfried stimmen, und mein musikalisches Empfinden schweift schon weit darüber hinaus, da wo meine Stimmung hinpaßt: in das Reich der Schwermut." Am Karfreitag, 10. April 1857, löste sich Parzival endgültig und selbständig vom Tristan los. Hans v. Wolzogen erzählt nach Wagners eigenem Bericht in den Bayreuther Blättern 1885 S. 48/49 und 1886 S. 74/75 also: „Ein herrlicher Morgen war aufgestiegen über See und Gebirge des Züricher Landes,

XVI

und hinaus blickte der Meister vom Altane seines eben ge-
wonnenen stillen Asyls in die sonnigen Zauber der frühlings-
frischen Natur. „Du sollst nicht Waffen tragen an dem Tage,
da der Herr am Kreuze starb!" — So schallte es ihm
entgegen wie mit Engelszungen aus dem großen Frieden
dieser feierlichen Welt, — eine Stimme aus weiter Ferne,
ein Gralsklang aus den Tagen seines „Lohengrin", eine
lange verklungene Erinnerung aus der Zeit, da er einst
im böhmischen Walde das Gedicht vom „Parzival" gelesen. Vor ihm schwebte das Bild des Gekreuzigten;
und Wehr und Waffen der philosophisch geklärten Welt-
kritik, der historisch geschärften Weltverachtung, die legte
er still zur Seite. Der Dichter des Wotan, der Sänger
des Siegfried, der Denker des Buddha, — er erfuhr an
sich den schöpferisch bestimmenden Eindruck des heiligen
Karfreitagswunders; er entwarf die erste Skizze des
Dramas vom „Parzival".

Dieser Karfreitagszauber gemahnte den Meister an die
bedeutungsvolle Stelle in Wolframs Parzival, wo der Held
nach langer Irrfahrt am Karfreitag in Trevrizents stiller
Waldklause einkehrt und vom ritterlichen Einsiedler Be-
lehrung und Ablaß empfängt. In wundersamer Weise ist
hier vom Dichter Erlebtes und Überliefertes in eins
empfunden und hieraus künstlerisch neu gestaltet. Der
Sagenstoff wird dem Meister immer dann erst lebendig,
wenn er selbst ihn erlebt hat.

Aus der Weise, die vom wandernden Parzival zum
todwunden Tristan emporklingen sollte und aus dem Kar-
freitagserlebnis erwuchs das Bühnenweihfestspiel, das
auch Züge aus dem Jesus von Nazareth und aus den
Siegern in sich aufnahm. Das zum 54. Brief in Faksimile
mitgeteilte Blatt stammt vielleicht noch aus dem Ur-Tristan
und schildert unmittelbar den Gralsucher. Im Parsifal, wie
der Name erst seit 1877 lautet, sind diese Irrfahrten nur
musikalisch im Vorspiel zum dritten Aufzug angedeutet.
Über den Zusammenhang zwischen Tristan und Anfortas erfahren wir aus Brief 75 S. 144: „genau betrachtet ist Anfortas

der Mittelpunkt und Hauptgegenstand . . . es ist mein Tristan des dritten Aktes mit einer undenklichen Steigerung." Kundry, „ein wunderbar weltdämonisches Weib", erscheint zuerst im Brief 61 S. 110 und dann genauer 106a S. 243. Ende April 1857 wurden die drei Aufzüge des Parzival vorläufig kurz skizziert. Bis August 1860 ist Arbeit an diesem ersten und ältesten Entwurf nachweisbar. Einen neuen umfangreicheren Entwurf verfaßte der Meister in München im August 1865, nach den Tristanaufführungen und nach Schnorrs Tod, auf des Königs Wunsch und schrieb dazu: „die Zeit ist da, die größten, vollendetsten Werke werden nun erst geschaffen" (Glasenapp III, 1, 115).

Mit der Loslösung des Parzival gewann auch der Tristan festere Gestalt, der von Anfang an tief tragisch und mit Fernhaltung alles von diesem Grundgedanken abliegenden Beiwerks, das in Gottfrieds Gedicht über- wuchert, erfaßt worden war. Am 4. Juli 1857 heißt es in einem Briefe an Frau Ritter über Tristan: „Noch schlummert das Gedicht in mir: ich gehe mit Nächstem daran, es zum Leben zu rufen." Nach Vollendung des 2. Aufzuges Sieg- fried, der in der Kompositionsskizze vollständig ausgeführt ist, also im August 1857 begann die Tristandichtung. Vom 20. August 1857 ist der Prosaentwurf, der aus dem Nachlaß von Frau Wesendonk bald an anderem Ort mitgeteilt werden soll, datiert. Die Dichtung, deren erste Handschrift ebenfalls Frau Wesendonk gehörte, war am 18. September 1857 so ziemlich übereinstimmend mit der gedruckten Fassung vollendet. Die mit Bleistift ge- schriebenen, von Frau Wesendonk sorgsam mit Tinte nach- gezogenen Kompositionsskizzen tragen die Daten für Akt I 1. Oktober bis Sylvester 1857; für II 4. Mai 1858 bis 1. Juli 1858; für III 9. April bis 16. Juli 1859 in Luzern. Zum ersten Aufzug schrieb der Meister die unter Nr. 47 S. 23 abgedruckten Worte. Über dem zweiten Aufzug steht: „Noch im Asyl".

Mit bewundernswerter Bestimmtheit und Sicherheit ward das Wunderwerk schon in der ersten Niederschrift

fast ganz genau so aufgezeichnet, wie wir es kennen.
Nur im zweiten Aufzug ist die Stimmführung an einzelnen
wenigen Stellen verschieden. Der zweite Aufzug beginnt
in der Skizze noch nicht mit dem grellen Tagesmotiv,
sondern mit dem jetzigen neunten Takt.

Entgegen der Partitur sind die Worte der Dichtung
im zweiten Aufzug:

> „Selbst um der Treu'
> und Freundschaft Wahn
> dem treu'sten Freunde
> ist's getan,
> der in der Liebe
> Nacht geschaut,
> dem sie ihr tief
> Geheimnis vertraut"

in der Skizze vertont. Ebenso ist die Stelle:

> Tristan.
> „Soll der Tod
> mit seinen Streichen
> ewig uns
> den Tag verscheuchen?
>
> Isolde.
> Der uns vereint,
> den ich dir bot,
> laß ihm uns weih'n,
> dem süßen Tod!
> Mußte er uns
> das eine Tor,
> an dem wir standen, verschließen;
> zu der rechten Tür,
> die uns Minne erkor,
> hat sie den Weg nun gewiesen"

musikalisch ganz herrlich gedacht gewesen. Wahrscheinlich fiel die Stelle mit Rücksicht auf die Einheit der
musikalisch-poetischen Grundstimmung. Im ersten Auf-

zug hatte der junge Seemann zwei Zeilen und zwei
Takte mehr:
> „dem englischen Gast
> auf ödem Mast,
> sinds deiner Seufzer Wehen,
> die ihm die Segel blähen?"

Die Orchesterskizzen (vgl. Brief 114 S. 267 Anm. 2)
datieren Akt I 5. November 1857 bis 13. Januar 1858
Zürich, II 5. Juli 1858 Zürich bis 9. März 1859 Venedig,
III 1. Mai bis 19. Juli 1859 Luzern. Am 8. oder
9. August 1859 war die Partitur vollendet. Mithin reicht
die eigentliche Arbeit am Tristan von August 1857 bis
August 1859. Von Herbst 1854 bis August 1857 sind nur
Vorarbeiten nachweisbar; und damals war der Parzival
noch im Tristan enthalten.

Als der Meister sich vom Siegfried zum Tristan
wandte, war es ihm, als entfernte er sich nicht eigentlich
aus dem Kreise der durch die Nibelungenarbeit erweckten
dichterischen und mythischen Anschauungen (Gesammelte
Schriften VI, 378 ff.). Welche geheimen Fäden sich von
Tristan zu Anfortas und Parzival weben, wird aus den
Briefen klar. Und wenn Hans Sachs auf „ein traurig
Stück von Tristan und Isolde" zurückblickt, taucht ein
tief innerliches Erlebnis aus dem Grunde der Seele auf.

> „Wie alles sich zum ganzen webt!
> Eins in dem andern wirkt und lebt!"

Ja, es war wahrlich eine höchste Blütenzeit reichster
Segensfülle im Schaffen Richard Wagners!

Aus den Briefen erwähne ich hier noch besonders
den vom 22. Mai 1862 (Nr. 132) über das Vorspiel zum
dritten Aufzug der Meistersinger, wozu auch Nr. 125 mit
dem Schusterlied tief bedeutungsvoll sich stellt. Im Besitz von Mathilde Wesendonk befand sich endlich auch
der erste Entwurf der Meistersinger, Marienbad, 16. Juli
1845 (Brief 125 S. 293). Auf Briefbögen teilte Wagner der
Freundin zunächst einige Bruchstücke der neuen Dichtung
mit (Nr. 125, 126) und schenkte ihr endlich die erste

Niederschrift der ganzen Dichtung (Nr. 128 S. 295). Aus zahlreichen, immer wieder geänderten Lesarten klärt sich allmählich der Wortlaut ab, den wir in der bei Schott erschienenen Faksimile-Ausgabe vor Augen haben. In der ersten Niederschrift ist der erste Aufzug datiert Paris, 5. Jan. 62, der zweite Paris, 16. Jan. 62, der dritte Paris, 25. Jan. 1862. Was Frau Wesendonk bis 1865 alles sonst noch verwahrte und damals dem Meister zum größten Teil zurückgab, zeigt das Verzeichnis zu Brief 14 des Anhangs S. 360 ff.

Aus den Briefen 102, 106a, 107 ergibt sich, daß die neue Fassung des Tannhäuser künstlerisch durchaus notwendig war, daß sie mithin für die Aufführung als e i n z i g g ü l t i g zu erachten ist und daß die Dresdener Fassung also nur noch geschichtlichen Wert besitzt.[1]) Aus Brief 101/2 S. 213 und 224 erfahren wir vom neuen Schluß des Holländer-Vorspieles:[2]) „Jetzt, wo ich Isolde's letzte Verklärung geschrieben, konnte ich sowohl erst den rechten Schluß zur Holländer-Ouvertüre, als auch — das Grauen dieses Venusberges finden." Nach Brief Nr. 106b machte Erec und Enide einmal großen Eindruck auf den Meister, jedoch ohne nachhaltige Wirkung.

In den Tagebuchblättern und Briefen finden wir endlich manche Gedanken, die hernach in die Schriften übergingen, was zu den betreffenden Stellen kurz angemerkt wurde. Auf die außerordentliche biographische Bedeutsamkeit brauche ich hier gar nicht besonders hinzuweisen. Um aber vor jeder allzu persönlichen und mißverständlichen Auffassung dieser Briefe zu warnen, sei Brief 59 besonders ernster Beachtung empfohlen, wo der Meister von der aller Erfahrung vorausliegenden dichterischen Anschauung und künstlerischen Gestaltung spricht. „In

---

[1]) Vgl. meinen Aufsatz in der Musik, Band XI, 1904, S. 313.
[2]) Wahrscheinlich sind es die 21 bezw. 26 Takte im Vorspiel (im kleinen Klavierauszug, S. 13, Z. 5 bis Seite 14, Z. 6), aus deren wundervoll wogenden Klängen Sentas Verklärung tönt. Schon 1852 waren die allerletzten 10 Takte des Vorspieles und des ganzen Werks als neuer Schluß hinzugekommen. Vgl. Ashton Ellis, Life of Richard Wagner IV London 1904, S. 291—302.

welch' wunderbarer Beziehung ich nun aber jetzt zum Tristan stehe, das empfinden Sie wohl leicht. Ich sage es offen, weil es eine, wenn auch nicht der Welt, aber dem geweihten Geiste angehörige Erscheinung ist, daß nie eine Idee so bestimmt in die Erfahrung trat. Wie weit beide sich gegenseitig vorausbestimmten, ist eine so feine, wunderbare Beziehung, daß eine gemeine Erkenntnisweise sie nur in dürftigster Entstellung sich denken können wird." Im Brief 124 S. 291 schreibt aber auch der Meister: „daß ich den Tristan geschrieben, danke ich Ihnen aus tiefster Seele in alle Ewigkeit!" Wundervoll heißt der Tristan im Tagebuch S. 68 „die Kunst des tönenden Schweigens". Die mag auch zu allen denen sprechen, die würdig sind, diese Blätter zu lesen.

Die menschlich so liebwerten, rührend schönen Züge in des Meisters Art treten überall hervor. Ergreifend ist sein sehnendes Verlangen nach liebevollem Verständnis in der öden, liebeleeren Welt. Auch sein Verhältnis zur Tierwelt, die „Geschichte seiner Hunde" (vgl. H. v. Wolzogen, Richard Wagner und die Tierwelt, Leipzig 1890, S. 8) wird durch die häufigen Erwähnungen von Fips und Pohl, die ihn in diesen Jahren treulich begleiteten, wieder aufs wärmste bezeugt. Aus allem Weh ringt sich auch in diesen ernsten Briefen doch immer wieder sein goldener, sonniger Humor empor und keinen Augenblick wird das rastlose Streben, die nie ermattende Beschäftigung wirklich und ernstlich aufgehalten.

Mathilde Wesendonk ist die Verfasserin der fünf Gedichte (vgl. Nr. 45). Vier davon sind im Winter 1857/8 vertont worden. Am 23. Dezember 1857, an ihrem Geburtstag, brachte der Meister die Träume, die er für ein Orchester von 18 Musikern instrumentiert hatte, der verehrten Frau als Morgengruß dar. Im „Engel" klingt, wie mir scheint, zweimal bedeutsam das Motiv aus Loges Erzählung von Weibes Wonne und Wert an: im Nachspiel und zu den Worten „da der Engel niederschwebt"; das Lied endigt mit Anklang an den Schluß von Wolframs Lied an den Abendstern:

„Ja, es stieg auch mir ein Engel nieder,
und mit strahlendem Gefieder
führt er, ferne jedem Schmerz,
meinen Geist nun himmelwärts."

Wie ein milder Engel erschien ihm die Freundin oft
in den Nöten und Stürmen des Lebens. Als ‚Engel' wird
sie oft in den folgenden Blättern angerufen und einmal
(Nr. 102 S. 224) nennt er sie auch Elisabeth. Damit ist das
Verhältnis aufs zarteste angedeutet. Aus der Musik zu den
‚Träumen' ward in Venedig die Liebesnacht des zweiten
Tristanaufzuges (Tagebuch 9. Oktober, 22. Dezember 1858).
Es heißt im Brief 63 S. 115: „Sie werden einmal einen Traum
hören, den ich dort zum Klingen gebracht habe!" Und
noch am 28. Sept. 1861 (Nr. 123 S. 287) schreibt der Meister
von Erinnerungen überwältigt: „auch das Bleistiftblatt des
Liedes fand ich, aus dem die Nachtszene entstand. Weiß
Gott! Mir gefiel dies Lied besser als die stolze Szene!"
„Stehe still" (22. Februar 1858) enthält als Zitat das
schwere Schicksalsmotiv aus dem damals schon fertigen
ersten Tristanaufzug: „wenn
Aug' in Auge wonnig trinken"
In der musikalischen Stim-
mung finden sich schon Vorklänge zum zweiten Akt.
Am Vorabend seines 45. Geburtstages vertonte der Meister
das letzte der fünf Gedichte: ‚im Treibhaus', mit seiner
schwülen, trauerschweren Stimmung. „Aus seinem leitenden Thema klingt ein in schmerzlichem Banne ge-
fesseltes, hoffnungsloses Sehnen aus den innersten Tiefen
des Seins uns entgegen: das träumende Sehnen der
Pflanze aus dem dumpfen Raum nach ihrer fernen
sonnigen Heimat, das Sehnen des todwunden Tristan aus
dem Vorspiel des dritten Aufzugs" (Glasenapp II, 2, 179).
Auch hier ist die Tristanmusik erst später aus den Tönen
des Liedes wie die Blüte aus der Knospe aufgegangen.

Als Frau Wesendonk aus Venedig die gedruckte
Tristandichtung (Leipzig, Breitkopf u. Härtel 1859) erhielt
(vgl. S. 111), schrieb sie Isoldes Worte hinein:

XXIII

„Mir erkoren —
Mir verloren —
Heil und hehr
kühn und feig —
Todgeweihtes Haupt!
Todgeweihtes Herz!"

Von den letzten Zeiten im Asyl schreibt der Meister
(Nr. 81 S. 157): „nie habe ich mich um die Rosen so bekümmert, wie damals. Ich brach mir jeden Morgen eine
und stellte sie im Glas zu meiner Arbeit: ich wußte, daß
ich Abschied von dem Garten nahm. Mit diesem Gefühle
hat sich dieser Duft ganz verwoben: Schwüle, Sommersonne, Rosenduft und Abschied."

Im Frühjahr und Sommer 1858 waren die nachbar-
lichen Beziehungen zu Wesendonks durch die krankhaft
überreizte Stimmung Frau Minnas mehrfach gestört worden.
Noch am 31. März fand das Beethovenkonzert im Treppen-
hause der Villa Wesendonk statt, in dem Wagner eine
künstlerische Opfergabe dem Hause seiner verehrten
Freunde darbrachte (Glasenapp II, 2, 177). Aber das
Asyl auf dem grünen Hügel war auf die Dauer nicht
mehr zu erhalten. Zwischen Frau Minna und Frau Wesendonk war es zu Auseinandersetzungen gekommen. Eine
Versöhnung war nicht mehr möglich. Würdige und
wünschenswerte Beziehungen zum Nachbarhause waren
in Minnas Anwesenheit nicht mehr herzustellen.

Was schließlich den Meister zwang, das Asyl aufzugeben, hat er selber in einem Brief an seine Schwester
Kläre vom 20. August 1858 ausgesprochen, „um Aufklärungen zu geben, wo sie nötig sein sollten." Es sei
hier verstattet, einen Auszug aus diesem allerintimsten
Schreiben zu geben, nachdem es einmal doch veröffentlicht[1]) wurde.

„Was mich seit sechs Jahren erhalten, getröstet und
namentlich auch gestärkt hat, an Minnas Seite, trotz der

---

[1]) In der Täglichen Rundschau vom 23. Sept. 1902, Nr. 223.

enormen Differenzen unseres Charakters und Wesens, auszuhalten, ist die Liebe jener jungen Frau, die mir anfangs und lange zagend, zweifelnd, zögernd und schüchtern, dann aber immer bestimmter und sicherer sich näherte. Da zwischen uns nie von einer Vereinigung die Rede sein konnte, gewann unsere tiefe Neigung den traurig wehmütigen Charakter, der alles Gemeine und Niedere fern hält und nur in dem Wohlergehen des Andren den Quell der Freude erkennt. Sie hat seit der Zeit unserer ersten Bekanntschaft die unermüdlichste und feinfühlendste Sorge für mich getragen, und alles, was mein Leben erleichtern konnte, auf die mutigste Weise ihrem Manne abgewonnen... Und diese Liebe, die stets unausgesprochen zwischen uns blieb, mußte sich endlich auch offen enthüllen, als ich vor'm Jahre den Tristan dichtete und ihr gab. Da zum ersten Male wurde sie machtlos und erklärte mir, nun sterben zu müssen!

Bedenke, liebe Schwester, was mir diese Liebe sein mußte nach einem Leben von Mühen und Leiden, von Aufregungen und Opfern, wie dem meinigen! — Doch wir erkannten sogleich, daß an eine Vereinigung zwischen uns nie gedacht werden dürfe: somit resignierten wir, jedem selbstsüchtigen Wunsche entsagend, litten, duldeten, aber — liebten uns! —

Meine Frau schien mit klugem weiblichem Instinkt zu verstehen, was hier vorging: sie benahm sich zwar oft eifersüchtig, verhöhnend und herabziehend, doch duldete sie unseren Umgang, der ja andererseits nicht die Sitte verletzte, sondern nur auf die Möglichkeit, uns einander gegenwärtig zu wissen, abgesehen war. Somit nahm ich an, Minna sei verständig und begriffe, daß hier für sie eigentlich nichts zu fürchten sei, da ja eben an eine Vereinigung bei uns nicht gedacht werden konnte, und daß daher Nachsicht ihrerseits das Geratenste und Beste sei. Nun mußte ich erfahren, daß ich mich hierüber wohl getäuscht hatte; Geschwätze kamen mir zu Ohren, und sie verlor endlich so weit die Besinnung, daß sie einen

Brief von mir auffing und — erbrach. Dieser Brief, wenn
sie ihn eben zu verstehen imstande gewesen wäre, hätte
ihr gerade eigentlich die gewünschteste Beruhigung geben
können; denn unsere Resignation spielte auch hierin das
Thema. Sie hielt sich aber nur an die vertrauten Ausdrücke und verlor den Verstand. Wütend trat sie vor
mich und nötigte mich dadurch, ihr mit Ruhe und Bestimmtheit zu erklären, wie es stünde, daß sie Unglück
über sich gebracht hätte, als sie einen solchen Brief er-
brochen, und daß, wenn sie sich nicht zu fassen wisse,
wir voneinander gehen müßten. Hierin wurden wir, ich
ruhig, sie leidenschaftlich, einig. Doch anderen Tages
dauerte sie mich. Ich trat zu ihr und sagte: „Minna, du
bist sehr krank! Werde gesund, und laß uns dann wieder
über die Sache sprechen." Wir faßten den Plan einer
Kur für sie auf; sie schien sich zu beruhigen, der Tag
der Abreise an den Kurort nahte. Sie wollte durchaus
die Wesendonk vorher noch sprechen. Ich verbot ihr
das entschieden. Alles lag mir daran, Minna allmählich
mit dem Charakter meiner Beziehungen zu jener bekannt
zu machen, um sie so zu überzeugen, daß für das Fort-
bestehen unserer Ehe eben nichts zu fürchten sei, weshalb sie sich gerade nur klug, besonnen und edel benehmen, jeder törichten Rache entsagen und jede Art
von Aufsehen vermeiden sollte. Endlich gelobte sie mir
dies. Doch ließ es ihr nicht Ruhe. Hinter meinem
Rücken ging sie doch hinüber und — ohne es wohl selbst
zu begreifen — verletzte sie die zarte Frau auf das Gröb-
lichste. Da sie ihr gesagt: „Wäre ich eine gewöhnliche
Frau, so ginge ich mit diesem Briefe zu Ihrem Mann!"
so hatte die Wesendonk, die sich bewußt war, nie vor
ihrem Manne ein Geheimnis gehabt zu haben (was natürlich eine Frau, wie Minna, nicht begreifen kann!), nichts
zu tun, als sofort ihrem Manne diesen Auftritt und den
Grund davon zu berichten. — Hiermit war denn auf eine
rohe und gemeine Weise in die Zartheit und Reinheit
unserer Beziehungen hineingegriffen worden, und manches

mußte sich ändern. Mir gelang es sehr spät erst, meine Freundin darüber aufzuklären, daß einer Natur, wie der meiner Frau, eben Beziehungen von dieser Hoheit und Uneigennützigkeit, wie sie zwischen uns bestanden, nie begreiflich zu machen wären; denn mich traf ihr ernster, tiefer Vorwurf, dies unterlassen zu haben, während sie ihren Mann stets zum Vertrauten gehabt hatte. — Wer nun begreifen kann, was ich seither (es war damals Mitte April) gelitten habe, der muß auch begreifen, wie mir endlich zu Mute ist, da ich erkennen muß, daß die unausgesetzten Bemühungen, die gestörten Verhältnisse fortzuerhalten, durchaus nichts fruchteten. Ich habe Minna drei Monate mit der höchsten Sorgfalt in der Kur gepflegt; um sie ruhig zu machen, brach ich endlich während dieser Zeit allen Umgang mit unseren Nachbarn ab; nur für ihre Gesundheit besorgt, versuchte ich alles mögliche, sie zur Vernunft und Einsicht in das ihr und ihrem Alter Geziemende zu bringen: Alles umsonst! Sie beharrt in den trivialsten Vorstellungen, erklärt sich beleidigt, und kaum etwas beruhigt, bricht bald die alte Wut aufs neue hervor. Seit einem Monat, wo Minna — während wir Besuch hatten — wieder zurückgekehrt ist, mußte es endlich zur Entscheidung kommen. Die beiden Frauen so dicht beieinander, war fernerhin unmöglich; denn auch die Wesendonk konnte es nicht vergessen, daß ihr, zum Lohn ihrer höchsten Aufopferung und zartesten Rücksichten für mich von meiner Seite her, durch meine Frau so roh und verletzend begegnet worden war. Auch war nun unter den Leuten davon gesprochen worden. Genug, die unerhörtesten Auftritte und Peinigungen für mich ließen nicht nach, und aus Rücksicht auf jene wie auf diese mußte ich mich endlich entscheiden, das schöne Asyl, das mir mit solcher zarten Liebe bereitet worden war, aufzugeben.

Jetzt bedarf ich aber der Ruhe und vollkommensten Abgeschlossenheit: denn was ich zu verschmerzen habe, ist viel. — Minna ist unfähig, zu begreifen, welche un-

glückliche Ehe wir von je geführt haben; sie bildet sich
das Vergangene alles anders ein, als es war, und wenn
ich Trost, Zerstreuung und Vergessen in meiner Kunst
fand, glaubte sie am Ende gar, ich hätte deren niemals
bedurft. Genug, hierüber bin ich mit mir zum Abschluß
gekommen; ich kann diese ewige Zänkerei und miß-
trauische Laune nicht mehr um mich dulden, wenn ich
noch meine Lebensaufgabe mutig erfüllen soll. Wer mir
genau zugesehen hat, der mußte sich von jeher über meine
Geduld, Güte, ja Schwäche wundern, und wenn ich jetzt
von oberflächlichen Beurteilern verdammt werde, so bin
ich dagegen unempfindlich geworden; nie aber hatte Minna
eine solche Veranlassung, sich der Würde, meine Frau
zu sein, werter zu zeigen, als jetzt, wo es galt, mir das
Höchste und Liebste zu erhalten: es lag in ihrer Hand,
zu zeigen, ob sie mich wahrhaft liebe. Aber, was solche
wahrhafte Liebe ist, begreift sie nicht einmal, und ihre
Wut reißt sie über alles hinweg! —

Doch entschuldige ich sie mit ihrer Krankheit; wie
wohl auch diese Krankheit einen anderen, milderen
Charakter angenommen haben würde, wenn sie selbst
anders und milder wäre. Die vielen widerwärtigen Schicksale, die sie mit mir erlebt, und über die mich mein
innerer Genius (den ich ihr leider nie mitteilen konnte!)
leicht hinweg hob, stimmen mich auch gegen sie rück-
sichtsvoll; ich möchte ihr so wenig wie möglich wehe
tun, denn endlich dauert sie mich doch immer sehr! Nur
fühle ich mich fortan unfähig, es an ihrer Seite auszuhalten; auch ihr kann ich dadurch nicht nützen: ich
werde ihr immer unbegreiflich und ein Gegenstand des
Argwohns sein. Somit — getrennt! Aber, in Güte und
Liebe! Ich will nicht ihre Schmach. Nur wünschte ich,
daß sie selbst mit der Zeit einsähe, daß es besser sei,
wenn wir uns nicht viel wiedersehen. Für jetzt lasse ich
ihr die Aussicht, sobald die Amnestie eintritt, nach Deutschland zu ihr zurückzukehren; deshalb sollte sie auch
alle Sachen und Möbel mitnehmen. Am Ende will ich

auch nichts verreden und alles von meiner zukünftigen Stimmung abhängen lassen. Bleibe also auch Du dabei, daß es jetzt nur eine vorübergehende Trennung sein solle. Was Du vermagst, um sie ruhig und vernünftig zu machen, das bitte ich Dich, unterlasse nicht! Denn — wie gesagt — unglücklich ist sie doch; mit einem geringeren Manne wäre sie glücklicher gewesen. Und so bedaure Du sie mit mir! Ich werde Dir dafür von Herzen danken, liebe Schwester! —

Ich warte hier, in Genf, noch etwas, bis ich nach Italien gehen kann, wo ich, vermutlich in Venedig, den Winter zuzubringen gedenke. Schon erquickt mich etwas die Einsamkeit und die Entfernung von jedem quälenden Umgang. An Arbeiten war zuletzt gar nicht mehr zu denken. Sobald ich wieder Stimmung finde, um am Tristan fortzukomponieren, sehe ich mich für gerettet an. Wahrlich, ich muß mir so zu helfen suchen: ich will nichts von der Welt, als daß sie mir Ruhe zu den Arbeiten lässt, die einst ihr gehören sollen. Somit beurteile sie mich auch mild! —"

Der Meister ging im August 1858 über Genf nach Venedig, um den zweiten Aufzug des Tristan auszuführen. Im April 1859 nahm er in Luzern im Schweizerhof Wohnung, um den dritten Aufzug auszuarbeiten. Der persönliche und briefliche Verkehr mit Wesendonks wurde aufs lebhafteste gepflegt. Im September reiste Wagner zu mehr als zweijährigem Aufenthalt nach Paris. Von hier gingen die ausführlichsten Berichte an die Freundin. Otto Wesendonk reiste zum Tannhäuser im März 1861 nach Paris. Ins Asyl auf dem grünen Hügel ist der Meister nicht mehr eingezogen. Kurz vor der entscheidenden Wendung im März und April 1864 weilte er bei Frau Wille auf Mariafeld, nicht auf dem grünen Hügel.

Die weiteren Lebensereignisse von Mathilde Wesendonk[1]) sind rasch erzählt. Am 16. Juni 1862 wurde

---

[1]) Ich gebe hier ein kurzes Verzeichnis der Schriften von Frau Wesendonk: es sind die Dramen Gudrun (Zürich 1868), Edith oder

Wesendonks letztes Kind, Hans (gest. 1882) in Zürich geboren. 1872 verließen sie den grünen Hügel und zogen nach Dresden. Im Winter 1881/82 weilten sie in Kairo und siedelten im Herbst 1882 nach Berlin (seit Frühjahr 1887 in den Zelten 21) über. 1878 hatte Wesendonk den Landsitz Traunblick am Traunsee im Salzkammergut erworben, wo gewöhnlich Sommeraufenthalt genommen wurde. In Traunblick starb Frau Mathilde, seit 18. November 1896 Witwe, ganz plötzlich, nach nur achtstündiger Krankheit, am 31. August 1902, mittags 1 Uhr.

Frau Wesendonk [1]) erzählt selbst: „daß wir bis zum Tode des Meisters in freundschaftlichem Verkehr mit ihm waren, unterliegt doch wohl keinem Zweifel . . . Bei den Festspielen in Bayreuth haben wir nie gefehlt. Nach seiner Verheiratung mit Frau Cosima galt sein erster Besuch mit ihr Mariafeld (Wohnsitz von Herrn und Frau Wille) und dem grünen Hügel in der Enge; zum letzteren brachte er die Kinder mit."

Beim Tristan 1865 fehlten Wesendonks, aber im Juni 1868 kam Otto Wesendonk zu den Meistersingern nach München.

---

die Schlacht bei Hastings (Stuttgart 1872), Friedrich der Große (Berlin 1871). Ferner Märchen und Märchenspiele (Zürich 1864 und Berlin 1900), Natur-Mythen (Zürich 1865), Gedichte (Leipzig 1874), der Baldur-Mythus (Dresden 1875), Odysseus (Dresden 1878), Alkestis (Leipzig 1881). Für ihre Kinder und Enkel bearbeitete Frau Wesendonk Märchen und Sagen als Puppenspiele und das deutsche Kinderbuch in Wort und Bild (1869 und 1890).

[1]) Allgem. Musikzeitung 1895, Nr. 3, 17. Januar. Frau Wesendonk schrieb am 26. März 1892, in bezug auf Prägers berüchtigtes Buch, an Ashton Ellis u. a. folgendes: "the truth is, that R. Wagners affection and gratefulness to the 'Wesendonks' remained the same throughout his life, and that the 'Wesendonks' on their side, never ceased to belong to his most true and sincerest friends until to death! — What shall I say more? Is it worth while, to speak in so serious a matter, from my own personal self? The tie that bound him to Mathilde Wesendonk, whom he than called his 'Muse', was of so high, pure, noble and ideal nature, that, alas, it will only be valued of those, that in their own noble chest find the same elevation and selfishlessness of mind!"

Die Klavierauszüge der vollendeten Werke wurden den Freunden vom Meister mit herzlichen Worten übersandt. In den Meistersingern steht die Widmung: „Seinen werten Freunden auf dem grünen Hügel in dankbarer Erinnerung Richard Wagner, Mai 1868"; im Siegfried: „Zur Pflege des alten Andenkens sowie zur Fortsetzung der grünen Hügel-Bibliothek mit dankbarem Gruße Richard Wagner. Tribschen, 14. August 1871"; in der Götterdämmerung: „Seinen verehrten Freunden vom grünen Hügel in alter Treue und Dankbarkeit Richard Wagner. Bayreuth, 13. Mai 1875. Und sie dämmerte doch! R. W."

Die Bayreuther Blätter 1897 (S. 55) und 1902 (S. 355) brachten warm empfundene Nachrufe auf Otto und Mathilde Wesendonk.

Die freundschaftlichen Beziehungen zwischen den Eltern erstreckten sich auf die Kinder. Als Siegfried Wagner in Berlin seiner Studien halber eine längere Zeit sich aufhielt, wurde er, von Frau Wesendonk auf das liebenswürdigste aufgenommen, ein regelmäßiger Gast in ihrem dortigen Heim, und wohl könnte nichts die Fortdauer dieses freundschaftlichen Bundes lebendiger bezeichnen, als die vorliegende Veröffentlichung und ihre Bestimmung.

Herr Dr. Karl von Wesendonk und Freiherr v. Bissing vertrauten mir im Herbst 1903 diesen Nachlaß an. Frau Wesendonk hatte selbst die Ausgabe ins Auge gefaßt und zum Teil vorbereitet. Es sollte alles unverkürzt und unverändert und zwar unmittelbar aus den mir vorliegenden Urschriften veröffentlicht werden. Einige wenige Briefe, bei denen ich es besonders anmerkte, lagen nur in Frau Wesendonks Abschrift vor; die Urschriften scheinen verloren. Nur ganz geringe, völlig unwesentliche und nebensächliche Kürzungen wurden mit Rücksicht auf Lebende vorgenommen und durch . . . angedeutet. Die Briefe und Blätter waren zu ordnen, zu erläutern und einzuleiten. Soweit das Datum der Züricher Briefe nur erschlossen werden konnte, habe ich es mit den Zeichen [ ] einge-

klammert. Bei einer Anzahl kleiner Zettel konnte ich die
Zeit überhaupt nicht mehr feststellen. Ich habe sie in einer
besonderen Gruppe vereinigt. In der englischen Über-
setzung hat Wm. Ashton Ellis versucht, die Briefe 1—52
zeitlich genau zu ordnen. Ich gebe mit seiner freundlichen
Erlaubnis auf S. 4 die von ihm nachgewiesene Reihenfolge,
so daß der Leser selbst diese Anordnung einhalten kann.
Um den Zusammenhang mit den früheren Auflagen (1—10)
nicht zu verlieren und da ja auch bei Ellis vieles noch
zweifelhaft bleibt, trug ich aber Bedenken, die vorge-
schlagene neue Anordnung im Texte selbst durchzuführen.

Unter den Briefen lagen auch einige an Frau Wille
und Otto Wesendonk. Sie wurden mit aufgenommen, da
sie zu den übrigen unmittelbare Beziehung haben. Die
von Heintz besorgte Ausgabe der Briefe Richard Wagners
an Otto Wesendonk, Charlottenburg 1898, die zum Verständnis des vorliegenden Bandes zunächst heranzuziehen
ist, erfährt hierdurch noch einige Nachträge. Als Wagner
von Zürich schied, zog er Frau Wille ins Vertrauen. Daher
empfing auch sie mehrere wichtige Briefe in dieser Sache.

Die drei Handschrift-Nachbildungen vergegenwärtigen
Parzival, Tristan, Meistersinger, die Werke, die aus den in
den Briefen vorherrschenden Stimmungen in leuchtender
Schönheit und Klarheit hervorgegangen sind. Das Bild
des Meisters, das nach Frau Wesendonks Verfügung diesen
Blättern voransteht, ist das im Brief 104 erwähnte Brüssler
Bild. Weitere Bilder zeigen die Züge der edlen Frau in
verschiedenem Lebensalter. Endlich erscheint der grüne
Hügel und das Asyl im Bilde, wie es den Meister auf
seinen Fahrten als teure Erinnerung begleitete.

Die 14 Briefe des Anhangs, die einzigen erhaltenen
Antworten auf die Meisterbriefe, vervollständigen am
schönsten und besten das Bild, das wir aus diesen Blättern
von Mathilde Wesendonk gewinnen.

Rostock, November 1904.

Prof. Dr. Wolfgang Golther.

Mathilde Wesendonk

1860

Nach einem Gemälde von C. Dorner.

RICHARD WAGNER

AN

MATHILDE WESENDONK.

———

TAGEBUCHBLÄTTER UND BRIEFE

1853—1871.

Zürich

März 1853 bis August 1858

Versuch einer zeitlichen Ordnung der Züricher Blätter 1—52

von

Wm. Ashton Ellis.

Deutsche Ausgabe	Englische Ausgabe	Deutsche Ausgabe	Englische Ausgabe
10 . . .	1	38 . . .	28
12 . . .	2	29 . . .	29
17 . . .	3	36 . . .	30
1 . . .	4	39 . . .	31
49 . . .	5	40 . . .	32
16 . . .	6	28 . . .	33
2 . . .	7	15 . . .	34
3 . . .	8	42 . . .	35
4 . . .	9	43 . . .	36
32 . . .	10	44 . . .	37
24 . . .	11	45 . . .	38
5 . . .	12	46 . . .	39
18 . . .	13	47 . . .	40
19 . . .	14	33 . . .	41
11 . . .	15	34 . . .	41 A
20 . . .	16	31 . . .	42
6 . . .	17	48 . . .	43
7 . . .	18	30 . . .	44
41 . . .	19	23 . . .	45
13 . . .	20	26 . . .	46
14 . . .	21	Telegramm S. 338	47
8 . . .	22	22 . . .	48
9 . . .	23	50 . . .	49
25 . . .	24	51 . . .	50
37 . . .	25	35 . . .	51
21 . . .	26	Parzivalblatt S. 26	51 A
27 . . .	27	52 . . .	52

Zürich

März 1853 bis August 1856.[1]

1.

Verehrte Frau!

Gott wird Sie ferner vor meinen boshaften Unarten bewahren; denn gewiss sehen Sie jetzt ein, dass es bei mir keine leere Grille war, wenn ich Ihren freundlichen Einladungen oft nur mit der peinlichen Angst Folge leistete, meine böse Laune möge die mir wohlwollenden Menschen ebenso martern, als sie mich selbst quält. Bin ich künftig auch hierin entsagungsvoller — und sollte ich es nicht endlich nach Erfahrungen, wie den gestrigen, werden? —, so seien Sie versichert, dass es gewiss nur geschieht, um mir durch ein besseres Erscheinen vor Ihnen Ihre Verzeihung zu erwerben.

Hoffentlich erfahre ich morgen von Ihrem Manne in Basel, dass Sie durch mein böses Gerede mindestens in Ihrem uns so werten Wohlbefinden nicht weiter gestört worden seien. Mit diesem herzlichen Wunsche empfiehlt sich Ihrer gütigen Nachsicht

Zürich 17. März 1853. Richard Wagner.

2.

Hier Geschmolzenes[2] für das Gefrorene von gestern:
[29. Mai 1853.]

---

[1] Vgl. zur Ergänzung die Briefe an Otto Wesendonk vom 20. Juli 1852 bis 22. Dez. 1856.

[2] Mit einem beschriebenen Notenblatt, auf dem einige Polkatakte stehen.

3.

Verehrte!

Sie erlaubten mir, heute nachfragen zu lassen, ob Sie zu Abend noch ein wenig zu uns kommen könnten. Im günstigen Fall würde ich Ihnen dann vorschlagen, ein paar Stunden bis 10 Uhr recht ruhig bei uns zu verbringen: ich würde niemand weiter einladen, um diesen heiligen Abend durch nichts zu verkümmern.

Ich hoffe auf eine freundliche Zusage.

Ihr

Richard Wagner

1. Juni 1853.

4.

Ihre Verfügungen, bester Freund, sind vortrefflich: von Herzen danke ich dafür!

Um mein neues Schuldverhältnis zu Ihnen würdig und vertrauenerweckend anzutreten, zahle ich heute eine alte Schuld: geben Sie Ihrer Frau die beiliegende Sonate,[1]) meine erste Composition seit der Vollendung des Lohengrin (es ist 6 Jahre her!)

Bald erfahren Sie wieder von mir: doch schenken Sie uns zuvor Nachricht über Ihr Ergehen.

Ihr

Richard Wagner.

Zürich,
20. Juni 1853.

---

[1]) Die Sonate trägt die Aufschrift:

Sonate
für
Mathilde Wesendonk

und als Motto die Worte: „Wisst ihr wie das wird?"

Wesendonk hatte als Darlehen eine Summe auf zu erwartende Berliner Einkünfte vorgeschossen. (Brief vom 11. Juni 1853.)

5.

Homer schlich sich aus meiner Bibliothek fort.
Ich frug: wohin?
Er sagte: Otto Wesendonk zum Geburtstage zu gratuliren.
Ich antwortete: thu's für mich mit!

Richard W.

16. März 1854.

6.

Was soll ich thun, Sie arme Kranke aufzuheitren?
Das Programm mit den Uebersetzungen habe ich Eschen-
burg[1]) mitgegeben: aber was soll Ihnen d a s nützen? —
Otto soll Ihnen schnell „Indische Sagen, bearbeitet von
Adolf Holtzmann, Stuttgart," besorgen. Ich hab' sie mit
nach London genommen: ihre Lektüre ist meine einzige
Wonne hier gewesen. Alle sind schön: aber — S a w i t r i
ist göttlich, und wollen Sie m e i n e Religion kennen
lernen, so lesen Sie U s i n a r. Wie beschämt steht unsre
ganze Bildung da vor diesen reinsten Offenbarungen
edelster Menschlichkeit im alten Orient! —

Jetzt lese ich jeden Morgen, ehe ich an die Arbeit
gehe, einen Gesang im Dante: noch stecke ich tief in der
Hölle; ihre Grausen begleiten mich in der Ausführung
des zweiten Actes der Walküre. Fricka ist soeben fort,
und Wodan soll in seinem schrecklichen Wehe aus-
brechen.

Ueber diesen zweiten Act bringe ich es hier keines-
falls; ich kann nur sehr langsam arbeiten und habe jeden
Tag gegen ein neues verstimmendes Uebel zu kämpfen. —

Meine Londoner Erfahrungen bestimmen mich dazu,
*mich jetzt für einige Jahre vom öffentlichen Musikmachen
gänzlich zurückzuziehen:* dieses Conzert-Dirigiren muss
ein Ende haben. Mögen sich ja die Züricher Herren um
meinetwillen nicht in Kosten stecken! Ich bedarf jetzt

---

¹) Professor der englischen Sprache in Zürich.

alles inneren Gleichgewichtes, um mein grosses Werk zu vollenden, das mir leicht — so fürchte ich — unter diesem ewigen, beleidigenden Contact mit dem Unzureichenden und Ungenügenden, als eine groteske Chimäre verleidet werden könnte.

— Um sich aufzuheitern, denken Sie hübsch darüber nach, wieviel Fugen in meinem Londoner Oratorium vorkommen sollen, ob Lord Jesus weisse oder schwarze Glacé - Handschuhe tragen, und ob Magdalena einen Blumenstrauss oder Fächer halten soll? Sind Sie hierüber ganz mit sich einig, so wollen wir dann weiter dran denken. —

Heute habe ich das 4te Conzert:[1]) die A-Dur Symphonie (die jedenfalls lange nicht so gut als in Zürich gehen wird) und dazu viel schöne Dinge, die ich wohl nie mehr in meinem Leben aufführen zu müssen glaubte. Doch zu Allem stärkt mich das sichre Wissen davon, dass diess — zum letzten Mal gewesen sein wird. —

Schönen Gruss an Otto, dem ich bestens für seinen letzten freundlichen Brief danke: macht es ihm durchaus Spass, so schreibe ich ihm noch einmal. Kommt Marie[2]) noch nicht bald zu Ihnen? —

Morgen nach dem Conzert schreibe ich an meine Frau: sie wird Ihnen dann nichts sonderliches zu berichten haben.

Auch schönen Gruss an Myrrha![3]) Leben Sie wohl und — heiter!

London 30. April 55.

---

[1]) Vgl. das Programm bei Glasenapp II, 2, 85. Das Konzert fand am 2. Mai statt.

[2]) Schwester von Frau Wesendonk, der der Züricher Vielliebchen-Walzer (vgl. Musik I, S. 1939) gewidmet ist; Glasenapp II, 2, 51 und 468.

[3]) Tochter von Frau Wesendonk.

Vgl. zu dem obigen Briefe auch die Briefe an Otto Wesendonk vom März, 5. April und 22. Mai 1855, sowie die an Sulzer (Neujahrsblatt der Musikgesellschaft in Zürich 1903). Zur Londoner Reise überhaupt vgl. das III. Kapitel bei Glasenapp II, 2.

7. [8. Juli 1855]

Ich fürchte, mein guter, alter, treuer Freund — mein Peps[1]) — wird mir heute sterben. Es ist mir unmöglich, das arme Thier im Sterben zu verlassen. Sind Sie uns böse, wenn wir Sie bitten, heute ohne uns zu speisen? Wir bleiben jedenfalls noch bis Mittwoch da: somit holen wir das heute versäumte nach.

Gewiss lachen Sie mich nicht aus, wenn ich weine?

Ihr

Sonntag früh.   R. W.

8.
Beste Freundin!

Meine Frau theilt mir heute einen guten Einfall mit, der mich bestimmt, Ihnen eine recht grosse Bitte vorzutragen.

Es handelt sich darum, noch einen Versuch zu machen, ob ich das Bodmer'sche Grundstück,[2]) im Seefeld bei Zürich, auf Lebenszeit zur Miethe erhalten kann. Gelänge es, so wäre ich der Sorgen um ein eigenes Grundstück überhoben, und gegen eine blosse Miethe käme ich zu demselben Genuss, den ich suche. Diess Grundstück ist gegenwärtig an eine Familie Trümpler als Sommerwohnung vermiethet; es käme daher darauf an, Bodmers zu bestimmen, diesen älteren Miethern freundschaftlich zu kündigen, und dagegen mir auf Lebenszeit, oder vielleicht auf zehn Jahre das Grundstück zu überlassen.

Soviel wir wissen, ist es für Trümplers mehr ein Herkommen, als ein Bedürfniss, das Bodmersche Grundstück zu beziehen, und wenn Bodmers selbst g e r n es uns überliessen, so zweifle ich nicht, dass es ihnen nicht schwer fallen wird, Trümplers zum Zurücktritt zu bewegen. Daher kommt es eben nur darauf an, Bodmers

---

[1]) Vgl. Glasenapp II, 2, 99.
[2]) Vgl. hierzu die Briefe an Otto Wesendonk vom 29. Juli, 7. August, 1. und 10. Sept. 1856.

ernstlich für meinen Wunsch zu gewinnen, und meine Frau, der ich aufgetragen, vorläufig mit Frau Bodmer sich zu vernehmen, wünscht die Hülfe eines Dritten, der jener Dame alles dasjenige Empfehlende sagen soll, was weder sie, noch ich sagen kann: und zu dieser dritten Person hält meine Frau vor Allem Sie, verehrte Freundin, geeignet. Somit ergeht an Sie die herzliche Bitte, an Frau Bodmer zu schreiben, und sie für mich zu gewinnen zu suchen. Dazu — meint meine Frau — dürfte es gut sein, wenn Sie der Dame meine grosse Noth und mein Bedürfniss, eine ruhige, ländliche Wohnung, wie ihr Grundstück es bietet, recht zu Gemüth führten, vielleicht auch — so meint meine Frau — sie etwas bei der Eitelkeit fassten, und sie darauf aufmerksam machten, dass es ihnen gewiss Ehre bringen könnte, wenn sie mir für meine weiteren Kunstschöpfungen ein förderndes Asyl auf ihrem Grund und Boden verschafften. —

Was meinen Sie? Wollen Sie es übernehmen? —

Gern möchte ich bei meiner bevorstehenden Rückkehr nach Zürich die Angelegenheit, die mich jetzt so dringend beschäftigt, recht weit zur Entscheidung gebracht sehen, damit ich schnell den nöthigen Entschluss fassen dürfte.

Glauben Sie wohl, dass es mich freuen würde, auch Ihnen in Bern guten Tag sagen zu können?

Viele herzliche Grüsse von

Ihrem

Mornex.   Richard Wagner.
   11. August 56.

9.   [September 1856]

Allergetreueste Beschützerin
der Künste!

Meine Schwester[1]) muss das Bette hüten: ist Ihnen

---

[1]) Klara Wolfram, geb. Wagner, war im August 1856 auf Besuch in Zürich.

nicht dieselbe Nothwendigkeit auferlegt, so bitte ich Sie,
über das frei gewordene Couvert zu disponiren, wenn
nicht es zu ersparen, (was in theuren Zeiten und bei
der Seiden-Missernte wohl in Betracht zu ziehen wäre!)
Im ersteren Falle aber schlage ich (unmassgeblich) Boohm[1])
vor. —

Ihr

R. W.

Ich habe viel Noth im Hause, weil Sie gestern vom
Rienzi despectirlich gesprochen hätten! —[2])

---

[1]) Wilhelm Baumgartner, Leiter eines Gesangvereins und Komponist, gest. 1867. Frau Wesendonk verweist hier auf Gottfried Kellers
schönes Gedicht, gesprochen am Schweiz. Musikfeste 1867.

[2]) Frau Wesendonk hatte mit Wärme und Begeisterung f ü r
Rheingold und Walküre gesprochen, entgegen der Zumutung Frau
Minna's, welche glaubte, die Rückkehr zur Oper im Stile des Rienzi
empfehlen zu müssen! — In diesem Zug tritt der entscheidende
Grund der Entfremdung zwischen Wagner und seiner Frau, die seiner
künstlerischen Entwicklung nicht zu folgen vermochte, hervor. Vgl.
Glasenapp II, 1, 409.

Zürich

1853—1858.

(Briefe und Zettel ohne bestimmbare Zeitangabe.)

10.

Herr und Madame Wesendonk sind zu Sonntag Mittag freundlichst von uns eingeladen.

u. A. w. g.

Familie Wagner.

11.

Da Herr und Madame Wesendonk mit uns nicht mehr auf dem vertrauten Fusse leben wollen, dass Sie ohne Einladung uns einmal Abends besuchten, so muss man wohl schon etwas officiöser anfragen, ob Dieselben vielleicht heute sich entschliessen könnten, uns unvermuthet zu überraschen, oder — falls gewisse Professoren ihre Gelehrsamkeit grade heute an den Mann und die Frau zu bringen haben — ob wir morgen eine solche Surprise zu erwarten haben dürften?

12.

Meine in der Küche beschäftigte Frau lässt Ihnen rathen, den Wagen zu nehmen, den Sie ja selbst bei

gutem Wetter zu benutzen gewusst hätten.   Auch wäre
es in unsrer Wohnung ausserordentlich warm. —

Wodurch Ihnen angedeutet werden soll, dass wir Sie
noch nicht aufzugeben Lust hätten.

13.

Zur Nachricht: —

Mittwoch: Othello
Ira Aldridge.[1])

Bei Zeiten Billets zu bestellen.

(Besten guten Morgen)

R. W.

14.

Wenn die Familie Wesendonk den Heinrich aus dem
Hotel Baur daran wenden will, kann sie auch meine Frau
aus dem Theater mitbekommen; sonst muss sie mit mir
allein vorlieb nehmen.

Uebrigens kann ich auch Englisch.

R. W.

15.

An die

hochgeehrte Familie
Wesendonk
(Myrrha, Guido, Karl etc.)

Ich will's doch nicht dem guten Glücke überlassen,
ob Sie heute Abend bei uns einsprechen, sondern mich
dieses guten Glückes versichern, indem ich Sie darum
bitte. Semper und Herwegh erwarte ich. Also — hübsch
bei Zeiten!

R. W. Lazarus.

16.

Freitag früh.

Herwegh's haben sich zu heut Abend bei uns an-
gesagt.

---

[1]) Der Negerschauspieler (1805—67), der seit 1852 als Othello-
darsteller Europa bereiste.

Glauben Sie von den Anstrengungen der letzten Einladungen dabei sich ausruhen zu können, so würde es uns sehr freuen, wenn Sie sich entschlössen an unsrer Unterhaltung theilzunehmen.

Besten Gruss!

R. W.

17.

Schönen Dank für die freundliche Einladung, der ich aber leider nicht werde nachkommen können! —

Leben Sie wohl!

18.

Werden Sie bei diesen Witterungsaussichten und Westwinden reisen? —

Blosse Frage.[1]

Ihr
R. W.

19.

Gewiss bedarf es keiner Erwähnung, dass meine gestrige Anfrage wegen einer Spatzierfahrt heute keiner Antwort bedürfe?

R. W.

20.

Herrin!

Frau Heim[2]) kann vor Dienstag nicht singen, — also Morgen (wenn Sie den Spectakel bei sich haben wollen) einfacher Klavier-Abend.

Ich sehe Sie bald!

Ihr
R. W.

---

[1]) Man hatte einen gemeinsamen Ausflug nach Glarus, Stachelberg und in das Muotta-Tal verabredet.

[2]) Frau Emilie Heim, Gattin des Musikdirektors Ignatz Heim, Glasenapp II, 2, 14 u. 124.

21.

Alles in Ordnung. Kommen Sie ein wenig herüber zum letzten Act der Walküre?

Ich — hoffe. —

22.

An die ganze Familie
Wesendonk.

Kinder, bekomme ich Euch heute nicht noch ein wenig zu sehen? Ich bin besser auf als gestern.

R. W.

23.

Damit man nicht bei Ihnen wieder in die Lage kommt, schöne Märchen schlecht erzählen zu müssen, deponire ich im Hause Wesendonk beifolgendes Exemplar; denn schwarz auf weiss ist etwas Herrliches. —

Sie sehen, Sie werden mich noch nicht sobald los: ich niste mich in Ihrem Hause so ein, dass, wenn Sie es selbst abbrennen, aus dem geretteten Hausrathe Ihnen eine sehr bekannte Stimme zurufen wird:

„'s war Zeit, dass wir 'raus kamen!"[1]

24.

Allerbesten guten Morgen!

Sehen Sie sich doch ein wenig dieses Buch[2] durch: es ist geistlos geschrieben, und man ist genöthigt Alles zu überspringen, wo sich der Verfasser irgend selbst mit seinem eigenen Urtheile herausmachen zu müssen glaubt; doch sind die Nachrichten, namentlich aus der Pariser Periode Gluck's, sehr interessant, und nebenbei hat dieser leidenschaftliche, und doch dabei ganz durch sich befriedigte, bis zur Eitelkeit beruhigte Gluck, mit seinem

---

[1] Deutsche Sagen, hrsg. von den Brüdern Grimm 1816, No. 72.
[2] Biographie Glucks von A. Schmid 1852.

grossen, erworbenen Vermögen, und in seinem gestickten Hofkleide, bei hohem Alter, etwas sehr Amüsantes, Erheiterndes. —

Ueberschlagen Sie nur anfänglich viel!

25.

Macht es Ihnen vielleicht Spass, zu sehen, was mein Weimarischer Regierungsrath[1]) über mein Gedicht zusammengebraut hat?

Verschiedene Andeutungen, die ich ihm gemacht, sind von ihm mit wunderlicher Treue mitten unter seinen eigenen Gallimathias geworfen, wodurch die Sache ziemlich amüsant wird.

Viel Vergnügen wünscht Ihr

        sehr unvergnügter

                R. W.

26.

Ich schicke zum Buchbinder, und möchte den „Stern"[2]) u. s. w. mit binden lassen. Brauchen Sie ihn zunächst noch?

27.

Hier die Musikzeitung und ein Brief der Fürstin Wittgenstein, den ich mir, wenn Sie ihn gelesen, wieder zurück erbitte.

Die besten Grüsse von meiner Frau soll ich ausrichten.

                R. W.

28.

Da lernen Sie einen recht liebenswürdigen Menschen[3]) kennen.

Guten Morgen!

---

[1]) Franz Müller. Sein Tannhäuserbuch erschien 1853, sein Ringbuch erst 1862 im Druck. Vielleicht ist ein Zeitungsaufsatz Müllers gemeint.

[2]) „Stern von Sevilla" von Lope de Vega.

[3]) Es war nicht festzustellen, wem diese Empfehlung galt.

Villa Wesendonk und Asyl in Zürich.

Alexander Duncker, Verlag, Berlin.

Lichtdruck von Albert Frisch

29.
　　　　Madame Wesendonk.

　　Schönen Dank! — Ich habe noch immer etwas Fieber und bin recht matt, denke aber doch noch heute von der schönen Luft etwas zu geniessen.

　　Besten Gruss! 　　　　　　　　　　　　R. W.

30.

　　Nach einer wundervollen, mit fast zehnstündigem Göthischen Schlafe gesegneten Nacht, wünsche ich heitren, seligen guten Tag, schicke den Schack,[1]) und verspreche zu Abend recht schön vorzulesen, wenn Herr Otto nichts dawider hat.

31.

　　Hier ist der Lampenschirm. Möge er zum Schnee rosig erdämmern!

　　Ich habe eine recht erträgliche Nacht gehabt. Und wie schlief sich's in Wahlheim?[2])

　　Schönsten Gruss!

32.
　　　　Allerbesten guten Morgen!

　　Es geht so passabel. — Schönsten Dank für Alles Gute! — Ich denke, ich gehe stolz zu Fuss in die Probe. Wenn es aber sein muss, nehme ich den Wagen für $^1/_4$ vor 2 Uhr an. Sie kommen dann schnell nach. —

　　Gestern wollte ich das Beiliegende schicken!

　　　　Auf Wiedersehen!

33.

　　Zum allerbesten habe ich nicht geschlafen, und war soeben schwankend, ob ich trotz Vischer und Eis, heut' kommen würde. Nun denke ich aber doch ein Stündchen noch einzusprechen.

---

[1]) F. Graf v. Schack, Geschichte der dramatischen Literatur in Spanien. 1845—54.

[2]) Der Name wohl aus Goethes Werther.

Ich hab' viel auf dem Herzen, — und Alles ist doch wieder nur das Eine, ohne das ich Aermster keine Stätte auf dieser Welt mehr hätte. Diess Eine!

Tausend Grüsse.

34.
Danke! Gut geschlafen, — es muss gehen! — Und das Eine! —

Schönsten Gruss!

35.
Ach, das schöne Kissen! Aber zu zart! So müd' und schwer mir oft auch der Kopf, wagt' ich ihn doch nie drauf zu legen, selbst nicht in der Krankheit; — höchstens im Tode! Dann mag ich mein Haupt aber einmal so recht behaglich betten, als ob ich ein Recht dazu hätte! Sie sollen mir dann das Kissen unterbreiten. — Da haben Sie mein Testament!

R. W.

36.
Und meine liebe Muse bleibt mir noch fern? Schweigend harrte ich ihres Besuches; durch Bitten wollte ich sie nicht beunruhigen. Denn die Muse, wie die Liebe, beglückt nur freiwillig. Wehe dem Thoren, wehe dem Lieblosen, der, was sich freiwillig ihm nicht ergiebt, mit Gewalt erzwingen will! Sie lassen sich nicht zwingen. Nicht wahr? Nicht wahr? Wie könnte die Liebe noch Muse sein, liesse sie sich zwingen?

Und meine liebe Muse bleibt mir fern? —

Zürich

im Asyl.

(Ende April 1857—17. August 1858.)

~&~

37.

> Glückliche Schwalbe, willst du brüten,
> Dein eignes Nest bau'st du dir aus;
> Will ich zum Brüten Ruh' mir hüten,
> Ich kann's nicht bau'n, das stille Haus!
> Das stille Haus von Holz und Stein —
> Ach, wer will meine Schwalbe sein?

38.

Madame Mathilde Wesendonk.

[Mai 1857]

Schönsten Dank für die herrlichen Blumen! Der alte Stock, wohlgepflegt, steht noch in aller Pracht, drum hüt' ich ihn noch. — Gut, dass ich gestern den Akt[1]) noch fertig machte und abschickte. Heute hätte ich nicht arbeiten können; der Catarrh hat sich vermehrt, und etwas Fieber verlässt mich nicht. Sonst geht's gut — und hell! Und wie geht's denn im Nachbarlande? —

---

[1]) Siegfried I, dessen Skizze am 20. Januar 1857 und dessen Partitur im Mai 1857 fertig wurde.

39.

21. Mai 57.

Meinem Landesvater habe ich nichts zu sagen: wenn
er sich unterstehen wollte, mich in meinem Schwalben-
neste zu besuchen, würde ich ihm die Thüre weisen. —
Seine Farbe ist weiss und grün; diess für Baur.[1] —

Die Muse beginnt mich zu besuchen: kündigt mir
diess die Gewissheit Ihres Besuches an? Das erste, was
ich fand, war eine Melodie, die ich erst gar nicht unter-
zubringen wusste, bis auf einmal dazu die Worte mir aus
der letzten Scene des Siegfried kamen. Ein gutes Zeichen.
Gestern ging mir auch der Anfang des 2. Actes auf, und
zwar als — Fafners Ruhe, der ich ein humoristisch ge-
müthliches Moment abgewann. Das sollen Sie alles näher
erfahren, wenn morgen die Schwalbe kommt, ihren Bau
zu besichtigen.

Rich. Wagner.

40.

[Anfang Juli 1857]

Mir ist, als hätten wir vergessen, Sie gehörig zu Sonntag Abend einzuladen: erlauben Sie, das Versäumte hiermit nachzuholen! Sie wissen, es handelt sich um ein
Sulzerfest.[2] Auch soll ich Sie benachrichtigen, dass der
Thee um 7 Uhr getrunken wird.

Hoffentlich sehen wir Sie mit Herrn Kutter,[3] den
wir von unsrer Seite ebenfalls angelegentlichst einzuladen
bitten, recht pünktlich erscheinen.

Zu Ihrer persönlichen Genugthuung theile ich Ihnen
auch mit, dass ich seit letzthin Abend nicht wieder habe

---

[1] Im Hotel Baur wurde König Johann von Sachsen erwartet, und
Herr Baur hatte angefragt wegen der Landesfarbe des Monarchen, um
einige Tage Flaggen aufzuziehen.

[2] Dr. J. Sulzer, damaliger Stadtschreiber an der Regierung in
Zürich. Briefe Wagners an ihn sind im Neujahrsblatt der Züricher
Musikgesellschaft 1903 veröffentlicht.

[3] Geschäftsfreund Wesendonks (Firma Kutter-Luckemeyer in
New-York).

arbeiten können; Calderon ist jedoch zur Ruhe verwiesen.
— Devrient[1] lässt sich Ihnen freundlichst empfehlen.
Ausserdem steht die Welt noch, Fafner lebt, und Alles
bleibt beim Alten.

41.

[September 1857?]
Ich bin nicht wohl und werde den Geburtstag[2] meiner
Frau vermuthlich im Hausarrest feiern müssen.
Für Ihre Güte herzlichen Dank!

42.

1. October 1857.
So, lieber Freund, da haben Sie auch Ihren ersten
Miethzins von mir. Mit der Zeit hoffe ich's dahin zu
bringen, Ihnen die wirkliche Miethentschädigung bieten
zu können: vielleicht ist's nicht gar fern mehr; dann sollen
Sie sagen —
            „Hei, unser Held Tristan,
            wie der Zins zahlen kann!!" —

Und so für heute, wie für immer, noch meinen herzlichsten Dank für alles Gute und Freundliche, was Sie
mir erwiesen!
                                Ihr
                            Richard Wagner.

43.

[Oct. 1857.]
            „Die Morold schlug, die Wunde,
            sie heilt' ich, dass er gesunde"
                    u. s. w.

                            ist heut' vortrefflich ge-
rathen — ich muss sie Ihnen nachher vorspielen!

_____

[1] Devrient besuchte Wagner Anfang Juli 1857, vgl. Glasenapp II,
2, 150 f.
  [2] 5. September.

44. [Dez. 1857.]

Das grosse Ausbruchs-Duett zwischen Tristan und Isolde ist über alle Maassen schön ausgefallen. —
Soeben in grosser Freude darüber.

45. [Dez. 1857]

Am 30. November 1857 schrieb Richard Wagner die Musik zu dem Liede:
„In der Kindheit frühen Tagen."
4. Dezember 1857 den ersten Entwurf zu:
„Sag' welch' wunderbare Träume?"
5. Dezember 1857 die zweite Fassung der „Träume".
17. Dezember 1857 „Schmerzen"; *mit einem zweiten etwas verlängerten Schluss. Hierauf folgte bald ein dritter Schluss und darunter standen die Worte:*
„Es muss immer schöner werden!"
„Nach einer schönen, erquickenden Nacht war beim „Erwachen mein erster Gedanke diess verbesserte Nach-„spiel: wir wollen sehen, ob es Frau Calderon gefällt, „wenn ich es heute einmal in der Tiefe hören lasse." —
22. Februar 1858 „Sausendes, brausendes Rad der Zeit". —
1. Mai 1858 „Im Treibhause" ¹). —
Alle fünf Lieder sind später bei Schotts Söhnen in Mainz herausgekommen durch des Meisters eigenste Verfügung. — Vor ihrer Veröffentlichung wurden die „Träume" *und* „im Treibhause" *von ihm selbst benannt:* „Studien zu Tristan und Isolde". —

46. [Dez. 1857?]

Da ist noch eine Winterblume für den Weihnachtbaum, voll lauter süssem Honigstoff, ohne das mindeste Gift.

---

¹) Die oben mitgeteilten Bemerkungen stammen von Frau Wesendonk. Glasenapp II 2, 169 gibt für ,Stehe still' den 21. Februar und II 2, 179 für das ,Treibhaus' den 21. Mai 1858 an.

47.

> Hochbeglückt,
> Schmerzentrückt,
> frei und rein
> ewig Dein —
> was sie sich klagten
> und versagten,
> Tristan und Isolde,
> in keuscher Töne Golde,
> ihr Weinen und ihr Küssen
> leg' ich zu Deinen Füssen,
> dass sie den Engel loben,
> der mich so hoch erhoben!

Am Sylvester 1857[1]   R. W.

48.

[Februar 1858]

Den Soden[2]) habe ich auch schon — ungebunden, und bald disponibel.

Das ganze Verzeichniss kannte ich schon durch Schulthess.[3])

Vielleicht wäre noch der Band mit Kaiser Otto in Florenz etc. lesenswerth.

Ausserdem scheinen mir die Richard'schen[4]) Uebersetzungen dem Stoffe nach nicht uninteressant.

Denken wir doch auch an die Novellen des Cervantes — ich habe sie selbst schon einmal besessen.

Im Uebrigen kann ich noch einige Zeit mit meinem Vorrath aushelfen; ich — lese wenig.

---

[1]) Mit den Skizzen des ersten Tristanaufzuges.
[2]) J. Graf von Soden übersetzte 1820 Dramen von Lope de Vega.
[3]) Züricher Buchhändler.
[4]) C. Richard, romantische Dichtungen von Lope de Vega, 1824/8. Die Büchertitel beziehen sich auf Wagners Calderonstudien im Winter 1857/8; vgl. Glasenapp II, 2, 164 und die Artikel Spanien, Calderon, Cervantes, Lope de Vega in Glasenapps Wagner-Enzyklopädie.

Besten Dank für Iphigenie!

Hierbei etwas aus Strassburg, aber keine Gänseleber-
pastete.[1]

Unsren Gott zum Gruss!

Sehen wir uns heute Abend vielleicht?

49.   [Frühjahr 1858?]

Schönsten guten Tag!

Meine arme Frau ist recht krank geworden; somit
nehme ich die Einladung zu morgen für mich allein an.

Vermuthlich sind Sie heute nicht zu Haus, sonst hätte
ich gegen Abend nachgefragt.

Bei mir ist Alles recht trübe und grau, trotz der zu-
nehmenden „Frohmüthigkeit" der Zimmer.

Hoffentlich geht es bei Ihnen recht gut und Sie feiern
den Ostertag in Wonne!

Viel Grüsse an das Haus!

Ihr

R. W.

50.   [Frühjahr 1858]

Mir geht es passabel. Wie geht es der eifrigen
Schülerin des de Sanctis?[2]

Danke vorläufig für den Cervantes. Ich will mich so
allmählich wieder für die Arbeit stimmen. Mir winkt
der 2te Act.[3]

Sehen wir uns heute?

---

[1] Theaterzettel aus Straßburg, vom 15. Januar 1858:
Aujourd'hui le Fou par Amour par M. M. Bourgeois et A. Dennery.
Le spectacle commencera
par Ouverture de Tannhäuser, Musique de R. Wagner.
Vgl. hierzu Glasenapp II, 2, 170 f.
[2] Francesco de Sanctis, italienischer Gelehrter (1818—83), damals
Professor am Polytechnikum in Zürich.
[3] Tristan, in der Kompositionskizze am 4. Mai 1858 begonnen.

51.   [Frühjahr 1858]

Soeben las ich den heiligen „Ferdinand", [1]) und musste
ihn sehr schön und rührend finden. Vielleicht liegt es
in meiner Stimmung. Wäre mir sicher in diesem Jahre
der Tod prophezeit, ich würde es als das weihevollste
und glücklichste meines Lebens geniessen. Nur die Ungewissheit, wie lange uns noch zu leben bestimmt sei,
macht uns schwankend und sündhaft; doch jene Gewissheit müsste mich vollständig heiligen. — Wie wäre sie zu
erwerben, die ich so heiss ersehne? —

52.   [Juni 1858]
       Madame Mathilde Wesendonk.

Da ist mein kleiner musikalischer Hauskobold; [2]) finde
er gütige Aufnahme!

53.   [Juli 1858?]

Welche wundervolle Geburt unsres schmerzenreichen
Kindes! So müssten wir doch leben? Von wem wäre
zu verlangen, dass er seine Kinder verliesse? —
       Gott stehe uns bei, uns Armen!
       Oder sind wir zu reich?
       Müssen wir uns einzig selbst helfen? —[3])

54a.   [Sommer 1858]

Der Brief — wie hat er mich nun traurig gemacht!
Der Dämon zieht aus einem Herzen in das andre. Wie
ihn bewältigen? O, wir Armen! Wir sind nicht unser
eigen. Dämon, werde Gott! —
       Der Brief hat mich traurig gemacht. — Gestern schrieb
ich an unsre Freundin. Wohl kommt sie nächstens herein. —
       Dämon! Dämon! Werde Gott!

---

[1]) von Calderon.
[2]) Carl Friedrich Tausig, der ausgezeichnete Klavier-Virtuose und
Komponist. Vgl. Glasenapp II, 2, 180 ff.
[3]) Mit den Skizzen zu Tristan.

54 b. Parzival

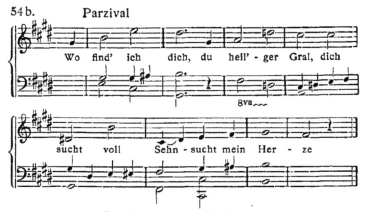

Wo find' ich dich, du heil' - ger Gral, dich

sucht voll Sehn - sucht mein Her - ze

Du liebes irrendes Kind!
Sieh, das wollte ich eben aufschreiben, als ich
Deine schönen, edlen Verse fand![1]

55.   [Sommer 1858][2]
                                           Dinstag früh.

Gewiss erwartest Du nicht, dass ich Deinen wunder-
schönen, herrlichen Brief unbeantwortet lasse? Oder sollte
ich für das edelste Wort das schöne Recht der Erwide-
rung mir versagen müssen? Wie aber könnte ich Dir
erwidern, als Deiner würdig? —

Die ungeheuren Kämpfe, die wir bestanden, wie
könnten sie enden, als mit dem Siege über jedes Wünschen und Begehren?

Wussten wir nicht in den wärmsten Augenblicken
der Annäherung, dass diess unser Ziel sei? —

Gewiss! Nur weil es so unerhört und schwierig,
war es eben nur nach den härtesten Kämpfen zu erreichen.
Haben wir nun aber nicht alle Kämpfe ausgekämpft?
Oder welche könnten uns noch bevorstehen? — Wahrlich,
ich fühle es tief: sie sind zu Ende! —

Als ich vor einem Monate Deinem Manne meinen Entschluss kund gab, den persönlichen Umgang mit Euch
abzubrechen, hatte ich Dir — entsagt. Doch war ich

---

[1]) Das Notenblatt (vgl. Faksimile am Schluß des Bandes) lag mit
Brief 54a in einem Umschlag, muß aber wohl selbständig gezählt werden.
[2]) Urschrift fehlt.

hierin noch nicht ganz rein. Ich fühlte eben nur, dass nur eine vollständige Trennung, oder — eine vollständige Vereinigung unsre Liebe vor den schrecklichen Berührungen sichern konnte, denen wir sie in den letzten Zeiten ausgesetzt gesehen hatten. Somit stand dem Gefühle von der Nothwendigkeit unsrer Trennung die — wenn auch nicht gewollte — aber gedachte Möglichkeit einer Vereinigung gegenüber. Hierin lag noch eine krampfhafte Spannung, die wir Beide nicht ertragen konnten. Ich trat zu Dir, und klar und bestimmt stand es vor uns, dass jene andre Möglichkeit einen Frevel enthalte, der selbst nicht gedacht werden durfte.

Hierdurch erhielt aber die Nothwendigkeit unsrer Entsagung von selbst einen andren Charakter: der Krampf wich einer mild versöhnenden Lösung. Der letzte Egoismus schwand aus meinem Herzen, und mein Entschluss, Euch wieder zu besuchen, war jetzt der Sieg der reinsten Menschlichkeit über die letzte Regung eigensüchtigen Sehnens. Ich wollte nur noch versöhnen, lindern, trösten — erheitern, und somit auch mir das einzige Glück zuführen, das mir noch bereitet sein kann. —

So tief und schrecklich, wie in den vergangenen letzten Monaten, habe ich nie zuvor in meinem Leben empfunden. Alle früheren Eindrücke waren inhaltlos gegen diese letzten. Erschütterungen, wie ich sie bei jener Katastrophe erlitt, mussten mir tiefe Spuren eingraben; und konnte etwas noch den grossen Ernst meiner Stimmung steigern, so war es der Zustand meiner Frau.[1] Während zwei Monaten sah ich jeden Tag der Möglichkeit der Nachricht von ihrem plötzlichen Tode entgegen; denn diese Möglichkeit hatte mir der Arzt andeuten müssen. Alles um mich athmete Todesduft; all mein Vorwärts- und Rückwärtsblicken traf auf Todesvorstellungen, und das Leben — als solches — verlor für mich seinen letzten Reiz. Zur äussersten Schonung gegen die Unglückliche angehalten, musste ich dennoch den Entschluss zur

[1] Glasenapp II, 2, 178 f.

Zerstörung unsres soeben erst gegründeten letzten häuslichen Herdes fassen, und, zu ihrer grössten Bestürzung, ihr diesen endlich mittheilen. —

Mit welchem Gefühle glaubst Du wohl, dass ich in dieser schönen Sommerzeit dieses reizende, so ganz und einzig meinen Wünschen und einstigen Bestrebungen entsprechende Asyl mir überblickte, wenn ich am Morgen das liebe Gärtchen durchwanderte, dem gedeihenden Blumenflor zusah und die Grasemücke belauschte, die sich im Rosenbäumchen ihr Nest gebaut hatte? Und was dieses Losreissen vom letzten Anker für mich hiess, das sage Dir selbst, die Du meinen Sinn so innig kennst, wie keines!

Floh ich schon einst vor der Welt, wähnst Du, ich könnte nun wieder in sie zurückkehren? Jetzt, wo Alles bis zum äussersten zart und empfindlich in mir geworden ist durch die immer längere Entwöhnung von aller Berührung mit ihr? Noch meine letzte Begegnung mit dem Grossherzog von Weimar[1]) zeigte mir deutlicher als je, dass ich nur noch in der allerbestimmtesten Unabhängigkeit gedeihen kann, so dass ich jede Möglichkeit irgend einer einzugehenden Verpflichtung, selbst gegen diesen wirklich nicht unliebenswürdigen Fürsten, innerlichst von mir abweisen musste. Ich kann — kann der Welt mich nicht wieder zuwenden; in einer grossen Stadt dauernd mich niederlassen, ist mir undenkbar; und — soll ich dagegen wieder an die Gründung eines neuen Asyles, eines neuen Herdes denken, nachdem ich diesen, kaum genossen, hinter mir zertrümmern musste, den Freundschaft und edelste Liebe in diesem reizenden Paradiese mir gründeten? O nein! — Von hier fortgehen, ist gleichbedeutend für mich mit — untergehen!

Ich kann nun, mit diesen Wunden im Herzen, mir keine Heimath wieder zu gründen versuchen! —

Mein Kind, ich kann mir nur noch ein Heil denken, und diess kann nur aus der innersten Tiefe des Herzens,

---

[1]) Glasenapp II, 2, 180.

nicht aber aus irgend einer äusseren Veranstaltung kommen. Es heisst: Ruhe! Ruhe der Sehnsucht! Stillung jedem Begehren! Edle, würdige Ueberwindung! Leben für Andre, für Andre — zum Troste für uns selbst! —

Du kennst jetzt die ganze ernste, entscheidende Stimmung meiner Seele; sie bezieht sich auf meine ganze Lebens-Anschauung, auf alle Zukunft, auf Alles was mir nahe steht, — und so auch auf Dich, die Du mir das Theuerste bist! Lass mich nun noch auf den Trümmern dieser Welt des Sehnens — Dich beglücken! —

Sieh', nie in meinem Leben, in irgend einem Verhältnisse war ich je aufdringlich, sondern stets von fast übertriebener Empfindlichkeit. Nun will ich denn Dir zum erstenmale aufdringlich erscheinen und bitte Dich, über mich recht innerlich ruhig zu sein. Ich werde Euch nicht oft besuchen, denn Ihr sollt mich fortan nur noch sehen, wenn ich sicher bin, Euch ein heit'res ruhiges Gesicht zu zeigen. — Sonst suchte ich wohl im Leiden und Sehnen Dein Haus auf: dorthin, von wo ich mir Trost holen wollte, brachte ich Unruhe und Leiden. Das soll nicht mehr sein. Siehst Du mich daher längere Zeit nicht mehr, so — bete für mich im Stillen! — Denn dann, wisse, dass ich leide! Komme ich aber dann, so sei sicher, dass ich Euch eine holde Gabe meines Wesens ins Haus bringe, eine Gabe, wie es vielleicht nur mir verliehen ist zu spenden, mir, der so viel und willig litt. —

Wahrscheinlich, ja — gewiss, tritt nun auch nächstens, ich vermuthe schon Anfang Winters, die Zeit ein, wo ich für länger mich ganz von Zürich entferne; meine nun bald erwartete Amnestie wird mir Deutschland wieder erschliessen, wohin ich periodisch zurückkehre, um das Einzige mir zu ersetzen, was ich hier mir nicht bereiten konnte. Dann werde ich Euch oft lange nicht mehr sehen. Aber dann wieder in das nun mir so traut gewordene Asyl zurückkehren, um mich auszuruhen von Plage und unvermeidlichem Aerger, reine Luft zu athmen, und neue Lust zum alten Werke zu fassen, für das mich nun einmal die

29

Natur auserwählt hat, — diess wird dann immer, wenn Ihr es mir vergönnt, der sanfte Lichtblick sein, der dort mich aufrecht erhält, der süsse Trost, der hier mir winkt.

Und — hättest Du dann mir keine höchste Lebens-Wohlthat erwiesen? Ich dankte Dir nicht das Einzige, das auf dieser Erde mir noch dankenswerth erscheinen kann? Und ich sollte nicht zu lohnen suchen, was Du mit so unsäglichen Opfern und Leiden mir errungen? —

Mein Kind, die letzten Monate haben mir an den Schläfen das Haar merklich gebleicht; es ist eine Stimme in mir, die mit Sehnsucht mir nach Ruhe ruft, — nach der Ruhe, die ich vor langen Jahren schon meinen fliegenden Holländer sich ersehnen liess. Es war die Sehnsucht nach — „der Heimath" —, nicht nach üppigem Liebesgenuss! Ein treues, herrliches Weib nur konnte ihm diese Heimath erringen. Lass' uns diesem schönen Tode weihen, der all' unser Sehnen und Begehren birgt und stillt! Lass uns selig dahinsterben, mit ruhig verklärtem Blick und dem heiligen Lächeln schöner Ueberwindung! Und — keiner soll dann verlieren, wenn wir — — siegen!

Leb' wohl, mein lieber heiliger Engel!

56.   [August 1858?]
            It must be so!
                                                    R. W.

57.   [August 1858.]
        Lebwohl! Lebwohl, Du Liebe!
Ich scheide mit Ruhe. Wo ich sei, werde ich nun ganz Dein sein. Suche mir das Asyl zu erhalten. Auf Wiedersehen! Auf Wiedersehen! Du liebe Seele meiner Seele! Leb' wohl — auf Wiedersehen! —

Tagebuch

17. August 1858 — 4. April 1859.

(Venedig, Luzern.)

Tagebuch

seit meiner Flucht aus dem Asyl

17. August 1858.

Genf.

21. August.

Die letzte Nacht im Asyl legte ich mich nach 11 Uhr
ins Bett: andren Morgens um 5 Uhr sollte ich abreisen.
Ehe ich die Augen schloss, ging es mir lebhaft durch
die Seele, wie ich mich sonst immer an dieser Stelle in
Schlaf gebracht durch die Vorstellung, eben da würde
ich einst sterben: so würde ich liegen, wenn Du zum
letzten mal zu mir trätest, wenn Du offen vor Allen mein
Haupt in Deine Arme schlössest, und mit einem letzten
Kusse meine Seele empfängest! Dieser Tod war mir die
holdeste Vorstellung, und sie hatte sich ganz an der
Localität meines Schlafzimmers ausgebildet: die Thüre
nach der Treppe zu war geschlossen, Du tratest durch
die Gardine des Arbeitszimmers; so schlangest Du Deinen
Arm um mich; so auf Dich blickend starb ich. — Und
wie nun? Auch diese Möglichkeit zu sterben war mir
entrückt? Kalt, und wie gejagt, verliess ich diess Haus,
in welchem ich mit einem Dämon eingeschlossen war,
den ich nicht mehr bannen konnte als durch die Flucht.
— Wo — wo werde ich nun sterben? — — So ent-
schlief ich. —

Aus bangen Träumen erweckte mich da ein wunderbares Rauschen: mit dem Erwachen fühlte ich deutlich einen Kuss auf meiner Stirn: — ein schriller Seufzer folgte. Das war so lebhaft, dass ich auffuhr und um mich blickte. Alles still. Ich zündete Licht an: es war kurz vor 1 Uhr, am Ende der Geisterstunde. Hatte ein Geist in dieser bangen Stunde bei mir Wache gestanden? Wachtest Du oder schliefst Du um diese Zeit? — Wie war es Dir? — Kein Auge konnte ich nun wieder schliessen. Lange quälte ich mich vergebens im Bett, bis ich endlich aufstand, mich vollständig ankleidete, den letzten Koffer schloss, und nun, auf und abgehend, bald auf dem Ruhebett mich ausstreckend, bang den Tag erwartete. Er erschien diesmal später, als ich es von schlaflosen Nächten im vergangenen Sommer her gewöhnt war. Schamroth kroch die Sonne hinter dem Berge hervor. — Da blickte ich noch einmal lange hinüber. — O Himmel! Mir kam keine Thräne; aber mir war es, als erblichen alle Haare meiner Schläfe! — Nun hatte ich Abschied genommen. Jetzt war alles kalt und sicher in mir. — Ich ging hinunter. Dort erwartete mich meine Frau. Sie bot mir den Thee. Es war eine schreckliche, jämmerliche Stunde. — Sie begleitete mich. Wir stiegen den Garten hinab. Es war ein prachtvoller Morgen. Ich sah mich nicht um. — Beim letzten Abschied brach meine Frau in Jammer und Thränen aus. Zum ersten Male blieb mein Auge trocken. Noch einmal redete ich ihr zu, sich mild und edel zu zeigen und sich christlichen Trost zu gewinnen. Die alte rachsüchtige Heftigkeit loderte abermals in ihr auf. — Sie ist unrettbar! musste ich mir sagen. Doch — rächen kann ich mich an der Unglücklichen nicht. Sie selbst muss ihr Urtheil vollziehen. — So war ich furchtbar ernst, bitter und traurig. Doch — weinen konnte ich nicht. — So reiste ich fort. Und siehe! — ich leugne es nicht: mir ward wohl, ich athmete frei. — Ich ging in die Einsamkeit: da bin ich heimisch; dort in der

Einsamkeit, wo ich mit jedem Athemzuge Dich lieben darf! — —

Hier habe ich nun noch keinen Menschen gesprochen, ausser Diener. Selbst Karl Ritter habe ich geschrieben, er möge mich nicht besuchen. Dass ich nicht sprechen darf, thut mir so wohl. — Dein Tagebuch las ich vorm ersten Schlafengehen seit meiner Abreise. Dein Tagebuch! Diese holden, tiefen Züge Deines Wesens! — Ich schlief gut.

Andren Tags bezog ich eine Wohnung, die ich wochenweise miethete. Ich bin da still und ungestört, sammle mich und warte, bis die Hitze vorüber, um nach Italien gehen zu können Den ganzen Tag bin ich zu Hause. —

Gestern schrieb ich an meine Schwester Kläre,[1]) die Du vor zwei Jahren kennen lerntest. Sie wollte brüderlichen Aufschluss von mir; meine Frau hatte ihr geschrieben und sich angekündigt. Ich deutete ihr an, was Du mir seit sechs Jahren warest und bist: welchen Himmel Du mir bereitetest, und mit welchen Opfern und Kämpfen Du mich beschütztest; und wie diess Wunderwerk Deiner edlen, hohen Liebe nun so roh und plump angetastet worden sei. Ich weiss, sie versteht mich: sie ist eine enthusiastische Natur in etwas vernachlässigter Schale. Ein wenig Aufklärung musste ich nach jener Seite geben. Aber, wie mir Herz und Seele erbebte, als ich diess schrieb, und Deine hohe, edle Reinheit mit zarten Zügen schildern durfte! — Gewiss, wir werden Alles, Alles vergessen und verschmerzen, und nur ein Hochgefühl wird bleiben, das Bewusstsein, dass hier ein Wunder vorging, das die Natur nur in Jahrhunderten einmal webt, das ihr so edel aber vielleicht noch nie gelang. Lass' allen Schmerz! Wir sind die Glücklichsten! Mit wem wollten wir tauschen? —

---

[1]) Der Brief wurde in der Täglichen Rundschau vom 23. Sept. 1902 veröffentlicht. Vergl. auch die Einleitung, wo er wieder abgedruckt ist.

23. August. 5 Uhr Morgens.

Ich sah Dich im Traume auf der Terasse: Du warst
in Männerkleidung und hattest eine Reisemütze auf dem
Kopfe. Du spähtest nach der Richtung, in welcher ich
verreist war; ich aber nahte von der entgegengesetzten:
so wandtest Du den Blick immer von mir ab, und ich
suchte vergebens, Dir meine Nähe anzuzeigen, bis ich
denn leise rief: Mathilde! dann lauter, immer lauter, bis
mein Schlafzimmer davon erklang, und ich vom eigenen
Rufen erwachte. — Als ich dann wieder ein wenig zum
Einschlafen und Träumen kam, las ich Briefe von Dir,
die mir eine Jugendliebe bekannten; Du hattest dem Geliebten entsagt, doch priesest Du mir seine guten Eigenschaften; ich wurde dabei wie einer genommen, der Dich
eben nur trösten sollte, — was mich etwas verdross.
Ich wollte diesen Traum nicht weiter aufkommen lassen,
und stand auf, um diese Zeilen zu schreiben. — Den
Tag über hatte ich heftige Sehnsucht gehabt, und eine
schmerzliche Lebensungeduld hatte sich meiner wieder
bemächtigt. —

24. August.

Gestern fühlte ich mich tief elend. Warum noch
leben? Warum leben? Ist es Feigheit — oder Muth? —
Warum dieses unermessliche Glück, um so gränzenlos
unglücklich zu sein? — — Die Nacht hatte ich dann
guten Schlaf. — Heute ging es besser. — Ich habe mir
hier ein schönes Portefeuille zum Verschliessen machen
lassen, eigens um Deine Andenken und Briefe darin zu
verwahren: es kann sehr viel fassen, und was da hinein
kommt, wird bösen Kindern nicht wieder herausgegeben.
Desshalb sieh Dich recht vor, was Du mir noch sendest:
Du bekommst nichts davon wieder — als nach meinem
Tode, wenn Du mir es nicht mit ins Grab geben willst.

— Morgen reise ich nun gerade nach Venedig. Es treibt
mich dahin, wo ich mich nun still nieder zu lassen gedenke. Das Reisen an sich ist mir höchst zuwider. —
Heute waren es acht Tage, dass ich Deine Terrasse zum
letzten mal sah! —

Venedig den 3. September.

Gestern schrieb ich Dir und unsrer Freundin.[1]) So
lange war ich durch die Reise und meine hiesige Einrichtung abgehalten. Nun soll das Tagebuch recht regelmässig besorgt werden. — Die Reise ging über den
Simplon. Die Berge, namentlich das lange Walliser
Thal, drückten mich. Eine schöne Stunde verbrachte
ich auf der Gartenterrasse der Isola bella. Ein wundervoll sonniger Morgen. Ich kannte diesen Platz und entliess sogleich den Gärtner, um da allein zu bleiben. Es
kam eine schöne Ruhe und Erhebung in mich, so schön
— dass sie nicht lang dauern konnte. Doch, was mich
erhob, was bei mir und in mir war, das dauerte: das
Glück, von Dir geliebt zu sein!

In Mailand nur Nachtaufenthalt. Am 29. August
Nachmittags in Venedig angekommen. Auf der Fahrt
den grossen Canal entlang zur Piazetta melancholischer
Eindruck und ernste Stimmung: Grösse, Schönheit und
Verfall dicht neben einander. Doch erquickt durch die
Reflection, dass hier keine moderne Blüthe, somit keine
geschäftige Trivialität vorhanden. Marcusplatz von zau-
berischem Eindruck. Eine durchaus ferne, ausgelebte
Welt: sie stimmt zu dem Wunsch der Einsamkeit vor-
trefflich. Nichts berührt unmittelbar als reales Leben;
Alles wirkt objectiv, wie ein Kunstwerk. Ich will hier
bleiben, — und somit werde ich es. — Am andren
Tag, nach langer Ueberwindung Wohnung genommen am

---

[1]) Frau Wille. Die Briefe sind nicht vorhanden.

grossen Canal, in einem mächtigen Palast, in dem ich
für jetzt noch ganz allein bin. Weite, erhabene Räume,
in denen ich nach Belieben umher wandle. Da mir die
Wohnung, als das Gehäuse meines Arbeitsmechanismus',
so wichtig, verwende ich alle Sorgfalt darauf, sie mir nach
Wunsch herzurichten. Um den Erard habe ich sofort
geschrieben. Er muss in meinem grossen, hohen Palast-
saale wundervoll klingen. Die grosse, durchaus eigenthümliche Stille des Canales stimmt mir vortrefflich. Erst
Abends 5 Uhr verlasse ich die Wohnung, um zu speisen;
dann Promenade nach dem öffentlichen Garten; kurzer
Aufenthalt auf dem Marcusplatz, der durchaus theatralisch
anregt durch seine ganz besondre Eigenthümlichkeit und
das mir ganz fremde, mich gänzlich unberührende, nur
die Phantasie zerstreuende Menschengewoge. Gegen
9 Uhr Heimkehr in der Gondel; treffe die Lampe angezündet und lese ein wenig bis zum Schlaf. —

So wird mein Leben äusserlich dahin fliessen, und
so ist es mir recht. Leider ist bereits mein hiesiger
Aufenthalt bekannt; doch ein für alle mal habe ich Ordre
gegeben, Niemand zu empfangen. — Diese Einsamkeit,
hier fast einzig mir möglich, — und zwar so angenehm
möglich, schmeichelt mir und meinen Hoffnungen. —
Ja! Ich hoffe, für Dich zu genesen! Dich mir erhalten,
heisst mich meiner Kunst erhalten. Mit ihr — Dir zum
Troste leben, das ist meine Aufgabe, diess stimmt mit
meiner Natur, meinem Schicksale, meinem Willen, —
meiner Liebe. So bin ich Dein; so sollst auch Du durch
mich genesen! Hier wird der Tristan vollendet — allem
Wüthen der Welt zum Trotz. Und mit ihm, darf ich,
kehre ich dann zurück, Dich zu sehen, zu trösten, zu
beglücken! So steht es vor mir, als schönster heiligster
Wunsch. Nun wohlan! Held Tristan, Heldin Isolde!
helft mir! helft meinem Engel! Hier sollt ihr ausbluten,
hier sollen die Wunden heilen und sich schliessen. Von
hier soll die Welt die erhabene, edle Noth der höchsten
Liebe erfahren, die Klagen der leidenvollsten Wonne. Und

hehr wie ein Gott, heil und klar sollst Du mich dann
wiedersehen, Deinen demüthigen Freund!

· · · · · · · · · · · ·

5. September.

Diese Nacht war ich schlaflos und wachte lange.
Mein süsses Kind meldet mir nicht, wie es ihm geht?
— Wunderbar schön der Canal zur Nacht. Helle Sterne,
letztes Mondviertel. Eine Gondel gleitet vorbei. Aus
der Ferne rufen Gondoliere singend sich an. Diess ist
ausserordentlich schön und erhaben. Die Stanzen des
Tasso sollen dazu nicht mehr rezitirt werden; die Melodien sind aber jedenfalls uralt, so alt als Venedig, und
gewiss älter als die Stanzen des Tasso, die man ihnen
seinerzeit jedenfalls nur angepasst hat. Somit hat sich in
der Melodie das ewig ächte erhalten, während die Stanzen
wie ein vorübergehendes Phänomen in ihr aufgenommen
und endlich verschlungen worden sind. Diese tief melancholischen Melodien, mit tönender, mächtiger Stimme gesungen, von der Ferne über das Wasser hergetragen, in
noch weiterer Ferne verhallend, haben mich erhaben bewegt. Herrlich! —[1])

6. September.

Gestern sah ich die Ristori als Maria Stuart. Vor
einigen Tagen sah ich sie zuerst als Medea, worin sie
mir sehr gefiel, ja — einen ziemlich bedeutenden Eindruck machte. Ungemeine Virtuosität, und eine bisher
von mir noch nicht in dieser Vollendung gekannte Sicherheit der Gebärde im wechselnden Affekt. Was ich im
Voraus vermisste, da es übrigens der Medea fremd zu
bleiben hatte, das erkannte ich nun aber deutlich als
Hauptmangel ihrer Kunst, da es in Maria Stuart uner-

---

[1]) Vgl. Gesammelte Schriften 9, 92 in der Beethovenschrift.

lässlich gefordert wird. Hier ist Idealität, Enthusiasmus, tiefe, schwärmerische Wärme nöthig. Es war demüthigend, wie kläglich die *Künstlerin* hier erlag, und ich fühlte mit einigem Stolze die Bedeutung und Höhe der deutschen Kunst, als ich mich entsann, dass ich schon von mehreren deutschen Schauspielerinnen gerade diese Aufgabe sehr erwärmend, ja hinreissend hatte ausführen sehen; während die Ristori, im jähen Abspringen von raffinirter Prosa zu fast animalisch plastischem Affekt, zeigte, dass sie die Auf-. gabe nicht entfernt nur ahnte, geschweige denn ihr gewachsen war. Es war wahrhaft kläglich und tief verstimmend. Dieser ideale Nerv der deutschen Kunst ist es aber, der meine Musik, und durch sie meine Dichtung möglich macht. Wie fern stehen diese französisch-italienischen Evolutionen dagegen von allem ab, was ich je ersinnen kann! Und doch wirkt unbewusst das ideale Element dann hinreissend auf Italiener und Franzosen selbst, wenn es von aussen her auf sie eindringt, so dass ich es durchaus nicht etwa nur als eine spezifisch deutsche Charakter-Einseitigkeit gelten lassen darf. Ich habe das selbst an den Wirkungen meiner Aufführungen an Einzelnen erfahren. — Worin besteht nun aber der Unterschied zwischen der gemeinten Idealität und jenem realistischen Spiele des Affectes? Sieh Dir die Scene im dritten Akt der Maria Stuart an, wo sie im Garten die Freiheit begrüsst, und denke, dass die Ristori hier das meiste, ja fast alles ausliess, was nicht, als Ausgang zu einer Pointe des Hassgefühles gegen Elisabeth, ihr Anlass zur Entwicklung ihres rapid wechselnden Affectenspieles gab. — Doch, das wird Dir es nicht ganz klar machen. Gewiss aber weisst Du schnell was ich meine, wenn ich Dich an unsre Liebe erinnere. . . . . . .

7. September.
Heute schrieb mir Frau Wille. Es waren die ersten Nachrichten, die ich über Dich erhielt. Du sei'st ge-

fasst, ruhig und entschlossen, die Entsagung durchzuführen! Aeltern, Kinder — Pflichten. —

Wie mich das in meiner heilig, ernst-heitren Stimmung
doch fremd anklang! —

Dachte ich an Dich, nie kamen mir Aeltern, Kinder
und Pflichten in den Sinn: ich wusste nur, dass Du mich
liebtest, und dass alles Erhabene in der Welt unglücklich
sein muss. Von dieser Höhe aus erschreckt es mich,
genau bezeichnet zu sehen, Was uns unglücklich macht.
Ich sehe Dich dann plötzlich in Deinem prächtigen Hause,
sehe alles Das, höre alle Die, denen wir ewig unverständlich bleiben müssen, die fremd — uns nahe sind, um
ängstlich das Nahe von uns fern zu halten. Und mich
fasst Grimm, sagen zu sollen: Diesen, die nichts von
Dir wissen, nichts von Dir begreifen, aber Alles von Dir
wollen, sollst Du Alles opfern! — Ich kann und mag das
nicht sehen und hören, wenn ich mein Erdenwerk würdig
vollenden soll! Nur aus dem Tiefsten des Inneren kann
ich die Kraft gewinnen, aber — von Aussen regt mich
Alles zur Bitterkeit auf, was sich meiner Entschlüsse bemächtigen will. —

Du hoffst mich den Winter einige Stunden in Rom zu
sehen? Ich fürchte — Dich nicht sehen zu können! Dich
sehen, — und zur behaglichen Zufriedenheit eines Andren
dann von Dir scheiden, — ob ich das jetzt schon kann?
Wohl nicht! —

Auch keine Briefe willst Du? —

Ich habe Dir geschrieben, und — hoffe sicher, mit
diesem Briefe nicht zurückgewiesen zu werden; — ja,
ich bin Deiner Antwort gewiss! —

Fort mit diesen thörigen Vorstellungen! — Ich hoffe. —

8. Sept.

        „O blinde Augen!
        Blöde Herzen!"

10. Sept.

Gestern war ich recht krank, hatte Fieber. Abends erhielt ich auch einen neuen Brief von Frau Wille: — darin ward mir mein Briefchen an Dich — uneröffnet zurückgeschickt. —

Das hätte doch nicht geschehen sollen! — Das nicht! —

Heute habe ich noch nichts für das Tagebuch. Nicht Gedanken, — nur Gefühle. Die sollen erst zur Klarheit kommen. —

Dass Du Dich erholst und kräftig fühlst, ist mein Trost! Auch habe ich noch einen Trost, der fast einer Rache ähnlich sieht: — Du wirst einst auch diesen zurückgewiesenen Brief[1] lesen, — und fühlen, welch graunvolles Unrecht mir mit dieser Zurückweisung gethan! — Und es ist mir doch schon so ähnlich recht oft geschehen. —

11. Sept.

Ach! — eine unmittelbare Ansprache von Dir! Drei Worte — nichts weiter! —

Vermittler, und wären es die verständnissvollsten, vertrautesten, können doch nichts ersetzen. Wie schwer ist es, dass Zwei ganz sich verstehen: wie nothwendig ist es selbst hierzu, dass diese bei der Mittheilung glücklichgleicher Stimmung sind, wie doch nur das vollste Gefühl der ganzen Liebes-Gegenwart sie hervorbringt. Der Dritte bleibt doch immer fern. Wer wollte sich und seine besondere Stellung so ganz verläugnen können, dass er nur Antheil an zwei Anderen wäre? Dass Frau Wille sich, ganz für sich, nicht dazu verstehen zu dürfen glaubt, Dir Briefe von mir zuzustellen, muss ich begreiflich finden. Da kann ja nicht mehr auf den Inhalt gesehen werden,

---

[1] Der Brief ist nicht vorhanden.

nicht beachtet, wie beruhigend, wie nöthig daher solche Mittheilungen sind; — genug, es sind Briefe, und sie kann und muss vielleicht Anstand nehmen, sie zuzustellen. Was kann sonst überhaupt auch die „Freundin" rathen? Doch nur, was ihre Stellung zu Allen Betheiligten ihr ermöglicht, und gewiss im besten, edelsten Sinne ermöglicht? — Aber — sie handelte auch nach Deinem Wunsche! Also — eine Religion zwischen uns? —

Genug heute! — Ruhe! Ruhe! —

13. September.

Ich war so traurig, dass ich selbst dem Tagebuche nichts anvertrauen wollte. Da kam heute Dein Brief — der Brief an Frau Wille. — Dass Du mich liebst, wusste ich wohl: Du bist auch wie immer gut, tief und sinnig; ich musste lächeln, und fast über mein letztes Ungemach mich freuen, da Du mir nun ein solch' edles Wohlgefühl bereitest. Ich verstehe Dich, — auch da, wo ich Dir ein leises Unrecht gebe, — denn gegen mich ist alles Unrecht, was mir als Abwehr der Zudringlichkeit gelten muss. Ich dächte doch, ich hätte wieder zu allerletzt durch diesen schrecklichen Fortgang von Zürich bewiesen, dass ich — weichen kann, und darf somit Zweifel an meinem resignirenden Zartgefühl als unverdiente, tiefe Kränkungen empfinden. — Doch wozu jetzt das noch? — Die erhabene Schönheit meiner Stimmung war zerstört; sie muss sich *nun mühsam erst wieder erheben*. Verzeihe *mir*, wenn ich noch strauchle! — Ich will wieder heiter sein, — so gut es geht. An Frau Wille werde ich bald auch schreiben; aber auch mit den Briefen an sie will ich mässig sein. Gott! es ist nun einmal Alles so schwer, und das Höchste gewinnt sich doch nur durch Mässigung. — Ja! es ist gut, und wird Alles gut werden. Unsre Liebe ist über jedes Hinderniss erhaben, und jede Hemmung macht uns reicher, geistvoller, edler, und immer mehr auf den Inhalt und auf das Wesen unsrer Liebe gerichtet, immer gleichgültiger gegen das Unwesentliche. Ja, Du Gute, Reine, Holde! wir werden siegen, — wir sind schon mitten im Siege. —

16. Sept.

Da bin ich wohl und heiter. Dein Brief erfreut mich immer noch. Wie ist doch alles von Dir so sinnig, schön und lieblich! — Fast dünkt mich nun unser persönliches Schicksal gleichgültig. Innerlich ist ja Alles so rein, unsrem Wesen und der Nothwendigkeit zugleich so ganz angemessen. Mit diesem schönen Gefühle wünsche ich mich nun meiner Arbeit wieder zuzuwenden, und erwarte den Flügel. Der Tristan wird noch viel kosten; ist er aber einmal ganz beendigt, so dünkt es mich, als ob dann eine wunderbar-bedeutende Lebensperiode bei mir abgeschlossen sein müsste, und ich dann mit neuem Sinne, ruhig, klar und tief bewusst in die Welt, und durch die Welt zu Dir auf schauen würde. Darum drängt es mich jetzt auch so sehr nach der Arbeit. —

Einstweilen habe ich allerhand fatale und weitschweifige Correspondenzen, die meine Zeit fortnehmen; aber immer erquickst Du mich dabei, und ganz wunderherrlich hilft Dir Venedig, mich zu erheitern. Zum ersten Male athme ich diese immer gleiche, wonnige, reine Luft; die zauberhafte Beschaffenheit des Ortes hält mich in einem melancholisch-freundlichen Zauber, der seine Macht noch immerfort wohlthätig übt. Wenn ich des Abends eine Gondelfahrt nach dem Lido mache, umtönt es mich wie solch' ein langgehaltener weicher Geigen-Ton, den ich so liebe, und mit dem ich Dich einst verglich; nun kannst Du ermessen, wie mir da im Mondlicht auf dem Meere zu Muthe ist! —

18. September.

Heut' vor'm Jahre vollendete ich die Dichtung des Tristan, und brachte Dir den letzten Akt. Du geleitetest mich nach dem Stuhl vor dem Sopha, umarmtest mich, und sagtest: „nun habe ich keinen Wunsch mehr!" —

An diesem Tage, zu dieser Stunde wurde ich neu geboren. — Bis dahin ging mein Vor-Leben: nun begann mein Nach-Leben. In jenem wundervollen Augenblicke lebte ich allein. Du weisst, wie ich ihn genoss? Nicht aufbrausend, stürmisch, berauscht; sondern feierlich, tief durchdrungen, mild durchwärmt, frei, wie ewig vor mich hinschauend. — Von der Welt hatte ich mich, schmerzlich, immer bestimmter losgelöst. Alles war zur Verneinung, zur Abwehr in mir geworden. Schmerzlich war selbst mein Kunstschaffen; denn es war Sehnsucht, ungestillte Sehnsucht, für jene Verneinung, jene Abwehr — das Bejahende, Eigene, Sich-mir-vermählende zu finden. Jener Augenblick gab es mir, mit einer so untrüglichen Bestimmtheit, dass ein heiliger Stillstand sich meiner bemächtigte. Ein holdes Weib, schüchtern und zagend, warf muthig sich mitten in das Meer der Schmerzen und Leiden, um mir diesen herrlichen Augenblick zu schaffen, mir zu sagen: ich liebe Dich! — So weihtest Du Dich dem Tode, um mir Leben zu geben; so empfing ich Dein Leben, um mit Dir nun von der Welt zu scheiden, um mit Dir zu leiden, mit Dir zu sterben. — Nun war der sehnsüchtige Zauber gelöst! — Und diess Eine weisst Du auch, dass ich seitdem nie mehr im Zwiespalt mit mir war. Verwirrung und Qual konnte über uns kommen; selbst Du konntest vom Trug der Leidenschaft hingerissen werden: — ich aber — das weisst Du! — ich blieb mir nun stets gleich, und meine Liebe zu Dir konnte nie, durch keinen noch so schrecklichen Augenblick, mehr ihren Duft, ja nur ein zartes Stäubchen dieses Duftes verlieren. Alle Bitterkeit war mir geschwunden; ich konnte irren, mich leidend, gequält fühlen, aber immer blieb es mir licht, und klar wusste ich immer, dass Deine Liebe mein Höchstes sei, und ohne sie mein Dasein ein Widerspruch mit sich selbst sein müsste. —

Dank Dir, du holder, liebevoller Engel! —

23. September.

Das Trinkgeschirr und die Tasse ist angekommen. Das war einmal wieder das erste freundliche Zeichen von Aussen. Was sag' ich? „von Aussen?" Wie kann mir etwas von Aussen kommen, das mir von Dir kommt? Und doch, — es kommt da aus der Ferne her; aus der Ferne, wo jetzt meine Nähe ist. Nun hab' tausend Dank, Du erfindungsreiches, liebes Wesen! So schweigend, wie sagen wir uns deutlich, was uns so unaussprechlich ist? —

26. Sept.

Selbst zum Tagebuch komme ich jetzt nicht, so widerwärtig viel Briefe voll Sorgen und Besorgungen habe ich zu befördern. Wie thörig bin ich doch! Diese stete, unedle Sorge für's Leben, — und im Grunde einen so tiefen Ekel vor dem Leben, das ich mir immer nur künstlich zurecht legen muss, um es nicht stets in seiner Widerlichkeit vor mir zu sehen! Wer da immer wüsste, was zwischen mir und meiner endlich möglichen Arbeitsruhe liegt! — Doch, ich will aushalten, denn ich muss. Ich gehöre nicht mir, und meine Leiden und Bekümmernisse sind die Mittel eines Zweckes, der all' dieser Leiden spottet. Straff! Straff! — es muss sein! —

29. Sept.

Nun kommt der abnehmende Mond erst spät. Als er in seiner Fülle war, hat er mir schöne Tröstungen bereitet durch angenehme Empfindungen, deren ich bedurfte! Ich fuhr nach Sonnenuntergang auf der Gondel ihm regelmässig dem Lido zu entgegen. Der Kampf zwischen Tag und Nacht war stets ein wundervolles Schauspiel am reinen Himmel. Rechts, mitten im dunkelrosigen Aether blinkte traulich hell der Abendstern; der Mond, in voller Pracht, warf sein funkelndes Netz nach mir im Meere aus. Nun wandt' ich ihm zur Heimkehr den Rücken. Dem Blicke, der dahin schweifte, wo Du weilest, von wo Du nach dem Monde sahest, trat, dicht über dem verwandten Siebengestirn,[1] ernst und hell, mit wachsendem Lichtschweife, der Komet entgegen. Mir hatte er nichts Schreckendes, wie mir überhaupt nichts mehr Furcht einflösst, weil ich so gar kein Hoffen, gar keine Zukunft mehr habe; ich musste sogar recht ernst über die Scheu der Leute vor dem Erscheinen solchen Gestirnes lächeln, und wählte es mit einem gewissen übermüthigen Trotze zu meinem Gestirn. Ich sah in ihm nur das Ungewöhnliche, Leuchtende, Wunderbare. Bin ich so ein Komet? Brachte ich Unglück? — War das meine Schuld? — Ich konnte ihn nicht mehr aus den Augen verlieren. Schweigend und ruhig langte ich an der lustig erleuchteten, ewig heiter durchwogten Piazzetta an. Dann geht es den ernsten melancholischen Kanal hinab: links und rechts herrliche Paläste: Alles lautlos: nur das sanfte Gleiten der Gondel, das Plätschern des Ruderschlages. Breite Mondesschatten. An dem stummen Palaste wird ausgestiegen. Weite Räume und Hallen, von mir allein noch bewohnt. Die Lampe brennt; ich nehme das Buch zur Hand, lese wenig, sinne viel. Alles still. — Da Musik auf dem Canal: eine buntbeleuchtete Gondel mit Sängern und Musikern: mehr und immer mehr Kähne mit Zuhörern schliessen sich an: die ganze Breite des Canals schwimmt das Geschwader, kaum bewegt, sanft gleitend, dahin. Schöne Stimmen, passable Instrumente, tragen Lieder vor. Alles ist Ohr. — Da endlich biegt es, kaum merklich, um die Ecke und verschwindet noch unmerklicher. Lange noch höre ich, von der Nachtstille veredelt und verklärt, die Töne, die als Kunst mich nicht wohl fesseln könnten, hier aber zur Natur geworden. Alles verstummt endlich: der letzte Klang löst sich wie in das

---

[1] Wagners selbstgewähltes Familienwappen; Glasenapp III, 1, 169 und 444.

Mondlicht auf, das, wie die sichtbar gebliebene Klangwelt, sanft fortleuchtet. —

Nun hat der Mond abgenommen. —

Ich bin nicht ganz wohl seit einigen Tagen: die Spazierfahrt am Abend musste ich einstellen. Mir ist nichts verblieben, als die Einsamkeit, und mein zukunftsloses Dasein! —

Auf dem Tisch vor mir liegt ein kleines Bild. Es ist das Porträt meines Vaters, das ich Dir nicht mehr zeigen konnte, als es ankam. Es zeigt ein edles, weiches, leidend sinnendes Gesicht, das mich unendlich rührt. Mir ist es sehr werth geworden. — Wer zu mir tritt, vermuthet zunächst gewiss das Bild einer geliebten Frau zu treffen. Nein! Von der habe ich kein Bild. Aber ihre Seele trage ich in meinem Herzen. Da schaut hinein, wer's kann! — Gute Nacht! —

30. September.

Heute erlebte ich viel. Da erfuhr ich von der Sorge meiner Lieben um mich, und ein gar schöner Brief lag bei. Ich hab' ihn beantwortet,[1] so gut es ging, traurig und froh, wie mir's zu Muth war! —

.   .   .   .

Ich habe wieder einen rechten Abscheu vor den jugendlichen Ehen bekommen; ausser bei ganz unbedeutenden Personen, ist mir noch keine begegnet, in der mit der Zeit nicht ein tiefer Irrthum zu Tage kam. Welches Elend dann! Seele, Charakter, Anlagen — Alles muss verkümmern, wenn nicht ausserordentliche, und dann doch nur sehr leidenvolle, neue Beziehungen hinzutreten. So ist doch Alles recht jammervoll um mich herum; was nur irgend von einiger Bedeutung ist, leidend und hülflos: und nur das Unbedeutende will sich durchaus des Daseins freuen. Doch was kümmert das Alles die Natur? Die

---

[1] Vgl. den Brief an Frau Wille vom 30. Sept. 1858.

geht ihren blinden Zwecken nach und will durchaus nur die Gattung: d. h. immer von Neuem leben, immer wieder anfangen, breit, breit — recht breit; das Individuum, dem sie alle Schmerzen des Daseins aufbürdet, ist ihr eben ein Sandstäubchen in dieser Breite der Gattung, das sie jeden Augenblick, eben wenn sie nur recht auf die Gattung hält, tausend- und millionenfach ersetzen kann! O, ich höre es ungern, wenn wer sich auf die Natur beruft: bei Edlen ist es edel gemeint, aber eben deshalb etwas Anderes darunter verstanden; denn die Natur ist herz- und fühllos, und jeder Egoist, ja jeder Grausame, kann sich mit mehr Sicherheit und Verständniss auf sie berufen, als der Gefühlvolle. — Was ist nun solch' eine Ehe, die wir in taumelnder Jugend auf die erste Regung des Gattungstriebes hin für das Leben eingehen? Und wie selten werden Aeltern durch ihre eigene Erfahrung weise; sondern, wenn sie selbst endlich aus dem Elend sich in das Behagen gerettet haben, wissen sie nichts mehr davon, und lassen gedankenlos ihre Kinder wieder in dasselbe Geleise sich stürzen! — Doch ist es hier, wie mit Allem in der Natur: sie bereitet dem Individuum Elend, Tod und Verzweiflung, muss ihm aber überlassen, sich aus ihnen zu erheben, bis ihm die höchste Resignation gelingt: — das kann sie nicht wehren; sie sieht dann erstaunt zu, und sagt sich vielleicht: „hätte ich das eigentlich gewollt?" —

Ich bin noch nicht recht wohl, hoffe aber viel von dieser Nacht, wenn ich in ihr sanft schlafe. Das gönnst Du mir wohl? — Gute Nacht! —

1. October.

Vor kurzem fiel mein Blick von der Strasse in den Laden eines Geflügelhändlers; gedankenlos übersah ich die aufgeschichtete, sauber und appetitlich hergerichtete Ware, als, während seitwärts Einer damit beschäftigt war, ein Huhn zu rupfen, ein Andrer soeben in einen Käfig

griff, ein lebendes Huhn erfasste und ihm den Kopf ab-
riss. Der grässliche Schrei des Thieres, und das klägliche,
schwächere Jammern während der Bewältigung, drang mit
Entsetzen in meine Seele. — Ich bin diesen so oft schon
erlebten Eindruck seitdem nicht wieder los geworden. —
Es ist scheusslich, auf welchem bodenlosen Abgrund des
grausamsten Elendes unser, im Ganzen genommen, doch
immer genusssüchtiges Dasein sich stützt! Es ist dies
meiner Anschauung von je her so deutlich gewesen, und
ist ihr, bei zunehmender Sensibilität, immer gegenwärtiger
geworden, dass ich den gerechten Grund aller meiner
Leiden eigentlich darin erkenne, dass ich Leben und
Streben immer noch nicht mit Bestimmtheit aufgeben
kann. Die Folge davon muss sich in Allem zeigen, und
mein oft unbegreiflich wechselvolles, nicht selten dem
Liebsten bitter begegnendes Benehmen, ist nur aus diesem
Zwiespalte erklärlich. Wo ich entschiedenes Behagen,
oder die Tendenz, sich ein solches zu bereiten, wahrnehme, wende ich mich mit einem gewissen inneren
Grauen ab. Sobald mir ein Dasein leidlos, und sorgsam
auf Fernhaltung des Leidens bedacht erscheint, kann ich
es mit unersticklicher Bitterkeit verfolgen, weil es mir so
fern der eigentlichen Lösung der Aufgabe des Menschen
steht. So habe ich, ohne Neid zu empfinden, einen in-
stinktiven Hass gegen Reiche empfunden: ich gebe zu,
dass auch sie trotz ihres Besitzes nicht glücklich zu nennen
sind; aber sie haben die recht ersichtliche Tendenz, es
sein zu wollen; und das entfernt mich so von ihnen. Sie
halten sich mit raffinirter Absicht vom Leibe, was ihrer
möglichen Mitempfindung das Elend zeigen könnte, auf
dem all ihr gewünschtes Behagen beruht, und dies Einzige trennt mich um eine ganze Welt von ihnen. Ich
habe mich darin beobachtet, dass ich mit sympathisch
drängender Gewalt zu jener andren Seite hingezogen
werde, und alles mich ernst nur in so fern berührt, als
es mir Mitgefühl, das ist: Mit-Leiden, erweckt. Dieses
Mitleiden erkenne ich in mir als stärksten Zug meines

moralischen Wesens, und vermuthlich ist dieser auch der
Quell meiner Kunst.

Was nun aber das Mitleiden charakterisirt, ist, dass
es in seinen Affectionen durchaus nicht von den individuellen Beschaffenheiten des leidenden Gegenstandes bestimmt wird, sondern eben nur durch das wahrgenommene
Leiden selbst. In der Liebe ist es anders: in ihr steigern
wir uns bis zur Mit-Freude, und die Freude eines Individuum's können wir nur theilen, wenn dessen besondre
Eigenschaften uns im höchsten Grade angenehm und
homogen sind. Unter gemeinen Persönlichkeiten ist diess
eher und leicht möglich, weil hier die rein geschlecht-
lichen Beziehungen fast ausschliesslich thätig sind. Je
edler die Natur, desto schwieriger diese Ergänzung zur
Mit-Freude: dann, gelingt sie, aber auch das Höchste! —
Dagegen kann das Mitleiden sich dem gemeinsten und
geringsten Wesen zuwenden, einem Wesen, welches ausser
seinem Leiden durchaus nichts Sympathisches, ja in dem,
woran es sich zu freuen im Stande ist, sogar nur Anti-
pathisches für uns hat. Der Grund hiervon ist jedenfalls
ein unendlich tiefer, und, erkennen wir ihn, so sehen wir
uns hierdurch über die eigentlichen Schranken der Persönlichkeit erhoben. Denn wir begegnen in unsrem so
ausgeübten Mitleiden dem Leiden überhaupt, abgesehen
von jeder Persönlichkeit.

Um sich gegen die Gewalt des Mitleidens abzu-
stumpfen, bringt man gemeinhin vor, dass niedrere
Naturen ja erwiesener Maassen das Leiden selbst bei
weitem schwächer, als eben bei der höheren Organisation
es der Fall ist, empfinden; ganz mit dem Grade der er-
höhten Sensibilität, die ja erst zum Mitleiden befähigt, nehme
auch erst das Leiden an Realität zu: unser an niedrere
Naturen verwendetes Mitleiden sei daher Verschwendung,
Uebertreibung, ja Verzärtelung der Empfindung. — Diese
Meinung beruht aber auf dem Grundirrthume, aus dem
alle realistische Weltanschauung hervorgeht; und hier
gerade zeigt sich der Idealismus in seiner wahrhaft mora-

lischen Bedeutung, indem er uns jene als egoistische Bornirtheit aufdeckt. Es handelt sich hier nicht darum, was der Andere leidet, sondern was i c h leide, wenn ich ihn leidend weiss. Wir kennen ja alles ausser uns Existirende nur in so weit, als wir es uns vorstellen, und wie ich es mir vorstelle, so ist es für mich. Veredle ich es, so ist es, weil ich edel bin, fühle ich sein Leiden als ein tiefes, so ist es, weil ich tief fühle, indem ich sein Leiden mir vorstelle, und wer dagegen es sich gering vorstellen mag, zeigt dadurch eben nur, dass er selbst gering ist. Somit macht mein Mitleiden das Leiden des andren zu einer Wahrheit, und je geringer das Wesen ist, mit dem ich leiden kann, desto ausgedehnter und umfassender ist der Kreis, der überhaupt meiner Empfindung nahe liegt. — Hierin liegt aber auch der Zug meines Wesens, der Andren als Schwäche erscheinen kann. Ich gebe zu, dass einseitiges Handeln dadurch sehr aufgehalten wird; aber ich bin mir gewiss, dass, wenn ich handle, ich dann meinem Wesen angemessen handle, und jedenfalls nie absichtlich Jemand Leid zufüge. Für alle meine Handlungen kann mich aber einzig nur noch diese Rücksicht bestimmen: Andren so wenig wie möglich Leiden zu verursachen. Hierin finde ich mich ganz mit mir einig, und nur so kann ich hoffen, Andren auch Freude zu machen: denn es giebt keine wahre, ächte Freude, als die Uebereinstimmung im Mitleiden. Diese kann ich aber nicht erzwingen: das muss mir aus der befreundeten eigenen Natur von selbst gewährt werden, und deshalb — konnte ich dieser Erscheinung nur einmal ganz und voll begegnen! —

Ich bin mir aber auch darüber klar geworden, warum ich mit niedreren Naturen sogar mehr Mitleiden haben kann, als mit höheren. Die höhere Natur ist, was sie ist, eben dadurch, dass sie durch das eigene Leiden zur Höhe der Resignation erhoben wird, oder zu dieser Erhebung die Anlagen in sich hat, und sie pflegt. Sie steht mir unmittelbar nah, ist mir gleich, und mit ihr gelange ich zur Mitfreude. Desshalb habe ich, im Grunde genommen, mit Menschen weniger Mitleiden, als mit Thieren. Diesen sehe ich die Anlage zur Erhebung über das Leiden, zur Resignation und ihrer tiefen, göttlichen Beruhigung, gänzlich versagt. Kommen sie daher, wie diess durch Gequältwerden geschieht, in den Fall des Leidens, so sehe ich mit eigener, qualvoller Verzweiflung eben nur das absolute, Erlösungs-lose Leiden, ohne jeden höheren Zweck, mit der einzigen Befreiung durch den Tod, somit durch die Bekräftigung dessen, es sei besser gewesen, wenn es gar nicht erst zum Dasein gelangt wäre. Wenn daher dieses Leiden einen Zweck haben kann, so ist dies einzig durch Erweckung des Mitleidens im Menschen, der dadurch das verfehlte Dasein des Thieres in sich aufnimmt, und zum Erlöser der Welt wird, indem er überhaupt den Irrthum alles Daseins erkennt. (Diese Bedeutung wird Dir einmal aus dem dritten Akte des Parzival, am Charfreitagsmorgen, klar werden.) Diese Anlage zur Welterlösung durch das Mitleiden im Menschen, aber unentwickelt, und recht geflissentlich unausgebildet verkommen zu sehen, macht mir nun eben den Menschen so widerwärtig, und schwächt mein Mitleiden mit ihm bis zur gänzlichen Empfindungslosigkeit gegen seine Noth. Er hat in seiner Noth den Weg zur Erlösung, der eben dem Thiere verschlossen ist; erkennt er diesen nicht, sondern will er sich ihn durchaus versperrt halten, so drängt es mich dagegen, ihm diese Thüre gerade recht weit aufzuschlagen, und ich kann bis zur Grausamkeit gehen, ihm die Noth des Leidens zum Bewusstsein zu bringen. Nichts lässt mich kälter, als die Klage des Philisters über sein gestörtes Behagen: hier wäre jedes Mitleid Mitschuld. Wie es meine ganze Natur mit sich bringt, aus dem gemeinen Zustande aufzuregen, so drängt es mich auch hier nur zu stacheln, um das grosse Leid des Lebens zu fühlen zu geben! —

Mit Dir, Kind, habe ich nun auch kein Mitleiden mehr. Dein Tagebuch, das Du mir zuletzt noch gabst,

Deine neuesten Briefe, zeigen Dich mir so hoch, so ächt, *so durch das Leiden verklärt und geläutert, Deiner und der* Welt so mächtig, dass ich nur noch Mit-Freude, Verehrung, Anbetung empfinden kann. Du siehst Dein Leid nicht mehr, sondern das Leid der Welt; Du kannst es Dir sogar in keiner andren Form mehr vorstellen, als in der des Leidens der Welt überhaupt. Du bist im edelsten Sinne Dichterin geworden. —

Aber schreckliches Mitleiden hatte ich mit Dir damals, als Du mich von Dir gestossen, als Du nicht mehr dem Leiden, sondern der Leidenschaft preisgegeben, Dich verrathen wähntest, das Edelste in Dir verkannt glaubtest. Da warst Du mir ein von Gott verlassener Engel. Und wie mich dieser Dein Zustand schnell aus meiner eigenen Verwirrung befreite, machte er mich erfinderisch, Dir Labung und Heilung zuzuführen. Ich fand die Freundin, die Dir Trost und Erhebung, Milderung und Versöhnung, bringen durfte. Sieh, das wirkte das Mitleiden! Wahr*lich, ich konnte mich selbst darüber vergessen*, für immer der Wonne Deines Anblickes, Deiner Nähe entsagen wollen, wusste ich nur Dich beruhigt, aufgeklärt, Dir wiedergegeben. So schmähe mein Mitleiden nicht, wo Du mich es ausüben siehst, da ich Dir nun nur noch Mitfreude schenken darf! O, diese ist das Erhabenste; sie kann nur bei vollster Sympathie erscheinen. Dem gemeineren Wesen, dem ich Mitleid schenkte, muss ich mich schnell abwenden, so bald es von mir Mitfreude fordert. Diess war der Grund der letzten Zerwürfnisse mit meiner Frau. Die Unglückliche hatte meinen Entschluss, Euer Haus nicht mehr zu betreten, auf ihre Weise verstanden, und ihn als einen Bruch mit Dir aufgefasst. Nun glaubte sie, bei ihrer Rückkehr, müsste sich Behagen und Vertraulichkeit zwischen uns einfinden. Wie furchtbar musste ich sie enttäuschen! — Nun — Ruhe! Ruhe! — Eine andre Welt wird uns erstehen! Sei mir in *ihr gesegnet, und zur ewigen Mitfreude hochwillkommen!* —

3. October.

Ein recht schweres Leben habe ich doch! Wenn ich denke, welchen ungeheuren Aufwand von Sorge, Aerger und Qual ich brauche, um mir von Zeit zu Zeit nur etwas freie Musse zu verschaffen, möchte ich mich eigentlich schämen, auf diese Weise mich dem Dasein immer noch aufzudrängen, da mich die Welt, genau genommen, doch eigentlich nicht will. So immer und ewig im Kampf für die Herbeischaffung des Nöthigen zu sein, oft ganze lange Zeitperioden gar nichts andres bedenken zu dürfen, als wie ich es anzufangen habe, um für eine kurze nächste Zeit mir Ruhe nach aussen und das Erforderliche für das Bestehen zu erschwingen, und hierzu so ganz aus meiner eigentlichen Gesinnung treten zu müssen, Denjenigen, durch die ich mich versorgen will, ein ganz andrer erscheinen zu müssen als ich bin, — das ist doch eigentlich empörend; und dazu muss gerade ich gemacht sein, wie kein Anderer, um das so recht einzusehen. Alle diese Sorgen stehen demjenigen so gut und natürlich an, dem eben das Leben Selbstzweck ist, und der in der Sorge für die Herbeischaffung des Nöthigen gerade die Würze für den imaginären Genuss des endlich Beschafften findet: deshalb kann auch im Grunde Niemand recht begreifen, warum unser Einem das so absolut widerwärtig ist, da es doch das Loos und die Bedingung für Alle ist. Dass Jemand einmal das Leben eben nicht als Selbstzweck ansieht, sondern als unerlässliches Mittel für einen höheren Zweck, wer begreift das so recht innig und klar? — Es muss mit mir doch eine eigene Bewandtniss haben, dass ich das Alles nun so lange schon, und namentlich jetzt immer noch aushalte. — Das Grässliche dabei ist, immer mehr inne werden zu müssen, dass sich eigentlich doch kein Mensch — namentlich kein Mann — so recht innig und ernst für mich interessirt, und, mit Schopenhauer, beginne ich die Möglichkeit jeder wirklichen Freundschaft zu bezweifeln, und das, was man so nennt, durchaus in die

Fabel zu setzen. Man hat keinen Begriff davon, wie
wenig so ein Freund sich eigentlich in die Lage, geschweige denn in die Gesinnung des Andren zu versetzen
vermag. Aber diess ist auch ganz erklärlich: diese höchste
Freundschaft kann der Natur der Dinge nach nur Ideal
sein, die Natur selbst aber, diese urgrausame Schöpferin
und Egoistin, kann mit dem besten Willen, wenn sie ihn
haben könnte, nicht anders, als in jedem Individuum sich
für die ganze alleinige Welt zu halten, und das andre
Individuum nur so weit anzuerkennen, als es diesem
Selbst-Wahne schmeichelt. — So ist's! Und doch hält
man aus! Gott, was muss das werth sein, um deswillen
man bei solcher Erkenntniss aushält! —

5. October.

Vor einiger Zeit kündigte mir die Gräfin A. eine
„kleine Figur" an, die sich bald bei mir einfinden werde.
Ich verstand's nicht, und las währenddem Köppen's Geschichte der Religion des Buddha zu Ende. Ein uner-
quickliches Buch. Statt ächter Züge der ältesten Legende,
die ich suchte, hauptsächlich nur die Darstellung der Ent-
wickiung in die Breite, die natürlich immer widerlicher
ausfällt, je reiner und erhabener der Kern ist. Nachdem
ich so recht angeekelt war durch die detaillirte Beschreibung des endlich festgestellten Cultus, mit seinen Reliquien
und abgeschmackten bildlichen Darstellungen des Buddha,
kommt die „kleine Figur" an, und zeigt sich als chine-
sisches Exemplar solch eines heiligen Bildnisses. Mein
Grauen war gross, und ich konnte es der Dame, die das
Rechte getroffen zu haben glaubte, nicht verheimlichen.

Man hat viel Mühe, in dieser entstellungssüchtigen
Welt sich gegen derartige Eindrücke zu behaupten, und
sich das rein angeschaute Ideal unverkümmert zu erhalten.
Alles sucht so gern das Edelste, sobald es nicht zu ihm
hinan kann, sich verwandt, d. h. als Fratze darzustellen.

Den Çakya - Sohn, den Buddha, mir rein zu erhalten,
ist mir, trotz der chinesischen Karikatur, aber doch gelungen.

Einen einzigen mir neuen, oder früher unbeachteten
Zug fand ich aber doch in jener Geschichte, der mir höchst
willkommen war, und der wahrscheinlich zu einem bedeutenden Momente führen wird. Es ist dieser: — Çakya-
muni war anfänglich durchaus gegen die Aufnahme der
Frauen in die Gemeinde der Heiligen. Er spricht von
ihnen wiederholt die Ansicht aus, die Frauen seien von
der Natur viel zu sehr der Geschlechtsbestimmung, und
somit der Laune, dem Eigensinn und dem Hange an der
persönlichen Existenz unterworfen, als dass sie zu der
Sammlung und weiten Beschaulichkeit gelangen könnten,
durch die der Einzelne von der Naturtendenz sich los-
sage, um zur Erlösung zu gelangen. Sein Lieblingsschüler,
Ananda, — derselbe, dem ich bereits in meinen „Siegern"[1])
seine Rolle zugetheilt habe —, war es nun, der endlich
den Meister vermochte, von seiner Strenge abzugehen,
und auch den Frauen die Aufnahme in die Gemeinde zu
eröffnen. — Hiermit gewann ich etwas ungemein Wichtiges.
Ohne allen Zwang erhält mein Plan eine grosse mächtige
Erweiterung. Das Schwierige war hier, diesen vollkommen
befreiten, aller Leidenschaft enthobenen Menschen, den
Buddha selbst, für die dramatische und namentlich musikalische Darstellung geeignet zu machen. Es löst sich
nun dadurch, dass er selbst noch eine letzte Entwicke-
lungsstufe erreicht, durch Aufnahme einer neuen Erkenntniss, die ihm hier — wie alle Erkenntniss — eben nicht
durch abstracte Begriffsverbindungen, sondern durch an-
schauliche Gefühlserfahrung, somit auf dem Wege der
Erschütterung und Bewegung des eigenen Inneren, zugeführt wird, und die ihn daher in einem letzten Fort-
schreiten zur höchsten Vollendung zeigt. Der dem Leben

---

[1]) Vgl. die Skizze zu den Siegern vom 16. Mai 1856 in den „Entwürfen, Gedanken, Fragmenten" S. 97/8.

noch näher stehende, durch die heftige Liebe des jungen Tschandala-Mädchens unmittelbar berührte Ananda, wird zum Vermittler dieser letzten Vollendung. — Ananda, tief erschüttert und gerührt, kann diese Liebe nur in seinem, dem höchsten Sinne erwidern, als Verlangen, die Geliebte zu sich heran zu ziehen, auch ihr das letzte Heil theilhaft werden zu lassen. Hierin begegnet ihm, nicht schroff, sondern einen Irrthum, eine Unmöglichkeit beklagend, der Meister. Endlich aber, als Ananda schon in tiefster Trauer die Hoffnung aufgeben zu müssen glaubt, fühlt Çakya, durch sein Mitleiden, und wie durch ein letztes, neuestes Problem, dessen Lösung noch sein Verweilen im Dasein aufgehalten hat, angezogen, sich bestimmt, das Mädchen zu prüfen. Dieses kommt nun, in seinem tiefsten Jammer den Meister selbst anzurufen, sie dem Ananda zu vermählen. Nun legt er die Bedingungen vor, der Entsagung der Welt, der Ausscheidung aus allen Banden der Natur: bei dem Hauptgebote ist sie endlich aufrichtig genug, machtlos zusammen zu brechen; worauf sich denn (vielleicht entsinnst Du Dich?) die reiche Scene mit den Brahmanen entspinnt, die ihm den Verkehr mit solchem Mädchen, als Beweis für das Irrige seiner Lehre, vorwerfen. In der Zurückweisung jedes menschlichen Hochmuthes gelangt endlich sein wachsender Antheil an dem Mädchen, deren frühere Existenzen er sich und den Gegnern enthüllt, zu solcher Stärke, dass, als sie — die nun den ganzen ungeheuren Zusammenhang des Welt-Leidens an ihrem eigenen Leiden erkannt hat — zu jedem Gelübde sich bereit erklärt, er, wie zu letzter eigener Verklärung, sie unter die Heiligen aufnimmt, und somit seinen erlösenden, allen Wesen zugewendeten Weltlauf als vollendet ansieht, da er auch dem Weibe — unmittelbar — die Erlösung zusprechen konnte. —

Glückliche Sawitri! Du darfst nun dem Geliebten überall hin folgen, stets um ihn, mit ihm sein. Glücklicher Ananda! sie ist Dir nun nah, gewonnen, um nie sie zu verlieren! —

Mein Kind, wohl hatte der herrliche Buddha Recht, als er streng die Kunst ausschloss. Wer fühlt es deutlicher als ich, dass diese unselige Kunst es ist, die mich ewig der Qual des Lebens und allen Widersprüchen des Daseins zurückgiebt? Wäre diese wunderbare Gabe, dieses so starke Vorherrschen der bildnerischen Phantasie nicht in mir, so könnte ich der hellen Erkenntniss nach, dem Drange des Herzens folgend — Heiliger werden; und als Heiliger dürfte ich Dir sagen: komm, verlass Alles, was Dich hält, zertrümmere die Banden der Natur: um diesen Preis zeige ich Dir den offenen Weg zum Heile! — Dann wären wir frei: Ananda und Sawitri! — Aber so ist's nicht. Denn sieh! auch diess, dieses Wissen, diese deutliche Einsicht —, sie macht mich nur immer wieder zum Dichter, zum Künstler. Sie steht, im Augenblicke da ich sie gewinne, als Bild vor mir, mit der lebhaftesten, seelenvollsten Anschaulichkeit, aber — als Bild, das mich entzückt. Ich muss es immer näher, immer inniger betrachten, um es immer bestimmter und tiefer zu sehen, es aufzeichnen, es ausführen, als eine eigene Schöpfung es beleben. Dazu brauche ich Stimmung, schwungvolle Laune, Musse, behagliches Ueberwundenwissen des gemeinen, ablenkenden Lebensbedürfnisses, und dieses Alles muss ich eben diesem störrigen, widerhakigen, überall feindseligen Leben abgewinnen, dem ich endlich nur in seiner, ihm einzig verständlichen Weise beikommen kann; so muss ich denn, mit Selbstvorwurf im Herzen, Missverständniss — das ich selbst nähre — Kummer, Aerger, Noth unablässig zu besiegen trachten, — nur um zu sagen, was ich sehe, und nicht sein kann! Um nicht unterzugehen, blicke ich auf Dich; und je mehr ich: hilf mir! sei mir nahe! rufe, desto ferner entschwindest Du; und mir antwortet es: „in dieser Welt, wo Du diese Noth Dir aufläd'st, um Deine Bilder zu verwirklichen, in dieser Welt — gehört sie Dir nicht! Sondern das, was dich verhöhnt, was dich peinigt, was dich ewig misversteht, das umschliesst auch sie, dem gehört sie, und das hat ein Recht auf sie. Warum freut sie sich auch über Deine Kunst? Deine Kunst gehört der Welt, und sie — gehört ebenfalls der Welt." —

O verstündet ihr albernen Gelehrten den grossen, liebevollen Buddha, ihr würdet die Tiefe der Erkenntniss anstaunen, die ihm die Ausübung der Kunst als allerbestimmtesten Abweg vom Heil bezeichnete! Glaubet mir! Ich kann es euch sagen!

Glücklicher Ananda! Glückliche Sawitri! —

6. October.

Soeben ist der Flügel angekommen, ausgepackt und aufgestellt worden. Während er gestimmt wird, las ich Dein Frühlings-Tagebuch wieder durch. Auch da kommt der Erard vor. — Ich bin seit seiner Ankunft sehr ergriffen. Eine recht bedeutungsvolle Bewandniss hat es mit diesem Instrumente. Du weisst, wie lange ich es mir vergebens wünschte. Als ich nun im letzten Januar nach Paris[1]) ging — Du weisst warum? — sonderbar, wie mir einfiel, mich gerade so lebhaft um einen solchen Flügel zu bewerben! Mit keinem Vorhaben war mir's Ernst; Alles war mir gleichgültig; nichts besorgte ich mit auch nur einigem Eifer. Doch mit meinem Besuche bei Frau Erard war es anders; ich war diesen ganz dürftigen, unbedeutenden Menschen gegenüber völlig begeistert, und riss sie — wie ich nachher erfuhr — zu völligem Enthusiasmus hin. Ganz im Fluge gewann ich das Instrument, wie im Scherz. Wunderbarer Instinkt der Natur, wie er sich in jedem Individuum, seinem Charakter angemessen, eigentlich doch immer nur als Lebenserhaltungstrieb äussert! — Die Bedeutung dieses Gewinnes sollte mir bald immer klarer werden. Am 2. Mai, kurz bevor Du nun auch noch die „Zerstreuungsreise" antreten solltest, und ich

---

[1]) Glasenapp II, 2, 173, 179.

so recht verlassen sein musste, — da kam der lang Erwartete an. Als er bei mir aufgestellt wurde, war draussen
schlechtes Wetter, rauh und kalt: ich musste es aufgeben,
Dich an diesem Tage auf der Terrasse zu sehen. Noch
war der Flügel nicht ganz hergerichtet, da — plötzlich —
trittst Du aus dem Billardzimmer auf die vordere Zinne,
setzest Dich auf den Stuhl und schau'st herüber. Nun
war alles fertig; ich öffnete das Fenster, und schlug die
ersten Akkorde an. Du wusstest es noch gar nicht, dass
diess der Erard war. — Nun sah ich Dich einen Monat
nicht mehr, und mir wurde in dieser Zeit es immer
klarer und gewisser, dass wir nun getrennt bleiben
müssten! Jetzt wäre ich eigentlich doch mit meinem
Leben fertig gewesen. — Aber dieses wundervoll weiche,
melancholisch süsse Instrument schmeichelte mich völlig
wieder zur Musik zurück. Ich nannte es den Schwan,
der nun gekommen, den armen Lohengrin wieder heim
zu führen! — So begann ich die Composition des zweiten
Aktes des Tristan. Das Leben webte sich wieder traumartig um mich zum Dasein. — Du kehrtest wieder. Wir
sprachen uns nicht, aber mein Schwan sang zu Dir hinüber. —

Nun bin ich denn ganz fort von Dir: himmelhoch
liegen die Alpen zwischen uns gewälzt. Mir wird es
immer klarer, wie Alles werden muss, wie Alles sein
wird; und dass ich nun kein Leben mehr leben werde.
— Ach! Kommt nur der Erard erst, — dachte ich oft:
— er muss helfen, denn — es muss ja sein! Lange
musste ich warten. Nun ist er endlich da, dieses kunst-
volle Werkzeug mit seinem holden Klange, das ich mir
damals gewann, als ich wusste, dass ich Deine Nähe verlieren würde. Wie symbolisch deutlich spricht hier mein
Genius, — mein Dämon, zu mir! Wie bewusstlos ver-
fiel ich damals auf den Flügel: aber mein tückischer
Lebenstrieb wusste, was er wollte! — Der Flügel! —
— Ja, ein Flügel —: wäre es der Flügel des Todes-
engels! —

9. October.

Nun habe ich begonnen. — Womit?

Ich hatte von unsren Liedern nur die ganz flüchtigen
Bleistiftskizzen, oft noch ganz unausgeführt, und so undeutlich, dass ich fürchten musste, sie einmal ganz zu
vergessen. Da habe ich mich denn zuerst darüber her-
gemacht, sie mir wieder vorzuspielen, und alles daran
mir recht wieder in's Gedächtniss zu rufen; dann habe
ich sie sorgfältig aufgeschrieben. Nun brauchst Du mir
die Deinigen nicht wieder zu schicken: ich hab' sie
selbst. —

Das war denn meine erste Arbeit. Somit sind die
Schwingen geprüft. — Besseres, als diese Lieder, habe ich
nie gemacht, und nur sehr weniges von meinen Werken
wird ihnen zur Seite gestellt werden können.

> „und löst dein Räthsel —
> heil'ge Natur" —

die „heil'ge Natur" hatte ich grosse Lust umzutaufen:
der Gedanke ist richtig, aber nicht der Ausdruck: Heilig
ist die Natur nirgends, ausser da, wo sie sich aufhebt und
verläugnet. Aber — ich hab's Dir zu lieb doch stehen
gelassen .   .   .   . [1])
.   .   .   .

12. October.

Mein Freund Schopenhauer sagt einmal: „Es ist
viel leichter in dem Werke eines grossen Geistes die
Fehler und Irrthümer nachzuweisen, als von dem Werthe
desselben eine deutliche und vollständige Entwickelung
zu geben. Denn die Fehler sind ein Einzelnes und End-
liches, das sich daher vollkommen überblicken lässt; hin-

---

[1]) In der Handschrift fehlen 6 Seiten (S. 23—28).

gegen ist aber das der Stempel, welchen der Genius seinen
Werken aufdrückt, dass diese ihre Trefflichkeit unergründ-
lich und unerschöpflich ist.« —

Diesen Ausspruch wende ich mit tief inniger Ueber-
zeugung auf Deinen letzten Brief an. Was mir darin
irrthümlich schien, war mir so leicht zu übersehen, und
deshalb konnte ich einzig zunächst nur darüber mich
auslassen: das Tiefe, Schöne und Göttliche desselben ist
aber so unendlich und unerschöpflich, dass ich es nur
geniessen, nicht aber darüber selbst mit Dir sprechen
kann. Welchen einzig möglichen, tief beseligenden Trost
es mir gewährt, Dich so hoch und erhaben zu wissen,
kann ich Dir nur durch die ganze fernere und schliess-
liche Tendenz meines Lebens bezeugen. Wie sich der
äussere Verlauf desselben gestalten wird, kann ich allerdings nicht angeben: denn diess gehört dem Schicksale
an. Aber der innere Kern, aus dem ich die Fügungen
meines äusseren Schicksales gestalten werde, verdichtet
sich in mir zu einem klaren, festen Bewusstsein, über
dessen Inhalt ich Dir hier, so gut wie möglich, eine Andeutung geben will. —

Mein Lebensgang bis dahin, wo ich Dich fand, und
Du endlich mein wardst, liegt deutlich vor Dir. Aus
meinen Beziehungen zur Welt, deren Wesen sich meinem
Wesen gegenüber mir immer schmerzlicher und trost-
loser fühlbar machte, trat ich immer bewusster und bestimmter zurück, ohne, als Künstler und hilfsbedürftiger
Mensch, doch je ganz alle Bande zerreissen zu können,
die mich an sie fesselten. Vor den Menschen wich ich,
weil ihre Berührungen mich schmerzten: ich suchte mit
strebsamer Absicht Vereinsamung und Zurückgezogenheit,
und nährte dagegen immer brünstiger die Sehnsucht, in
e i n e m Herzen, in einer bestimmten Individualität, den
bergenden, erlösenden Hafen zu finden, in welchem ich
ganz und voll aufgenommen würde. Diess konnte der
Natur der Welt nach nur ein liebendes Weib sein: auch
ohne es zu finden, musste diess meinem dichterisch-

hellsehenden Geiste klar sein; und die deutlich erkannte
Unmöglichkeit, in der Freundschaft eines Mannes das
Ersehnte zu finden, mussten mir die edelsten Versuche
dazu zeigen. Doch nie hatte ich eine Ahnung davon,
dass ich, was ich suchte, so bestimmt, so alles Sehnen
erfüllend, alles Verlangen befriedigend finden sollte, wie
ich es in Dir fand. Noch einmal: — dass Du es ver-
mochtest, in alles erdenkliche Leid der Welt Dich zu
stürzen, um mir sagen zu können: „ich liebe Dich!« —
das hat mich erlös't, und mir jenen heiligen Stillestand
gewonnen, von dem aus nun mein Leben eine andre Bedeutung erhalten hat. — Aber diess Göttliche war eben
nur mit allen Leiden und Schmerzen der Liebe zu gewinnen: wir haben sie bis auf die Hefe genossen! —
Und jetzt, nachdem wir alle Leiden gelitten, kein Schmerz
uns gespart blieb, jetzt muss sich klar der Kern des
höheren Lebens zeigen, den wir durch die Leiden dieser
schmerzlichen Geburtswehen gewonnen. In Dir lebt er
schon so rein und sicher, dass ich Dir jetzt zu Deiner
Freude, zu Deiner Mitfreude, nur zeigen darf, wie auch
in mir er sich gestaltet.

Die Welt ist überwunden: in unsrer Liebe, in unsren
Leiden hat sie sich selbst überwunden. Sie ist mir nun
keine Feindin mehr, vor der ich fliehe, sondern ein
meinem Willen gleichgültiges, wesenloses Object, zu dem
ich mich jetzt ohne Scheu, ohne Schmerz, daher ohne
wirklichen Widerwillen verhalte. Ich fühle dies immer
deutlicher daran, dass ich den Drang zur absoluten Zurückgezogenheit theoretisch nicht mehr stark in mir wahrnehme. Dieser Drang hatte bisher eben die Bedeutung
des Sehnens, Suchens und Verlangens: dieses aber ist
— das fühle ich gerade! — vollkommen gestillt. Die
letzten Entscheidungen zwischen uns haben mich zu dem
klaren Bewusstsein gebracht, dass ich eben nichts mehr
zu suchen, nichts mehr zu ersehnen habe. Nach der
Fülle, in der Du Dich mir gegeben hast, kann ich das
nun nicht Resignation nennen, am allerwenigsten Ver-

zweiflung. Diese verwegene Stimmung stand mir früher als Ausgang meines Suchens und Sehnens gegenüber: von ihrer Nothwendigkeit bin ich aber, durch Dich tief beglückt, erlös't. Mir ist das Gefühl einer heiligen Sättigung zu eigen. Der Drang ist ertödtet, weil er vollkommen befriedigt ist. — Von diesem Bewusstsein beseelt blicke ich nun von Neuem in die Welt, die mir somit in einem ganz neuen Lichte aufgeht. Denn ich habe in ihr nichts mehr zu suchen, nicht mehr die Stelle aufzufinden, worin ich vor ihr geborgen sein sollte. Sie ist mir ein ganz objectives Schauspiel geworden, wie die Natur, in der ich den Tag kommen und gehen, Keime des Lebens treiben und ersterben sehe, ohne mein Inneres selbst von diesem Kommen und Gehen, Treiben und Ersterben abhängig zu fühlen. Ich verhalte mich zu ihr ganz fast nur als auffassender und darstellender Künstler, als fühlender und mitempfindender Mensch, ohne jedoch selbst zu wollen, zu suchen, zu streben. Ganz äusserlich erkenne ich dieses neue Verhältniss namentlich auch darin, dass die Dir so bekannt gewordene Sucht nach abgelegenem, einsamem Wohnort mich eigentlich verlassen hat; und ich gebe zu, dass hierbei die schmerzlich gewonnene Erfahrung mitwirkt. Denn das Liebste und Erwünschteste, was ich in diesem Sinne gewinnen konnte, liess mich doch eigentlich unbefriedigt, weil ich gerade da an unsrer Trennung, und an der Nothwendigkeit dieser Trennung, erfahren musste, dass das erstrebte Asyl mir nicht bereitet sein kann und soll.

Wo in der Welt sollte ich mir nun aber jetzt ein neues Asyl bereiten wollen? Ich bin, als ich das unheilvolle letzte verliess, gänzlich unempfindlich für solchen Wunsch geworden. — Dagegen fühle ich mich nun im tiefsten Innern so gestärkt und beruhigt; durch das ewige, unentweihbare und unzerstörbare Asyl, das ich in Deinem Herzen gewonnen, mich so gegen alle Welt geborgen und behütet, dass ich von ihm aus, das mich ja in alle Welt begleitet, mit ruhig freundlichem, mitleidvollem Lächeln

in diese Welt blicken kann, der ich nun ohne Grauen
angehören darf, weil ich ihr eben nicht mehr angehöre,
nicht mehr als leidendes, sondern nur noch als mitleiden-
des Subject angehöre. — Ich überlasse mich daher jetzt,
vollkommen wunschlos, der Gestaltung meines äusseren
Schicksales, um es dereinst hinzunehmen, wie es sich
mir eben fügt. Nichts erstrebe ich; was sich mir von
selbst bieten, und meinem tiefaufgeklärten Bewusstsein
nicht zuwider sein wird, werde ich ruhig, ohne Hoffnung,
aber auch ohne Verzweiflung, erfassen, um immer das
Beste, was ich leisten kann, so gut als die Welt es gestattet, ihr darzureichen, unbekümmert um Lohn, ja selbst
um Verständniss. — Dieser ruhigen Tendenz (der Frucht
unendlicher Kämpfe gegen die Welt, und endlich meiner
Erlösung durch Deine Liebe!) folgend, werde ich vermuthlich einmal meinen Wohnort dort bestimmen, wo
mir reiche Kunstmittel zu Gebote stehen, um deren Be-
schaffung ich mich nicht erst bemühen muss (denn dafür
ist mir das Spiel nicht mehr ernst genug!), sodass ich
nach Lust und Laune periodisch meine Arbeiten in er-
träglichen Aufführungen mir vorführen kann. Natürlich
wäre dabei an irgend eine „Stellung" oder „Anstellung"
gar nicht im Entferntesten auch nur zu denken. Auch
habe ich überhaupt nicht den mindesten Wunsch für etwa
diesen oder jenen bestimmten Ort, denn — nirgends
suche ich mehr etwas Bestimmtes, Individuelles, oder
gar Intimes. Von diesem Drange bin ich eben vollkommen befreit! Sondern ich werde eben nur ergreifen,
was im Gegentheil mir die allgemeinsten, vielleicht sogar
oberflächlichsten Beziehungen zu meiner Umgebung gestattet, und diess gestaltet sich wohl um so leichter, je
grösser der Ort ist. An ein Zurückziehen zu irgend
welcher Intimität, z. B. nach Weimar, denke ich nicht
im Entferntesten; ein solcher Gedanke widert mich sogar
sehr bestimmt an. Meiner tief sichren Stimmung gegen
die Welt kann ich eben nur gerecht werden, wenn ich
die Menschen ganz allgemein fasse, ohne irgend welche

nähere individuelle Beziehung. Ein Streben, wie in Zürich, wo ich jeden Einzelnen zu mir heranzuziehen suchte, kann mich nie wieder einnehmen. —

Hier hast Du die Grundzüge meiner Stimmung. Was sich daraus nach aussen gestaltet, kann ich — wie gesagt — nicht mit Bestimmtheit angeben, wie es mir auch in tiefster Seele gleichgültig ist. An etwas Dauerndes für meine Zukunft denke ich gar nicht: ich bin, während ich nach Dauerhaftigkeit strebte, des Wechsels so gewohnt worden, dass ich ihm jetzt um so williger Spiel lasse, je — wunschloser ich bin.

Wie unsre, Dein' und meine persönlichen Berührungen sich gestalten werden, diess — einzig schmerzlich mich noch Erregende — müssen wir, Du Liebe, wohl auch dem Schicksal überlassen.

Hier liegt ja eigentlich der wehe Punkt, der Stachel des Leides und der Bitterkeit gegen Andre, die uns die himmlische Labung der Nähe unmöglich machen, ohne dadurch im mindesten sich einen Gewinn zu sichern! Hier sind wir nicht frei, und hängen von denen ab, denen wir uns opfern, und zu denen wir uns nun, mit dem grossen Opfer im Herzen, zurückwenden, um an ihnen das nächste Mitleid auszuüben. Du wirst Deine Kinder erziehen: — nimm meinen vollen Segen dazu! Mögest Du an ihnen Freude und edles Gedeihen erleben! Ich werde Dir immer nur mit tiefer Befriedigung zuschauen. — Wohl werden auch wir uns wieder sehen: aber, mich dünkt, zunächst nur wie — im Traum, wie zwei abgeschiedene Geister, die sich auf der Stätte ihrer Leiden treffen, um noch einmal an dem Blicke, an dem Händedruck sich zu laben, der sie dieser Welt enthob, um ihnen den Himmel zu erwerben. Sollte mir — vielleicht auf dem Grunde meiner tiefen Beruhigung — ein schönes, klares Alter vergönnt sein, so stünde mir für dereinst wohl noch bevor, ganz wieder in Deine Nähe zurückzukehren, wenn alles Leiden, alle Eifersucht überwunden ist. Das „Asyl" könnte dann doch noch eine Wahrheit werden. Vielleicht bedürfte ich dann sogar der Pflege. Sie würde mir wohl nicht versagt sein. Vielleicht — trätest Du dann eines Morgens doch noch durch das grüne Arbeitszimmer an mein Bett, um in Deinen Armen, mit einem letzten Scheidekuss meine Seele zu empfangen. — Und mein Tagebuch wäre somit geschlossen, womit es begann. — Ja, mein Kind! Sei denn hiermit diess Tagebuch geschlossen! Es bietet Dir meine Leiden, meine Erhebung, meine Kämpfe, meine Blicke in die Welt, und überall — meine ewige Liebe zu Dir! Nimm es gütig auf, und verzeihe mir, wenn es Dir irgendwo eine Wunde weckt. —

Ich kehre nun zum „Tristan" zurück, um an ihm die tiefe Kunst des tönenden Schweigens für mich zu Dir sprechen zu lassen. Für jetzt erquickt mich die grosse Einsamkeit und Zurückgezogenheit, in der ich lebe: in ihr sammle ich meine schmerzlich zerstückten Lebenskräfte. Bereits geniesse ich seit einiger Zeit die fast nie so gekannte Wohlthat eines ruhigen, tiefen Schlafes in der Nacht: könnte ich ihn Allen geben! Ich werde diess geniessen, bis mein wunderbares Werk gediehen und vollendet ist. Erst dann will ich mich einmal umsehen, welch Gesicht mir die Welt zeigt. Der Grossherzog von Baden hat soviel ausgewirkt, dass ich zur persönlichen Aufführung eines neuen Werkes für einige Zeit Deutschland besuchen darf. Vielleicht benutze ich diess dann für den Tristan. Bis dahin bleibe ich mit ihm in meiner hiesigen, lebendig gewordenen Traumwelt allein.

Fällt mir etwas Mittheilenswerthes ein, so zeichne ich es auf, sammle es, und Du erhältst es, sobald Du es wünschest. Nachrichten von uns geben wir uns wohl so oft wie möglich? Sie können uns jetzt nur noch erfreuen, denn zwischen uns ist Alles licht und rein, und kein Missverständniss, kein Irrthum kann uns mehr beschweren. So leb' denn wohl, Du mein Himmel,

meine Erlöserin, mein seliges, reines, liebes Weib!
Leb' wohl! Sei gesegnet aus tiefster Andacht meiner
Seele![1])

Venedig 1858.

18. October.

Heute vor'm Jahr hatten wir bei Wille's einen schönen
Tag. Es war die wundervolle Zeit. Wir feierten den
18. September. Als wir vom Spaziergang nach der Höhe
zurückgingen, bot Dein Mann Frau Wille den Arm an,
so durfte ich Dir auch den meinigen bieten. Wir sprachen
von Calderon: wie diente er gut! Im Hause setzte ich mich
sogleich an den neuen Flügel: ich selbst begriff nicht, wie
ich so schön spielen konnte. — Es war ein herrlicher,
sättigender Tag. — Hast Du ihn heut' gefeiert? — O, diese
schöne Zeit musste uns einmal blühen; sie verging, — aber
die Blüthe welkt nicht; sie duftet ewig in unsrer Seele. —

Ein Brief von Liszt[2]) traf auch heute ein, der mir
grosse Freude machte, so dass ich — denn schönes Wetter
haben wir auch — in recht heiter-ruhiger Stimmung bin.
Ich hatte ihm zuletzt manch Empfindliches geschrieben;
ich musste es, weil er mir doch so lieb ist, und ich deshalb mich zur Aufrichtigkeit verpflichtet fühlte. Darauf
antwortet er mir nun mit unerschütterlicher Zärtlichkeit.
Ich lerne aus dieser schönen Erfahrung, dass ich meine
Erkenntniss der Unmöglichkeit einer vollkommenen Freundschaft, wie sie uns als Ideal vorschwebt, doch nicht zu
bereuen habe, da sie mich durchaus nicht unempfindlich
macht, sondern im Gegentheil desto dankbarer und
empfänglicher für das, was sich nun doch, als Annäherung
an dieses Ideal, uns darbietet. Zwischen Liszt's und
meinem intelligenten Charakter ist ein so grosser und
wesentlicher Unterschied, dass mich oft eben die Schwie-

---

[1]) Hier endigt das erste Tagebuch und wurde alsbald abgesandt.
[2]) Briefwechsel zwischen Wagner und Liszt II, 211—5.

rigkeit, ja — wie ich glauben muss — Unmöglichkeit, mich ihm verständlich zu machen, quälend ängstigt und zur ironischen Bitterkeit stimmt: hier aber tritt nun gerade die Liebe so schön ausgleichend und befriedigend ein, dass ich warme freundschaftliche Beziehungen bei Männern fast nur bei einer Differenz der Anschauungen für möglich halten mag. Denn dieses freundschaftliche Gefühl ist es doch eigentlich allein, was überhaupt zwischen Männern Uebereinstimmung herbeiführen kann: vollkommen in ihren Anschauungen zusammentreffen werden sie wohl nie, oder höchstens, wenn sie unbedeutend sind, und ihre Anschauungen sich auf naheliegendes Gemeines beziehen; betreffen sie Höheres und Ungemeines, so wäre fast nur an logisch-praktischen Zusammenhang der Intelligenzen zu denken, wie sie in der wissenschaftlichen Sphäre vorkommen mag. Das eigentlich Erwärmende der Freundschaft tritt doch aber eben erst da ein, wo durch sie Differenzen, wie durch ein Höheres, Intervenirendes, ausgeglichen und als unbedeutend dargestellt werden. Diess angenehme Gefühl habe ich durch Liszt schon wiederholt erhalten. Doch will ich — ruhig betrachtet — nicht läugnen, dass ich es für gut halten muss, wenn wir nie lange und nahe beisammen sind, weil ich dann die zu starke Offenbarwerdung unsrer Verschiedenheit zu fürchten hätte. In der Ferne gewinnen wir für uns sehr. —

Wir —: wir sind fern und nah — vereint — einig — eins! —

24. October.

Wie sehr ich von Dir abhänge, Du Geliebte! das habe ich doch in dieser Zeit wieder so recht inniglich empfunden. Meine schöne, tief beruhigte Stimmung hatte ich doch nur durch Dich gewonnen: ich wusste Dich so erhaben und verklärt, dass ich es mit Dir sein musste. Und nun diese Trauer, dieses wehmüthig ernste Leiden, Dich von dem

Verluste Deines Söhnchen's[1]) betroffen zu wissen! Wie das Alles doch plötzlich so anders war! Aller Stolz, alle Ruhe so schnell in bänglich weiches Erbeben aufgelöst; tiefer Kummer, Weinen und Trauern! Die aufgebaute Welt schwankend, der Blick auf sie unsicher durch Thränen. Da wäre doch wieder die Macht von aussen gekommen, an die Thore unsres Innern prüfend zu klopfen, ob da Alles ächt bestellt sei. Es war eine ernste Zeit. Wirst Du es erkennen, dass ich in diesen Tagen meine Arbeit nur recht mühsam, fast gar nicht bedenken konnte? — Doch ersehe ich daraus nicht, dass es mit mir eine unächte Bewandniss habe; vielmehr wird mir klar, dass auch diese Arbeit nur e i n e Aeusserung meines Wesens ist, dass diesem aber auch andre, sichrere Ausdrucksweisen zu Gebote stehen. Ich kann mit Dir leiden und trauern. Könnte ich etwas schöneres thun, wenn Du leidest und trauerst?

Möge ich nun bald von Dir erfahren, um Dich in dieser ernst-bedeutungsvollen Prüfung recht innig deutlich zu ersehen! Was Du mir mittheilst, wird, wie Alles, was von Dir kommt, mich belehren und mit einem edlen Gewinn bereichern. Sprich zu mir aus dem Gefühle, das sich gewöhnt, die ganze Welt zu umfassen, in welchem so auch Dein Kind, mit seinem Dasein, — mit seinem zarten Tode eingeschlossen war. Sei sicher, überall freundlich und innig von mir verstanden zu werden! — Du liebes armes Kind! —

31. October, Abends.

Weisst Du denn nicht, mein Kind, dass ich nur von Dir — nur von Dir abhänge? Dass die ernste Heiterkeit, mit der das Dir gesandte Tagebuch[2]) abschloss, nur das

---

[1]) Vgl. den Brief an Otto Wesendonk (bei Heintz S. 38). Der kleine Guido starb 3 Jahre alt am 13. Oktober 1858 in Zürich.

[2]) Nämlich die Blätter vom 21. August bis 12. Oktober 1858. Vgl. oben S. 69 Anmerkung 1.

Spiegelbild Deiner, mir mitgetheilten schönen Stimmung war? O, halte mich nicht für so gross, dass ich ganz für mich und aus mir sein könnte, was ich bin, und wie ich bin. Wie tief fühle ich diess jetzt. Von unsäglichem Weh und Jammer bin ich bis in das Innerste zerspalten; — ich habe Deine Sendung erhalten, Dein Tagebuch, Deine Antwort gelesen! — Weisst Du es denn wirklich noch nicht, wie ich nur von Dir lebe? Glaubtest Du es nicht, als ich noch kürzlich es Dir sagen liess? Dir gleich, Deiner würdig zu sein, — das ist der Haft meines Lebens! Schilt mich nun nicht, wenn ich Dir nun sage, dass ich eben ganz wie Du bin, wie Du empfinde, ganz Deine Stimmung, Dein feinstes Weh' theile, nicht nur, weil es das Deine ist, sondern weil es mir so klar und gewiss auch das meine ist! — Weisst Du denn noch, wie wir uns schrieben, da ich in Paris[1]) war, und vereint gleichzeitig aus uns der Jammer hervorbrach, nachdem wir wie begeistert uns unsre Vorsätze mitgetheilt? So ist es noch! So wird es bleiben, immer und immer! — Alles ist Wahn! Alles Selbsttäuschung! Wir sind nicht gemacht, uns die Welt einzurichten. O Du lieber, lautrer Engel der Wahrheit! Sei gesegnet für Deine himmlische Liebe! O ich wusste Alles! Welche bange Tage habe ich verlebt! Welche wachsende tiefe Beklemmung! Die Welt stockte mir: und athmen konnte ich nur noch, wenn ich Deinen Athem fühlte. — O mein süsses, süsses Weib! Ich kann Dich heut' nicht trösten, ich armer, trauriger, zerbrochener Mann! Auch nicht Balsam kann ich Dir geben und — „Heilung" habe ich ja nicht für Dich?? Wie sollte ich Dir Heilung geben können? Meine Thränen fliessen in bittren, reichen Strömen —: sollten die Dich heilen können? — Ich weiss, es sind die Thränen der Liebe, die noch nie so geliebt wurde: in ihnen strömt mir aller Jammer der Welt. Und doch, die einzige Wonne, die ich heute, jetzt empfinden möchte, geben sie mir; sie geben

---

[1]) Januar 1858. Der Brief ist nicht vorhanden.

mir eine tief, tief innere Gewissheit, ein unveräusserliches, unentreissbares Recht. Es sind die Thränen meiner ewigen Liebe zu Dir. Könnten sie Dich heilen? — O Himmel! mehr als einmal stand ich jetzt hart daran, mich sofort aufzumachen, um in Deine Nähe zu kommen. Unterliess ich es aus Sorge für mich? Nein! gewiss nicht! Aber aus Sorge — für Deine Kinder! — Darum — nochmals — und immer: Straff! — Es gilt noch eine Zeit lang. Mir ist — mir ist — als könnte ich — bald Dir schöner, Dir angenehmer, Deiner würdiger begegnen: und diess möchte ich so gern! — Aber was ist alles Mögen? —

Nein! nein! Du süsses Kind! Ich weiss Alles! Ich verstehe Alles: — ich sehe klar, sonnenklar — — —! Ich werde wahnsinnig! — Lass' mich jetzt abbrechen! Nicht um Ruhe zu suchen, sondern um der Wonne meines Schmerzes bis zum Ertränken mich zu übergeben! — O Du Holde! — Nein! Nein! Er verräth Dich nicht. — — — — Er — nicht! —

1. November.

Heute ist Aller-Seelen-tag! —

Ich bin erwacht aus kurzem, aber tiefem Schlafe, nach langem, furchtbaren Leiden, wie ich es noch nie gelitten. Ich stand auf dem Balkon und blickte in den schwarzflutenden Canal hinab; der Sturmwind tobte. Mein Sprung, mein Fall wäre nicht vernommen worden. Ich war der Qualen frei, sobald ich sprang. Und die Faust ballte ich dazu, mich auf das Geländer zu erheben. — Konnte ich — mit dem Blicke auf Dich, — auf Deine Kinder? —

Nun ist Aller-Seelentag angebrochen! —

Alle Seelen! habet Ruhe! —

Nun weiss ich, dass es mir noch beschieden ist, in Deinen Armen zu sterben! Nun weiss ich's! — — Ich werde Dich bald wiedersehen: gewiss zum Frühjahr; vielleicht schon mitten im Winter. —

Sieh, mein Kind! Nun ist der letzte Stachel aus

meiner Seele! . . . .
Ich kann nun Alles. Wir werden uns bald wiedersehen! —

Gieb nichts auf meine Kunst! Deutlich habe ich's nun empfunden: sie ist mir nicht Trost, nicht Ersatz; sie ist nur die Begleiterin meiner tiefen Harmonie mit Dir, die Ernährerin des Wunsches, in Deinen Armen zu sterben. Als der Erard ankam, konnte er mir nur schmeicheln, weil Deine tiefe, unerschütterliche Liebe nach dem Sturme mir sichrer und heller aufleuchtete denn je. Mit Dir kann ich Alles: — ohne Dich nichts! Nichts! Lass Dich selbst durch den Ausdruck der ruhig-heitren Stimmung nicht täuschen, die mein letztes Tagebuch schloss; sie war nur der Reflex Deiner schönen, würdevollen Erhebung. Mir fällt Alles auseinander, sobald ich die leiseste Unübereinstimmung zwischen uns wahrnehme. Glaub' mir, Du Einzige! Du hast mich in Deinen Händen, und nur mit Dir kann ich — vollenden. —

So bitte ich Dich denn nach dieser furchtbaren Nacht: — hab' Vertrauen zu mir, unbedingtes, gränzenloses Vertrauen! Und diess heisst wieder nur: glaube, dass ich mit Dir Alles kann, ohne Dich nichts! —

So weisst Du, wer über mich, mein Thun und mein Leiden verfügt; das bist Du, selbst wenn ich in irrigen Vorstellungen über Dich befangen bin. Und so bin ich denn Deiner gewiss. Du wirst mich nicht verlassen, mir nicht verstummen: Du wirst mich treu durch Noth und Elend geleiten. Du kannst es nicht anders! Ich habe in dieser Nacht mir ein neues Recht auf Dich erworben —: Du kannst mich nicht dem Leben wiedergegeben wissen, um mit irgend einer Gunst gegen mich sparen zu wollen.

So hilf mir denn! Denn auch ich will Dir treulich helfen. — Hilf mir auch die furchtbare Last tragen, die auf meinem Herzen liegt: — sie ist eine Last, — aber sie liegt auf meinem Herzen. — Von einem zuverlässigen Arzte erhalte ich gestern den genauen Bericht über die Krankheit meiner Frau. Sie scheint unrettbar. Die Ausbildung einer Brustwassersucht steht ihr bevor; zu-

nehmendes, vielleicht langwieriges, aber immer qualen-
volleres Leiden, mit einziger Aussicht auf Erlösung durch
den Tod. Was einzig lindern und erträglich machen kann,
ist grösste Ruhe, Fernhaltung jeder moralischen Aufregung.
— Hilf mir, die Unglückliche pflegen! Ich werde es wohl
nur aus der Ferne thun können, weil ich selbst die Entfernung von ihr für das Zweckdienlichste halten muss.
Bin ich in ihrer Nähe, so werde ich unfähig dazu: auch
muss ihr meine Nähe nur Beunruhigung machen; beruhigen kann ich sie nur aus der Ferne; denn da kann
ich zu meinen Mittheilungen Zeit und Stimmung wählen,
um immer meiner Aufgabe gegen sie eingedenk zu sein.
Aber auch diess kann ich nicht, wenn — Du mir nicht
hilfst. Ich darf D i c h nicht blutend wissen, ich darf m i c h
nicht in dem Elend fühlen, D i r keine Heilung Deiner
Wunden bieten zu können! Diess bricht mich in tausend
Stücke, und führt mich dahin, woher ich diese Nacht noch
einmal zu Dir zurückkehrte! Nicht wahr, Du Engel? Du
verstehst mich? Du weisst, dass ich Dein bin, und nur
Du über mein Thun, Wirken, Dichten und Beschliessen
verfügst? Weigere Dich nicht, das anzuerkennen, — denn
es i s t ja so! — Mir hilft kein Schwan, wenn Du mir
nicht hilfst: Alles hat nur Sinn und Bedeutung durch Dich!
O, glaub' das! Glaub' das! — So, wenn ich Dir sage, hilf
mir, hilf mir zu Diesem oder Jenem, so meine ich damit
nur: glaube, dass ich nur durch Dich etwas vermag, und
nichts ohne Dich! Das ist das ganze Geheimniss. — Es
ist mir wieder tiefer aufgegangen, als je. Seit dem Tode
Deines Söhnchen's stand es kläglich um meine Arbeit.
Da sah ich recht, dass sie mir kein T r o s t sei, sondern
eben nur der Ausdruck des Einsamen, wenn er sich mit
Dir vereinigt fühlt, und sich nicht um Dich zu betrüben
hat. Ach, deshalb geht es auch seit lange so schwer damit: wahrlich! sie ist mir nur ein Spiel; mein wahrer
Ernst ist nicht dabei, wie er nie eigentlich ganz in ihr
war, sondern darüber hinaus, in dem, was ich ersehnte,
und nun in dem, was mich einzig zum Leben und Kunst-

schaffen noch fähig macht! — O, glaube! Glaube mir, dass nur Du mein Ernst bist! — In dieser Nacht, da ich die Hand vom Geländer des Balkons zurückzog, war es nicht meine Kunst, die mich hielt! In diesem furchtbaren Augenblicke zeigte sich mir mit fast sichtbarer Bestimmtheit die wahre Axe meines Lebens, um die sich mein Entschluss vom Tode zum neuen Dasein herumdrehte: es warst Du! — Du! — Wie ein Lächeln überflog mich's —: wäre es nicht wonniger, in ihren Armen zu sterben? —

. . . .

Sei mir nicht böse, mein Kind! „Die Thräne quillt, die Erde hat mich wieder!" — Aller-Seelentag! Auferstehungstag! —

Heim schreibe ich heute, er soll mir den Freipass für den Erard denn doch erhalten; ich gedenke ihn zu benutzen, um das Instrument einmal wieder zollfrei in die Schweiz führen zu können. Der Schwan hat seit dieser Nacht viel von seiner Bedeutung verloren; er ist es kaum werth, dass ich Dir noch Freude davon verspreche! —

Wir haben es schwer, sehr schwer, mein geliebtes Kind! Aber dafür sind wir auch so reich, jede Lebensschuld zahlen zu können, und dabei doch noch den unendlichsten Gewinn für uns zurückzubehalten. Aber, nicht wahr? Du schweigst mir nicht? — Und — kann ich Dich nicht „heilen", so verschmähst Du wenigstens meinen „Balsam" nicht? —

Wir sehen uns bald. — — — — — —

Leb' wohl! —

Aller-Seelentag!

Leb' wohl! —

Und sei mir gut! —

24. November.   Venedig.

Karl[1]) hat mich auf einige Zeit verlassen, um seiner kranken Mutter zum Geburtstag zu gratulieren. In Kurzem

[1]) Karl Ritter.

wird er wieder kommen. Beim Abschied hat er mich sehr gerührt. Der Wunderliche konnte sich nur schwer trennen. Ich glaube wohl, wer mich in diesen letzten Monaten viel umgeben durfte, muss einen schönen Eindruck gewonnen haben. Ich bin gewiss noch nie so klar in Allem gewesen, wie jetzt, und habe so wenig, fast gar keine Bitterkeit mehr. Wer so sicher weiss, dass er nichts mehr zu suchen, sondern nur noch zu geben hat, der ist doch auch eigentlich mit der ganzen Welt ausgesöhnt; denn sein Widerwille bestand doch nur darin, dass er da etwas suchte, wo ihm nichts gegeben werden konnte. Wie gelangt man nun zu dieser Wunderkraft des Gebens? Gewiss nur dadurch, dass man selbst nichts mehr verlangt. Wer eben inne wird, dass das Einzige, tiefbeglückende, wonach es tiefen Herzen verlangt, ganz ausser der Macht der Welt liegt, ihm zu geben, der fühlt endlich auch, wie berechtigt sie ist, zu verweigern, was sie nicht geben kann. Aber was begreifen wir unter der Welt? In unsrem Sinne alle die Menschen, die sich das, was sie zu ihrem Glücke verlangen, wirklich geben können, Ehre, Ruhm, Vermögen, behagliche Ehe, zerstreuende Gesellschaft, Besitz in jeder Gestalt. Wer diess nicht erreicht, der grollt deshalb auch der Welt. Wie übel würden wir aber der Welt grollen, da wir ja nichts von alledem verlangen, was sie nach Laune entziehen und gewähren kann? So wende ich meinen Blick denn mitleidig auf die Menschheit zurück, und freue mich der Gaben, die mich da trösten lassen können, wo die Täuschung sich Leiden schafft. Wer aber so hoch, so wundervoll erhaben über der Welt steht, der muss und darf aber auch unter keiner Bedingung etwas von ihr verlangen, und nichts von ihr annehmen, als was durch diese Annahme den Geber selbst erhebt und beglückt. Begehrten wir dagegen ein wirkliches, von ihr so gefühltes Opfer von ihr, was sie ungern gäbe, so müsste diess uns sogleich zeigen, dass wir von unsrer Höhe herabgestiegen, und unsrer Würde etwas zu vergeben im Begriffe wären. Diess war auch der Sinn des Buddhistischen Bettlerthumes;

der Religiöse, der allem Besitz entsagt hatte, erschien
ernst und ruhig in den Strassen und vor den Häusern,
um Diejenigen, die ihm Almosen reichen würden, durch
die Annahme derselben zu beglücken. Wie hätte es dem
Frommen, der selbst Allem entsagte, dünken müssen,
wenn er dem ungern Spendenden eine Gabe hätte ab-
dringen müssen, etwa um seinen Hunger zu stillen, er,
dem der Hunger Andachtsübung war? Es war mir lieb,
mich über diese Tendenz des Gebens und Empfangens
sogleich mit mir im Klaren zu finden, als ich vor einiger
Zeit den Brief eines Freundes am Züricher See zu be-
antworten hatte. Wie schmählich, ja verbrecherisch müsste
das sein, was ich in jenem üblen Sinne dem eigentlichen
Geiste der Welt mir abgewinnen sollte, diesem Geiste, der
mir da ein Zugeständniss zu machen glauben würde, wo
ich durch meine edelste Meinung ihn zu mir erhoben
wähnte. Wie stolz war ich da; aber nicht bitter. Der
Buddhistische Bettler hatte sich vor dem unrechten Hause
gezeigt: und Hunger ward ihm Andacht! Wo ich zu beglücken wähnte, glaubte man sich mir opfern zu sollen.
Bedurfte es mehr, als diesen Irrthum zu erkennen? Und
wenn ich dem letzten Lebensathemzuge entsagen müsste:
rein und göttlich bleibt, was in mir lebt, wenn kein Opfer
der Welt daran haftet. Diess Wissen, diess Wollen — ist
es ja eben, was uns so gross macht, was uns die ungeheure Kraft giebt, selbst das Leiden nicht mehr zu fühlen,
und — den Hunger uns zur Andacht zu machen.

— Ich hatte eine Winterreise vor. Die ist aufgegeben.
Nun sehe ich die Welt aber immer klarer; mit jeder Andacht stärkt sich mein Geist zur Wunderkraft. Ich muss
jetzt viel Gewalt über die Menschen haben. Das sah ich
an Karl, als er auf kurze Zeit von mir Abschied nahm.
— Ich bin nicht immer ganz wohl. Doch bleibt meine
Stimmung meistens ungetrübt und hell. Auch muss ich
lächeln, wenn Koboldchen spukt: gestern hörte ich es
wieder rascheln. —

1. Dezember.

Da bin ich Armer seit acht Tagen einmal wieder auf
das Zimmer, und diesmal sogar an den Stuhl gebannt,
von dem ich nicht aufstehen darf, und mich Abends in
das Bett tragen lassen muss. Doch ist es eben nur ein
äusserliches Leiden, das ich sogar für recht entscheidend
für meine Gesund(heit) halte, wodurch mich mein Zustand
sogar mit Hoffnung erfüllt, von nun ab recht ungestört
bei meiner Arbeit verbleiben zu können, während die
Unterbrechung darin das Hauptsächlichste war, was mir
meine letzten Krankheitsanfälle unleidlich machte. —
In solchen Perioden ist mein Intellect immer sehr geweckt; Pläne und Entwürfe beschäftigen meine Phantasie
lebhaft. Diessmal waren es philosophische Probleme, die
mich einnahmen. Ich habe in der letzten Zeit langsam
einmal wieder Freund Schopenhauers Hauptwerk durch-
gelesen, und diesmal hat er mich ausserordentlich zur
Erweiterung und — in Einzelnem — sogar zur Berichtigung seines Systems angeregt.[1] Der Gegenstand ist
ungemein wichtig, und meiner ganz besondren Natur
musste es, grade in dieser ganz besondren Lebensepoche,
vielleicht vorbehalten sein, hier Einsichten zu gewinnen,
die sich keinem Andren erschliessen konnten. Es handelt sich nämlich darum, den von keinem Philosophen,
namentlich auch von Sch. nicht, erkannten Heilsweg zur
vollkommenen Beruhigung des Willens durch die Liebe,
und zwar nicht einer abstracten Menschenliebe, sondern
der wirklich, aus dem Grunde der Geschlechtsliebe, d. h.
der Neigung zwischen Mann und Weib keimenden Liebe,
nachzuweisen. Es ist entscheidend, dass ich hierzu (als
Philosoph, — nicht als Dichter, denn als solcher habe
ich mein eigenes) das Material der Begriffe benutzen
kann, die mir Sch. selbst giebt. Die Darstellung führt
sehr tief und weit; sie schliesst die genauere Erklärung

---

[1] Vgl. Glasenapp II, 2, 197; Bayreuther Blätter 1886, S. 101.

des Zustandes, in welchem wir fähig werden, Ideen zu
erkennen, so wie überhaupt der Genialität, in sich, die
ich nicht mehr als den Zustand der Losgerissenheit des
Intellectes vom Willen, sondern vielmehr als eine Steigerung des Intellectes des Individuums zum Erkenntniss-
organ der Gattung, somit, des Willens selbst, als Dinges
an sich, auffasse; woher auch einzig die wunderbare,
enthusiastische Freudigkeit und Entzücktheit in den höchsten Momenten der genialen Erkenntniss erklärlich, die
Sch. kaum zu kennen scheint, da er sie nur in der Ruhe
und im Schweigen der individuellen Willens-Affecte zu
finden vermag. Ganz analog dieser Auffassung gelange
ich aber mit grösster Bestimmtheit dazu, in der Liebe
die Möglichkeit nachzuweisen, bis zu jener Erhebung
über den individuellen Willenstrieb zu gelangen, wo, nach
gänzlicher Bewältigung dieses, der Gattungs-Wille sich
zum vollen Bewusstsein kommt, was auf dieser Höhe
dann nothwendig gleichbedeutend mit vollkommener Beruhigung ist. Es wird dies Alles auch dem Unerfahrenen
klar werden können, wenn meine Darstellung gelingt.
Das Resultat muss dann aber sehr bedeutend sein, und
die Lücken des Schopenhauer'schen Systemes vollkommen
und befriedigend ergänzen. Wir wollen sehen, ob ich
einmal dazu Lust habe. —

8. Dezember.

Heute bin ich zum ersten Mal wieder an die frische
Luft gekommen; noch geht es nicht recht gut. Diese letzte
Krankheit, in der ich sogar recht hülfsbedürftig war, da
ich mich gar nicht bewegen konnte, hat mich durch die
dabei gemachten Erfahrungen doch recht befriedigend
über mich aufgeklärt. Karl ist seit fast 3 Wochen fort;
somit hatte ich fast Niemand, zu dem ich reden konnte,
ausser meinem Arzt und der Dienerschaft. Sonderbar,
dass ich auch nie die mindeste Sehnsucht nach Gesellschaft empfand. Im Gegentheil, als mich ein russischer

Fürst, dem ich hier nicht ganz ausweichen konnte, und
der mit vieler, namentlich auch musikalisch geübter Intelligenz, ein recht gutherziges Wesen verbindet, mich
einmal besuchte, war ich im Grunde herzlich froh, als er
wieder fort war; ich empfinde es immer als eine unnütze,
gänzlich erfolglose Anstrengung, mich mit Jemand zu —
unterhalten. Dagegen fasse ich die Dienerschaft gern in's
Auge. Hier spricht mich, mit Mängeln und Vorzügen,
noch der naive Mensch an. Auch hat man mich recht
gut, sogar mit Aufopferung gepflegt. Ich bin dafür sehr
erkenntlich. Kurwenal steht mir nun einmal näher als
Melot. Dazu schwieg fast in der ganzen Zeit jede Mittheilung von aussen her: der Briefbote liess sich fast gar
nicht mehr sehen. Als ich heute mit der Gondel nach der
Piazza kam, wogte Alles in Fülle und Glanz auf und ab.
Ich habe eine Speisestunde gewählt, wo ich sicher bin,
ganz allein beim Restaurant zu sein. So schlich ich fremd
wieder durch die bunte Masse zur Gondel zurück, und
fuhr in den stillen Canal zu meinem ernsten Palast. Die
Lampe brennt. Es ist Alles so still und ernst um mich.
Und innerlich das sichere, unzweideutige Gefühl, dass das
meine Welt ist, aus der ich nun ohne Schmerz und Selbst-
trug nicht mehr herausverlangen kann. So fühle ich mich
glücklich darin. Die Diener treffen mich oft in heiterster
Laune, wo ich gern mit ihnen scherze. —

Auch mit der Lectüre bleibe ich sehr beschränkt;
mich reizt wenig. Endlich greife ich immer wieder zu
meinem Schopenhauer, der mich, wie ich kürzlich schon
einmal andeutete, auf die wunderbarsten Ideengänge, zur
Berichtigung mancher seiner Unvollkommenheiten gebracht hat. Das Thema wird mir täglich interessanter,
weil es sich hier um Aufschlüsse handelt, die gerade nur
ich geben kann, weil es noch nie einen Menschen gab,
der in meinem Sinne Dichter und Musiker zugleich war,
und dem deshalb eine Einsicht in innere Vorgänge möglich wurde, wie von keinem Andren sie zu erwarten sein
können. —

Ich wollte auch Humboldts Briefe an eine Freundin lesen, bekam aber nur das Büchelchen von Elisa Mayer über ihn und mit Auszügen von ihm. Diess Schriftchen habe ich sehr unbefriedigt wieder von mir gelegt: das Beste darin war unverkennbar das, was meine Freundin für mich bereits daraus entnommen hatte. Wer Humboldt ganz kennt, wird an dem wissenschaftlichen Forscher und Gelehrten gewiss eine recht bedeutende Erscheinung kennen lernen. Auch als Mensch muss er sehr angenehm und anziehend gewesen sein; ich kann es Schiller nicht verdenken, dass er gern mit ihm umging; auch mir würde solch ein Mensch sehr werth sein. Productive Geister bedürfen der näheren Beziehungen zu so entschieden receptiven Naturen, schon weil man sich oft ungestört von sich geben will, wobei man schliesslich, wenn es zur Verwerthung des Erfolges kommt, sich leicht darüber tröstet, dass die Annahme, ganz aufgenommen zu werden, doch am Ende auch nur unser guter Glaube war. In der That, vom eigentlichen Wesen der Dinge hat Humboldt nicht viel begriffen; er bleibt da entschieden flach und gewöhnlich, und dem intimen Freunde Schillers, dem Schüler Kants, steht dieses pfarrerliche Salbadern über die Vorsehung und den lieben Gott doch etwas auffallend an. Ich sah wohl bald, dass dieser auch einer von Denen war, von denen Jesus sagte: eher wird ein Kameel durch ein Nadelöhr, als sie zum Himmelreich eingehen! Die Versicherung seiner Bedürfnislosigkeit, die so stets und immer wiederkehrt, macht sich wirklich drollig: zu zwei angeerbten Herrschaften erheirathet er zwei andre, und bekommt auch vom Staate noch eine fünfte dazu geschenkt; kräftig und wohlerzogen, verbindet er sich jung einer Frau, die er bis an seinen Tod voll und innig lieben konnte: dazu einen geweckten Kopf, ein Zeitalter der Schiller und Göthe! Nun, glücklicher kann man von der „Vorsehung" allerdings nicht ausgestattet werden; und dass er Staatsmann und Diplomat wurde, hatte er hoffentlich nicht der Vorsehung Schuld zu geben. — Aber desto rührender und ergreifender ist an diesem Manne seine Liebe und sein zartes Scheiden aus der Welt. Vor Allem aber danke i c h ihm eine tiefe entscheidende Beruhigung, durch einen kleinen, ganz unwesentlichen Ausspruch, den meine Freundin aber mit so wunderbar unschuldsvoll schönem Accent mir mittheilte, dass diese wenigen Zeilen einen grossen Eindruck auf mich machten, indem sie mir den einzigen Weg zur Hoffnung zeigten. Es war die Stelle vom „Vertrauen" und „Vertraulichkeiten". —

Seit gestern beschäftige ich mich wieder mit dem Tristan. Ich bin immer noch im zweiten Akte. Aber — was wird das für Musik! Ich könnte mein ganzes Leben nur noch an dieser Musik arbeiten. O, es wird tief und schön; und die erhabensten Wunder fügen sich so geschmeidig dem Sinn. So etwas habe ich denn doch noch nicht gemacht: aber ich gehe auch ganz in dieser Musik auf; ich will nichts mehr davon hören, wann sie fertig werde. Ich lebe ewig in ihr. Und mit mir —.

22. Dezember.

Das ist ein schöner Morgen, liebes Kind!

Seit 3 Tagen trug ich mich mit der Stelle „Wen du umfangen, wem du gelacht" — und „In deinen Armen, dir geweiht" u. s. w. Ich war lange unterbrochen, und fand die rechte Erinnerung bei der Ausführung nicht wieder. Es machte mich ernstlich unzufrieden. Ich konnte nicht weiter. — Da klopfte Koboldchen: es zeigte sich mir als holde Muse. In einem Augenblick war mir die Stelle klar. Ich setzte mich an den Flügel, und schrieb sie so schnell auf, als ob ich sie längst auswendig wüsste. Wer streng ist, wird etwas Reminiscenz darin finden: die „Träume" spuken dabei. Du wirst mir aber schon vergeben! — Du Liebe! — Nein, bereue es nie, mich zu lieben! Es ist himmlisch! —

1. Januar.

Nein! bereue sie nie, diese Liebkosungen, durch die
Du mein dürftiges Leben schmücktest! Ich kannte sie
nicht, diese wonnigen Blumen, dem reinsten Boden der
edelsten Liebe entblüht! Was ich als Dichter geträumt,
musste mir einmal so wundervoll wahr werden; auf den
gemeinen Boden meines irdischen Daseins musste dieser
zartbelebende und verklärende Wonnethau einmal fallen.
Ich hatte es nie gehofft, und nun ist mir, als hätte ich es
doch gewusst. Nun bin ich geadelt: ich habe den höchsten
Ritterschlag erhalten. An Deinem Herzen, in Deinem
Auge, von Deinen Lippen — ward ich der Welt enthoben.
Jeder Zoll an mir ist nun frei und edel. Wie mit heiligem
Grauen vor meiner Herrlichkeit durchschauert mich das
Bewusstsein, von Dir in so ganzer Fülle, so süss zärtlich,
und doch so innig keusch geliebt worden zu sein! —
Ach, noch athme ich ihn, den zauberischen Duft dieser
Blumen, die Du mir von Deinem Herzen brachest: das
waren nicht Keime des Lebens; so duften die Wunder-
blumen des himmlischen Todes, des Lebens der Ewigkeit.
So schmückten sie einst die Leiche des Helden, ehe sie
zu göttlicher Asche gebrannt wurde; in dieses Grab von
Flammen und Wohldüften stürzte sich die Liebende, um
ihre Asche mit der des Geliebten zu vereinigen. Nun
waren sie Eines! Ein Element! Nicht zwei lebende
Menschen: ein göttlicher Urstoff der Ewigkeit! — Nein!
bereue sie nie! Diese Flammen, sie brannten leuchtend,
rein und hell! Keine finstre Gluth, kein Gedünst, keine
bangen Dämpfe verunreinten sie je, die lautre, keusche
Flamme, die ja niemandem noch so rein und verklärend
leuchtete wie uns, deshalb auch niemand von ihr wissen
kann. — Deine Liebkosungen — sie sind die Krone
meines Lebens, die wonnigen Rosen, die mir aus dem
Dornenkranze erblühten, mit dem mein Haupt einzig ge-
schmückt war. Nun bin ich stolz und glücklich! Kein
Wunsch, kein Verlangen! Genuss, höchstes Bewusstsein,

Kraft und Fähigkeit zu Allem, zu jedem Lebensssturme! --
Nein! nein! Bereue sie nicht! Bereue sie nie! —

8. Januar.
O Tag! Du aller guter Geister Gott!
Sei mir gegrüsst!
Gegrüsst nach langer Nacht! —
Bringst Du von ihr mir Kunde? —

Luzern   4. April.
Der Traum des Wiedersehens ist nun geträumt. So —
sahen wir uns wieder. War es nicht wirklich nur ein
Traum? Was ich in diesen Stunden in Deinem Hause
erlebt, wodurch unterscheidet es sich mir von jenem
andren Traume, den ich zuvor so lieblich von meiner
Wiederkehr träumte? Fast steht er deutlicher vor mir,
als der wehmüthig ernste, dem sich meine Erinnerung so
wenig fügen will. Es ist mir, als ob ich Dich eigentlich
gar nicht deutlich gesehen hätte; dichte Nebel lagen
zwischen uns, durch die kaum der Klang der Stimmen
drang. Auch ist mir, als ob Du eigentlich mich nicht
gesehen hättest; als ob statt meiner ein Gespenst in Dein
Haus kam. Hast Du mich erkannt? — O Himmel! ich
erkenne ihn: diess ist der Weg zur Heiligkeit! Das Leben,
die Wirklichkeit immer traumartiger: die Sinne erstumpft;
das Auge — weit geöffnet — sieht nicht mehr, — das
willige Ohr versäumt den Schall der Gegenwart. Wo wir
sind, sehen wir uns nicht; nur, wo wir nicht sind, da
weilt unser Blick auf uns. So ist die Gegenwart unvor-
handen, und jede Zukunft nichtig. — Ist mein Werk
wirklich werth, dass ich mich ihm erhalte? — Aber Du?
Deine Kinder? — Leben wir! --
Und dann, als ich in Deinen Zügen die Spuren so
grossen Leidens erkannte, als ich Deine magere Hand an
die Lippen drückte —, da durchzuckte es mich mit tiefem

Erbeben, und rief mir eine schöne Pflicht zu. Die wundervolle Kraft unsrer Liebe hat bis hieher geholfen; sie hat mich bis zum Gewinn der Möglichkeit der Rückkehr gestärkt; sie hat mich diess traumartige Vergessen aller Gegenwart gelehrt, um unberührt von ihr in Deine Nähe treten zu können; sie hat mir Groll und Bitterkeit verlöscht, so dass ich die Schwelle küssen könnte, die mir erlaubt, zu Dir schreiten zu dürfen. So vertraue ich denn ihr: sie wird mich auch lehren, selbst durch den Schleier — den wir als Büsser nun über uns geworfen — Dich deutlich wieder zu sehen, und licht und klar auch mich Dir zu zeigen! —

Du himmlische Heilige! Vertraue auf mich!
Ich werde es können! —

Venedig — Mailand

30. Sept. 1858 bis 25. März 1859.

58.   Venedig,[1]) 30. Sept. 58.

   An die Freundin
     Frau Eliza Wille.

    Glauben Sie mir, liebe verehrte Freundin, ich muss
mich recht zusammen halten, um eben auszuhalten! Fast
jede Stunde habe ich Anlass, mir einmal zuzurufen: Straff!
Straff! Sonst fällt Alles auseinander! — Was mir nun
einzig übrig bleibt, ist Isolirung, vollständige Vereinsamung. Sie ist mein einziger Trost, meine einzige
Rettung. Und doch ist sie so unnatürlich, namentlich
mir auch, der sich so gern ganz und rückhaltlos mittheilt.
Allein — unnatürlich ist nun einmal Alles an mir. Ich
kenne nicht, was Familie, Verwandte — Kinder sind:
meine Ehe war für mich nur eine Prüfung der Geduld
und des Mitleids. — Mir ist kein Freund denklich, dem
ich mich, ohne es zu bereuen, ganz mittheilen könnte;
täglich erfahre ich mehr, wie eben ewig fein und grob
ich missverstanden werde, und eine innere Stimme, der
Ausdruck meines ächtesten Wesens, sagt mir, es sei
besser, wenn ich schonungslos nach dieser Seite hin von
jeder Illusion nicht nur mich, sondern auch meine Freunde
befreite. —

    Alle Welt ist eben nur praktisch; bei mir aber ge-
winnt das Ideale solche Realität, dass sie meine Wirklich-

---

[1]) Urschrift fehlt.

keit ausmacht, an der ich nichts gestört dulden kann. So muss ich denn nun endlich in meinem sechsundvierzigsten Jahre sehen, dass mein einziger Trost die Einsamkeit sein und ich nun ganz allein stehen muss. Es ist so, und ich kann mich nicht täuschen, das eben ist die Einsicht, die mir die Weichheit zurückdrängt; sowie ich dieser Einsicht zuwider handeln möchte, weiss ich, dass ich vollends verloren wäre: da würde Bitterkeit und Aerger Alles überfluthen. So heisst's denn eben, auszuhalten — schweigen! —

Ist endlich die Phantasie in vollem Spiele, dann geht's, und das geistige Schaffen entschädigt, so lange es ungestört vor sich geht. Aber aller Geist nährt sich doch am Ende aus dem Herzen: und wie öde steht es da um mich herum! —

Alles fremd, kalt umher! Keine Beruhigung, kein Blick, kein schmeichelnder Laut. Ich hab' geschworen, mir nicht einmal ein Hündchen anzuschaffen: es soll einmal nicht sein, dass ich das Traute mir nahe hätte. — Sie hat denn doch ihre Kinder! —

Ach, das ist aber kein Vorwurf! Nur eine Klage; und ich denke, sie nimmt mich gern, wie ich bin, und hört mich auch klagen. Ich hab' ja meine Kunst! Freilich, Freude macht mir die auch nicht, und nur Grauen kann mich überfallen, wenn ich von meiner Arbeit ab auf die Welt blicke, der sie doch angehören soll, und die sie nur in der widerlichsten Verstümmelung sich zu eigen machen kann! —

Nun, daran darf ich aber nicht denken, wie an so Vieles nicht: ich weiss es. Darum will ich's auch nicht, und desshalb rufe ich mir immer auch zu: — straff! straff! Es muss sein! Es muss gehen — und es wird gehen! —

Sie hilft mir ja so lieblich! Was war das wieder für ein himmlischer Brief, den Sie mir heute von ihr schickten! Das theure holde Wesen — möge es getröstet sein! Ihr Freund ist ihr treu, lebt nur von ihr aus — und hält darum aus! —

Ja! es muss gehen, und — es wird gehen! — Ich
bilde mir ein, dass Venedig mir dazu helfen wird und
glaube, die Wahl war vortrefflich. Ich wollte eigentlich
Wille etwas von meinem hiesigen Leben schreiben; doch
Sie müssen auch das für sich annehmen: er hat mir
schon das unerhörte Opfer eines Briefes einmal gespendet,
in welchem er mir eben nur zu verstehen gab, welches
Opfer es ihn koste; das war und machte sich sehr schalk-
haft und artig, doch will ich ihn nicht wieder zu der Pein
verleiten; am Liebsten unterhalten wir uns wieder einmal
auch von Venedig auf dem Kanapée in seiner rothen
Stube mit den schönen Antiken. Grüssen Sie ihn darauf-
hin Allerschönstens! —

Ein eigentliches Leben lebe ich hier noch nicht;
davon kann erst die Rede sein, wenn ich wieder in der
Arbeit bin: den Flügel erwarte ich aber noch! Somit
genüge Ihnen die Beschreibung des Terrains, auf dem
ich zu leben mir bestimmen musste. Schrieben Sie mir
nicht, Sie kennten diese Gegend? Mein Palast liegt ungefähr auf der Hälfte Weges von der Piazzetta zum
Rialto, nah am Knie, das hier der Canal macht, und das
am schärfsten der Palast Foscari (jetzt Caserne) neben
mir bildet; schräg gegenüber der Palast Grassi, den
gegenwärtig Herr Sina sich restauriren lässt. Mein Wirth
ist ein Oesterreicher, der mich, mit meinem berühmten
Namen, enthusiastisch aufnahm, und sich in Allem ausserordentlich gefällig gegen mich erweist. (Er ist auch
Grund davon, dass meine Ankunft dahier sogleich in die
Zeitungen kam.) Sie haben gelesen, dass man mein Hiersein für einen politischen Schachzug ansah, um mich
durch Oesterreich behutsam nach Deutschland durchzu-
lügen. Selbst Freund Liszt[1]) war dieser Meinung, warnte
mich, rieth mir aber auch ab, auf die Erfolge meiner
Opern in Italien, die ich doch jedenfalls im Sinn hätte,
etwas zu geben: da sei doch nicht mein Terrain, und er

---

[1]) Briefwechsel zwischen Wagner und Liszt, II, 207/8.

wundere sich, dass ich das nicht einsehen wollte. Die
Antwort darauf ward mir recht schwer! —

Auch nach Wien sollte ich schon kommen, das wissen
Sie wohl auch, glaubten es aber doch nicht? —

Noch bin ich der einzige Gast (Miether) in meinem
Palaste, und bewohne Räume, vor denen ich anfänglich
erschrak. Viel Wohlfeileres fand ich jedoch nicht, be-
quemer gar nicht, und so zog ich in meinen grossen Saal
ein, der grade noch einmal so gross ist, als der Wesendonk'sche, mit einem passablen Deckengemälde, herrlichem
Mosaikfussboden und sicher prachtvollem Klang für den
Erard. Das Steife, Ungemüthliche der Einrichtung gab
ich mir sofort Mühe zu besiegen; die Zwischenthüren
zwischen einem mächtigen Schlafzimmer und einem
daran stossenden kleinen Cabinet mussten alsbald aus-
gehoben werden, und dafür kamen Portièren hin, aber
von keinem so schönen Stoff als meine letzten im
Asyl; vor der Hand muss es Baumwolle verrichten, die
Theater-Decoration herzustellen. Die Farbe musste diesmal roth ausfallen, weil so das Uebrige bereits möblirt
war; nur das Schlafzimmer ist grün. Ein immenser Flur
giebt mir Raum zur Morgenpromenade; auf der einen
Seite stösst er mit einem Balkon auf den Canal, mit der
andren auf den Hof mit kleinem gutgepflasterten Garten.
Da bringe ich denn meine Zeit zu bis gegen 5 Uhr
Abends; meinen Thee des Morgens bereite ich mir selbst:
ich habe zwei Tassen, von denen ich die eine mir hier
kaufte, und aus der Ritter zu trinken bekommt, wenn ich
ihn Abends mit mir nehme; aus der andren, die sehr
gross und schön ist, trinke ich selbst. Auch ein recht
Wassertrinkgeschirr habe ich, das ich mir nicht hier gekauft habe: das ist weiss mit goldenen Sternen, die ich
aber noch nicht gezählt habe, vermuthlich werden's wohl
mehr als sieben sein! —

Um 5 Uhr wird dem Gondolier gerufen, denn ich
wohne so, dass, wer zu mir will, über's Wasser muss
(was mir auch etwas angenehm abgesperrtes giebt)! Durch

die engen Gässchen links und rechts aber (Sie wissen!) „sempre dritto!" nach dem Markusplatz zum Restaurant, wo ich in der Regel Ritter treffe. Von dort „sempre dritto" in die Gondel, gegen den Lido oder den Giardino publico zu, wo ich gewöhnlich meine kleine Promenade mache, und dann wieder in der Gondel zur Piazzetta zurückkehre, um da noch ein wenig auf und ab zu schlendern, im Café de la Rotunde mein Glas Eis zu nehmen, und dann mich zum Traghetto zu begeben, der mich über den melancholisch nächtlichen Canal in meinen Palast zurückbringt, wo mich um 8 Uhr die angezündete Lampe erwartet! —

Der wunderbare Contrast, mit der stillen und melancholischen Erhabenheit meiner Wohnung und ihrer Lage, gegen den ewig heitren Glanz des Platzes und was damit zusammenhängt, das so angenehm indifferent lassende Menschengewoge, die ewig zankenden und lärmenden Gondoliere, endlich die stille Fahrt in der Abenddämmerung und während der hereinbrechenden Nacht, — verfehlt fast nie einen wohligen, schliesslich angenehm beruhigenden Eindruck auf mich zu machen. Und hieran habe ich mich bisher einzig noch gehalten; noch fühlte ich kein Bedürfniss, die Kunstschätze in Augenschein zu nehmen; ich behalte mir das für den Winter vor: jetzt bin ich froh, diesen angenehmen Auf- und Niedergang meines Tages noch mit gleicher Befriedigung geniessen zu können! — Den Mund öffne ich einzig gegen Ritter, der schweigsam genug ist, um mich nie zu stören; er ist ebenfalls allein, seine Frau ist zurückgeblieben. Am Traghetto verlässt er mich jeden Abend, und meine Wohnung betritt er nur höchst selten. — Es ist unmöglich, dass ich einen Ort gewählt haben könnte, der meinen jetzigen Bedürfnissen besser zusagte. An einem kleinen, unbedeutenden, an sich uninteressanten Orte, durchaus allein, hätte ein animal-soziales Bedürfniss mich doch am Ende irgend eine Gelegenheit zum Umgang ergreifen lassen müssen, und ein solcher, aus solchen Bedürfnissen entstehender und endlich sich consolidirender Umgang ist eben das, was Einem schliesslich zur Pein wird. Dagegen kann ich nirgends zurückgezogener leben, als grade hier; denn das interessante, theatralisch fesselnde Schauspiel, das sich mir hier täglich erneuert und den Contrast frisch erhält, lässt den Wunsch, eine bestimmte individuelle Rolle in diesem Schauspiel zu spielen, gar nicht aufkommen, weil ich fühle, dann sogleich den Reiz des Schauspiels, der sich mir nur als objectivem Beobachter bietet, verloren gehen zu sehen. So ist denn mein Leben in Venedig bis jetzt ein ganz treues Bild zu meinem ganzen Verhalten zur Welt überhaupt, wenigstens wie diess meiner Erkenntniss und meinem resignirten Bedürfnisse nach, sein soll und muss; wie habe ich jedesmal zu beklagen, wenn ich aus ihm herausschreite! —

Als man Abends auf dem Markusplatz, wo Sonntags die Militär-Musik sich hören lässt, Stücke aus Tannhäuser und Lohengrin spielte, war mir diess, bei allem Aerger über das schleppende Tempo, doch eigentlich, als ob es mich gar nichts anginge. Uebrigens kennt man mich schon überall; namentlich die oestreichischen Offiziere deuten mir diess mit oft sehr überraschend zarten Aufmerksamkeiten an: doch ist bekannt geworden, dass ich durchaus zurückgezogen bleiben will, und nachdem einige Visiten consequent abgewiesen worden sind, lässt man mich in Ruhe. Mit der Polizei stehe ich vortrefflich; zwar verlangte man nach einiger Zeit nochmals meinen Pass, so dass ich schon an beginnende Maassregeln dachte; bald aber ward er mir, mit feierlicher Adresse, und der Versicherung, dass meinem ungestörten Aufenthalt in Venedig durchaus kein Bedenken entgegenstehe, wieder zugesandt. Somit gewährt mir Oesterreich entschieden Asyl, was denn doch auch anerkennenswerth ist. —

Was meinem Leben nun noch von Innen heraus einen so eigenthümlichen, fast träumerischen Charakter giebt, ist die vollständige Zukunftslosigkeit desselben.

Humboldt's und der Freundin[1]) Empfindung ist ganz die
meinige. Wenn ich Abends auf dem Wasser fahre, über
die Meerfläche blicke, die spiegelhell und unbewegt sich
am Horizont so an den Himmel anschliesst, dass durchaus kein Unterschied zu erkennen, die Abendröthe des
Himmels mit dem Spiegelbild im Wasser sich vollständig
vereinigt, so habe ich ganz treu im Bilde meine Gegenwart vor mir: was Gegenwart, Vergangenheit oder Zukunft, ist so wenig zu unterscheiden, wie dort Meer und
Himmel. Doch zeigen sich dann Streifen; es sind die
flachen Inseln, die da und dort Zeichnung geben; auch
taucht ein ferner Schiffsmast am Horizont auf: der Abendstern blinkt, die hellen Sterne strahlen, dort am Himmel
und hier im Meer: — was ist Vergangenheit, was Zukunft?
Ich sehe nur Sterne und reine, rosige Klarheit, und
zwischendurch gleitet mein Nachen, geräuschlos, mit
sanftem Plätschern des Ruders. — Das mag dann wohl
die Gegenwart sein. —

Grüssen Sie den theuren Engel viel tausendmal; und
auch die sanfte Thräne, die mir rinnt, soll sie nicht ver-
schmähen! Und geniessen Sie das Alles mit, durch die
Kraft Ihrer edlen Freundschaft. Wir sind doch glücklich! —

Leben Sie wohl!

Ihr

R. W.

59.   Venedig 19. Jan. 59.

Dank für das schöne Märchen, Freundin! Es wäre
wohl erklärlich, wie Alles, was von Ihnen kommt, mir
immer wie mit symbolischer Bedeutsamkeit eintritt. Grade
gestern, zu der Stunde, in dem Augenblick, kam Ihr
Gruss wie eine durch Zauber erzwungene Nothwendigkeit.
Ich sass am Flügel; die alte goldene Feder spann ihr

---

[1]) Es sind gemeint W. v. Humboldts Briefe an eine Freundin, 1847.
Vgl. oben S. 82.

letztes Gewebe über den zweiten Act des Tristan, und
zeichnete eben mit zögerndem Verweilen die fliehenden
Wonnen des ersten Wiedersehens meines liebenden
Paares. Wenn ich, wie es eben beim Instrumentiren geschieht, mit letzter Beruhigung mich dem Genuss meiner
eigenen Schöpfung hingebe, versinke ich zugleich oft in
eine Unendlichkeit von Gedanken, die mir unwillkürlich
die durchaus eigenthümliche, und der Welt ewig unver-
ständliche Natur des Dichters, des Künstlers darstellen.
Das Wunderbare, und der gewöhnlichen Lebensanschauung
ganz Entgegengesetzte, erkenne ich dann recht deutlich
darin, dass, während jene sich immer nur an der Handhabe der Erfahrung hinzieht und zusammensetzt, die dichterische Anschauung vor aller Erfahrung, ganz aus eigenster
Potenz, das erfasst, was aller Erfahrung erst Bedeutung
und Sinn giebt. Wenn Sie eine recht geübte Philosophin
wären, würde ich Sie darauf hinweisen, dass wir hier im
stärksten Maasse auf das Phänomen treffen, durch welches
überhaupt erst alle Erkenntniss möglich wird, nämlich
dadurch, dass das ganze Gerüste des Raumes, der Zeit
und der Causalität, in welcher sich die Welt uns dar-
stellt, in unsrem Gehirn, als dessen eigenthümlichste
Funktionen, vorgebildet ist, somit diese bedingenden Eigenschaften aller Dinge, nämlich ihre Räumlichkeit, Zeitlich-
keit und Ursächlichkeit, vor dem Erkennen dieser Dinge
schon in unsrem Kopfe enthalten sind, da wir ohnedem
sie ja auch gar nicht erkennen könnten. —

Was nun aber über Raum, Zeit und Causalität erhaben ist, und dieser Hülfsmittel seiner Erkenntniss nicht
bedarf, also das von diesen Bedingungen der Endlichkeit
Losgelöste, von dem Schiller so schön sagt, dass es einzig
w a h r sei, weil es nie w a r; dieses der gemeinen Weltanschauung gänzlich Unerfassbare, erkennt nur der Dichter
mit derselben, seine ganze Gestaltung bedingenden, in ihm
liegenden Vorgebildetheit, dass er es mit unfehlbarer Gewissheit darzustellen vermag, — dieses Etwas, das bestimmter und gewisser als irgend ein andres Object der

Erkenntniss ist, trotzdem es keine Eigenschaft der durch Erfahrung uns bekannt gewordenen Welt an sich trägt. —

Das höchste Wunder müsste nun sein, wenn dieses vorgeschaute, wesenhafte Etwas endlich ihm selbst in die Erfahrung tritt. Seine Idee wird dann an der Gestaltung dieser Erfahrung grossen Antheil haben; je reiner und höher jene, desto weltfremder und unvergleichbarer diese. Sie wird seinen Willen läutern; sein ästhetisches Interesse wird zum moralischen werden; und der höchsten dichterischen Idee wird sich das höchste moralische Bewusstsein beigesellen. In der moralischen Welt es zu bewähren, wird dann seine Aufgabe sein; ihn wird dasselbe Vorauswissen leiten, was ihn als Erkenntniss der ästhetischen Idee zur Darstellung dieser Idee im Kunstwerk bestimmte und für die Erfahrung befähigte. —

Die gemeine Welt, die nur unter dem Einfluss der von Aussen aufgedrängten Erfahrung steht, und nichts fassen kann, was ihr nicht gewissermaassen handgreiflich und fühlbar beigebracht worden ist, kann diese Stellung des Dichters zu seiner Erfahrungswelt nie begreifen. Sie wird sich die auffallende Bestimmtheit seiner Gestaltungen nie anders erklären können, als dass sie seiner Erfahrung irgendwo ebenso unmittelbar begegnet sein müssen, wie ihr Alles das, was sie durch das Gedächtniss sich angemerkt hat.

Am allerauffallendsten tritt mir jene Erscheinung an mir selbst zur Wahrnehmbarkeit entgegen. Mit meinen dichterischen Conzeptionen war ich stets meinen Erfahrungen so weit voraus, dass ich meine moralische Ausbildung fast nur als von diesen Conzeptionen bestimmt und herbeigeführt betrachten kann. Fliegende Holländer, Tannhäuser, Lohengrin, Nibelungen, Wodan, — waren alle eher in meinem Kopf als in meiner Erfahrung. In welch wunderbarer Beziehung ich nun aber jetzt zum Tristan stehe, das empfinden Sie wohl leicht. Ich sage es offen, weil es eine, wenn auch nicht der Welt, aber dem geweihten Geiste angehörige Erscheinung ist, dass nie eine

Idee so bestimmt in die Erfahrung trat. Wie weit beide sich gegenseitig vorausbestimmten, ist eine so feine, wunderbare Beziehung, dass eine gemeine Erkenntnissweise sie nur in dürftigster Entstellung sich denken können wird. Jetzt nun, wo Sawitri — Parzival — meinen Geist ahnungsvoll erfüllen, und zunächst zur dichterischen Idee sich zu gestalten streben —: jetzt, bei meiner künstlerisch vollendenden Arbeit mit plastisch sinnender Ruhe über meinen Tristan mich hinbeuge, — jetzt: wer ahnt es, welches Wunder mich dabei erfüllen muss, und mich so der Welt entrückt, dass sie mich fast schon ganz überwunden dünken kann? Sie ahnen es, Sie wissen es! Ja, und wohl nur Sie! —

Denn ahnte, wüsste es noch ein Andrer, uns grollte dann Niemand mehr, und alle wehevolle Erfahrung, die von Aussen auf sein Herz eindrang, müsste er den höheren Zwecken des Weltgeistes, der aus sich die Erfahrungen gestaltet, um in ihnen zu leiden, und aus den Leiden sich zu sich zu erheben, als gebührendes Opfer, auch seiner Theilnahme an jenen Zwecken zu lieb, mit gehobenem, geadeltem Gefühle darbringen. Doch — wer begreift es? — Würde so namenloses Leiden in der Welt sein, wenn unsre Erkenntniss so gleich wäre, wie unser nach Glückseligkeit verlangender Wille sich in Allen gleich ist? Nur hierin liegt das Elend der Menschen: erkennten wir Alle die Idee der Welt und des Daseins gleich und übereinstimmend, so würde jenes unmöglich sein. Woher aber dieser Wirrwarr der Religionen, Dogmen, Meinungen und ewig sich befehdenden Ansichten? Weil Alle das Gleiche wollen, ohne es zu erkennen. Nun, da rette sich denn der Hellsehende, und vor Allem — streite er nicht mehr! Er leide still am Wahnsinn, der ihn rings angrinst; in jeder Gestalt, in jeder Beziehung an ihn sich drängt, da, wo er blind ist, fordert, wo er verkennt, begehrt. Hier hilft nur — Schweigen und Dulden! —

Das wird Ihnen nun auch wie ein Märchen vorkommen, aber wie ein andres: vielleicht enthält es den

Schlüssel zu dem Ihrigen;[1]) der graue Sperling lobt seinen Schöpfer; und so gut er ihn versteht, so gut klingt sein Sang! —

Sie sehen, ich bin so glücklich, wieder arbeiten zu können. Und das ist wahrlich ein Glück, wogegen eine bestimmte, ernste Krankheit kein so grosses Unglück ist, weil auch sie den Geist befreit und die moralischen Kräfte in Thätigkeit setzt. Der übelste Zustand ist doch der, wo wir nicht eigentlich krank, aber doch gefesselt und beunruhigt sind, wo tiefes Unbehagen in der Berührung mit der Aussenwelt sich einstellt, Forderungen und Wünsche sich geltend machen wollen, der Thätigkeitstrieb keinen rechten Anhalt findet, Alles verwehrt, Alles gehemmt, nichts gestattet ist, nichts sich fügt: wo so Leere und Trostlosigkeit, Verlangen, Sehnsucht — Wollen entsteht. Es ist keinem Sterblichen gegeben, sich stets auf der Höhe seines wahren Wesens zu halten; seine ganze Existenz gründet sich ja eigentlich nur auf einen beständigen Kampf mit den untergeordneteren Bedingungen der Möglichkeit eben dieser Existenz, ja, seine höhere Natur äussert sich eben nur durch den endlichen Sieg in diesem Kampfe, sie ist nichts anderes als dieser Sieg, die ihn herbeiführende Kraft selbst, somit im Grunde nur eine stete Verneinung, nämlich eine Verneinung der Macht jener untergeordneteren Bedingungen. Und diess zeigt sich ja schon so auffallend deutlich in der rein physischen Grundbeschaffenheit unsres Leibes, wo ewig alle, selbst vegetalen Bestandtheile des Ganzen zur Auflösung, zur Loslösung sich drängen, was denn endlich im leiblichen Tode den Theilen auch augenfällig gelingt, wo denn der Lebenskraft nach dem steten Kampfe endlich die Macht ausgeht. So haben wir denn immer zu kämpfen, nur um zu sein, was wir sind; und je untergeordneter und tiefer stehend die Elemente unsres Daseins sind, denen wir Unterwürfigkeit abzugewinnen haben, desto weniger unsres höchsten

---

[1]) Es ist das Märchen „der fremde Vogel", in einem Neudruck für den engeren Familienkreis 1900 wiederholt.

Wesens würdig mögen wir uns ausnehmen, wenn wir zeitweise eben mit ihnen allein im Kampfe sind. So habe ich täglich, und fast immer Kampf mit der rein leiblichen Grundlage meines Daseins zu führen. Ich bin nicht eigentlich kränklich, aber ganz ungemein empfindlich, so dass ich alles das schmerzlich an mir empfinde, was bei minderer Sensibilität gar nicht erst in das Bewusstsein tritt. Natürlich muss ich mir wohl sagen, dass dieser Grund meines Misbefindens zum grossen Theile schwinden würde, wenn meine nun einmal überaus lebhafte Sensibilität durch ein Element der Lebensumgebung, wie es mir vielleicht gebührte, mir aber gänzlich versagt ist, abgeleitet und angenehm absorbirt würde. Mir fehlt die traute, schmeichelnde Umgebung, die meine Empfindlichkeit an sich zieht, und sie als zart zu bewältigende Empfindsamkeit fesselt. Freundin! — recht ruhig und lächelnd sei es gesagt: — welch elendes Leben führe ich! Humboldts Lebensbeschreibung darf ich wahrlich nicht lesen, wenn ich mich mit meinem Loose aussöhnen soll! —

Nun, das wissen Sie! Ich sage es auch nicht, um bemitleidet zu werden, sondern — ich wiederhole es Ihnen, eben weil Sie es wissen! —

Ich kann Wohlgefühl in keiner Weise mehr empfinden, als wenn ich mich auf meine höchste Höhe geschwungen habe. Aber eben diese Höhe ist schwer zu erkämpfen, um so schwerer, als sie eben hoch ist; ermessen Sie, wie kurz im Verhältniss mein Wohlgefühl, und wie dauernd dagegen der Druck sein muss. Doch das haben Sie Alles schon ermessen und wissen es. Warum sage ich's? Wohl eben nur, weil Sie es wissen! — Ich brauche recht viel gute Wünsche, — und das sage ich Ihnen, weil ich weiss, wie Ihre Wünsche bei mir sind! —

Nun will ich nur gleich weiter fortklagen. — Meine Wohnung ist gross und schön, aber furchtbar kalt. Gefroren habe ich bisher — das weiss ich nun — nur in Italien, nicht in der Villa Wesendonk, am mindesten im Asyl. Nie im Leben habe ich so viel persönlich mit dem

Ofen verkehrt, als im schönen Venedig. Das Wetter ist meistens immer hell und klar; das danke ich! —

Aber kalt ist's auch hier, vielleicht jedoch kälter bei Ihnen und in Deutschland. Die Gondel dient nur noch als gemeines Fuhrwerk, nicht mehr zu Lustfahrten, denn man friert sehr drin, was vom beständigen Nordwind kommt, der hier eben so helles Wetter macht. Am schmerzlichsten vermisse ich allmählich meine Wanderungen durch Berg und Thal: mir bleibt nichts übrig, als die Promenade der schönen Welt von der Piazzetta, die Riva entlang nach dem öffentlichen Garten, eine halbe Stunde Weges, mit stets furchtbarem Menschengedränge. Ein Wunder ist Venedig: doch eben ein Wunder. —

Mich verlangt's oft nach dem trauten Sihlthal, nach der Höhe von Kirchberg, wo ich ja auch Ihnen stolz zu Wagen begegnete. So wie es ein wenig wärmer wird, und ich eine kleine Pause in der Arbeit machen kann (denn die hilft mir jetzt einzig!), gedenke ich einen Ausflug, zunächst nach Verona und die Umgegend zu machen. Dort treten die Alpen schon nah. Einen wunderbarwehmüthigen Eindruck macht mir es, wenn ich bei sehr hellem Wetter vom öffentlichen Garten aus die Tiroler Alpenkette in fernem Hinzuge gewahre. Da kommt mir oft eine Jugendsehnsucht an, die mich nach dem Berggipfel zieht, auf dem das Märchen das strahlende Königsschloss, mit der schönen Fürstin drin, erbaute. Es ist der Fels, auf dem Siegfried die Brünnhilde schlafend fand. Die lange, glatte Fläche, die mich hier umgiebt, sieht ganz nur wie Resignation aus. —

Meine Beziehungen zur moralischen Welt sind nicht begeisternd. Alles ist ledern, zäh und dürftig, ganz wie es sein muss. Wie sich meine persönliche Lage gestaltet, weiss Gott! Von Dresden[1] aus wurde mir die Zumuthung gestellt, mit freiem Geleite mich dorthin zu verfügen, um persönlich mich dem Gericht zu stellen

---

[1] Vgl. Musik I S. 1902/4 und Anmerkung zu Brief 60.

und mir den Prozess machen zu lassen, wogegen mir
dann, selbst eben im Falle einer Verurtheilung, die Be-
gnadigung des Königs gewiss sein sollte. Das wäre nun
ganz schön für Jemand, der Alles zu seinem Lebensglück
gehörige durch solche Unterwerfung unter die widerlichsten Verhör-Chicanen u. s. w., zu erreichen hätte;
aber, mein Gott! was gewänne denn i c h dadurch? Gegen
die sehr problematische Erfrischung durch einige mögliche Aufführungen meiner Werke den ganz gewissen
Aerger, Kummer und Ueberanstrengung, die mir jetzt um
so unausbleiblicher sind, als ich durch meine zehnjährige
Zurückgezogenheit im höchsten Grade empfindlich gegen
alle Berührung mit dieser entsetzlichen Kunstwirthschaft
geworden bin, deren ich mich doch immer als Mittel zu
bedienen hätte. Auf diese Dresdner Zumuthung bin ich
daher nicht eingegangen. Freilich schwebe ich nun mit
meinen Arbeiten auch ganz in der Luft. Ich könnte denn
doch von meinen neuen Werken nichts mehr aufführen
lassen, ohne persönlich mich dabei zu betheiligen. Mein
energischester und treuester Fürst scheint der Grossherzog von Baden zu sein. Er lässt mir sagen, ich solle
mit Bestimmtheit darauf rechnen, den Tristan unter meiner
persönlichen Mitwirkung in Karlsruhe aufführen zu können.
Man wünscht ihn zum 6. September, dem Geburtstag des
Grossherzogs.

Ich hätte nichts dagegen. Und die ausdauernde Theilnahme des liebenswürdigen jungen Fürsten nimmt mich
herzlich für ihn ein. Wir wollen denn sehen, ob er es
durchsetzt, und ob ich — fertig werde. Noch habe ich
eine grosse, ernste Arbeit vor mir. Doch hoffe ich jetzt
auf ungestörtes Beharren dabei. Vor Juni werde ich sie
aber keinesweges beendigen können; — dann, wenn alles
so bleibt, denke ich mich von Venedig zurückzuziehen,
und die Berge meiner Schweiz wieder aufzusuchen. Dann
frage ich wohl auch einmal bei Ihnen an, Freundin, ob
Sie mich noch kennen, und ob ich Ihnen mit meinem
Gruss willkommen bin. —

Am Neujahrstag kam Karl Ritter zurück, und besucht mich jetzt wieder alle Abende um 8 Uhr. Er berichtete mir, dass er meine Frau etwas besser aussehend gefunden habe. Im Ganzen scheint es ihr erträglich zu gehen, und ich sorge, dass es zu ihrem Behagen an nichts fehle. Der furchtbare Herzschlag scheint sich bei ihr allerdings beruhigt zu haben, doch leidet sie noch fortwährend an Schlaflosigkeit, und klagt nun, seitdem sie eben etwas ruhiger geworden, über zunehmende Brustbeklemmung mit andauernden Husten-Krämpfen, die mich leider nicht mit guter Aussicht für ihre Herstellung erfüllen können. Der Arzt, ein mir bewährter Freund,[1] will den Ausschlag ihrer Krankheitsentwickelung von einer längeren Kur auf dem Lande im nächsten Sommer abhängig machen. Nach so schrecklicher Zerrüttung, und namentlich in Folge der unausgesetzten Schlaflosigkeit und damit zusammenhängenden mangelhaften Ernährung, müssen wir nun erwarten, was die Natur über diess arme geängstete Wesen beschlossen hat, das sich jetzt so fremd in der Welt vorkommt. Sie zweifeln wohl keinen Augenblick, Freundin, dass mein Benehmen gegen die Unglückliche nur Schonung und herzlich gütige Rücksicht ist? —

So habe ich denn Sorgen und Sorgen — wohin ich blicke: die Welt macht mir's schwer, liebes Kind! Kann es nun wohl anders sein, als dass ich auch Ihnen Sorge mache? Sie sorgen sich doch eben nur um meiner Sorge willen. Ach! Sie helfen mir ja immer so liebreich; und wo Sie mir nicht helfen, da helfe ich mir mit Ihnen.

Wissen Sie, wie ich das mache? Ich seufze einmal recht tief auf, bis ich lächle: dann ein edles Buch oder — an meine Arbeit. Da schwindet dann Alles, denn dann sind Sie bei mir, und ich bin bei Ihnen. — Und wollen Sie mir zu Zeiten ein Buch schicken, das Sie ge-

---

[1] Dr. Anton Pusinelli in Dresden, † 31. März 1878; Wagners Briefe an ihn sind in den Bayreuther Blättern 1902, S. 93—124 gedruckt.

lesen, so nehme ich das mit allergrösstem Danke an. Ich lese zwar sehr wenig; aber dann lese ich gut, und Sie sollen's allemal erfahren. Ihnen empfehle ich ebenfalls eine Lectüre. Lesen Sie: „Schillers Leben und Werke — von Palleske." Es ist erst ein Band erschienen. Solch eine Lectüre, die intime Lebens- und Entwickelungs-geschichte eines grossen Dichters, ist doch das sym-pathischeste auf der Welt. Mich hat es ungemein ange-sprochen. Den Palleske selbst muss man sich dann und wann wegdenken, und nur sich an die unmittelbaren Mittheilungen von Schillers Freunden und Freundinnen halten. Es wird Sie ungemein fesseln; ja, Sie werden an einigen Orten ganz — erstaunt sein. Schiller stand in seiner Jugend, als er in Mannheim beim Theater war, an einer Klippe, von der er durch eine herrliche, glücklich so früh in sein Leben tretende Erscheinung, zurückgezogen wurde. — Darüber müssen Sie mir viel mittheilen! Und — darf ich — so schreibe auch ich nun öfter wieder. Sie sollen dann immer Alles erfahren, was Sie von mir wunderlichem Exilirten wissen mögen. Alles — ich ver-berge Ihnen nichts. Das sehen Sie schon heute! —

Gewiss schreibe ich auch einmal an Myrrha: die wird Augen machen! Bereiten Sie sie nur auf meine Handschrift vor. Und wenn Wesendonk einmal etwas von mir wissen will, so schreibe ich ihm auch: das habe ich ihm schon gesagt. Heute grüssen Sie ihn bestens! —

So scheide ich mit der Palme von Ihnen! Dort, wo mein Dornenkranz ruht, duften unverwelkbar meine Rosen. Der Lorbeer reizt mich nicht, — deshalb, soll ich vor der Welt mich schmücken, so wähle ich die Palme!

Friede! Friede sei mit uns! —

Tausend, tausend Grüsse!

Ihr

R. W.

60.

Venedig, 22. Februar 59.[1])

Nach dem Gesetz des allerherrlichst-vollendeten Buddha beichtet der Belastete vor der Gemeinde laut seine Schuld, und damit allein ist er entlastet. Sie wissen, wie ich unwillkürlich zum Buddhisten geworden bin. Auch mit der Buddhistischen Bettler-Maxime habe ich's unbewusst immer gehalten. Und das ist eine sehr stolze Maxime. Der Religiöse kommt in die Städte und Strassen der Menschen, zeigt sich nackt und besitzlos, und gibt so durch sein Erscheinen den Gläubigen die kostbare Gelegenheit, durch Gaben und Spenden an ihn, das edelste, verdienstlichste Werk zu üben: somit ist seine Annahme die ersichtlichste Gnade, die er erweist, ja, in dieser Gnade liegt der Segen, die Erhebung, die er den Gebern spendet. Er bedurfte der Gaben nicht, denn freiwillig hatte er Alles von sich gegeben, eben um durch die Annahme von Almosen die Seelen erquicken zu können. —

Ich will, bis in seine feinste Verzweigung, Mitwisser meines Schicksals werden; nicht um es gegen den Lauf zu wenden, sondern um täuschungslos nur ihm gegenüber zu stehen. Für meine Zukunft habe ich aber kein Bedürfniss: dem edelsten Bedürfniss meines Lebens — das wissen Sie! — muss ich wehren; wie könnte ich nun noch mit irgend einer Anordnung meines Schicksals mir schmeicheln wollen? Nur für Andere wünsche ich: sind diese Wünsche unerfüllbar, so muss ich auch ihnen zu entsagen wissen. Denn endlich muss der Segen eines Jeden aus dem Inneren selbst quellen: Arzeneien sind Täuschungen.

Lautet diess ernst und wehmüthig? — Und doch sage ich es Ihnen zum Trost. Ich weiss, Sie bedurften dieses Trostes, weil Sie über mich der Beruhigung be-

---

[1]) Urschrift fehlt.

105

dürfen. Und nun wollen wir uns gegenseitig in dieser süssen Uebung streiten: Trost um Trost! —

Deutschland entsage ich mit ruhigem, kalten Herzen, ich weiss auch, dass ich es muss. Beschlossen habe ich für meine Zukunft noch nichts, — ausser — den Tristan zu vollenden! —

Zunächst hat der Erzgrossherzog Max auf meine Eingabe hin sofort die Ausweisungsmaassregel gegen mich sistiren lassen.[1]) Ich will nun sehen, ob ich den dritten Akt hier noch im Entwurf fertig bringe. Instrumentiren werde ich ihn dann wohl in der Schweiz, vermuthlich nicht weit von Ihnen, in Luzern, wo es mir im vorigen Sommer erträglich gefallen hat. Nächsten Winter werde ich wohl in Paris zubringen, — so ist's mir wenigstens, wenn auch ganz ohne Wunsch, sondern vielmehr mit grosser Ueberwindung. —

Wesendonks Anerbieten danke ich sehr. Möge Sie und ihn meine Correspondenz nach Moskau u. s. w. nicht zu sehr bekümmern; es ist mein Loos, mir auf diese Weise helfen zu müssen, wobei das Unergiebige der Hülfe mich weniger leiden macht, als eben der Weg dazu, den mir doch aber Niemand ersparen kann. Freilich wird sich einst die Nachwelt wundern, dass grade ich genöthigt war, meine Werke zur Waare zu machen: als Nachwelt kommt die Welt nämlich immer erst etwas zu Verstand, und vergisst dann mit kindischer Selbsttäuschung, dass ja auch sie die Mitwelt ist, als welche sie immer stumpfsinnig und gefühllos bleibt. So ist es aber einmal und wir können nichts daran ändern. Das sagen Sie mir ja auch über die Menschen überhaupt. Und an mir ist auch nicht viel zu ändern: ich behalte meine kleinen Schwächen, wohne gern angenehm, liebe Teppiche und hübsche Möbel, kleide mich zu Haus und

---

[1]) Glasenapp II, 2, 208. In der Musik I, 1902/04 bringt Schönaich ein Begnadigungsgesuch Wagners aus Venedig 1859 zum Abdruck.

zur Arbeit gern in Seide und Sammt, und — muss dafür
denn auch meine Correspondenzen führen! —

Nun, wenn nur der Tristan dabei noch gut geräth:
und gerathen wird er, wie noch nie etwas! — Ist Koboldchen zur Ruhe und Freundin getröstet? —

Vergessen Sie Wien nicht! Es macht Ihnen doch
vielleicht eine kleine Freude; ich ginge selbst gern einmal
hin: nun müssen Sie's für mich thun. Immer wieder
erfahre ich sehr Erfreuliches über die dortige Aufführung
des Lohengrin, und aus Allem entnehme ich mir, dass
sie überhaupt die beste von allen Aufführungen meiner
Opern ist. Ich erwarte von dort eine bestimmte Notiz
darüber, wie lange die Saison noch dauert und Sie den
Lohengrin hören können; sobald ich's weiss, schreib'
ich's Ihnen! —

Und nun besten Gruss und Dank an Wesendonk. —
Koboldchen war gar artig, und die Freundin grüsse ich
aus Herzensgrunde! Adieu!

R. W.

61.
Venedig 2. März 59.[1])

Schönsten Dank der lieben Märchen - Frau! Sie erzählt so schön, und hat doch noch lange nicht so er-
fahrene Runzeln wie die Grimm'sche! Guter Laune macht
mich das Gelingen des zweiten Aktes. Letzthin Abends
bekamen mich Ritter und Winterberger[2]) dazu, nach und
nach die Hauptsachen zu spielen. Da hatte ich denn 'was
Schönes angerichtet! Alle meine frühern Arbeiten, die
armen, wurden bei Seite geworfen gegen diesen einen
Akt! So wüthe ich gegen mich selbst, und bringe meine
Kinder allemal bis auf Eines um. —

— Ach, lieber Himmel! Du weisst was ich will!
Es ist rein, klar und durchsichtig wie Du, wenn Du

---

[1]) Urschrift fehlt.
[2]) Alexander Winterberger, Pianist und Organist, Schüler von Liszt.

Deinen schönsten Krystall über mich ausspannst! Aus meinem wahrsten Inneren steigt kein Wölkchen mehr, das irgend einem Menschen den Anblick meiner Klarheit verhüllen könnte! Sie wehen sie aus sich über mich hin, diese Wolken; wie lange muss ich sie noch scheuchen, um ihnen zu zeigen, dass ich am Ende doch ein guter, reiner Mensch bin? Und nicht um meinetwillen scheuche ich die Wolken; ich würde bleiben, was ich bin; aber sie verbergen sich mir selbst hinter diesen Wolken, und ich kann sie nicht erfreuen! —

Freundin, was habe ich's schwer, oh, — sehr schwer! Aber mein guter Engel winkt mir denn doch auch. Er tröstet mich und giebt mir Ruhe, wenn ich ihrer am höchsten bedarf. So will ich denn ihm danken, und mir sagen: „So musste es eben sein, damit es — so sein konnte! —" Die Palme kennt nur, wer den Dornen-kranz trug: und sie ruht so weich, so schwebend in der Hand, und wölbt sich über dem Haupte wie der duf-tigste Engelflügel, der uns Kühlung und höchstes Er-quicken zufächelt! — —

Unsre Briefe kreuzten sich: der Ihrige kam, als ich den meinigen eben auf die Post gegeben! —

Ich bin seit länger ganz allein. Karl Ritter verliess mich, um seiner kranken Mutter zum Geburtstag zu gra-tuliren. Als er ging, war ich eben in der Genesung von einer Krankheit begriffen, die mich in meiner Arbeit — kaum begonnen — unterbrochen; ich versprach ihm, wenn er wiederkäme, wieder ein gross Stück vom Tristan fertig zu haben. Aber auf's Neue musst ich mich dazu bequemen, das Zimmer zu hüten —, und, in Folge einer äussern Ver-letzung am Bein, diesmal sogar im Stuhl festgebannt, auf dem ich mich in's Bett tragen lassen musste. Das hat so ungefähr bis jetzt gedauert; seit einigen Tagen fahre ich erst wieder in der Gondel aus. Ich theile Ihnen das mit, um an diese Leidensgeschichte die Mittheilung zu knüpfen, dass ich nicht einen Augenblick die Geduld verloren habe, sondern, obwohl ich die Arbeit wieder aufgeben musste, stets den Geist frei und heiter erhielt. Ich sah in dieser Zeit keinen Menschen, als meinen Arzt, Louisa — meine Donna di servente, die mich sehr gut pflegte und verband, und Pietro, der viel heizen musste, mir zu essen holte, und früh und Abends, mit Hülfe eines Gondoliers, mich auf dem Stuhl aus dem Bett und in das Bett trug: was ich immer den „Traghetto" nannte, und wozu ich immer mit dem in Venedig üblichen „Poppéh" aufrief. Louisa und Pietro waren immer verwundert und erfreut, mich guter Laune anzutreffen; besonders gefiel ihnen, als ich ihnen begreiflich machte, warum ich mich so schlecht mit ihnen unterhalten könnte, nämlich, weil sie den venezianischen Dialekt hätten, während ich nur reines Toskanisch spräche und verstände. —

Einmal besuchte mich ein gutmüthiger und recht gebildeter intelligenter Mensch, ein Fürst Dolgorucki[1]); es war mir recht, als er kam, aber noch lieber war mir's, als er wieder ging. Ich fühle mich so zufrieden, wenn ich nicht unterhalten und zerstreut werde. — Viel Lectüre hatte ich aber auch nicht; ich lese auch in solchen Lagen, jedoch wenig. Doch liess ich mir W. v. Humboldt's Briefe kommen; die haben mich nicht sonderlich befriedigt, ja, es wurde mir schwer, viel davon zu lesen. Das Beste daraus kannte ich schon im Auszug: vier Zeilen davon waren mir lieber als Alles Uebrige, Breite und Unklare. Ob Sie wohl die vier Zeilen errathen? —

Mehr interessire ich mich für Schiller: mit diesem beschäftige ich mich jetzt ungemein gern: Göthe hatte es schwer, sich neben dieser ungemein sympathischen Natur zu erhalten. Wie hier Alles nur Erkenntniss-Eifer ist! Man glaubt, dieser Mensch habe gar nicht existirt, sondern immer nur nach Geistes Licht und Wärme ausgeschaut. Seine leidende Gesundheit stand ihm scheinbar hier gar nicht im Wege: zur Zeit der Reife scheint er doch auch von bewältigenden moralischen Leiden ganz frei ge-

---

[1]) Glasenapp II, 2, 195; vgl. auch oben S. 80/1.

wesen zu sein. Es scheint da Alles erträglich mit ihm gestanden zu haben. Und dann gab es für ihn so viel zu wissen, was damals, wo Kant noch so Wichtiges im Unklaren gelassen hatte, schwierig zu erwerben war, namentlich für den Dichter, der sich auch im Begriffe recht klar werden will. Eines fehlt diesen Allen: die Musik! Aber sie hatten sie eben im Bedürfniss, in der Ahnung. Deutlich drückt sich das oft aus, namentlich in der höchst glücklichen Substituirung des Gegensatzes von „plastischer" und „musikalischer" Poesie, für den von „epischer" und „lyrischer". Mit der Musik ist nun aber eine Allmacht gewonnen, gegen welche die Dichter jener so wundervoll suchenden, strebsamen Entwickelungsepoche mit ihren Arbeiten sich doch nur wie Skizzenzeichner verhielten. Desshalb gehören sie mir aber so innig an: sie sind mein leibhaftiges Erbstück. Aber glücklich waren sie — glücklicher ohne die Musik! Der Begriff giebt kein Leiden; aber in der Musik wird aller Begriff Gefühl; das zehrt und brennt, bis es zur hellen Flamme kommt, und das neue wunderbare Licht auflachen kann! —

Dann trieb ich viel Philosophie, und bin darin auf grosse, meinen Freund Schopenhauer[1]) ergänzende und berichtigende Resultate gelangt. Doch ruminire ich so etwas lieber im Kopfe als dass ich es aufschriebe. Dagegen stellen sich dichterische Entwürfe wieder sehr lebhaft vor mich hin. Der Parzival hat mich viel beschäftigt: namentlich geht mir eine eigenthümliche Schöpfung, ein wunderbar weltdämonisches Weib (die Gralsbotin) immer lebendiger und fesselnder auf. Wenn ich diese Dichtung noch einmal zu Stande bringe, müsste ich damit etwas sehr Originelles liefern. Ich begreife nur gar nicht, wie lange ich noch leben soll, wenn ich all' meine Pläne noch einmal ausführen soll. Wenn ich recht am Leben hinge, könnte ich mir durch diese vielen Projecte noch ein recht langes Dasein gewährleistet glauben. Doch

---

[1]) Glasenapp II, 2, 197; vgl. oben S. 79 f.

trifft's nicht nothwendig ein. — Humboldt erzählt, dass Kant noch eine Masse Ideen ausführlich zu bearbeiten vorhatte, woran ihn im hohen Alter aber der Tod sehr natürlich verhinderte. —

Schon gegen die Vollendung des Tristan merke ich diesmal einen ganz fatalistischen Widerstand; das kann mich aber doch nicht dazu bringen, ihn flüchtiger zu arbeiten. Im Gegentheil componire ich so daran, als ob ich mein Lebenlang an nichts Andrem mehr arbeiten wollte. Dafür wird er aber auch schöner, als was ich je gemacht; die kleinste Phrase hat für mich die Bedeutung eines ganzen Aktes, mit solcher Sorgfalt führ' ich sie aus. Und da ich gerade vom Tristan spreche, so muss ich Ihnen doch sagen, dass es mir Freude macht, noch zur rechten Zeit ein erstes Exemplar des neugedruckten Ge- dichtes erhalten zu haben, um es Ihnen zum Angebinde zu senden. —

Da ich mich immer sehr schlecht befinde, ohne grade krank zu sein, trieb es mich letzthin zu einem Ausflug auf's Land. Ich wollte nach Vicenza, der abgehende Zug ging aber in andrer Richtung, und so kam ich nach Treviso. Nach einer kläglichen Nacht machte ich mich bei Sonnenschein zu einer tüchtigen Fusswanderung von ziemlich drei deutschen Meilen auf. Ich ging aus dem Thor grade auf die Alpen los, die schön und stolz ihre Kette mir entgegensperrten. Da dachte ich viel. Müde kam ich Abends in die Lagunenstadt zurück, und frug mich über den Haupteindruck dieses Ausflugs auf dem festen Lande aus. ich war so melancholisch, nur den Staub und die gemarterten elenden Pferde, die ich wieder angetroffen, in der Erinnerung zu bewahren. Traurig blickte ich auf meinen stummen Canal hinab. „Staub" und „gemarterte arme, elende Pferde" — nun, die hast Du hier nicht? — aber sie sind auf der Welt. — Da löschte ich meine Lampe aus, bat meinen Engel um seinen Segen, — und da verlosch auch mir das Licht, — Staub und Qual verwehte. —

Andren Tags ging's wieder an die Arbeit. —
Und dann hatte ich Briefe zu schreiben. Aber das
habe ich schon erzählt. Nun will ich morgen wieder
arbeiten. Aber dieser Brief musste erst geschrieben
werden. Durch ihn gleite ich hinüber, dahin in die Nacht,
wo das Licht erlöscht, Staub und Qual verschwindet. —
Haben Sie Dank, Kind! — für dieses Geleite. Sollte
es mir wer nicht gönnen? —
Und tausend Grüsse! Tausend gute, schöne Grüsse!

R. W.

62.
                                    Venedig, 10. März 1859.
        Meine liebe Myrrha![1])

Das war ja ein ganz wunderschöner, wirklich ge-
schriebener Schreibebrief, den Du mir geschrieben hast!
Wer es nicht glauben will, der möge ihn selbst sehen!
Mein Kind, so schön kann ich nicht schreiben; dazu bin
ich schon viel zu alt! Wenn Du daher in meiner Antwort etwas nicht verstehen kannst, so bitte die Mama,
wie sie Dir mit schönem Erfolge im Schreiben Unterricht
ertheilt habe, möge sie Dir nun auch im Lesen beistehen.
Zwar giebt es manches, was Du auch ohne die Mama
wirst lesen können, das bezweifle ich keinen Augenblick;
aber mit einem Briefe von mir wird es schon deshalb
viel schwerer gehen, weil ich noch nie einer Myrrha das
Schreiben gelehrt habe. So habe ich mich denn gewöhnt,
ganz auf meine Weise zu schreiben, die Dir wohl etwas
undeutlich vorkommen wird. Aber Mama soll helfen. —
Nun danke ich Dir recht sehr, meine liebe Myrrha,
und es war recht schön von Dir, dass Du nicht gezweifelt
hast, auch ich habe mit Euch um den lieben Guido geweint. Wenn Du ihm wieder Blumen schenkst, grüsse
ihn auch von mir! Sehr gefreut hat es mich, von Dir

---

[1]) Tochter von Frau Wesendonk, geb. 7. August 1851 in Zürich,
gest. 20. Juli 1888 als Freifrau von Bissing in München.

zu erfahren, dass der Karl so schön wächst. Dass er nicht dasselbe Gesicht hat, wie der liebe Guido, möge Dich nicht abhalten, ihn dennoch ganz wieder für den Guido zu nehmen. Glaube mir, er ist auch ganz und gar der Guido wieder, nur — hat er eben ein andres Gesicht. Weil er nun ein andres Gesicht hat, wird er auch vielleicht einmal in der Welt die Sachen etwas anders ansehen, als sie Guido angesehen haben würde. Aber das macht auch den ganzen Unterschied aus, und im Grunde kommt darauf nicht so viel an, als man gewöhnlich glaubt, wenn auch mitunter dadurch etwas Verwirrung entsteht, die meistens daher kommt, dass die Menschen sich alle mit andren Gesichtern sehen, und deshalb glauben, sie wären auch alle etwas anderes, und jeder für sich wäre eigentlich der einzige Rechte. Indess geht das auch vorüber, und wenn's zur Hauptsache kommt, zum Weinen oder Lachen, da weint oder lacht Einer mit seinem Gesichte doch so gut wie der Andere, und wenn wir einmal todt sind, was doch endlich auch geschehen kann, da wollen wir nur alle froh sein, wenn wir jeder so ein Gesicht haben, wie Papa mir geschrieben hat, dass der liebe Guido es hatte. Somit siehe den Karl nur immer fest und treu für den Guido an; der wollte sein Gesichtchen nur früher so recht in die schöne Ruhe bringen, die die meisten Menschen erst nach sehr vielem Weinen und Lachen, und andren Gesichtskrämpfen sich aneignen können. Aber endlich bringt's doch jeder dahin, zumal wenn er recht gut und freundlich ist. Der Karl will nun erst noch recht weinen und lachen, das hat er für den Guido übernommen, und deshalb sieht sein Gesicht noch anders aus. Ich gönne ihm von Herzen, dass er recht damit lachen möge; denn das Weinen stellt sich schon ganz von selbst ein, und tüchtig lachen können hilft über manches hinweg. Das glaube Du mir! —

Nun überlege Du Dir das recht, meine liebe Myrrha; und da Du mich so schön einlädst, Dich einmal zu besuchen, so will ich wirklich bald einmal kommen, um mit Dir

diese Dinge weiter zu besprechen. — Und grüsse auch
Papa und Mama recht schön; an Mama, die immer so
gut ist zu schreiben, was bei Euch vorgeht, gieb den bei-
liegenden Brief, und bitte sie recht schön, ruhig und
heiter zu sein, wogegen Du ihr versprechen kannst, nun
auch im Lesen recht fleissig sein zu wollen, damit Du
bald meine garstigen Buchstaben ohne Hülfe lesen könnest.
Dann bleiben wir Beide gehörig im Briefwechsel! —

Und nun leb' wohl, liebe Myrrha! Hab' nochmals
Dank und grüsse den Karl auch noch recht schön von
Deinem

Freunde und Onkel

Richard Wagner.

62a.
Venedig, 10. März 59.[1]

An Mama.

Endlich bin ich gestern mit meinem zweiten Akte,
dem grossen, Allen so bedenklichen (musikalischen) Problem fertig geworden, und weiss es auf eine Art gelöst,
wie noch Keines. Es ist der Gipfel meiner bisherigen
Kunst. Noch habe ich eine Woche auf das Manuscript
zu verwenden, dann meine entsetzliche Correspondenz zu
versehen, worauf ich Verona und Mailand mit einigen
Tagen zu beehren gedenke, um über Como und Lugano
meinen alten Gotthardt zu überschreiten. Erfreuen Sie
mich zuvor noch durch eine Nachricht von Ihnen! —

Schönsten Dank auch für die exacte Besorgung
meiner „Geschäfte". Gott weiss, was aus all diesen
Thorheiten wird: wenn ich nur weiss, was ich will, so
bin ich ziemlich phlegmatisch dagegen, was die Welt
mit mir will. Wollen's abwarten! Mitunter schwindelt
mir vor dem Gedanken, irgend welche Mühe auf mein
Dasein noch verwenden zu sollen! Für meine Kunst habe
ich immer weniger mehr die Welt nöthig; ich könnte, so

---

[1] Urschrift fehlt.

114

lange die Gesundheit mir's erlaubt, immer fortarbeiten, wenn ich auch nie etwas davon aufgeführt hörte. —

Gestern nahm Winterberger, der nach Rom geht, Abschied von mir, wobei er heftig weinte und schluchzte. Auch Karl, als er im November von mir ging, war unglaublich ergriffen. Sie haben mich doch Alle sehr lieb, und ich muss etwas — ich glaube fast: Ehrwürdiges für sie haben. Karl lasse ich noch hier zurück. Er ist übel dran. Vor meinem Fortgehen bangt ihm sehr. —

Mit dem Märchen bin ich schon einig geworden, wenngleich ich manchmal dumm bin, was Sie schon oft erfahren haben. Sie weben so sinnig aus der Natur, dass man nur einmal auf Ihrer Terrasse recht aufmerksam gelehnt haben muss, um zu begreifen, woher Sie die Märchenwelt gestalten, in der Alles sie belebende so schön zusammenfliesst. — Leben Sie wohl! Besten Gruss an Wesendonk und Dank für seine praktische Fürsorge! — Leben Sie wohl! —

Ihr

R. W.

63.

Mailand, 25. März 59.

So habe ich denn in Ihrem Namen, Freundin, Abschied genommen von meinem träumerischen Venedig. Wie eine neue Welt umfängt mich das Strassengeräusch, der Staub und die Trockenheit, und Venedig dünkt mich bereits wie ein Märchentraum. —

Sie werden einmal einen Traum hören, den ich dort zum Klingen gebracht habe! Wenige Nächte vor meiner Abreise hatte ich aber in Wahrheit noch einen wunderlieblichen Traum, so schön, dass ich ihn Ihnen noch mittheilen muss, wie wohl er viel zu schön war, um mitgetheilt werden zu können. Alles was ich davon beschreiben kann, war ungefähr folgendes. Eine Scene, die ich in Ihrem Garten (der aber nur auch wieder etwas anders war) vorgehen sah. Zwei Tauben kamen über die

Berge her; die hatte ich abgeschickt, um Ihnen meine
Ankunft zu melden. Es waren zwei Tauben: warum
Zwei? Das weiss ich eben nicht. Sie flogen als Paar
dicht neben einander. Wie Sie sie erblickten, schwebten
Sie plötzlich in die Luft auf, ihnen entgegen, in der Hand
schwangen Sie einen mächtigen buschigen Lorbeerkranz;
mit dem fingen Sie das Taubenpaar, und zogen das flat-
ternde nach sich, den Kranz mit den Gefangenen neckend
hin und her schwenkend. Dazu fiel plötzlich, ungefähr
wie beim Sonnendurchbruch nach dem Gewitter, ein so
blendender Lichtglanz auf Sie, dass ich davon erwachte.
— Nun mögen Sie sagen, was Sie wollen: das hat mir
geträumt, aber nur noch unendlich schöner und an-
muthiger, als man's beschreiben kann. Mein armer Kopf
hätte so etwas nicht mit Absicht erfinden können! —
    Sonst bin ich müde, und war zuletzt, vermuthlich
vom jähen Frühjahr, sehr aufgeregt, mit starkem Herz-
klopfen und Blutwallen. Als ich Ihr Veilchen zur Hand
nahm, um mir etwas zu wünschen, zitterte das arme
zwischen meinen heissen Fingern. Da kam mir schnell
der Wunsch: ruhig Blut! Ruhig Herz! Und nun vertraue
ich dem Veilchen; es hat meinen Wunsch vernommen. —
Heut' war ich in der Brera, und habe den heiligen An-
tonius von Ihnen gegrüsst. Es ist ein herrliches Bild.
Nicht weit davon sah ich auch den heiligen Stephanus
von Crespi; der schöne Märtyrer zwischen den beiden
Kerlen, die ihn steinigen, Realismus und Idealismus so
unmittelbar neben einander: tief bedeutungsvoll! Ich begreife nicht, wie nicht von je diese Sujets, bei dieser
wundervollen Ausführung, als der erhabenste Gipfel der
Kunst von Allen erkannt worden sind, während Viele, und
selbst Göthe, sie als der Malerei widerstrebend auffassten.
Es ist gewiss die höchste Glorie der neueren Kunst, dass
sie, was die Philosophie nur verneinend, als Weltentsagung,
auffassen kann, in so positiver, ergreifender Wahrheit, und
zugleich so schön geben konnte, dass ich alle lebens-
freudigen Gestalten und alle Venuse armselig und dürftig

finde, gegen diese heilige Todeswonne der Märtyrer, wie van Dyck, Crespi, Raphael u. s. w. sie darstellen. Ich finde nichts höheres, tiefer befriedigendes und schöner verklärendes. —

Auch in und auf dem Marmordom stieg ich herum. Der ist doch bis zur Langweiligkeit grossartig! —

Und nun, bekomme ich keine Briefe mehr nach Venedig! Das Wetter begünstigt mich, und der Schnee des Gotthard soll mich erfrischen. Bald bin ich nicht mehr weit von Ihnen. Ich freue mich ungemein auf Luzern, und verspreche mir von allwöchentlichen Ritten auf den Rigi, Pilatus, Seelisberg u. s. w. grosse Erfrischung. Eine herrliche Wirthschaft will ich dort aufschlagen, und Sie müssen mich einmal mit der ganzen Wesenschaft von Wesenheim dort besuchen. Freund Schwan[1]) ist schon unterwegs. —

Wenn Sie zur Erinnerung an unser Hausconzert[2]) nächstens recht grosse Gesellschaft bei sich haben, gedenken Sie auch ein wenig meiner dabei! —

Segne Sie Antonio und Stefano, und alle Heiligen! Herzliche Grüsse an Wesendonk und meine kleine Correspondentin! Lebewohl kann ich nicht recht sagen, da ich Ihnen so nahe komme, dass ich fast nur: Gegrüsst! gut finden kann.

Morgen geht's auf die Alpen los! Adieu, Freundin!

Ihr
R. W.

„Luzern, posterestante."

---

[1]) Der Erardflügel.
[2]) Vom 31. März 1858; Glasenapp II, 2, 177.

Luzern

7. April 1859 bis 27. August 1859.

64.

Luzern 7. April 59.

Hier altes und neues meiner lieben heiligen Mathilde!—
Ich kann — heut' — keinen Brief zu Stande bringen.
Aber nächstens wieder. —

Der Flügel ist da; wohlerhalten, und ohne im mindesten verstimmt zu sein, hat er den Gotthardt passirt.

Das Wetter ist himmlisch! Die Einsamkeit thut mir
sehr wohl. Schöne, altgewohnte Spatziergänge hab' ich
gefunden. Die Finken schlagen so lustig wie ich sie lange
nicht gehört; sie rühren mich sehr, die ewig hoffenden
Stimmen der Natur. —

Adieu! bald weitere Nachrichten. Hoffe morgen am
Tristan zu sein!

R. W.

65.

Luzern 10. April 59.

So lehrt den Meister das Kind! — Dies Eine, was
nur durch die Erfahrung gewonnen werden konnte, war
mir durch seine überraschende Wahrhaftigkeit auch neu,
und drang endlich siegreich durch alles Wehe: — nur
weil es für uns keine Trennung giebt, konnten wir dieses
Wiedersehen begehen! Auch ich erstaunte fast vor dem
Gefühl der Abwesenheit aller Überraschung. Es war, als
ob wir uns soeben vor einer Stunde gesehen. —

Das ist ein wundervoller Boden, aus dem noch etwas
Herrliches wachsen muss. Ja, ich ahne es: — wir können

121

noch viel beglücken! — Diess edle, himmlische Gefühl
wird immer thätiger die Freundin beleben, sie stärken,
und die unerschütterliche Heiterkeit ihr geben, die uns
ewige Jugend bewahrt. — Ruhe sie! auch ich ruhe wie
ein vom Tod genesener! —

Der dritte Akt ist begonnen. Mir ist dabei recht
deutlich, dass ich nie etwas Neues mehr erfinden werde:
jene eine höchste Blüthenzeit hat in mir eine solche Fülle
von Keimen getrieben, dass ich jetzt nur immer in meinen
Vorrath zurückzugreifen habe, um mit leichter Pflege mir
die Blume zu erziehen. — Auch ist mir, als ob dieser
scheinbar leidenvollste Akt mich nicht so stark angreifen
werde, als es zu denken wäre. Sehr griff mich noch der
zweite Akt an. Das höchste Lebensfeuer loderte in ihm
mit so unsäglicher Gluth hell auf, dass es mich fast unmittelbar brannte und zehrte. Je mehr es sich gegen den
Schluss des Aktes hin dämpfte, und die sanfte Helle der
Todesverklärung aus der Gluth brach, wurde ich ruhiger.
Diesen Theil will ich auch vorspielen, wenn Sie kommen.
— Ich hoffe nun Gutes für das Ende! —

Aber Euren Besuch kann ich nun kaum mehr erwarten. Denken Sie sich, da hat mir gestern ein Kobold
ein Theeservice in's Haus gebracht, das ich mit dem
besten Willen nicht allein einweihen kann. Sie wissen
wohl gar nicht, dass ich eine recht grosse schöne Tasse,
die mir ein andres Koboldchen nach Venedig schickte,
von dort mitgenommen habe, und immer daraus trinke?
Was soll ich nun mit den andren vielen, schönen und
zarten Tässchen machen? O kommen Sie nur bald, sie
einzuweihen. Es soll Ihnen schon bei mir gefallen, das
versichre ich Ihnen. — Aber — im Ernst: — war das·
Geschenk nicht zu reich? Mich dünkte es fast so. Was
meinen Sie? — War's nicht zuviel? — Sie werden sich
wundern, was Sie von sich Alles bei mir finden! —

Schreiben Sie mir nun, wann Wesendonk zurück-
kommt; dann stelle ich mich wieder eines Abends ein, —
wenn ich Euch nicht zu langweilig geworden bin. —

Grüssen Sie Myrrha — und den Karl, der mich doch ungemein ansprechend überrascht hat. Ich nannte ihn bei seiner Geburt Siegfried, und habe ihn somit vor meinem Gewissen als ungeladener Pate getauft. Und wahrlich, dieser Name bringt dem Buben Glück: sehen Sie, was das für ein prächtiger Bursch wird!

Freuen Sie sich nicht? —

Adieu! Es ist Alles schön und gut! Von Innen wird dem Edlen die Welt gestaltet; nur dem gemeinen Thoren entsteht sie von Aussen.

Das Leben ist unser! —

Tausend Grüsse!

Ihr

R. W.

66.

Kind! Dieser Tristan wird was furchtbares! Dieser letzte Akt!!! — — — — — — —

Ich fürchte die Oper wird verboten — falls durch schlechte Aufführung nicht das Ganze parodirt wird —: nur mittelmässige Aufführungen können mich retten! Vollständig gute müssen die Leute verrückt machen, — ich kann mir's nicht anders denken. So weit hat's noch mit mir kommen müssen!! O weh! —

Ich war eben im vollsten Zuge!

Adieu!

R. W.

67.

Kind! Kind! Soeben strömen mir die Thränen über beim componiren —: Kurwenal:

„Auf eig'ner Weid' und Wonne
im Schein der alten Sonne,
darin von Tod und Wunden —
du selig sollst gesunden." —

Das wird sehr erschütternd — wenn nun zumal das Alles auf Tristan —

gar keinen Eindruck macht, sondern wie leerer Klang vorüber zieht.

Es ist eine ungeheure Tragik! Alles überwältigend!

123

68.

Kind! Das ist ein abscheuliches Wetter. Die Arbeit rastet schon zwei Tage; das Gehirn verweigert hartnäckig seinen Dienst. — Was ist zu thun? — Ich griff heute zum Tasso und las ihn schnell hinter einander. Das ist doch ein ganz einziges Gedicht, und ich wüsste ihm durchaus nichts zu vergleichen. Wie das Göthe schreiben konnte! — Wer hat hier Recht? wer Unrecht? Es sieht ein Jeder, wie er sieht, und nicht anders sehen kann. Was dem Einen eine Mücke dünkt, ist dem Andren ein Riese. Endlich gewinnt doch nur unser Herz, wer am meisten leidet, und eine Stimme sagt uns auch, dass er am tiefsten blickt. Eben weil er in jedem Falle alle Fälle sieht, dünkt ihm der kleinste so ungeheuer, und sein Leiden zeigt uns, was eigentlich an dem Falle ist, wenn man ihn bis auf seinen tiefsten Grund erwägt. Nur dass das beim Dichter so furchtbar schnell geht, weil er eben Alles auf einen Blick hat, macht ihn den andren unverständlich. —

Aber die Meisterin des Leidens ist offenbar die Prinzessin. Für den sehr tief Blickenden giebt es hier eigentlich nur einen Gegensatz, den zwischen Tasso und der Prinzessin: Tasso und Antonio sind weniger Gegensätze, auch interessirt ihr Conflict den Tieferen weniger, denn hier kann es zur Ausgleichung kommen. Antonio wird den Tasso nie verstehen, und dieser wird jenen nur gelegentlich, wenn er in der Abspannung sich verliert, zu verstehen der Mühe werth halten. Alles, um was es sich zwischen diesen beiden Männern handelt, ist ganz wesenlos, und nur dazu da, das Leiden für Tasso, sobald er will und heftig verlangt, in das Spiel zu setzen. Blicken wir aber über das Stück hinaus, so bleibt uns nur die Prinzessin und Tasso übrig: wie werden sich diese Gegensätze ausgleichen? Da es hier auf das Leiden ankommt, hat die Frau den Vorsprung; wird Tasso von ihr lernen? Bei seiner Heftigkeit fürchte ich eher

seinen Wahnsinn. Das hat der Dichter wunderbar vorgebildet. —

Bei der Gelegenheit fiel mir aber auch ein, dass es
unüberlegt von mir war, den Tristan jetzt schon zu ver-
öffentlichen. Zwischen einem Gedicht, das ganz für die
Musik bestimmt ist, und einem rein dichterischen Theater-
stück, muss der Unterschied in Anlage und Ausführung
so grundverschieden sein, dass das erstere, mit demselben Auge wie das letztere betrachtet, seiner eigentlichen Bedeutung nach fast ganz unverständlich bleiben
muss, — ehe es eben nicht durch die Musik vollendet
ist. Rufen Sie sich das zurück, was ich in dem Briefe
über Liszt,[1]) bei Gelegenheit der Berlioz'schen Romeo-
und Julia-Scene, von dem hier gültigen Unterschiede
schrieb. Eben diese vielen kleinen Züge, durch die der
Dichter seinen idealen Gegenstand der gemeinen Lebens-
erfahrung ganz nahe bringen muss, lässt gerade der Musiker
aus, und greift dafür zu dem unendlichen Detail der Musik,
um den ideel weit entrückten Gegenstand durch dasselbe
der Gefühlserfahrung des Menschen überzeugend vorzuführen. Aber diess ändert am reinen Dichterwerke, der
Form nach, unermesslich viel. Ohne das viele, kleine,
ja kleinliche Detail aus der gemeinen Lebensgewohnheit,
der Politik, der Gesellschaft, ja des Hauses und seiner
Bedürfnisse, das Göthe im Tasso verwendet, würde er
seine Idee auf dem Dichterwege gar nicht kleiden können.
Hier aber ist der Punkt, wo jeder mit dabei ist, jeder
eine Vorstellung, eine Erfahrung anknüpfen kann, und
sich so zu Haus endlich fühlt, dass er unmerklich zu
dem, was der Dichter eigentlich will, geleitet werden
kann. Wobei es natürlich immer noch darauf ankommt,
dass jeder da stehen bleibt, wo er eben nicht weiter kann;
nach seiner Art jeder aber doch ein Verständnis hat. So
geht es dann, wenn bei meinem Werke die Musik fertig
ist: da beginnen und wechseln melodische Phrasen, fesseln

---

[1]) Ges. Schriften 5, 250 f.

und reizen; der Eine hält sich an diess Thema, der Andre
an jenes; sie hören und ahnen, und können sie, so erfassen sie endlich auch den Gegenstand, die Idee. Diese
Handhabe aber fehlt ohne die Musik; der Leser müsste
denn so begabt sein, dass er schon in der ungemein ver-
einfachten Handlung die überzeugende Tendenz heraus
fühlte. —

Nun denken Sie sich, wie mir ist, wenn mich schlecht
Wetter und schwerer Kopf um meine Musik bringen!
Wüsste ich, dass Wesendonk zurück wäre, und es nicht
ungern sähe, so käme ich morgen, wenn wieder so
schlechtes Wetter bleibt, zu Ihnen. Denken Sie, mir fehlt
noch meine Kiste mit Musikalien und Notenpapier: die
Militairconvois in Italien haben sie aufgehalten. Kann ich
morgen wieder nicht arbeiten, so möchte ich mich gern
lieber aufmachen; selbst die Eisenbahn gäbe mir dann
eine Chance. Wollen wir also so abmachen. Sollte
Wesendonk noch nicht zurück sein, so telegraphiren Sie
mir das sogleich. Erhalte ich keine Depesche am Vormittag, und bleibt so schlecht Wetter, so telegraphire ich
i h m und bitte dann zugleich, mir das Coupé um 9 Uhr
Abends nach dem Bahnhof zu schicken (wenn diess nicht
zu viel verlangt ist). Wir wollen dann sehen, wie wir am
Sonntag das schlechte Wetter zusammen los werden. —
Ist Ihnen das recht?

Schönsten Gruss!

R. W.

Wenn Sie mir eine Depesche noch zur rechten Zeit
schicken könnten, so käme ich lieber schon Vormittag,
(Ankunft 2½ Uhr in Zürich) so fürchte ich mich vor
meiner schlechten Wetter-Arbeitslosigkeit!

Die Depesche müsste aber bis 9 Uhr früh hier sein.

69.   Charfreitag. [22. April 1859.]
                           Vor Schlafengehen.

Soeben habe ich noch den Egmont zu Ende gelesen.
Der letzte Akt ist doch sehr schön. Sonst störte mich
diesmal in dem Stücke die Prosa: nach dem Tasso kommt
einem so etwas doch nur wie eine unausgeführte Skizze
vor. Viel lebenvolle Züge, und doch kein recht leben-
volles Ganzes. Es ist noch kein rechtes Kunstwerk und
ich glaube in diesem Sinne ist auch der Tasso einzig.
Doch war ich auch diesmal zu ergreifen, aber namentlich
vom letzten Akte. — Hat das Kind nicht 'was hübsches
zu lesen für den Meister? Etwas weiches, dichterisches
— ausspannendes. Wie gern hätte ich ein unbekanntes
poetisches Meisterwerk. Sollte ich Alles schon kennen?
Haben Sie vielleicht eine Uebersetzung des Tasso — be-
freites Jerusalem? —

Heut' war wieder einmal so ein voller Regentag: aus
bin ich noch nicht gekommen. Doch ging's noch erträglich mit der Arbeit. Aber Zeit gebrauche ich zu ihr.
Kennen Sie das? —

Sehr lebhaft.

Wohl kaum? —

127

Ich freue mich unbeschreiblich auf Euren Besuch! Alles ist schon wohlgeordnet, und soll wie an der Schnur gehen. Mir wird das Musiziren einmal recht wohlthun, und den Erard bin ich Ihnen auch noch schuldig. Hübsch grün wird es schon. Wenn recht schön Wetter ist — nicht wahr? Ich verspreche Wesendonk auch, beim Musiziren recht viele Schlüsse anzubringen; alle 8 Takte eine kleine Befriedigung.

Schönsten Segen dem Hause!

Viele Grüsse! — Auf baldiges Wiedersehen!

R. W.

70.

Oster-Dienstag.

[26. April 1859.]

Das ist heute endlich ein zuverlässiger Morgen: wollen sehen, wie der Tag aushält. Ihr Briefchen hat ihn, mit dem schönen Wetter zugleich, recht freundlich beginnen lassen. Haben Sie Dank! Im Ganzen bin ich etwas geistesträg und verdriesslich. Ich bin nun zu lange über dieser Arbeit, und zu sehr fühle ich, dass meine Productionskraft dabei nur immer noch aus den Keimen und Blüthen sich ernährt, die eine kurze Zeit wie ein befruchtendes Gewitter in mir wirkte. Zum eigentlichen Schaffen komme ich dabei gar nicht mehr recht; je länger es aber wird, desto glücklicher muss ich mich stets gestimmt fühlen, wenn mir der innere Vorrath ganz wach werden soll, und diese Stimmungen lassen sich nun eben durch keine Reflexionen erzwingen, wie sonst wohl so manches, zumal der Welt gegenüber. Ich arbeite zwar täglich etwas, aber kurz und wenig, wie eben die Lichtblicke es sind; oft würde ich lieber gar nichts machen, wenn mich dann nicht das Grausen vor einem so ganz leer gelassenen Tage antrieb.

Es ist mit unser Einem eine eigene Sache. Ein natürliches Leben führt man nun einmal nicht; um nun halbwegs wieder natürlich zu werden, müsste es viel künstlicher sein, ungefähr wie mein Kunstwerk selbst, das auch sich in der Natur und Erfahrung nicht wieder findet, sein neues, höheres Leben aber eben durch die vollendetste Anwendung der Kunst erhält.

Denken Sie aber, ich habe mich noch nicht entschliessen können, mir, seitdem ich hier bin, wieder den 2ten Akt vorzuführen, so dass der schon wie ein unkenntlicher Traum hinter mir liegt. Ich hab' keinen Trieb dazu, und alles schweigt um mich, das Element, in dem ich einzig nur noch leben soll und kann, fehlt mir ganz. Sollte ich gedeihen, so müsste mir meine Kunst und ihre Ein- und Rückwirkungen auf mich bis zur Berauschung, bis zum vollen Selbstvergessen stets nahe sein. Immer aber bleibt gerade mir nur eigentlich das Leben vorliegen; das Leben, in dem ich eine so unnatürliche, traurige Rolle spiele. Das ist eben nicht, wie es sein sollte; und bleibe ich bei meinem Willen, so muss mir endlich fast eine Art von Eigensinn helfen. Natürlich, und von selbst macht sich dabei nichts, selbst mein Kunstschaffen nicht. Es ist mir, als ob ich eigentlich sogar am Tristan keine rechte Freude mehr hätte: er müsste mindestens schon im vorigen Jahre fertig geworden sein. Nun, das wollten die Götter nicht! Jetzt bin ich eigentlich nur noch mit dem Gefühl dabei, ihn eben nur noch zu vollenden, weil sonst ja plötzlich geradewegs Alles zu Ende wäre. Es ist Gewalt dabei. —

Das klingt kläglich, nicht wahr? — Vielleicht ist das schlechte Wetter viel mit dran Schuld. Vielleicht auch ein Antheil an der Eigenschaft, die wir am Tasso so ungemischt stark entwickelt fanden. Immer ist es mir aber ein letzter Trost, ganz aufrichtig sein zu können, und namentlich mir selbst nichts verbergen zu wollen. Ich nehme denn auch diese traurige Einsicht mit in den Kauf, und will ich dann doch noch, so sehe ich, dass es doch wohl sein muss; und das giebt mir dann wieder leichteren Muth, wie mir es jetzt schon ihn weckt, da ich Ihnen das mitgetheilt habe, denn ich weiss, dass ich gegen Sie

noch aufrichtiger bin, als gegen mich selbst. Aber —
Ihnen sollte ich vielleicht so etwas unmitgetheilt lassen.
Es könnte Sie bekümmern; und warum Sie bekümmern?
Wäre nicht das schön für mich, für alle Fälle Sie unbekümmert zu wissen? — Aber auch durch Täuschungen?
Dann wäre ja wieder Alles leer und nichtig: wie könnte
mir dann Ihre Unbekümmertheit wohl thun? — — Es
hilft nichts: man muss sich Alles eingestehen können, das
ganze Elend des Daseins und der Welt, um das Einzige,
was darüber erhebt, voll und ganz geniessen zu können. —

Das ist eben meine Philosophie auch denjenigen
gegenüber, die das Leben dadurch erträglich zu machen
sich bemühen, dass sie seine schlechte Beschaffenheit
nicht zugestehen, oder sich verdecken wollen. Was sie
dann zu geniessen vorgeben, bleibt doch eben nur die
Selbstgefälligkeit ihrer Täuschung: wer anders gesinnt ist,
weiss dagegen, wessen er sich zu freuen hat, nämlich der
Ueberwindung des Leidens, was einzig Kraft, Stolz und
— Genuss gewährt. — — —

Besten Dank für den Brief des Bruders; ich schicke
ihn mit herzlichen Grüssen an Onkel Wesendonk zurück.
Möge dieser nur ja bald einmal das Signal zum Aufbruch
nach Luzern geben! Wir wollen dann auch famos über
den Krieg disputiren; da kann man es so recht nach
Herzenslust, weil es einen so gar nichts angeht und man
so gar nichts dabei von sich abhängig machen kann; wo
diess aber anders ist, — wo der Entscheid und die Wendung von unsrem innersten Willen abhängt, da soll auch
dieser Wille, die That, die Handlungsweise sprechen.
Und so wollen wir's halten!

Herrn „von Heiligen“ (deutsche Uebersetzung von
„de Sanctis“) — hätten Sie kaum erst beschweren sollen:
„Gries“ ¹) — so heisst „Tasso“ auf deutsch. — Bin ich
nicht recht unverschämt?

Aber nun komme ich mit noch etwas, nur sagen Sie
um des Himmels Willen Wesendonk nichts davon. — Ich

¹) Nämlich der deutsche Übersetzer der Gedichte Tassos.

130

führe meine Decken und Betten mit mir — ich ver-
wöhnter Mensch! — Die seidenen Ueberzüge sehen aber
so fürchterlich schmutzig aus, dass ich mich vor dem
Stubenmädchen schäme. Sehen Sie doch gelegentlich zu,
ob Sie in Zürich Stoff dazu vorräthig finden; sie waren
grün, könnten zur Noth aber auch roth werden, wie das
Laub im Herbst es wird. Aber ich brauchte eben viel.
Wenn Sie etwas fänden, müssten Sie ganz heimlich (nicht
Heim-lich!) den Auftrag geben, mir das Stück hierher zu
schicken; ich liess' dann davon nehmen, was ich brauche,
und mache die Sache dann ohne Ihre weitere Intervention ab.

Sonst werden Sie Alles recht schön bei mir finden.
Die grosse Marquise ist fertig, nur fehlt Sonne, gegen die
sie schützen soll. Doch heut' ist sie da. Da wird's denn
wohl auch etwas besser gehen. Hier kann man recht
sagen —: geb' es der Himmel!

Und nun noch meinen Glückwunsch zu den „Andren"
und „Röckly's" — und dann ganz zum Schluss etwas
neues, seidenes

von   Ihrem   R. W.

71.   [30. April 1859]
                                     Samstag Mittag.

Die bange Sonne will mir nicht Muth zum Rigi
machen; bleiche Dünste bedecken den Himmel, und ich
will mir die Hexenfahrt zum 1. Mai noch sparen.

Wesendonk's telegraphisches Kopfweh beklage ich
sehr; da es ihm so übel geht, ist's nicht mehr als billig,
dass mir auch der Rigi für diesmal in Dunst aufgeht.

An seiner Zusage für nächste Woche halte ich fest,
und bitte mich Tags zuvor ein wenig davon zu benachrichtigen.

Schönsten Dank für den Tasso. Er soll mich für den
Rigi entschädigen. — Auch für die amerikanischen Briefe[1]
habe ich zu danken, und bitte für jetzt mich Herrn
Luckemaier mit herzlichster Anerkennung seiner Bemühungen zu empfehlen. Mir ist übrigens dabei wieder
etwas Londonerisch zu Muth geworden. Entschlossen bin
ich zu nichts, und hätte im Grunde fast gewünscht, Herrn
Ullmanns Gegen-Anerbieten hätte mich aus allem Zweifel
gesetzt. Ich soll diesen Mann ja zu sehen bekommen,
und will mir also bis dahin den Kopf nicht zerbrechen.

Der Krieg macht mir Noth. Aus Venedig fehlt mir
immer noch die bewusste Kiste. Sonderbarer Weise
konnte ich auch von Ritter noch keine Nachricht erlangen.
In hypochondrischer Laune ist's mir manchmal, als ob
ich früher nach Paris gehen sollte, um den Krieg nicht
zwischen mich und meinen Zukunftsaufenthalt zu bekommen. Es ist im Ganzen interessant, dass ich mich
beim Ausbruch zwischen Deutschland und Frankreich in
die Hauptstadt des Feindes flüchte. Denken Sie sich,
dass ich allen Patriotismus zu verlieren fürchte, und mich
heimlich freuen könnte, wenn die Deutschen wieder
tüchtige Schläge bekämen. Der Bonapartismus ist ein

---

[1] Es handelt sich um einen auch bei Glasenapp II, 2, 205 erwähnten
Antrag nach New-York für den Winter 1859/60. Vgl. den Brief an Otto
Wesendonk vom 26. Mai 1859 und den Brief an Dr. Hartenfels vom
24. Dezember 1858 in der Allgem. Musik-Zeitung 1904, S. 627.

accutes, vorübergehendes Leiden für die Welt, — die
deutsch-österreichische Reaction aber ein chronisches,
dauerndes. Nochmehr! letzthin spürte ich Lust, für eine
Zeitung eine „unpolitische Ansicht" über Italien abzugeben, das von unsren Politikern mit einer Dummheit
beurtheilt wird, die an Unverschämtheit gränzt. — So wie
das Wetter ein wenig besser wurde, verloren sich aber
diese Einfälle wieder. Stäcke ich nur erst wieder recht
in meiner Arbeit: dieses „drin stecken" fürchte ich kommt
aber nie wieder; es sind Jugenderinnerungen!

Lassen Sie mich übrigens noch lange im Stich, so
lasse ich mir Kirchnern [1]) kommen. —

Dass Sie mir die Schiller'schen Briefe [2]) noch schickten,
war ein sehr guter Gedanke von Ihnen. Unterhaltung
mit solchen Leuten ist mir doch das Liebste, und geht
mir selbst über die Politik. Ich lese auch die kleinsten
Billets mit Interesse; sie erst machen mich mit dem
lieben Menschen leben. Und darauf kommt's einem immer
an; man will ganz intim mit solchen Leuten werden. —

Neues habe ich Ihnen gar nichts zu sagen; nirgends
her habe ich die Woche Briefe bekommen. —

Leben Sie wohl! Der Mai wird helfen, und auch Sie
erfrischen!

Ihr

R. W.

72.   [9. Mai 1859]

Kind! Kind! Der Zwieback hat geholfen; er hat mich
mit einem Ruck über eine böse Stelle hinweggebracht,
über der ich seit acht Tagen stockte und nicht weiter
konnte. Gestern gings mit dem Arbeitsversuch jämmerlich. Meine Laune war schrecklich und ich liess sie in

---

[1]) Kirchner, Musikdirektor in Winterthur.
[2]) Schillers Briefe an Lotte, Stuttgart, Cotta 1856.

einem langen Brief an Liszt[1]) aus, in dem ich ihm ankündigte, es wäre nun mit dem Componiren bei mir aus; sie sollten nur in Karlsruhe auf 'was andres denken. — Die Sonne half auch nicht, und ich musste mich besinnen, dass ihr Schein Freitag früh nur eine Galanterie von mir war; es war das Licht, dass ich Ihnen zum Heimleuchten angesteckt. Heute sah ich denn mit vollständiger Trostlosigkeit in den grauen Himmel hinein, und sann nur nach, wem ich nun eine Bitterkeit anhängen wollte. Da ich schon vor 8 Tagen im eigentlichen Componiren nicht weiter konnte (und zwar bei dem Uebergang von „vor Sehnsucht nicht zu sterben" zur kranken Seefahrt), hatte ich's damals liegen lassen, und hatte dafür zur Ausarbeitung des Anfanges gegriffen, was ich Ihnen vorspielte. Nun ging's aber heute auch damit nicht mehr weiter, weil es mir ist, als ob ich das Alles früher schon einmal viel schöner gemacht hätte, und mich jetzt nicht mehr darauf besinnen könnte. —

Wie der Zwieback kam, merkte ich nun, was mir gefehlt hatte: mein Zwieback hier war viel zu sauer, dabei konnte mir nichts vernünftiges einfallen; aber der süsse, altgewohnte Zwieback, in Milch getaucht, brachte auf einmal alles wieder in's rechte Geleise. Und so warf ich die Ausarbeitung bei seite, und fuhr im Componiren wieder fort, bei der Geschichte von der fernen Aerztin. Jetzt bin ich ganz glücklich: der Uebergang ist über alle Begriffe gelungen, mit einem ganz wunderbaren Zusammenklang zweier Thema's. Gott, was der richtige Zwieback nicht Alles kann! — Zwieback! Zwieback! du bist die richtige Arzenei für verstockte Componisten, — aber der rechte muss er sein! — Jetzt habe ich schönen Vorrath davon; wenn Sie merken, dass er ausgeht, sorgen Sie nur ja von Neuem: ich merke, das ist ein wichtiges Mittel! —

Freitag Abend musste ich noch viel über Schiller lachen: er hat diesen ganz einzigen Humor, den ich in

---

[1]) Brief aus Luzern vom 8. Mai 59; vgl. Briefwechsel II, 248 ff.

dieser Liebenswürdigkeit doch an Göthe nicht kenne. Der Lorbeerkranz[1]) (ich glaube seine Hauseigenthümerin), dessen Zimmer im Herzen ungleich wohlfeiler sind, als im Hause — wiewohl auch daran eher etwas zu verderben wäre —, ist vortrefflich. Ich danke Ihnen für diese Briefe sehr; ich möchte gar nichts weiter lesen, als solche Intimitäten.

Gestern war's grässlich. Mir fiel den ganzen Tag nichts andres an, als der politische Unsinn: Gott, wie himmelhoch wird man über diese „allerwichtigsten Jetztzeitsfragen" erhoben, sobald man ganz bei sich ist. Wer sich unausgesetzt mit Politik beschäftigen kann, zeigt unwiderleglich, dass selbst Er mit sich nichts anzufangen weiss: nun muss die Aussenwelt dran, und je breiter die sich ausdehnt, desto erhabener dünkt ihm dann der Brei. —

An Frau Ritter habe ich noch vorgestern geschrieben, und ich glaube — bei aller Schonung — doch sehr bestimmt, nützlich und erfolgreich. Wollens hoffen! —

Denken Sie sich, den Brief wegen der Bassclarinetten habe ich erst gestern Abend gelesen. —

Und vorgefallen ist gar nichts. Während Sie sich wieder „vers les Wille's" haben entrainiren lassen, habe ich mich mit meinem Luzerner Publikum von der Zinne aus begnügt, das seinen Vortheil, den es über Sie hat — nämlich meinen neuen Schlafrock täglich bewundern zu können — mit wahrem Fanatismus ausbeutet. Er muss doch sehr schön sein! —

Nun lassen Sie bald von sich hören, und nicht blos schmecken. Grüssen Sie den Aufgeregten schönstens, und danken Sie ihm noch in meinem Namen für den Besuch, und auch für den Champagner, mit dem er mich tractirt hat! — Aber Zwieback war es doch nicht — Herr Gott! Zwieback!! —

---

[1]) So benannte Schiller aus unbekannten Gründen seine mütterliche Freundin, Frau Professor Griesbach in Jena.

Glückliche Woche mit etwas Sonne wünscht, wer
sich am Sonntag ohne Sonne behelfen muss. — Adieu!

73.   Luzern, 21. Mai 59.

Eine recht drollige Entdeckung, die ich soeben gemacht, muss ich Ihnen doch alsbald mittheilen. Mir ist
plötzlich, als ob mein ganzes Arbeitsleiden auf Hypochondrie beruhe. Es kommt mir Alles, was ich hinge-
worfen habe, so grässlich schlecht vor, dass ich die Lust
verliere, und nicht weiter will. Heute zwang ich mich
dazu, eine Stelle aus der Skizze in's Reine zu arbeiten,
die mir immer zuletzt so missfiel, dass ich glaubte, sie
gänzlich umarbeiten zu müssen. Aber mir fiel nichts
besseres ein, und darüber war ich so trostlos, dass ich
an Aufgeben u. s. w. dachte. Endlich — in der Verzweiflung — arbeite ich heute die Stelle in's Reine, indem
ich sie ganz, wie in der Skizze, lasse, nur hier und da
ein paar Geringfügigkeiten corrigire; nun trage ich sie
mir vor und — finde, dass sie so gut ist, dass ich sie
eben deshalb nicht mehr besser machen konnte. — Ist
das nicht zum Lachen? — Und doch ist's schlimm, denn
dass sich diese Hypochondrie einstellt, ist eben ein Beweis, dass etwas nicht ist, wie's sein soll. Ich kann mich
eben nicht entschliessen, was ich schnell skizzirt, mir
dann mit Wärme und Ausdruck einmal wieder vorzutragen. Weiss Gott, ich bin so ganz das Gegentheil von
sparsamer Verschlossenheit, dass ich in der Mittheilung
so gern über die Schnur haue. Doch weiss ich eben
auch, dass ich mich oft darüber zu ärgern hatte, so vor-
schnell in der Mittheilung meiner Skizzen an Unberufene
gewesen zu sein, zu denen ich nicht Sympathie hatte, und
wo ich also selbst nicht die rechte Wärme zur Lebhaftig-
keit der Erfassung meines Gegenstandes gewann. Das
habe ich daher oft verschworen. Jetzt rächt sich das nun,
und ich komme gar nicht mehr dazu, mich mit meinen
Einfällen zu befreunden. Doch will ich mir aus der

heutigen Erfahrung eine Lehre ziehen, und sehen, dass ich andre male nicht wieder so misstrauisch gegen meine Entwürfe werde. Am Ende werde ich auf diesem Wege noch recht leichtsinnig, und führe aus, was mir nun gerade einfällt! —

Genug für heute. Ich wollte Ihnen nichts weiter sagen. Einen vernünftigen Brief schreibe ich nächstens, wenn ich auch andres Papier im Hause habe, als dieses coquette rosa, was mir der elegante Schweizerhof geliefert hat. — Selbst wenn das Wetter ganz günstig wäre, könnte ich zu Morgen nicht auf den Rigi, da ich zu einer ärztlichen Conferenz greifen musste, in Folge deren ich für einige Tage Rigiunfähig bin.

Schönsten Gruss! Feiern Sie meinen Geburtstag für mich, ich trete ihn Ihnen ab. Somit — gratulire ich!

R. W.

Nach der Arbeit!

74.

Luzern, 23. Mai 59.

Das Kriegslied,[1] Freundin, war ganz vortrefflich, und jedenfalls ein guter Einfall. Es ist so etwas darin, wie im Wetterzauber meines Donner im Rheingold, der Liszt so sehr gefiel. Mit der Musik dazu hatte es nun aber eine eigene Bewandniss, die Sie mir kaum glauben werden, wenn ich sie Ihnen erzähle. Auf der letzten Heimfahrt nach Luzern machte mir der Rhythmus des Dampfwagen wieder Musik vor, und brachte mich auf die Musik zu Egmont von Beethoven. Ich liess diese durch mein Gedächtniss laufen, sah mir das „Leidvoll und freudvoll" genau an, und fand, dass es nicht gelungen sei; desto besser bestand beim Examen das Soldatenlied, das ich durchaus vortrefflich und originell finden musste, so dass ich in Gedanken es zweimal durchging und sang.

---

[1] Vgl. Gedichte von M. W. Zürich o. J. Seite 53, Soldatenlied.

Dabei hatte ich nicht eine Ahnung von Absicht, sondern ich fiel auf dieses Lied rein nur aus dem Vergleich mit dem andren. Nun denken Sie sich meine Ueberraschung, als ich zu Haus Ihr Lied vorfinde, auf gerade jene Melodie gedichtet, der gegenüber ich soeben das „freudvoll und leidvoll" verworfen hatte, und — weil ich nun einmal das Lied kritisirte, auch den Text corrigirt hatte; nämlich den schlechten Reim:

> „himmelhoch jauchzend
> zum Tode betrübt:
> glücklich allein
> ist die Seele die liebt"

hatte ich dahin geändert:

> „glücklich allein
> ist wer Redlichkeit übt",

was offenbar besser klingt. [1]

Also das mit dem Soldatenlied und der Musik dazu war vollkommen gelungen. Gott aber, wenn Sie uns nur nicht eines Tages fortlaufen, und unter das Militär gehen! Ich sehe Sie schon im „Genie" dienen.

Und wie geht es sonst? Hat Myrrha gestern meine Depesche schön lesen können? Ich hatte sie sehr sauber geschrieben. Aber Mykis Handschrift wird immer schöner; wenn sie so fortfährt, bringt sie's noch bis zur Hand der Mutter, über die nun dann allerdings es nicht mehr hinausgeht.

Ausser Ihnen hat mir noch Liszt gratulirt, und zwar telegraphisch, wofür ich denn sogleich durch den Telegraphen auch wieder dankte. Ausserdem ist mir eine Hoffnung zu nichte geworden: Sie wissen, ich hoffte Karl Ritter[2] würde es nicht über sich bringen, mich für diesen Tag ohne Gruss zu lassen, wobei ich denn auch von dem Verschollenen erfahren hätte. Da ist nun aber nichts eingetroffen, was mich recht besorgt macht. Offenbar will er mich seiner Familie gegenüber nicht compromittiren.

---

[1]) Natürlich humoristisch gemeint; vgl. S. 141 unten.
[2]) Glasenapp, II, 2, 208/9.

Glücklicher war ich mit Frau Ritter (Mutter), von welcher
ich bei meiner letzten Heimkehr ebenfalls einen Brief
vorfand, der mir zeigte, dass es mir gelungen war, sie
einigermaassen aufzuklären, und somit selbst auch zu beruhigen. Sonderbar — auf gewisse Andeutungen von
mir gab sie mir die Antwort: „der gute Karl handelt eben
oft zu unüberlegt; als er sich plötzlich zu einem der wich-
tigsten Lebensschritte entschloss, war alle meine Bitte,
sich etwas Zeit zu lassen und nicht so schnell durch ein
Versprechen sich zu binden, vergebens!" O Fatum!

Wer hat Recht und wer Unrecht in dieser Welt?
Das ist ein Durcheinander von Neigung und Abneigung,
Begehren und Verstossen: wer Lebensruhe wünscht, steckt
endlich einen Gränzpfahl, — hier soll's stehen bleiben
und sich nicht mehr ändern! Und der Pfahl steckt gerade
da, wo eben das Begehren weilen wollte: — aber es weilte
eben nicht, und dann? —

„Wer ist denn glücklich?" —

Das ist dann das beste Beruhigungsmittel; — worauf
dann zwar immer noch geantwortet werden kann:

„wer Redlichkeit übt" —

oder auch:

„die Trommel gerührt,
das Pfeifchen gespielt."

Halten Sie mich für verrückt??

So ein wenig unsinnig werde ich wohl mit der Zeit
werden. Wie ich in den Tag hinein lebe, ist wohl auch
noch selten vorgekommen. Alles was ich von Plan in
mir haben könnte, zerfällt im Augenblick, so wie ich's
fester ansehe; nichts hält Stich. In vier Wochen weiss
ich positiv nicht, wo ich mein Vorhandensein unterbringen
soll, und da kein Plan gut ist, gebe ich mich jetzt mit
wahrem Fatalismus dem Ungefähr hin, trinke seit gestern
Kissinger Wasser, zwinge mich zu nichts, namentlich auch
nicht zum Arbeiten. Sehe zu, wie's jeden Tag wieder
droht zu regnen, antworte Härtels nicht, die mich um

„Manuscript" (!) mahnen, lasse mir Kinderkissen schenken, und Männerzwieback schicken, und denke „wer nur den lieben Gott lässt walten"! So geht es endlich ganz passabel und ich lasse es ganz einfach auf ein Wunder ankommen; wer weiss, vielleicht geschieht eines! — Wirklich, es ist nicht der Mühe werth, dass man sich quält; das Beste kommt einem doch „unerbeten, unerfleht — am willigsten", wie Egmont der Schlaf. —

Sehen Sie, so könnte ich noch Stundenlang mit Ihnen fortschwatzen, wenn Wesendonk nicht über den einen oder den andren Punkt eine Discussion eröffnen würde, die dann das Geschwätz mehr präcisiren dürfte. — Es ist die Tage warm in der Welt: Gott, wie ist das schön! Also doch etwas: der Mensch kann leicht gekleidet gehen, — was allerdings eigentlich nicht sein sollte, denn es ist besser, wenn es kalt ist, und man dafür warm angekleidet gehen kann! Hierüber liesse sich sogleich ein wenig streiten!

— Von meiner Kiste aus Venedig immer noch nichts: auch das wird mir endlich gleichgültig, selbst ob der Siegfried verloren geht. Was kann ich anders dafür thun, als höchstens ohne Erfolg mich ängstigen? Dagegen habe ich zum Parzival wieder eine ganz neue Erfindung gemacht, trotzdem ich Ihr Buch[1] noch nicht gelesen habe. Sonst lese ich überhaupt gar nichts, als Abends die Allgemeine, die ich nun doch aber bald zur Seite werfen will, und zwar gründlich. Zu nichts aber habe ich festen Trieb; doch will ich den Plato vornehmen; ein Blick hinein that mir sehr wohl. Man soll durchaus nur immer mit den Edelsten umgehen; alles Uebrige ist Erniedrigung, und tausendfach abgeschwächte Ableitung vom Urquell. (Nun, das ist doch wenigstens ein vernünftiger Vorsatz?)

Vielleicht kommt Tausig nächstens zu mir: er ist zu haben und hat Lust.

---

[1] San Marte, Parzival, Rittergedicht von Wolfram von Eschenbach, 1836, 2. Aufl. 1858 erschienen; vgl. den nächsten Brief.

Heute habe ich ein wenig gearbeitet, wobei es mir wieder ging, wie vorgestern. Was sagen Sie zu mir, Sie Kriegslustige? Ich — so friedlich, dass ich nicht einmal mehr mit mir selber Krieg führe?

Aber Eines ist gut und dauernd: — tausend Dank für Ihre Wünsche! — Schreiben Sie mir bald wieder, wie ich Ihnen vorkomme; ich will daran sehen, was an mir ist! Schönste Grüsse — und herzlichen Dank!

Ihr

R. W.

75.

Luzern, 29. Mai 59.

So geht der Mai zu End', und ich soll nicht auf den Rigi kommen? Gestern war Alles bestellt, als der Herr des Himmels wieder sein Veto einlegte. Glücklicherweise war es mit der Arbeit erträglich gegangen: das hilft dann.

Währenddem haben wir denn nun auch den guten Soldaten begraben: ich glaube wohl, er stand bei Garibaldi, der seine Leute nicht schonen soll, weshalb ich recht froh bin, dass de Sanctis nicht zu ihm gegangen ist. Dass Sie solch frischen Muth haben, freut mich. Ich hab' weder Muth noch Unmuth; das schlechte Wetter lehrt mich Ergebung. Man hat doch immer nur sich, von dem man lebt; gut Wetter am Himmel und in der Welt, kann helfen, besser und leichter von sich zu leben: endlich muss man aber doch auch da, wie unter allen Umständen, die Kosten selbst tragen. In uns hinein kommt nichts, was nicht schon sympathisch darin ist. Und hat man sich aufgezehrt, so hat's ein Ende, mag man von draussen Pflaster darauf streichen, wie man will. Somit — Geduld, so lange noch 'was zu zehren ist! —

So, das gelte für etwas Philosophie. Nun noch, was die Poesie betrifft, hat Ihnen meine Abänderung im Götheschen „freudvoll und leidvoll" mit Unrecht Bedenken gemacht: Sie sollten nur darüber lachen. Nichts

141

weiter! — Unter allen gepriesenen Dingen, ist mir die „Redlichkeit" leider zu etwas Lächerlichem gemacht worden, und das fängt wohl vom
„Ueb' immer Treu' und Redlichkeit"
an, welches das erste Stückchen war, was ich auf dem Klavier lernte. Dann kam „den König segne Gott" und dann der „Jungfernkranz" dran. Auch Heine hat sich einmal recht hübsch drüber lustig gemacht, als er die Hamburger Börse beschreibt, „wo unsre Väter so redlich wie möglich mit einander handelten." Es wird da immer so gehen, wo man ein Accidenz, ein Symptom, zum eigentlichen Inhalt einer Handlungsweise macht. Der Aechte, dem es nur um das Aechte zu thun ist, kann nicht anders als redlich sein: was wäre aber Redlichkeit ohne Aechtheit? —

Und — Karl Ritter hat mir doch noch geschrieben, nur hatte sich der Brief durch die Post verspätigt. Mich freute das sehr. Er steckt in Rom, traf Winterberger vor der Peterskirche an, hat sich in die flache Kuppel des Pantheons verliebt, und schreibt mir über seine interessanten Verhältnisse ganz verzweifelt naiv. Er ist und bleibt ein sehr origineller Mensch. Keinesweges aus Sorgfalt, mich den Seinigen gegenüber nicht zu compromittiren, hat er mir etwa nicht geschrieben, sondern bloss weil er glaubte, ich erhielte so schon zu viel Briefe und er mir nicht beschwerlich fallen wollte. Darauf habe ich ihm denn ordentlich gedient! —

30. Mai.

Nach der Arbeit strecke ich mich gewöhnlich ein wenig aus, um die Augen für eine Viertelstunde zu schliessen. Gestern wollte ich nicht nachgeben, und dafür Ihnen noch schreiben. Es rächte sich aber: mich überfiel ein völliger Schwindel; ich musste abbrechen. — Sehen Sie, so steht's mit mir. — Heute setze ich mich noch einen Augenblick vor der Arbeit her, und habe dazu die Freude, noch ein paar freundliche Zeilen von Ihnen be-

antworten zu können, die mir der schöne Morgen brachte.
Denn — schön ist's heut'! —: ob dauerhaft, steht noch
zu bezweifeln. Der frühe Morgen ist mir in Bezug auf
Witterung jetzt das wichtigste, und ich lasse zur Noth
dafür den Nachmittag fahren. Denken Sie nur, seit
meinem Geburtstag bin ich jeden Morgen um 6 Uhr auf
den Beinen, trinke mein Kissinger und promenire dazu
bis gegen 8 Uhr. Glücklicher Weise waren bis jetzt die
Morgen wenigstens erträglich. Liebes Kind, ich gönnte
auch Ihnen die Erfrischung dieser Morgenpromenaden:
ich befinde mich seitdem ganz merklich besser; die leichte
Ermüdung des ungewohnten frühen Spazierganges geht
nach etwas wenig Ruhe schnell vorüber, und wirkt desto
befreiender und erleichternder. Sie kennen das gewiss
auch schon von Ihren verschiedenen Badekuren her.
Allein man vergisst es, und doch sollte man dieses Regime
für alle Sommer, als wirklich nervenstärkend und blut-
erfrischend, beibehalten. Der eigentliche Tag ist im
Sommer doch nicht im Freien zu verbringen: die Morgen
dagegen sind das eigentlich erkräftigende, während die
Abende eben nur das beruhigende sind. Am Tag über
kann man lieber einmal eine gehörige Siesta halten.
Freilich auch Abends nicht spät schlafen gehen. Das
kommt dann aber alles mit einander. Ich werde es nun
den ganzen Sommer so halten, wo ich auch sei, und
später vielleicht noch früher mich aufmachen. So lebhaft
und überzeugend ist diesmal diese Wirkung der frühen
Morgenpromenaden mir aufgefallen. Folgen Sie mir doch ja!
Wesendonk wird gewiss nichts darwider haben, im Gegentheil Sie loben. Das, was Ihnen an einem solchen Morgen
verloren geht, kann Ihnen der ganze Tag, selbst mit dem
Abend, nicht ersetzen: er ist die schöne Blüthenknospe
des Tages, der eigentliche Kern der Sommerfreude. Und
da wir uns so Sonne und Sommer wünschen, sollte man
doch auch wissen, was eigentlich daran das Schönste ist. —
   Zur Arbeit habe ich die Sonne auch über alles gern,
aber eben die abgehaltene, gegen die man sich angenehme

Kühlung zu verschaffen sucht. Sie wirkt dann, wie Beifall, Ruhm und Ehre, die man verschmäht, von denen es aber doch ein behagliches Gefühl erweckt, dass man aus Reichthum sie draussen liegen lässt: umgekehrt werden wir an unsre Armuth erinnert! wer Licht und Wärme suchen muss, ist eben traurig dran.

Ich bin jetzt mit der Ausarbeitung der ersten Hälfte meines Actes beschäftigt. Ueber die leidenden Stellen komme ich immer nur mit grossem Zeitaufwand hinweg; ich kann da im guten Fall in einem Zuge nur sehr wenig fertig bringen. Die frischen, lebhaften, feurigen Partien gehen dann ungleich rascher von Statten: so lebe ich auch bei der technischen Ausführung „leidvoll und freudvoll" Alles mit durch, und hänge ganz vom Gegenstande ab. Dieser letzte Act ist nun ein wahres Wechselfieber: — tiefstes, unerhörtestes Leiden und Schmachten, und dann unmittelbar unerhörtester Jubel und Jauchzen. Weiss Gott, so ernst hat's noch Keiner mit der Sache genommen, und Semper hat Recht. Das hat mich auch allerneuestens wieder gegen den Parzival gestimmt. Es ging mir kürzlich nämlich wieder auf, dass diess wieder eine grundböse Arbeit werden müsse. Genau betrachtet ist Anfortas der Mittelpunkt und Hauptgegenstand. Das ist denn nun aber keine üble Geschichte das. Denken Sie um des Himmels willen, was da los ist! Mir wurde das plötzlich schrecklich klar: es ist mein Tristan des dritten Aktes mit einer undenklichen Steigerung. Die Speerwunde, und wohl noch eine andre — im Herzen, kennt der Arme in seinen fürchterlichen Schmerzen keine andre Sehnsucht, als die zu sterben; diess höchste Labsal zu gewinnen, verlangt es ihn immer wieder nach dem Anblick des Grals, ob der ihm wenigstens die Wunden schlösse, denn Alles Andre ist ja unvermögend, nichts — nichts vermag zu helfen: — aber der Gral giebt ihm immer nur das Eine wieder, eben dass er nicht sterben kann; gerade sein Anblick vermehrt aber nur seine Qualen, indem er ihnen noch Unsterblichkeit giebt. Der

Gral ist nun, nach meiner Auffassung, die Trinkschale
des Abendmahles, in welcher Joseph von Arimathia das
Blut des Heilands am Kreuze auffing. Welche furchtbare
Bedeutung gewinnt nun hier das Verhältniss des Anfortas
zu diesem Wunderkelch; er, mit derselben Wunde be-
haftet, die ihm der Speer eines Nebenbuhlers in einem
leidenschaftlichen Liebesabenteuer geschlagen, — er muss
zu seiner einzigen Labung sich nach dem Segen des
Blutes sehnen, das einst aus der gleichen Speerwunde
des Heilands floss, als dieser, Weltentsagend, Welt-
erlösend, Weltleidend am Kreuze schmachtete! Blut um
Blut, Wunde um Wunde — aber hier und dort, welche
Kluft zwischen diesem Blute, dieser Wunde! Ganz hingerissen, ganz Anbetung, ganz Entzückung bei der wundervollen Nähe der Schale, die im sanften, wonnigen Glanze
sich röthet, giesst sich neues Leben durch ihn aus —
und der Tod kann ihm nicht nahen! Er lebt, lebt von
neuem, und furchtbarer als je brennt die unselige Wunde
ihm auf, seine Wunde! Die Andacht wird ihm selbst zur
Qual! Wo ist Ende, wo Erlösung? Leiden der Menschheit
in alle Ewigkeit fort! — Wollte er im Wahnsinn der Verzweiflung sich gänzlich vom Gral abwenden, sein Auge
vor ihm schliessen? Er möchte es, um sterben zu können.
Aber — er selbst, er ward zum Hüter des Grales bestellt;
und nicht eine blinde äussere Macht bestellte ihn dazu,
— nein! weil er so würdig war, weil Keiner wie er tief
und innig das Wunder des Grales erkannt, wie noch
jetzt seine ganze Seele endlich immer wieder nach dem
Anblicke drängt, der ihn in Anbetung vernichtet, himm-
lisches Heil mit ewiger Verdammniss gewährt! —

Und so etwas soll ich noch ausführen? und gar noch
Musik dazu machen? — Bedanke mich schönstens! Das
kann machen wer Lust hat; ich werde mir's bestens vom
Halse halten! —

Es mag das jemand machen, der es so à la Wolfram
ausführt; das thut dann wenig und klingt am Ende doch
nach etwas, sogar recht hübsch. Aber ich nehme solche

Dinge viel zu ernst. Sehen Sie doch, wie leicht sich's dagegen schon Meister Wolfram gemacht! Dass er von dem eigentlichen Inhalte rein gar nichts verstanden, macht nichts aus. Er hängt Begebniss an Begebniss, Abenteuer an Abenteuer, giebt mit dem Gralsmotiv curiose und seltsame Vorgänge und Bilder, tappt herum und lässt dem ernst gewordenen die Frage, was er denn eigentlich wollte? Worauf er antworten muss, ja, das weiss ich eigentlich selbst nicht mehr wie der Pfaffe sein Christenthum, das er ja auch am Messaltar aufspielt, ohne zu wissen, um was es sich dabei handelt. — Es ist nicht anders. Wolfram ist eine durchaus unreife Erscheinung, woran allerdings wohl grossentheils sein barbarisches, gänzlich confuses, zwischen dem alten Christenthum und der neueren Staatenwirthschaft schwebendes Zeitalter schuld. In dieser Zeit konnte nichts fertig werden; Tiefe des Dichters geht sogleich in wesenloser Phantasterei unter. Ich stimme fast jetzt Friedrich dem Grossen bei, der bei der Ueberreichung des Wolfram dem Herausgeber antwortete, er solle ihn mit solchem Zeuge verschont lassen! — Wirklich, man muss nur einen solchen Stoff aus den ächten Zügen der Sage sich selbst so innig belebt haben, wie ich diess jetzt mit dieser Gralssage that, und dann einmal schnell übersehen, wie so ein Dichter, wie Wolfram, sich dasselbe darstellte — was ich jetzt mit Durchblätterung Ihres Buches[1]) that — um sogleich von der Unfähigkeit des Dichters schroff abgestossen zu werden. (Schon mit dem Gottfried v. Strassburg ging mir's in Bezug auf Tristan so). Nehmen Sie nur das Eine, dass dieser oberflächliche „Tiefsinnige" unter allen Deutungen, welche in den Sagen der Gral erhielt, grade die nichtssagendste sich auswählt. Dass dieses Wunder ein kostbarer Stein sein sollte, kommt allerdings in den ersten Quellen, die man verfolgen kann, nämlich in den a r a b i s c h e n der spanischen Mauren, vor. Leider be-

---

[1]) Vgl. Anmerkung zum vorigen Brief. Vgl. oben S. 140.

merkt man nämlich, dass alle unsre christlichen Sagen einen auswärtigen, heidnischen Ursprung haben. Unsre verwundert zuschauenden Christen erfuhren nämlich, dass die Mauren in der Kaaba zu Mekka (aus der vor-mohamedanischen Religion stammend) einen wunderbaren Stein (Sonnenstein — oder Meteorstein — allerdings vom Himmel gefallen) verehrten. Die Sagen von seiner Mirakel-kraft fassten bald aber die Christen auf i h r e Weise auf, und brachten das Heiligthum mit dem christlichen Mythus in Berührung, was andrerseits dadurch erleichtert ward, dass eine alte Sage in Süd-Frankreich bestand, dorthin habe sich einst Joseph von Arimathia mit der heiligen Abendmahlsschale geflüchtet, was ganz mit dem Reliquien-enthusiasmus der ersten christlichen Zeit stimmt. Nun erst kam Sinn und Verstand hinein, und wirklich be-wundere ich mit völligem Entzücken diesen schönen Zug christlicher Mythenbildung, der das tiefsinnigste Symbol erfand, das je noch als Inhalt des sinnlich-geistigen Kernes einer Religion erfunden werden konnte. Wen schauert es nicht von den rührendsten und erhabensten Gefühlen, davon zu hören, dass jene Trinkschale, aus der der Heiland seinen Jüngern den letzten Abschied zutrank, und in der endlich das unvertilgbare Blut des Erlösers selbst aufgefangen und aufbewahrt ward, vorhanden sei, und wem es beschieden, dem Reinen, der könne es selbst schauen und anbeten. Wie unvergleichlich! Und dann die doppelte Bedeutung des einen Gefässes, als Kelch auch beim heiligen Abendmahl —, offenbar dem schönsten Sacramente des christlichen Cultus! Daher denn auch die Sage, dass der Gral (Sang Réal) (daraus San(ct) Gral) die fromme Ritterschaft einzig ernähre, und zu den Mahlzeiten er Speise und Trank gewähre. — Und diess alles nun so sinnlos unverstanden von unsrem Dichter, der eben nur für den Gegenstand die schlechten französischen Ritterromane seiner Zeit hernahm, und ihnen nach-schwatzte wie ein Stahr! Schliessen Sie hieraus auf Alles übrige! Schön sind nur einzelne Schilderungen, in denen überhaupt die mittelalterlichen Dichter stark sind: da herrscht schön empfundene Anschaulichkeit. Aber ihr G a n z e s bleibt immer wüst und dumm. Was müsste ich nun mit dem Parzival Alles anfangen! Denn mit d e m weiss Wolfram nun auch gar nichts: seine Verzweiflung an Gott ist albern und unmotivirt, noch ungenügender seine Bekehrung. Das mit der „Frage" ist s o ganz abgeschmackt und völlig bedeutungslos. Hier müsste ich also rein Alles erfinden. Und noch dazu hat's mit dem Parzival eine Schwierigkeit mehr. Er ist unerlässlich nöthig als der ersehnte Erlöser des Anfortas: soll Anfortas aber in das wahre, ihm gebührende Licht gestellt werden, so wird er von so ungeheuer tragischem Interesse, dass es fast mehr als schwer wird, ein zweites Hauptinteresse gegen ihn aufkommen zu lassen, und doch müsste dieses Hauptinteresse sich dem Parzival zuwenden, wenn er nicht als kalt lassender Deus ex machina eben nur schliesslich hinzutreten sollte. Somit ist Parzivals Entwickelung, seine erhabenste Läuterung, wenn auch prädestinirt durch sein ganzes sinniges, tief mitleidsvolles Naturell, wieder in den Vordergrund zu stellen. Und dazu kann ich mir keinen breiten Plan wählen, wie er dem Wolfram zu Gebote stand: ich muss Alles in d r e i Hauptsituationen von drastischem Gehalt so zusammendrängen, dass doch der tiefe und verzweigte Inhalt klar und deutlich hervortritt; denn s o zu wirken und darzustellen, das ist nun einmal m e i n e Kunst. Und — solch eine Arbeit sollte ich mir noch vornehmen? Gott soll mich bewahren! Heute nehme ich Abschied von diesem unsinnigen Vorhaben; das mag Geibel machen und Liszt mag's componiren! — Wenn meine alte Freundin Brünnhilde in den Scheiterhaufen sprengt, stürz' ich mich mit hinein, und hoffe auf ein seliges Ende! Dabei bleib' es! Amen!

Nun, da hätte ich mich einmal schön vergralt! Nehmen Sie's für eine Vorlesung, zu der Sie nicht nöthig hatten in's Züricher Rathhaus zu gehen! Heute bekommen

148

Sie nicht mehr, trotz des letzten schönen Zwiebackes! —
Ich will sehen, ob ich noch ein wenig Musik machen
kann! Leben Sie wohl, halten Sie Pfingsten im Auge,
und — promeniren Sie recht früh im Garten! Tausend
Grüsse!

Ihr

R. W.

76.

Luzern, 3. Juni 59.

Freundin! Es ist mir nicht, als ob ich die Stimmung
finden werde, Ihnen und mir im Wille'schen Hause
nächsten Sonntag Freude zu machen. Ich lege Ihnen
deshalb einige entschuldigende Zeilen — direct aus
Kissingen datirt — für Frau Wille bei. Ich leide manchmal so sehr an der Feigheit meiner Freunde, dass es
dann besser ist, sich freundlos zu behelfen, — wenigstens
eine Zeitlang, bis dann wieder die Kraft der Täuschung
aus dem Inneren wächst, und die ganze Welt nichts wie
liebe Freunde enthält. Das kommt auch wieder! Bis
dahin empfehlen Sie mich bestens! —

Und schönsten Dank für den noch schöneren Brief!
Viel darüber mündlich! —

Herzlichen Gruss zu Haus!

R. W.

77.

Kind! Kind! liebstes Kind!

Das ist eine furchtbare Geschichte! Der Meister hat's
einmal wieder gut gemacht!

Soeben spielte ich mir die nun ausgearbeitete fertige
erste Hälfte meines Aktes vor, und musste mir sagen, was
sich einst der liebe Gott sagte, als er fand, dass Alles gut
war! Ich habe keinen Menschen, mich zu loben, grade
wie's dem lieben Gott damals — vor circa 6000 Jahren —
ging, und so sagte ich mir denn unter andrem: Richard,
Du bist ein T—kerl! —

Ja, nun kann ich mir denken, warum mir das Zeug

solche hypochondrische Noth gemacht! Man hat ja da
in einem fort nur Gott weiss woher? es zu holen, um
nur die kleinsten Steine zum Bau herbei zu schaffen!
Und bei allem Jammer und Elend soll's am Ende noch
schön tönen, und sich so einschmeicheln, dass man die
Noth in's Herz kriegt ohne es nur zu merken, was für
schlimmes Zeug es ist! Es macht sich Alles vortrefflich:
ich habe keine Längen und Monotonien gefunden, im
Gegentheil leidenschaftliches Leben, bis zum Uebermuth,
ja bis zum Lachen der Laune! — Nein, so 'was hab' ich
noch nicht gemacht. Sie werden sich einmal wundern,
wenn Sie's hören. —

Jetzt Ruhe, Frieden und etwas Lächeln des Ge-
schickes, um die zweite Hälfte bald noch zu vollenden!
Ich muss dann wie neu geboren sein! — Helfen Sie mir!
Sonst hilft mir Niemand. Sie sind da draussen Alle
albern, Alle, Alle! —

Nun adieu für heute!

Bei mir war heute wieder eigentlich Rigi-tag, drum
regnet's so hübsch!

Was sagt Wesendonk zu Garibaldi?

Tausend Segenswünsche!

Luzern   R. W.
    5. Juni 59.

78.
                                                    Luzern, 17. Juni 59.

Schnell noch ein paar Zeilen vor dem Essen und
nach der Arbeit! Schönsten Dank für das restaurirte
Bijou! So eben habe ich das erste Manuscript vom 3ten
Act nach Leipzig spedirt.

Etwas Altes: — es regnet!

Etwas Neues: — seit 3 Tagen r e i t e ich!

R e i t e!! — jeden Morgen wird's fortgesetzt. Mein
Doctorchen drang darauf. Ich hoffe viel Gutes davon.
Sagen Sie's Wesendonk nicht; der versiegelt sonst alle
seine Pferde, wenn ich wieder nach Zürich komme!

Gar nichts vorgefallen, — nur viel Regen! — Morgen,
wenn Sonne scheint, will ich suchen wieder an's compo-
niren zu gehen. Euer Besuch ist mir gut bekommen.
Es war recht schön. Ich bin ruhig und ziemlich heiter.
Seien Sie's auch! Bald mehr: — für heute nur noch die
Wenigkeit von tausend Grüssen!

R. W.

79.

Luzern, 21. Juni 59.

Die Laune ist doch offenbar mit dem besten Willen
nicht aufrecht zu halten! Wie geht es Ihnen?

Vorgestern nahm ich mit Lust die Composition wieder
auf: gestern stockte es, und heute fange ich gar nicht
erst an. Dieses Gottverlassene Wetter hemmt alle Geister,
Wolken und Regen lasten wie Blei! Ich glaubte nun wirklich, die preussische Mobilmachung sollte uns von Norden
her etwas Wind machen: noch bleibt's aber bei Süd und
West. Es ist rein zum Verzweifeln. Und das nun seit
3 Monaten an einem Orte zu erleben, wo helles Wetter
die conditio sine qua non aller Möglichkeit des Aus-
haltens ist! Am verdriesslichsten bin ich, wenn der Regen
mich jetzt von meinem Morgen-Spatzier-Ritt abhält. Für
das Reiten habe ich eine Leidenschaft gefasst: ich habe
da so eine unmittelbare Gesellschaft an dem Pferd, das
mit mir während der Bewegung ganz zu Eins verwächst,
mir immer Aufmerksamkeit und Beschäftigung mit sich
abnöthigt, und so einen völlig angenehmen Umgang gewährt, wobei eben das ganz Eigenthümliche mitwirkt, das
Alles zusammen fällt in e i n e stete Berührung.

Ueber das Reiten könnte ich Ihnen noch viel
schreiben. Ich muss mich hüten eine Passion für das
Pferd aufkommen zu lassen, weil ich da wieder etwas
kennen lernen könnte, was mir versagt bleiben muss.
Und Vielem und manchem habe ich doch nun schon
entsagt, und der Wanderung des ewigen Juden darf kein
Pferd beigegeben sein.

151

Vorgefallen ist nichts. Meine discreten Freunde be-
obachten ehrerbietiges Schweigen. Selbst die Musikzeitung misst uns das gefeierte Zukunftsfest brockenweise
zu. Ich wünsche jetzt fast für diesen Sommer nun keinen
Besuch von dort her zu erhalten; vor der Beendigung
des Tristan würde mich ein solch lärmender Hineinfall
fast nur stören: sie meinen Alle doch so etwas ganz
Anderes als ich; darüber muss man sich ohne alle Bitterkeit klar werden. Nur mit wirklichem Grausen denke
ich doch an das Treiben von 1856 im Herbst zurück;
und wenn ich mich entsinne, welche Qualen mir die
Besuche im vorigen Sommer verursachten, wo ich endlich nur noch die Stunden ihrer Abreise zählte, so kann
ich nicht recht begreifen, wie ich jetzt anders als mit
Bangigkeit jenen Besuchen entgegen sehen könnte. Und
doch wären diese Besuche nur von Liebe zu mir eingegeben. Das ist bedenklich! Was ich wohl noch für ein
Kauz werden mag! Vielleicht wird mir's anders, wenn
der Tristan fertig ist! Noch hat er mich: dann habe
ich ihn. —

Viele schöne Zwiebacke kamen gestern an: mein
Hausstand wächst dadurch in's Ungeheure; wie soll das
einmal mit all' den Schachteln werden? Wir müssen da
etwas ausdenken. —

Kürzlich amüsirte mich ein Extrablatt zum Intelligenz-
blatt;[1] ich vermuthete Herwegh als Verfasser, und frug
ihn deshalb mit ein paar Zeilen. Mit Freude bekannte
er sich dazu. Mir macht der Eifer Spass. Der Artikel
war hier und da etwas ausgelassen, aber wirklich mit
viel Witz geschrieben, mit mehr, als ich bisher an Herwegh kannte. So etwas ist schon genug, um Anerkennung
und Hoffnung zu erwecken. Das, worum es sich handelt,
ist so grauenvoll und trostlos, dass wirklich nur Witz und
Ironie einem den Anblick der Welt erträglich machen
kann; es spricht sich darin zugleich das offene Zuge-

---

[1] Glasenapp II, 2, 211 f.

ständniss der Elendigkeit der Welt aus, während unsre
Schwäche, dem gegenüber, nicht bemäntelt, sondern ebenfalls zugestanden wird. Wer dazu eine ernste Miene
machen, dabei hoffen und wollen kann, der steckt eben
noch tief in der Täuschung selbst drin. Bei H. ist das
nun immer noch der Fall; doch verbirgt sich das im
Eifer der Negation der irrigen Bestrebungen Andrer: und
in diesem Spiele wird er eben witzig. · Ueber Shakespeare,
den er einmal citirt, musste ich wieder lange lachen, was
mich denn auf mein Lieblingsthema, den Umgang mit
den Grossen brachte, der uns schliesslich doch immer
wieder am Besten über die Welt hinweghilft. Dieses
wunderbare witzige Lächeln am Shakespeare! Diese göttliche Weltverachtung! — Es ist wirklich das Höchste,
wozu der Mensch aus dem Elend sich aufschwingen kann:
das Genie kann es nicht weiter bringen: — nur der Heilige!
Der braucht dann allerdings keinen Witz mehr.

Auch ich fühle mich nach Leiden immer erst genesen, sobald dieses Lächeln mir wieder durch den Geist
zieht, das unter Umständen, wenn die Enttäuschung über
besonders grosse Illusionen mit hinzu tritt, bis zum herzlichen Lachen arten kann. Bei der Politik ertappe ich
mich zuweilen beim Zuernstnehmen; die mindeste Hoffnung auf die Vernunft und das Wohlwollen der Menschen
ist verführerisch; sie führt uns immer auf Abwege, von
denen man nicht schnell genug zurückkommen kann, weil
man auf diesem Wege endlich auch den Menschen Unrecht thut. Man muss sich immer wieder sagen, dass
Vernunft und Wohlwollen nie in der Geschichte thätig
sind, und der Natur der Menschen nur so viel davon
inne wohnt, dass sie als Gattung nicht gänzlich zu Grunde
gehe, wogegen sie dem Individuum wohl aus dem Leben
hinweg, nicht im Leben drinnen hilft. Wie viel Hoffnungen werden auch jetzt wieder zertrümmert werden!
Wie deutlich wird auch der Ausgang des jetzigen Kampfes
dem Edeln wieder zeigen, dass er nicht da seine Erlösung zu suchen hat, wo jedes Schlachtfeld ihm zeigt,

wer der Herr der Welt ist. Und wer wird's verstehen? Eine neue Generation kommt, und das alte Spiel geht wieder los! So kann einem selbst beim Anblick des Schlachtfeldes ein Lächeln ankommen über den ewigen Spott, den wir mit uns selbst treiben. Doch — das führt weit! Drum lassen wir's heute —! Man muss auch das nicht zu ernst nehmen. Blind bleiben wir immer! — Tausend Grüsse! —

R. W.

80.

Luzern, 23. Juni 59.

Schönsten Dank, Freundin!

Ich bin im Zug, und habe mir vorgenommen, falls mich Gott nicht ganz verlässt, nicht eher zu Ihnen zu kommen, als bis ich Ihnen die rothe Mappe mit complettem Inhalt überreichen kann. So mein Wunsch. Ob er erfüllt werden kann, weiss ich nicht. Denn von was man bei solch heiklem Vorhaben leicht verstimmt werden kann, weiss ich zur Genüge, und ich glaube, meine jetzige gute Arbeitslaune habe ich nur dem verzweiflungsvollsten Missmuthe zu verdanken, der ihr unmittelbar voraus ging. Was ich Ihnen bei der Gelegenheit über Herwegh geschrieben habe, muss sehr confus gewesen sein: ich hatte eine Ahnung davon, als ich den Brief abgesandt, und las noch einmal den H.'schen Artikel durch, was mir zeigte, dass ich in meinem Briefe eigentlich wen anderes als H. gemeint hatte. Lassen wir das, und denken wir wieder an Shakespeare's „Kinnwackeln". Diess, und das „Ohrenschmalz statt des Gehirnes" sind diese Witzworte, die mir bei Sh. so drastisch sind, und nur einer konnte sie so originell erfinden, dem die Hohlheit der Welt immer so gegenwärtig ist.

Doch lassen wir auch das, denn selbst hierbei kann die subjektive Stimmung unsrer Seits zu stark mitthätig sein. Die Hauptsache, die ich Ihnen sagen wollte, ist, dass ich mir einbilde, jetzt so in einem Sturme die Com-

154

position meines Actes beendigen zu können; gestern ging mir vollends alles wie im Gewitterlicht heil auf. Gewiss freuen Sie sich dieses Grundes für mein Zuhausebleiben, und wünschen mir Glück zu dem Muthe, Ihrer Einladung nicht zu folgen. Es ist auch etwas Schwelgerei-Absicht dabei: mir ist nämlich, als ob ich plötzlich unglaublich wohl sein müsste, sobald der Tristan fertig ist: da ich nun sehe, ich komme doch nicht anders zu Wohlgefühl, will ich mir's auf diese raffinirte Weise garantiren. Alles drängt dazu. Mit meiner Wohnung wird's immer schwieriger. Es stellen sich Klaviere um mich her ein, Fremde über Fremde, Achselzucken des Wirthes: ich biete bereits Summen über Summen, um mir noch die nöthige Un-gestörtheit zu garantiren und sehe mich doch im sorg-lichen Geiste schon wieder als herumirrende Latona, die nirgends die Stätte fand, den Apollo zu gebären, bis ihr Zeus die Insel Delos aus dem Meere aufsteigen liess. (Beiläufig: die Fabeln haben das Gute, dass man nur in ihnen endlich noch zu etwas kommt; in der Wirklichkeit bleibt die Insel immer schön im Meer, — oder in Maria-feld — kurz irgendwo!) Ja, mein Kind! Man macht mir's schwer, und ich hab's nicht leicht; dafür giebt's aber auch nur e i n Wesen, dem ich gestatten kann, mir einmal den Tristan zu loben, und dieses Eine — hat es nicht nöthig. Niemand soll mir daher einmal „Bravo!" sagen. Und — Sie haben Recht, es ist doch ein würdigeres Leben in meiner Verbannung als dort; nur mit den 7—8 Jahren haben Sie Unrecht, denn es geht nun schon in das 11te. — Aber davon wollte ich ja auch nicht prahlen, sondern als drängende Gründe für meine Arbeit nur auch noch Härtels anführen, deren Schmollen mich gleichgültig gelassen haben würde, die mich aber jetzt durch ihre grosse Freude über die erste Manuscript-Sendung vom 3ten Act so gerührt haben; es war ihnen zugekommen, dass ich mich für lange wieder unterbrechen wollte. — Also — also! Wenn Sie mich zu sich kommen sehen, so ist's nur mit der rothen Mappe oder — in Verzweiflung.

155

Wählen Sie! — Ich hoffe auf die rothe Mappe —: aber noch ein wenig Geduld muss ich haben; schnell geht's nicht. Wenn's nur geht!

Heute Morgen trieb sich der liebe Gott persönlich hier auf den Strassen herum. Es war Frohnleichnamsfest, die ganze Stadt machte Procession vor den leeren Häusern, angeführt von den Pfaffen, die sich dazu sogar goldene Schlafröcke angezogen hatten. Doch wirkte der Zug der Kapuzinermönche sehr ergreifend: mitten in diese unsäglich widerliche Flitterreligionskomödie auf ein Mal dieser ernst-melancholische Zug. Ein Glück, dass ich sie nicht zu nah' sah. Doch sind mir schon einmal ein paar einfältige, aber ehrwürdige Physionomien in den hiesigen Kapuzen begegnet. Auch das Crucifix fesselt mich stets. Gestern Abend, als die Schlauen am Wind schon wussten, dass wir heut' schön Wetter haben würden, mussten die Kinder in den Kirchen darum beten. So war auch dieser wundervolle, wolkenlose Morgen eigentlich nur eine Comödie. Ich liess mir ihn aber dennoch behagen, und wusste wohl, dass das Wetter eigentlich für mich gemacht worden war: ich weiss auch, wer's gemacht hat. Schönsten Dank! —

Sind Sie mir böse, dass ich nicht komme? Müssen Sie nicht vielmehr Luzern auch endlich noch einmal bei schönem Wetter sehen? Hierher zu kommen, ist Niemand verboten! —

Viele schöne Grüsse an Cousin Wesendonk, Bäs'chen und Vetterchen! Haben Sie mich Alle recht lieb, ich will auch recht fleissig sein! — Adio!

Ihr

R. W.

Bitte, sehen Sie doch einmal der Post gegenüber in der Kunsthandlung: da gab es vor Jahren von den grossen goldenen Federn; vielleicht liegt's noch da.

81.   Luzern, 1. Juli 59.

Und wie geht es, Freundin? — Meine Stimmung
wurde die letzten Tage durch das Wetter ein wenig gedrückt: so hält sie sich im Ganzen noch oben. Die
Arbeit gedeiht, und mir ist dabei sehr wunderbar zu
Muth. Ich habe Ihnen einmal etwas von indischen
Frauen berührt, die sich in das duftende Flammenmeer
stürzen. Auffallend, was Düfte Vergangenes stark vergegenwärtigen. Kürzlich drang auf dem Spatziergang
plötzlich ein voller Rosenduft zu mir her: seitwärts stand
ein Gärtchen, wo eben die Rosen in voller Blüthe standen.
Diess rief mir den letzten Genuss des Asyl-Gartens zurück: nie habe ich mich um die Rosen so bekümmert,
wie damals. Ich brach mir jeden Morgen eine und stellte
sie im Glas zu meiner Arbeit: ich wusste, dass ich Abschied von dem Garten nahm. Mit diesem Gefühle hat
sich dieser Duft ganz verwoben: Schwüle, Sommersonne,
Rosenduft und — Abschied. So entwarf ich damals die
Musik zum zweiten Acte.

Was damals so ganz gegenwärtig, fast berauschend
mich umgab, lebt nun wie im Traume wieder auf, —
Sommer, Sonne, Rosenduft und — Abschied. Doch die
Beklemmung, die Bangigkeit ist genommen: alles ist verklärt. Das ist die Stimmung, in der ich jetzt meinen
dritten Act zu Ende zu bringen hoffe. Nichts kann mich
recht betrüben, nichts erschüttern: mein Dasein ist so gar
nicht an Zeit und Raum gefesselt. Ich weiss, dass ich
noch leben werde, so lange ich zu schaffen habe: so
kümmere ich mich denn nicht um's Leben, sondern
schaffe. Geht das zu Ende, so weiss ich mich ja geborgen. So bin ich denn wirklich heiter. —

Möchten Sie es auch sein!

Darf ich bald auf eine Nachricht rechnen?

82.   Luzern, 9. Juli 59.

Das war recht freundlich von Ihnen, liebes Kind, dass
Sie mir einmal Nachricht gaben, und ich will sehen, was

ich Ihnen von mir dagegen zu sagen weiss. Dass der Cousin nun zurückgekehrt sein wird, führt Ihnen gewiss auch manches Neue zu, und gern wünschte ich von seinen Berichten aus meiner Geburtsgegend und Jugendheimath auch etwas zu profitiren. Nach Dresden kam er wohl auch? Lohengrin entging ihm dort: der soll, wie ich höre, erst in der zweiten Hälfte dieses Monates herauskommen.

Ich habe während dem viel erlebt. Vor Allem: — heute vor acht Tagen bin ich ausgezogen worden, d. h. man liess mich ausziehen, und transportirte mich auf No. 7 im 2ten Stock des „Ur-Hotels", in die „Unabhängigkeit" — Indépendance. Ich komme mir ziemlich degradirt vor, ungefähr wie Graf Giulay seit Magenta; an meinen freundlichen grossen Salon in der „Abhängigkeit" darf ich gar nicht mehr denken. Am Schmerzlichsten aber war mir's, dass ich hier meiner Markgräfin[1]) entsagen musste: der republikanische Unmensch von Wirth verbot mir ihren ferneren Umgang. So ist's denn um mein schönes Morgenstündchen am offenen Fenster geschehen: ein zugelassener Laden sperrt mich gegen die Sonne ab, und ich kann mir zur Noth einbilden, ich sässe im Zuchthaus. Da sehen Sie aber, dass ich noch nicht so verweichlicht und verzogen bin, wie mich mancher ausschreien möchte. Das Alles ertrage ich in guter Stimmung, da sich meine Gefangenen, Tristan und Isolde, nun bald ganz frei fühlen sollen; und so entsage ich denn jetzt mit ihnen, um mit ihnen frei zu werden. Ich bin meist doch jeden zweiten Tag wenigstens glücklich in der Arbeit: dazwischen habe ich gewöhnlich einen minder guten Tag, weil der gute Tag mich immer übermüthig macht, und ich mich dann in der Arbeit übernehme. — Das Angstgefühl, als ob ich vor der letzten Note sterben würde, habe ich diesmal nicht: im Gegentheil bin ich der Vollendung so sicher, dass ich vorgestern auf dem

---

[1]) D. h. Marquise!

Spatzierritt sogar schon ein Volkslied drauf machte.
Nämlich:

> „Im Schweizerhof zu Luzern
> von Heim und Haus weit und fern —
> da starben Tristan und Isolde,
> so traurig er, und sie so holde:
> sie starben frei, sie starben gern,
> im Schweizerhof zu Luzern —
>> gehalten von Herrn
>> Oberst Seegessern —"

Das macht sich, auf eine Volksmelodie gesungen,
recht gut: der Vreneli habe ich's am Abend vorgesungen.
Ich würde es dem Wirth verehren, wenn er mir nicht
die Markgräfin verboten hätte. — Vreneli[1]) ist aber hier
mein Schutzengel; sie intriguirt und wendet Alles an, um
mir unruhige Nachbarn vom Halse zu halten: Kinder
dürfen sich in der ganzen Etage nicht einstellen. Auch
hat mir Joseph die Thüre zum Nachbarzimmer mit einer
Matratze verstopft, und drüber eine meiner Gardinen ge-
hängt, was meinem Zimmer ein ganz stattliches theatra-
lisches Aussehen giebt. Bin ich nun erst mit meiner
Arbeit fertig, so schwindet dann der wichtigste Grund für
meine Ansprüche an die Wohnung. In Paris werde ich
mich sehr bescheiden in eine Chambre garni verbergen,
und das Schicksal ruhig über mich ergehen lassen. Nur
wann ich meine Geburten im Sinne habe, sorge ich für
eine reiche und vornehme Wiege. Ausserdem wird mir
meine Stellung im Leben immer bewusster, und grösste
Beschränkung wird mir jetzt zur Pflicht. Vielleicht ver-
kaufe ich dann auch meine schönen Hauskleider: Sie
können sich melden, wenn Sie etwas davon für Ihr zu-
künftiges Curiositäten-cabinet haben wollen. — Sehen Sie,
solch reductive Gedanken kommen mir jetzt in meiner

---

[1]) Verena Weitmann trat später, in München und Tribschen, in
Wagners Dienst. Ihre Erinnerungen sind aufgezeichnet und von
Glasenapp oft verwertet worden. Siehe das Namenregister bei Glase-
napp III, 1, 459.

degradirenden Wohnung an! — Schad' nichts: der Tristan ist so ziemlich fertig, und Isolde soll, denke ich, diesen Monat auch noch ausgelitten haben. Dann werfe ich beide und mich in Härtels Arme.

Sonst weiss ich von der Welt rein gar nichts! Kein Mensch kümmert sich um mich, und dies fängt an, mir jetzt wirklich gute Laune zu machen. Gott, man kann so unglaublich viel entbehren! Nur Ihren Umgang, mein Kind, entbehre ich sehr ungern: ich kenne nun einmal Niemand, dem ich mich so gern mittheilte. Mit Männern geht das erst gar nicht: denen kommt's — bei aller Freundschaft — im Grunde doch nur darauf an, nicht aus sich heraus zu gehen, ihre persönliche Meinung zu behaupten, und sich überhaupt möglich wenig berühren zu lassen. Das ist nun einmal so: der Mann lebt von sich. Aber wenn ich dran denke, was Sie schon vieles und gutes aus mir herausgelockt haben, so kann mich nur noch freuen, dass Sie's so gar nicht darauf absahen, und immer doch das Beste herausbekamen. Was hat es mich gefreut, dass ich Ihnen letzthin den S. Bach vorführte! Er hat mir selbst nie so viel Freude gemacht, und ich habe mich nie ihm so nah' gefühlt. Aber so etwas fällt mir gar nicht ein, wenn ich allein bin. Wenn ich mit Liszt musizirte, da war das 'was ganz anderes: es war musiziren, und dabei spielte Technik und Kunst überhaupt eine grosse Rolle. Zwischen Männern hat es immer einen Hacken. So dumm ich Ihnen auch vielleicht das letzte Mal in Luzern vorkam, so hat unser Beisammensein mir doch edle Früchte getragen: das sehen Sie jetzt an meiner unzerstörbaren Arbeitsstimmung. Soll ich Ihnen nun da nicht dankbar sein? Und zwar als ein rechter Freund? Wundern Sie sich nicht, wenn Sie mich noch nicht so bald los werden! Das schöne Wetter hilft nun doch auch. Ist einem auch den Tag über das Freie versperrt, so weiss man doch, dass es draussen hell und klar ist, und der Abend gehört dann dem Genuss. Ist es heiss, so ist doch aber eben die Luft, die den Himmel so rein erscheinen lässt, schön und wohlthuend. Sie hat auf mich eine ganz unmittelbar fühlbare Einwirkung: ein wenig aufregend, aber angenehm. Auch ist's so schön, dass die leiblichen Bedürfnisse immer geringer werden. Ich lebe jetzt fast nur noch von Luft, und das Herz blutet mir eben nur, wenn ich für meine „Kost" dem Wirth so viel zahlen muss, ebensoviel, als ob ich einen englischen Magen zu erhalten hätte. —

Mein Gefallen am Heitren ist dabei vorwiegend. Denken Sie, als ich kürzlich den lustigen Hirtenreigen bei Isoldes Schiffahrt ausarbeitete, fällt mir plötzlich eine melodische Wendung ein, die noch viel jubelnder, fast heroisch jubelnd, und doch dabei ganz volksthümlich, ist. Fast wollte ich schon alles wieder umwerfen, als ich endlich gewahr wurde, dass diese Melodie nicht dem Hirten Tristans zugehöre, sondern dem leibhaftigen Siegfried. Sogleich sah ich die Schlussverse Siegfried's mit Brünnhilde nach, und erkannte, dass meine Melodie den Worten:

> „Sie ist mir ewig
> ist mir immer,
> Erb' und Eigen,
> Ein' und All'" — u. s. w.

angehört. Das wird sich unglaublich kühn und jubelnd ausnehmen. So war ich auf ein Mal im Siegfried drin. Soll ich da nicht noch an mein Leben, mein — Aushalten glauben? —

Dass Ihnen Köppens[1]) Buch so grosse Freude gemacht hat, zeigt mir, wie gut Sie zu lesen wissen: mich ärgerte so vieles in dem Buche, weil ich immer daran denken musste, wie schwer Anderen die reine Erkenntniss der Lehre Buddha's gemacht werden müsste. Nun ist's gut, dass Sie nicht irre geworden sind. Ja, Kind, das ist eine Weltansicht, gegen die wohl jedes andre Dogma kleinlich und bornirt erscheinen muss! Der Philosoph mit seinem weitesten Denken, der Natur-

---

[1]) Köppen, Religion des Buddha, 1857.

forscher mit seinen ausgedehntesten Resultaten, der
Künstler mit seinen ausschweifendsten Phantasien, der
Mensch — mit dem weitesten Herzen für Alles Athmende
und Leidende, finden in ihm, diesem wunderbaren, ganz
unvergleichlichen Weltmythos alle die unbeengteste Statt,
und sich selbst ganz und voll in ihm wieder. —

Sagen Sie mir, wie Ihnen, wenn Sie dort weilten,
dann unsre herrliche Europäische Neu-Welt vorkommt?
Finden Sie nicht entweder die roheste Verwilderung, oder
— eben erst die wildesten Ansätze zu einer Entwickelung,
die jenem edeln Urvolke längst schon blühte? — Eisen-
bahnen, — staatliche Gesittung! O! O! — —

Ich kann mich den widerlichen Eindrücken unsrer
geschichtlichen Gegenwart meist gar nicht anders er-
wehren, als durch einen erfrischenden Trunk an jener
heiligen Quelle des Ganges: ein Zug daraus, so schwindet
aber auch Alles zum Ameisengetreibe zusammen. Da drin,
tief im Innern, da ist die Welt: nicht da draussen, wo der
Wahnsinn einzig herrscht. — So ist's recht. Also auch
Köppen hat Ihnen nichts geschadet! —

Und Frieden haben wir am Ende auch nun bald.
Den Waffenstillstand hat gewiss der Cousin in Leipzig
zu Stande gebracht? Etwas faul würde der Friede
wohl ausfallen — aber: „wer ist denn glücklich?" — Das
muss man sich auch da wieder sagen. Jedenfalls haben
Härtels viel dazu beigetragen, um, bei guten Aussichten,
mir doppeltes Honorar zahlen zu können. Ich wollte
eigentlich dem Cousin so etwas für Leipzig auftragen:
nun scheint er's errathen zu haben. Loben Sie ihn
darum. —

Und wenn wir wieder zusammen sind, habe ich
Euch noch viel Geschichten aus meiner Jugend zu erzählen; sie werden aber erst locker, wenn wir zusammen
sind. Bis dahin habt Alle guten Muth; preist den Aller-
herrlichstvollendeten und behaltet ein wenig lieb —
meine

Wenigkeit

83.   [Juli 1859.]
                    Bestes Kind!

Schlimmer, als es jetzt bei meiner Arbeit hergeht,
kann's bei Solferino nicht hergegangen sein; da die
doch jetzt das Blutvergiessen einstellen, setze ich's fort;
ich räume furchtbar auf. Heute habe ich auch Melot und
Kurwenal todt geschlagen. Kommt nur, wenn Ihr Euch
das Schlachtfeld einmal mit ansehen wollt, ehe Alles begraben wird.
      Tausend Grüsse!
                                              Ihr
                                              R. W.

84.
                          Luzern, 24. Juli, Abends.

Das schöne Märchen habe ich dem Erard vorgelesen:
er bezeugte mir durch doppelt schönes Tönen, dass er
es gut verstanden! —
      Am gleichen Tage erhielten Sie meine Skizzen.¹) Das
war denn Stoffwechsel! Ich bin jetzt sehr leidenschaftlich
mit dem Arbeiten, und betrachte es immer als einen
moralischen Sieg über mich, wenn ich einmal absetze,
und für den Tag eine Seite aufgebe. Wie mir nur sein
wird, wenn ich ganz fertig bin? Noch habe ich etwa
35 Seiten Partitur zu machen. Damit denke ich in 12
Tagen fertig zu sein. Wie mir nur dann sein wird? Ich
glaube, zunächst etwas erschöpft. Schon heute schwindelt
mir der Kopf. Ach, und wie ich vom Wetter abhänge!
Ist die Luft klar und frei, so ist Alles mit mir anzufangen,
grade, wie wenn man mich liebt; drückt dagegen die
Atmosphäre auf mich, so kann ich höchstens Trotz und
Widerstand leisten, aber das Schöne wird schwer.
      Mir fehlt's an Raum zur Ausdehnung. Gott, wie
schliesst sich mir die Welt immer enger zu! Wieviel
leichter könnte mir Alles werden.

_____

      ¹) Zum Tristan.

                              163   11*

Nun wir wollen uns trösten; und am Ende kenne ich doch Niemand, mit dem ich tauschte.

— Grüssen Sie Kleobis und Biton; so hiessen ja wohl, wenn ich mich nicht irre, Ihre Beiden guten Muttersöhne in Argos? Es sind mir alte Bekannte. Schade, dass die Griechen noch so zurück waren gegen uns! Ihre Religion hat so gar nichts Abstraktes: es ist nichts wie eine unerhört üppige Welt von Mythen, die alle so plastisch und prägnant sind, dass man ihre Gestalten nie wieder vergisst: und wer sie endlich recht genau versteht, der hat die tiefste Weltanschauung drin. Aber, sie machten eben kein dogmatisches Wesens davon. Sie dichteten und stellten dar. Ganz Künstler, tief und genial! Herrliches Volk! —

Ach, wie mich's ekelt, wenn ich auf unser Europa hinblicke! Und Paris! — Nun, da heisst's denn — sich hübsch isoliren und Alleinbleiben. —

Vom fertigen Tristan ein ander Mal!

Es wäre nun schön, wenn wir noch eine Pilatusfahrt combinirten. Weiter werde ich wohl mit meinen „Erholungsausflügen" nicht kommen. Ich schreibe Euch besten Menschenkindern genau, wann ich den letzten Federstrich an der Partitur zu machen gedenke. Ist's Euch dann möglich, so kommt: allein gehe ich nicht auf den Pilatus. Und dann combiniren wir auch noch unser Abschiedsdiner auf Villa (franca) Wesendonk. Ich glaube — wie gesagt — Ende der ersten Woche des August fertig zu werden.

Und nun behüte Sie der liebe Gott, und Ihr ganzes Haus mit dazu und auch die Dépendance! Schönsten Dank für alles Gute und Liebe, und namentlich für das Föhrenmärchen.

Herzliche Grüsse an den Cousin, Nichte und Neffen!

Ihr

R. W.

85.

Nun schnell vor der Arbeit noch ein paar Worte an
den lieben Studenten vom Herrn Professor:

Ich will und muss Samstag fertig werden, aus blosser
Neugierde zu wissen, wie mir dann zu Muthe sein wird.
Seien Sie mir nur nicht bös, wenn ich etwas abgespannt
sein werde: das ist nun einmal nicht zu ändern. Nun
rechne ich aber darauf, dass Ihr mich belohnt, und
Samstag Abend recht bei Zeiten eintrefft. Ich hab' Jemand[1])
hier, dem ich nichts vorspiele, und immer nur auf diese
Zeit vertröste. Der Pilatus soll dann vom Wetter abhängen, und ich denke, es soll gut sein, so dass wir
Sonntag Nachmittag die Ascension unternehmen. Dann
bliebe es des Weiteren bei meinem Vorschlag, den Sie
ja so freundlich aufgenommen haben. Baumgartner wird
uns nicht entgehen; er besucht mich jetzt hier und ist
nächste Woche wieder in Zürich. —

Für meine Niederlassung werde ich dem vortrefflichsten Cousin mit heller Stimme danken. Einstweilen
habe ich mich nun mit dem französischen Gesandten
herumzuärgern, der einmal wieder meinen Pass nicht
visiren will. Dem Aerger über diese schmachvoll ver-
nachlässigte Stellung zur Welt, die man mir so unbesorgt
lässt, kommt nur der andere gleich, dass ich mich über
so etwas noch ärgern kann. —

Uebrigens war ich jetzt oft etwas aufgeregt, und gewann es deshalb über mich, Ihnen kürzlich einmal —
nicht zu schreiben, um Sie hübsch ruhig zu lassen! So
viel aber kann ich Ihnen sagen, dass ich mit grosser, fast
feierlicher Rührung aus der Schweiz nun scheiden werde.
Doch, wie's das Schicksal will: ich hab' nun genug erlebt,
um das Leben hinter mir zu haben; ich will darin nichts
mehr ordnen und vorbereiten: es hat Alles keinen Sinn
mehr. —

---

[1]) Felix Dräseke. Vgl. Glasenapp, II, 2, 212.

Aber — noch drei Tage, und — Tristan und Isolde ist fertig. Was will man mehr? —

Der allerkleinsten Studentin tausend Dank für ihre lieblichen Einfälle. Es soll ihr einmal gut thun, sich ihrer kindlichen Gärtnerei zu erinnern! —

Leben Sie wohl, und grüssen Sie Wesendonk aller-schönstens. Wenn Ihr mir nicht plötzlich den Rücken kehren wollt, hoffe ich Euch also Samstag zu sehen!

Ihr

R. W.

86.

Luzern, 8. Aug. 59.

Da habe ich alberner Mensch doch eine Bitte ver-gessen. Sagen Sie, bestes Kind, hätten Sie wohl die grosse Güte, mir recht schnell ein hübsches Geschenk für Vreneli zu besorgen? Ich glaube, es macht ihr mehr Freude wie das Geld. Etwa ein Kleid — Wolle und. Seide? Ich beschränke Sie mit dem Preise nicht: sie soll ein gutes Geschenk haben, koste es was es wolle. —

Das müssten Sie aber sogleich besorgen, damit ich es Mittwoch noch erhalte. Ist es Ihnen lästig, was ich gern glauben würde, so melden Sie mir's nur. —

Und Wille's laden Sie doch wohl zu Freitag ein: wenn es ihnen nur Freude macht zu kommen. Gern sähe ich auch Semper: dann erschiesst sich aber Herwegh. Wille . . . wird mir unter meinen Bekannten viel Unruhe machen. Indess, was geht das Euch an? — Suchen Sie mir nur ein Zimmer über dem Gesandten zu reserviren: Ihrem Einfluss gelingt diese Schwierigkeit gewiss. Es ist Eurem liebenswürdigen Charakter voll-kommen angemessen, mir auch diesmal wieder Wohnung in Eurem Hause anzubieten; doch an mir ist es, nicht unbescheiden zu sein, die Last und Verlegenheit — die aus einem längeren Aufenthalte entstehen könnte — Ihnen fern zu halten.

Mit mir bin ich überhaupt seit vorgestern sehr un-

zufrieden; ich habe mich viel zu schämen, und gedenke
mich dafür etwas zu chicaniren.

Aber eine gute Erinnerung wird mir verbleiben, und
die wird sich ewig als herzlichster gerührter Dank ausnehmen!

Tausend Grüsse!

R. W.

87.

Freundin!

Nur im Vertrauen auf eine fast bloss Ihnen mögliche
Nachsicht, fasste ich den Muth, Ihnen die unglaubliche
Störung zu verursachen, die ich heute dem Telegraphen
zur Meldung übertrug. Hören Sie! Eine directe Abreise
von Ihnen nach Paris ist mir nicht möglich; wie es mir
davor graut, habe ich auch noch keinen Grund anzunehmen, dass so schnell alle Hindernisse beseitigt sein
werden. Ich bin unter verschiedenen Eindrücken, zu
was es läugnen? — missgelaunt, wovon der Hauptgrund
jedenfalls körperliches Uebelbefinden ist. Sollte ich mir
nun die Stunden des Abschiedes verderben lassen? Des
Abschiedes, zu dem in diesen Tagen mich noch gar nichts
drängt? Ich hatte wahre Furcht davor. Und so kam
mir der Entschluss, zunächst für einige Tage mich in der
Bergluft zu erfrischen; ich will die Höhe aufsuchen und
gedenke Morgen (Freitag) Abend in Rigi-Kaltbad einzu-
treffen, wo ich sehen will, ob es mir da einige Tage gefallen kann. Sie sollen von dort aus von mir hören.
Entschliesse ich mich dann zur bestimmten gänzlichen
Abreise, so melde ich's Ihnen, und wenn ich auch nicht
auf einer Ausführung des früheren Projectes bestehen zu
dürfen glaube, so hoffe ich doch dann Ihnen in mir
einen etwas besser sich gebahrenden Abschiedsgast in's
Haus zu bringen, als Sie morgen zu bewirthen gehabt
haben würden.

Sie sind zu gut gegen mich, und ich lohne es Ihnen
mit steter Unruhe, die ich Ihnen verursache. Die Sorge

um das Rütli hätte ich Ihnen fast von Anfang her ersparen
sollen. Meine Sorge, Ihnen zum Abschied einen guten
Eindruck zu hinterlassen, ist aber auch zu beachten: ich
opfre die Ihrige der meinigen.

Bleiben Sie mir freundlich, so schicken Sie mir auch
den Palleske: er soll mir, von Ihnen mir zugesellt, ein
guter Begleiter auf der Höhe sein.

Tausend herzliche Grüsse!
Melden Sie mir, ob Sie mir verzeihen!

R. W.

88.

Luzern, 16. Aug. 59.

So wäre ich denn nach der Anstrengung der Arbeit
im Zeitpunkt der Erholung angekommen, um einen
prüfenden Blick auf die Welt zu werfen, die mir weiter
helfen soll. Sie nimmt sich mir sonderbar genug aus,
und scheint mir rein Alles zu wehren, so dass ich mich
ernstlich frage, was ich darin noch soll? —

Freundin, ich muss hierüber kurz sein; und gerade
Sie haben mir kürzlich etwas Behutsamkeit in meinen
Auslassungen recht zur Pflicht gemacht. Werden Sie's
für Behagen und harmonische Stimmung halten, wenn ich
Ihnen melde, dass ich jetzt entschlossen bin, mich rein
unthätig meinem Schicksal zu überlassen, die Hände in
den Schooss zu legen, und einmal bewegungslos abzuwarten, bis man sich um mich kümmert? — Genug; ich
sitze wieder im Schweizerhof, als meinem letzten Refugium,
und werde hier sitzen bleiben, bis — man mich hinaus-
wirft. Mein freier Entschluss ist hierbei nicht massgebend:
sondern es bleibt mir einfach nichts andres übrig.

Ich geniesse hier einen guten Ruf, und gedenke mich
dessen angenehmen Schutze zu überlassen. — Als ich
vorgestern Myrrha gratulirte, telegraphirte ich zugleich an
Liszt, um ihm zu sagen, dass ich ihn hier erwarten
würde. Statt der Antwort erhielt ich gestern einen Brief
von Prinzessin Maria, worin sie mir ihre Verlobung mit

einem jungen Fürsten Hohenlohe anzeigte, und — in ihrer Betrübniss, die Altenburg nun bald ganz verlassen zu müssen — bat, bis zum October (ihrer Hochzeit) ihr Liszt's ununterbrochene Nähe noch zu gönnen.[1]) Somit fällt mir jetzt auch der angenehme Vorwand, meinen Freund hier zu erwarten, hinweg. — Ed. Devrient meldet mir in dem letzten Briefe, dass er anderes zu thun habe, als mit mir sich Rendezvous zu geben. —

Ein Blick in das Kaltbad auf dem Rigi überzeugte mich, dass an mein Verweilen dort nicht zu denken sei. Schlechtes Wetter machte die Erquickung des Rigi vollkommen. In erträglicher Laune, dennoch in halber Verzweiflung — weil ich h i e r so gut wie gar kein Zimmer vorfand, — machte ich mich vorgestern dagegen auf den Pilatus auf, um in Zukunft Ihnen doch wenigstens genaue Auskunft über diese Partie geben zu können. Sie ist sehr schön, sehr bequem, und der Pilatus verdient grosse Propaganda. Gestern zurückgekehrt traf ich Briefe, die mich vollends in die Lage versetzten, mich aller Mittel zur Selbsthülfe zu begeben, und mich auf's gänzlich Unbegränzte in ein kleines Zimmer des Schweizerhofes zurückzuziehen. Mein Flügel steht schön eingepackt im Schuppen; aber den Divan hat man mir wieder ausgepackt, und das Kinderkissen auch. Da will ich denn nun einmal Ihrem Rathe folgen, und mich um gar nichts in der Welt bekümmern, und warten, wie das Ding wird. — Haben Sie nun genug? — Ich denke, es muss Ihnen Freude machen, wenn ich die Strohhalmen so gelassen um mich liegen lasse. Meine Laune ist dabei ganz vortrefflich.

Melden Sie mir, was die Diplomaten machen. Haben Sie tausend Dank für Ihre letzte Nachsicht und den heutigen Zwieback.

Viel Grüsse von Ihrem

R. W.

---

[1]) Vgl. Brief an Liszt vom 19. August 1859; Briefwechsel II, 255 f.

89.

Aber Kind, was giebt Ihnen ein, in mir einen „Weisen"
sehen oder wünschen zu wollen? Ich bin ja das tollste
Subject, das man sich vorstellen kann? Nach dem Maass-
stabe eines weisen Mannes gemessen, muss ich geradesweges verbrecherisch erscheinen, und zwar grade, weil
ich so vieles und manches weiss, und namentlich auch
weiss, dass Weisheit so wünschenswerth und vortrefflich
ist. Aber das giebt mir ja wieder den Humor, der mir
andrerseits über Abgründe hinweghilft, die der weiseste
gar nicht einmal gewahr wird. Dafür bin ich eben Dichter,
und — was viel schlimmer ist, — Musiker. Nun denken
Sie meine Musik, die mit ihren feinen, feinen, geheim-
nissvoll-flüssigen Säften durch die subtilsten Poren der
Empfindung bis auf das Mark des Lebens eindringt, um
dort Alles zu überwältigen, was irgend wie Klugheit und
selbstbesorgte Erhaltungskraft sich ausnimmt, Alles hin-
wegschwemmt, was zum Wahn der Persönlichkeit gehört,
und nur den wunderbar erhabenen Seufzer des Ohnmachts-
bekenntnisses übrig lässt —: wie soll ich ein weiser Mann
sein, wenn ich nur in solch rasendem Wahnsinn ganz zu
Hause bin?

Aber ich will Ihnen etwas sagen. Zum Delphischen
Tempel wanderten aus aller Welt Enden Fürsten und
Völker, um Aufschluss über sich zu erhalten. Die Priester
waren die Weisen, die ihnen diese Aufschlüsse ertheilten,
aber sie selbst gewannen sie erst von der Pythia, wenn
diese auf dem Dreifuss der Begeisterung bis zum wildesten
Krampfe in Verzückung gerieth und mit Wunderstöhnen
die Götteraussprüche verkündete, welche die weisen
Priester eben nur in die verständliche Sprache der Welt
zu übersetzen hatten. — Ich glaube, wer einmal auf dem
Dreifusse sass, kann nicht wieder Priester werden: er
stand dem Gott unmittelbar nahe. —

Uebrigens bedenken Sie auch, dass Dante seine selten
und leise redenden weisen Männer nicht — im Paradiese

antraf, sondern an einem bedenklichen Mittelorte zwischen Himmel und Hölle. Aber am Kreuze konnte der Erlöser dem armen Schächer zurufen: noch heute sollst Du mit mir im Paradiese sein. —

Sie sehen, mir kommen Sie nicht bei: ich bin von durchtriebener Schlauheit, und habe entsetzlich viel Mythologie im Kopfe. Gestehen Sie mir das zu, so gestehe auch ich Ihnen, dass Sie — Recht haben, und noch mehr: dass es mich gar keine Ueberwindung kostet, Ihnen Recht zu geben, weil ich ja selbst, sobald ich mich auf dem ertappe, was Sie mir so besorgt zu Gemüthe führen, so böse auf mich, und so unzufrieden mit mir bin, dass ich höchstens nur dagegen noch empfindlich bin, wenn meine Selbstvorwürfe in der Weise verschärft werden, als zweifle man, dass ich sie nicht bereits empfände. Und doch wieder, Sie liebes Kind, ist das schliesslich meine schönste Erquickung, wenn ich erfahre, dass alle diese meine inneren Vorgänge so zart und innig mitempfunden werden. — Seien Sie mit mir zufrieden? Sind Sie's? —

Bedenken Sie nur, wie selten Sie mich jetzt nur noch sehen, und wie schwer es ist, grade in diesen selteneren Epochen, eben das zu sein, was man sein kann. Das ist jetzt schwer, denn — — — — — — —

So ist denn auch der Herbst recht schnell gekommen: auf einen verdorbenen, rauhen Frühling eine kurze Sommergluth und nun —. Wie kurz werden schon die Tage! Das ist doch Alles recht traumartig. Vor einigen Tagen war auch schon die Luft so rauh: alle guten Engel schienen gewichen. Nun ist doch noch etwas Nachwärme eingetreten. Ich geniesse sie als Reconvalescent, der sich aber noch etwas schonen muss. Ich bin gränzenlos faul, was wohl — wie ich meinem jungen Freunde letzthin sagte — von der grossen Reife kommen muss, in der jetzt mein Talent steht. Ich habe Correcturen bekommen, und starre träge hinein. Möglich, dass es das catarrhalische Fieber so zurückgelassen hat, dem ich zuletzt erlag: noch wollen sich meine Nerven nicht recht erholen; vielleicht liegt's in der Luft. Vreneli sagt mir, dass im Hotel bereits 4 Personen am Nervenfieber erkrankt sind. Nun, dagegen wäre ich wohl sicher. —

Im Uebrigen habe ich mir mein kleines Zimmer ganz geschickt arrangirt, so dass Sie sich darüber wundern würden, wenn Sie hinein träten. Ich machte es sogar möglich, den Flügel zu placiren: der steht also wieder da. —

Uebrigens komme ich mir schon wieder etwas ehrlicher und respectabler vor: gestern hat man mir den visirten Pass zugeschickt. — Des Weiteren bleibt es dabei, dass ich keinen eigenen Schwindel, sondern nur sympathetischen habe. Das sah ich wieder auf dem Pilatus, wo ich ruhig in den tiefsten Abgrund zu meinen Füssen hinabblickte, plötzlich aber von einer ganz wahnsinnigen Unruhe erfasst wurde, als ich auf meinen Begleiter sah, der, wie ich, am Abgrunde ging. So bin ich auch weniger um mich besorgt, als um den, der von mir abhängt. Ich kann dagegen nie ohne wahren Schwindel daran denken, dass meine Fahrlässigkeit einst Schuld an dem Tode jenes liebenswürdigen, mir so rührend anhänglichen Papagei's war, der mir noch vor Ihrer Bekanntschaft in Zürich starb. —

Kinder! Kinder! Ich denke der liebe Gott soll es einst gnädig mit mir machen. — Bitten Sie auch Wesendonk, dass er mir nicht böse ist, und behalten Sie lieb

Ihren

R. W.

90.

Luzern, 27. Aug. 59.

Hier schicke ich Ihnen Don Felix,[1] der bis jetzt treu bei mir ausgehalten. Er bringt Ihnen den Schiller, in dem Vieles (wie Sie leicht denken können) mich sehr ergriffen und gerührt hat. Ihr heutiges Briefchen war zwar sehr spöttisch, hat mich aber doch recht erfreut, da

---

[1] Felix Dräseke.

es von Ihrer guten Laune zeugte. Ich fühle mich seit einigen Tagen recht passabel wohl; der Wirth von Brunnen erklärte, so gut wie jetzt hätte ich noch nie ausgesehen. Eine vertrauende angenehme Stimmung giebt mir Projecte ein, von denen ich vielleicht bald zu entscheiden geben werde, ob sie unsinnig oder recht natürlich sind. Wir wollen sehen. — Don Felix behauptet, der dritte Act des Tristan sei noch schöner als der zweite. Darüber bitte ich Sie, ihm den Kopf gehörig zurecht zu setzen. So 'was soll ich mir nun gefallen lassen?

Aus der „Welt" habe ich nichts neues erfahren und bin noch im dichten „Walde".[1]) Darin spuken allerhand Nibelungen und schlafende Walküren. Zum Abschied habe ich Don Felix heute früh noch etwas Wotan versprochen. Er soll Ihnen sagen, wie's ausfällt.

Zur Kuh müssen Sie schnell ein Lamm, und möglichst auch eine schöne Ziege stellen. Das muss so sein. — Gestern hatte ich Sorge, Vreneli bekäme das Nervenfieber, und wollte schon energisch einschreiten. Nun hat sich's gebessert. Ich denke, mir thut es nichts, obgleich es jetzt hier heimisch ist. — Grüssen sie Ihr Elvershöh, und was drauf lebt und mein gedenkt!

Ihr

R. W.

---

[1]) Siegfried III. Akt.

Paris

23. Sept. 1859 bis Ende Januar 1862. [1])

Wien

11. Mai 1861; 19. August bis 28. Sept. 1861.

---

[1]) Vgl. zur Ergänzung die Briefe an Otto Wesendonk vom 17. Sept. 1859 bis 25. Juni 1861.

91.

Paris, 23. Sept. 59.

„Ich sauge nur die Süssigkeit,
Das Gift, das lass' ich drin."

So scherzte mir vor Jahren einmal ein sorgloses
Kind entgegen. Das Gift der Sorge hat es nun gekostet,
aber auch seinen Stachel stach das Bienchen ein. Es ist
der Stachel zum Besten und Edelsten, der mir im Innern
haften blieb. Und war das Gift so bös? —

Freundin, erst meine letzten Lebensjahre haben mich
wirklich zum Mann gereift. Ich fühle mich in voller
Harmonie mit mir: und sobald es das Wahre gilt, bin ich
stets sicher und einig mit meinem Willen. Dem eigentlichen Leben gegenüber lasse ich mich getrost von meinem
Instinkt leiten: mit mir wird etwas gewollt, was höher ist
als der Werth meiner Persönlichkeit. Dieses Wissen ist
mir so eigen, dass ich lächelnd oft kaum mehr frage, ob
ich will oder nicht will. Da sorgt der wunderliche
Genius, dem ich für diesen Lebensrest diene, und der
will, dass ich vollende, was nur ich vollbringen kann.

So ist denn tiefe Ruhe in mir: das Kreiseln der
Wellen der Oberfläche hat mit meinem Grunde nichts
zu thun. Ich bin — was ich sein kann! — Dank Ihnen,
Freundin! —

Was sagen Sie nun, wenn Sie hören, dass ich bereits
voll in Arbeit stecke? —

Der junge Mann,[1]) der eine Uebersetzung des Tannhäuser verfasst hat, gab mir diese zur Durchsicht. Beim
ersten Ueberfliegen liess ich's fallen, und sagte mir: es
ist unmöglich! Somit war ein lästiger Gedanke, nämlich
ein französischer Tannhäuser, abgeschüttelt, und ich athmete auf. Doch das war nur meine Person: das Andre,
mein Dämon — mein Genius? — sagte mir: „Du siehst,
wie unfähig so ein Franzose, und überhaupt sonst wer
ist, Deine Dichtung zu übersetzen, somit wirst Du einfach
es verhindern, dass man Dein Werk überhaupt in Frankreich gebe. Wie nun aber, wenn Du todt bist, Deine
Werke jedoch erst recht fortleben? Wenn man dann Dich
nicht erst zu fragen hat, und den Tannhäuser gerade nach
solch einer Uebersetzung aufführt, wie sie jetzt Dir vorliegt,
und wie man sie von den edelsten deutschen Dichtungen
(Faust z. B.) ebenso unverständnissvoll vorgenommen hat?"
Ach, Kind! So eine mögliche Unsterblichkeit in der Ex-
pectative ist ein Dämon ganz eigener Art, und bringt uns in
dieselben Sorgen, die Mutter und Vater weit über ihr Leben
hinaus an das Gedeihen ihrer Kinder fesseln. Nur ich kann
zu einer vollkommenen guten Uebersetzung meiner Werke
beitragen: so liegt denn hierin eine Pflicht, die ich nicht
abweisen kann. Nun sitze ich denn jeden Vormittag mit
meinem jungen Poeten da, gehe Vers für Vers, Wort für
Wort, ja Silbe für Silbe mit ihm durch; suche mit ihm
oft Stundenlang nach der besten Wendung, dem besten
Worte; singe ihm vor, und mache ihn so hellsichtig für
eine Welt, die ihm bis dahin gänzlich verschlossen war.
Nun freut mich denn sein Eifer, sein wachsender Enthusiasmus, sein offenes Bekenntniss seiner vorherigen Blindheit, — und — wir wollen sehen! Wenigstens weiss ich,
ich versorge mein Kind für alle Zukunft so gut ich kann! —
Sonst bin ich noch nicht weit herum gekommen.
Mein Leben bleibt dasselbe, ob in Luzern oder Paris.

---

[1]) Im Brief an Otto Wesendonk vom 5. Okt. 1859 wird er ein
Vaudevillesuccès-Aspirant genannt.

Das Ausserhalb kann an mir nichts ändern: und das befriedigt mich eben. —

24. Sept.

Mein Franzos kam. Trotz einigem Erkältungsfieber
arbeitete ich etwas zu eifrig mit ihm, und — blieb sehr
angegriffen zurück. Heute bin ich mit einem starken
Catarrhalischen Fieber zum Tage erwacht. Ihr und
Wesendonks Brief erfreute mich. Sagen Sie ihm herzlichen Dank! Dass man mich immer erst sucht, wenn
ich fort bin, ist ganz in der Ordnung: die Welt sucht
einen nur, wenn's ihr gerade gelegen ist. Wenn ich einmal ganz fort sein werde, wird man mich wohl am meisten
suchen. Vater Heim muss sich als Posa ganz vortrefflich
ausgenommen haben. Die Gutherzigkeit solcher Anhänger
macht immer Freude, wenngleich es ohne Lächeln über
unlösbare Misverständnisse nicht abgehen kann. Von
Bülows Brief über Tristan ist mir nichts zu Gesicht gekommen. Ich bin hier noch allein geblieben. Eine Tochter
der Mad^me A., Gräfin Charnacé, hatte von ihrer Mutter
Aufträge an mich erhalten, und lud mich zum Thee. Ich
konnte noch nicht gehen. Die junge Dame wird mir jetzt
aus Berlin sehr empfohlen. Wichtiger ist mir für jetzt die
Wohnung: denn um einmal wieder zu „wohnen", ging
ich eigentlich nach Paris. Für jetzt bin ich nur im logis
garni: eine unmöblirte Wohnung suche ich mir noch.
Mit der Wohnung habe ich aber zugleich an eine andere
wichtige „Einrichtung" zu denken. Freundin, ich habe
mich geprüft, und bin entschieden, der Ausführung meines
Entschlusses mit der höchsten moralischen Kraft, die ich
mir errungen, obzuliegen. Doch bedarf ich dazu einiger
Erleichterungen. Ich freue mich völlig auf das ungemein
artige, freundliche und gute Hündchen,[1] das Sie mir
einst vom Krankenbett aus in's Haus schickten; er wird
wieder mit mir gehen und laufen, und komme ich nach

---

[1] Fips; Glasenapp II, 2, 158 und 330.

179

verdriesslichen Besorgungen nach Haus, so wird er mir freundlich entgegen springen. Verschaffen Sie mir nun noch einen guten Hausgeist: wählen Sie mir einen Diener! Sie wissen, welches Bedürfniss ich hiermit ausspreche. Die freundliche Physionomie Ihres jetzigen Portiers hat mir sehr gefallen. Wie steht es mit dem im Hause so beliebt gewesenen vorherigen? Könnten Sie hier nicht, ohne Ihr Interesse zu sehr zu kränken, ein mir günstiges Arrangement treffen? Ich suche mir meinen Hausstand so traut wie möglich zu machen: für den weiblichen Theil desselben will ich jedoch nichts gern beschliessen, sonst hätte ich bereits Vreneli die Pariser Colonie eröffnet. Ich bestehe darauf, dass meine Frau sich ein junges gebildetes Mädchen, theils zu ihrer Pflege, theils zu ihrem Umgange, aussucht und mitbringt. Dazu habe ich nun eine Köchin zu bestellen, die mir Mad. Herold[1]) besorgen soll. Der Diener hätte demnach von Hausgeschäften das Fegen der Zimmer (was in Paris immer der Garçon besorgt), Putzen des Silberzeuges u. s. w. serviren, Gänge besorgen, und ausserdem die Bedienung meiner Person, namentlich beim Baden; auf Reisen wird er mich begleiten und mein Gepäck besorgen. Mir fehlen diese Bequemlichkeiten ungemein: bei der Selbstbesorgung solcher Dinge bin ich stets viel zu eifrig, rege mich unnütz auf, erkälte mich u. s. w. Und vor Allem: ein angenehmer, sympathischer Mensch, selbst wenn nur mein Diener, ist mir so nöthig in der Nähe. —

Nun also: Diese Bitte sei Ihnen bestens empfohlen. Der Mann könnte j e d e n A u g e n b l i c k antreten. — So, da heisst es denn einmal wieder, recht grossen Zwieback besorgen! —

Mit meiner äusseren Lage wird sich ja Alles nun recht erträglich gestalten. Nach dieser Seite hin bin ich eben noch im Steigen; und neuerdings scheint es sogar, dass das Steigen ziemlich rasch gehen werde, — wenig-

---

[1]) Frau des französischen Komponisten, Glasenapp. II, 2, 174.

stens liegt es nach einem gestrigen Gespräche mit dem
Director des Théâtre lyrique (einem wirklich angenehmen,
recht anständigen Menschen) einzig in meiner Hand, wie
bald ich auch Pariser fortune machen will. Nun, helfe
mir Alles nur so weit, dass ich diesen Winter mich im
guten Gleichgewicht erhalte, um zum Frühjahr wieder
meine liebe Schweiz aufsuchen zu können: denn nur dort
kann Siegfried Brünnhilde wecken! Das ginge doch wohl
in Paris nicht gut. — Von Karlsruhe erwarte ich sehr
bald eine sehr ausführliche Antwort auf viele Punkte.
Ich bestehe dort darauf, Alles sehr streng zu nehmen.
Verlegenheit mag ich den Leuten dadurch genug bereiten:
doch hilft's nichts! Leicht ist die Frucht des Tristan nicht
zu pflücken.

Wie schön wär's, Kinder, wenn Ihr mir eine Photographie vom grünen Hügel schicktet: das war ja ein vor-
trefflicher Gedanke! Ich bereue noch sehr, Ihnen meinen
Venetianischen Palast nicht geschickt zu haben.

Ich hab' noch viel, worüber ich mich in letzter Zeit
mit Ihnen unterhalten: das verspare ich mir nun auf ein
ander mal. Frau Wille werde ich bald einmal schreiben:
sehen durften wir uns diesmal nicht; aber Versöhnung
werd' ich ihr bieten. — Nun lassen Sie mich mein Fieber
vollends durch Ruhe und Lectüre (Plutarch) beschwören.
Bald erfahre ich wieder von Ihnen, vielleicht gar durch
Fridolin.[1]) Die schönsten Grüsse an Cousin und Kinder,
verbindlichsten Dank an Karl und treueste Liebe der
Freundin! —

Richard Wagner.

92.

Paris, 10. Oct. 59.

In Erwartung baldiger guter Nachrichten über Karl's
Befinden, will ich Ihnen, liebes Kind, zur Zerstreuung
allerhand vorplaudern.

---

[1]) Der oben erwähnte Diener, der „treue Knecht".

Heute hatte ich ein sehr überraschendes Abenteuer. Ich erkundige mich in einem Bureau der Douane nach meinen angekommenen Luzerner Sachen: die Colli's standen im Buche, nicht aber mein Name; ich zeige meinen Avis-brief vor und nenne meinen Namen; da erhebt sich einer der Angestellten:[1] „Je connais bien M̲r̲ Richard Wagner, puisque j'ai son Médaillon suspendu sur mon piano et je suis son plus ardent admirateur." „Quoi?" „Ne soyez pas surpris de rencontrer à la douane de Paris un homme capable de goûter les incomparables beautés de vos partitions, que j'ai étudiées toutes" etc. —

Ich war wie im Traum. Einen Enthusiasten auf der Douane, jetzt, wo ich mit dem Empfang meiner Möbel so grossen Schwierigkeiten entgegensehe! Der gute Mensch sprang, und lief, und half mir: er selbst hatte zu visitiren. Er hat eine Frau, die sehr gut Klavier spielt; er selbst aspirirt als Literat, und bestreitet einstweilen sein Auskommen durch seine Anstellung. Er erzählte von einem ausgebreiteteren Kreis, der sich fast ausschliesslich durch Ausbreitung der Bekanntschaft mit meinen Werken gebildet habe. Da er nicht deutsch versteht, so wandt' ich ein, wie ich nicht begriffe, dass er an einer Musik Gefallen haben könnte, die so ganz mit der Poesie und dem Ausdruck des Verses zusammenhinge? Darauf er: gerade, weil sie so bestimmt mit der poetischen Sprache zusammenhinge, vermöge er so leicht aus der Musik auf die Poesie zu schliessen, so dass ihm die fremde Sprache durch die Musik vollkommen verständlich würde. Was war da zu thun? Ich muss anfangen, an Wunder zu glauben! — Und das auf der Douane! — Ich habe meinen neuen Freund, der mich sehr gerührt hat (Sie können sich denken, wie glücklich ich ihn machte) gebeten, mich zu besuchen. —

Wissen Sie, dass mich meine Opern in Paris wirklich keine so paradoxe Unmöglichkeit mehr dünken?

[1] Edmond Roche.

Bülow hat mir einen hiesigen Arzt und Autor, Dr. Gas-
perini empfohlen, der mit einem seiner Freunde, ebenfalls
Stockfranzose, ganz im gleichen Falle ist, wie mein Visi-
tator auf der Douane. Die Menschen spielen mir hier
den Tannhäuser und Lohengrin vor, ohne dass ich ein
Wort dazu sagen darf. Dass sie nicht deutsch können,
genirt sie nicht im Mindesten. — Nun aber hatte sich der
Director[1]) des Théâtre lyrique bei mir ansagen lassen,
um den Tannhäuser von mir zu hören. Sie trafen Alle zusammen, und ich musste mich denn wieder einmal opfern,
zunächst mit französischer genauer Erklärung des Textes
(was mich das kostete!) dann mit Singen und Spielen.
Nun ging ihnen doch erst das eigentliche Licht auf, und
der Eindruck schien ausserordentlich zu sein. Das ist
mir Alles so unerhört mit diesen Franzosen!

Dagegen erhalte ich aus Deutschland immer nur
dumpfe, muffige Nachrichten. Freund Devrient liegt Alles
daran, sein „Institut" im ungestörtesten Gleichgewicht
zu erhalten, und Alles Ungewöhnliche, Vorübergehende,
als störend von ihm fern zu halten. Eine total stimmlose
hohe Sopranistin,[2]) der die Partie der Isolde überall zu
tief liegt, und demnach noch gar nicht einmal sich dafür
entscheiden kann, ist die Einzige, die mir für meine
Heldin angeboten wird, weil sie übrigens eine gute Dar-
stellerin sein soll. Dabei Alles ohne eine Spur von
Wärme; für das ganze Unternehmen einzig sprechend, dass
ich selbst dabei sein soll, aber eben dafür, auf alle
neuere Fragen, durchaus noch keine ganz bestimmte Erklärung, da der Grossherzog immer noch nicht zu haben
ist. Da habe ich denn nun immer Lust, kurz abzubrechen.
Es ist doch Alles nicht das Rechte, und ich sollte warten
können, bis das Rechte sich fügte und mir zu Gebot
stellte. Es ist mir so widerlich darnach zu jagen! —

Ja, Kinder! Hättet Ihr in Zürich aus Dank für meinen

---

[1]) Mr. Carvalho; vgl. Glasenapp II, 2, 224.
[2]) Vgl. Glasenapp III, 1, 68 f.

ehrlichen Schweiss, den ich dort vergossen, es nur so weit gebracht, mir ein halbweg anständiges Theatergebäude zu errichten, so hätte ich für alle Zeiten was ich brauche, und dürfte nach keinen Menschen mehr fragen. Sänger und Orchester, wenn ich ihrer zur ersten Aufführung eines neuen Werkes bedarf, würde ich schon jedesmal zu verschaffen wissen, wie ich sie brauchte; zu diesen Aufführungen müssten die fremden Musikdirectoren und Sänger berufen werden, um sich ein Muster an der Auffassung zu nehmen, und — einmal diess in's Leben gerufen, glaubte ich dann für alles Weitere gesorgt zu haben, und würde ruhig fortleben, ohne mich um das weitere Schicksal meiner Werke zu kümmern. Wie nobel, wie schön, wie mir ganz entsprechend wäre das! Ich brauchte dann keinen Fürsten, keine Amnestie, kein gutes und kein böses Wort: frei stünde ich da, und wär' aller Sorgen um meine Nachkommenschaft ledig. Und nichts weiter, als ein anständiges, keinesweges luxuriöses Theatergebäude. Man sollte sich doch recht schämen! Meinen Sie nicht auch??

Lieber Himmel, das Bischen Freiheit ist doch noch Alles, was einem das Leben erträglich machen kann! Ich kann nun schon gar nicht mehr anders aushalten, und jede Conzession würde mir wie ein tödtlicher Wurm am Herzen nagen. Aecht — oder gar nicht! — So lebe ich denn auch, trotz meinen Pariser Enthusiasten, in grosser und vollständiger Stille fort. Fast den ganzen Tag, und namentlich alle Abende, bin ich allein zu Haus. Diesen Monat habe ich noch meine Einrichtung zu bestehen: ich habe mir doch da wieder viel auf den Hals geladen, und Alles eigentlich nur in der Sucht nach Arbeitsruhe. Aber mein Häuschen wird ganz hübsch werden. Liszt ist hier, dem will ich's morgen zeigen, damit er's Ihnen beschreiben kann. Die weiche Luft und die veränderte Lebensweise thun mir noch nicht wohl. Ich denke, ich werde nächstens einmal wieder reiten müssen. Fürchterlich viel Briefe habe ich immer wieder zu schreiben.

Meine besten bleiben aber im Kopfe stecken: das sind die an Sie. Da hätte ich immer allerhand, und doch eigentlich nur das alte Lied, das Sie schon oft hörten, und in dem sich gar nichts ändern will. Mit Plutarch's grossen Männern geht mir's recht, wie Schiller (nicht ganz richtiger Weise) es mit Winkelried ging. Da lässt sich doch eher sagen, ich danke Gott, nicht mit diesen zusammen zu gehören. Hässliche, kleine, gewaltsame Naturen, unersättlich — weil sie so gar nichts in sich haben, und deshalb immer nur von Aussen in sich hineinfressen müssen. Gehe man mir mit diesen grossen Männern! Da lobe ich mir Schopenhauers Wort: nicht der Welteroberer, sondern der Weltüberwinder ist der Bewunderung werth! Gott soll mir diese „gewaltigen" Naturen, diese Napoleone etc. vom Halse halten. — Und was macht Eddamüller?[1]) Haben Sie den armen Heinrich? Sind Sie mir böse? Oder haben Sie mich noch ein wenig lieb? Sagen Sie mir doch das! Und grüssen Sie den Vetter, — und leben Sie wohl! Tausend Grüsse!

Ihr

R. W.

Am 15. d. M. wohne ich 16 Rue Newton, Champs Elysées.

93.
Paris, 21. Oct. 59.

Ihr Brief, Freundin, ward von mir vorgefunden, als ich gestern, um die erste Nacht darin zu schlafen, in meine neue Wohnung zog. Die schöne, aesthetische Ruhe in Ihren Mittheilungen that mir sehr wohl, wenngleich sie mich fast beschämte.

Lassen Sie mich jetzt einige Zeit schweigen: es ist

---

[1]) Professor Ettmüller in Zürich, Germanist, Herausgeber und Übersetzer der Eddalieder.

die einzige Weihe, die ich mir jetzt geben kann; ich weiss, was mein Schweigen werth sein kann. Vertrauen Sie ihm! —

Beim Tristan soll ich Sie nicht haben! Wie wird das möglich sein? — Lassen Sie mich Sie recht wohl und ruhig auf der glücklichen Insel wissen. —

Wenn ich Ihnen wieder schreibe, soll's besser stehen. Im Uebrigen bin ich allein, sehe Niemand, und habe nur mit den Arbeitern — leider!! — zu thun. Ich — richte mich wieder einmal ein! —

Grüssen Sie Wesendonk herzlich. Dank und Treue!

Ihr

R. W.

94.   Paris, 23. Oct. 59.

Mein theures Kind!

Der Meister hat seit der vorjährigen Allerseelen-Nacht nun einmal wieder den Tod gesehen: diesmal als freundlichen Wohlthäter.

Vor einiger Zeit suchte ich Berlioz auf. Ich traf ihn soeben zu sich nach Hause kommend in einem jammervollen Gesundheitszustande; er hatte sich soeben electrisiren lassen, als letztes Mittel gegen seinen leidenden Nervenzustand. Er schilderte mir seine Qualen, die mit dem Erwachen beginnend immer wachsend sich seiner bemächtigen: ich erkannte ganz meine eigenen Leiden, und die Quelle, aus der sie sich endlich bis zum Uebermaass nähren, worunter ich namentlich die jedem andren Menschen völlig fremden unglaublichen nervösen Anstrengungen beim Dirigiren oder sonstigem leidenschaftlichen Vortrage rechne. Ich wusste, dass ich noch leidender als Berlioz selbst sein würde, wenn ich nicht nur so sehr selten noch mich jenen Anstrengungen aussetzte, denn ich fühle, dass sie schon jetzt immer zerstörender auf mich wirken. Bei Berlioz ist leider bereits der Magen

auf das Aeusserste affizirt; und — so trivial es klingt —
so hat doch Schopenhauer sehr recht, wenn er als phy-
siologisches Erforderniss für das Genie unter andern
namentlich auch einen guten Magen nennt. Durch meine
ausserordentliche Mässigkeit habe ich dieses Requisit mir
meistens in dienlichem Zustande erhalten. Doch sah ich
in Berlioz' Leiden die wahrscheinlich auch mir bestimmten
voraus, und verliess den Armen überhaupt in schauriger
Stimmung.

Meinen Franzosen hatte ich noch den Tannhäuser
zur Hälfte zum Besten zu geben. Die Anstrengung war
gross, die moralisch bittre Affection dabei vorherrschend;
andren Tages ein kleiner Diätfehler (1 Glas Rothwein zur
Bouillon beim zweiten Frühstück), und bald darauf eine
wahre Katastrophe, die mich plötzlich ganz darnieder
warf. Wie ich so in vollster Schwäche ausgestreckt lag,
am eigentlichen Mark des körperlichen Centrum's angegriffen, da ward mir plötzlich himmlisch wohl. Fort
war aller Aerger, jeder Kummer, jede Sorge, jedes Wollen
und Müssen: vollkommenster Einklang meiner tief innersten
Stimmung mit meinem physischen Zustande: Schweigen
alles Lebensaffectes: Ruhe, vollständiges Fahrenlassen des
krampfhaft gehaltenen Lebenszügels. —

Zwei Stunden genoss ich dieses grosse Glück. Dann
belebte es sich wieder: die Nerven zuckten wieder;
Schmerz, Bedürftigkeit, Verlangen, Wollen stellten sich
wieder ein; Unbehagen, Mangel — Zukunft standen wieder
da. Und ich erwachte so allmählich wieder vollkommen,
bis zur Sorge für meine neue — Einrichtung. —

So ist's: ich richte mich wieder einmal ein — ohne
Glauben, ohne Liebe und Hoffnung, auf dem bodenlosen
Grunde traumhafter Gleichgültigkeit! —

So lasst's denn geschehen! Man gehört nicht sich,
und wer es vermeint, der wähnt es eben nur. —

Ich bin noch nicht wieder ganz wohl, (was man so
wohl nennt!) — doch will ich Ihnen noch eine neueste
Nachricht geben. Das dramatische Idyll in Karlsruhe ist

vollständig zu Ende und aufgegeben,[1]) Devrient selbst hat mich der Pein überhoben, seine Sängerin meinerseits refüsiren zu müssen; sie selbst hat erklärt, der Isolde nicht gewachsen zu sein. Das mag denn nun gut sein. Jedenfalls ist das ganze Tristanabenteuer auf längere Zeit hinausgeschoben, und die Thüre für andre sich herandrängende Glücksfälle steht nun weit wieder offen. Verträumen Sie die Zeit schön in Sicilien: Sie werden darüber nichts versäumen. Was wünsche ich Ihnen von ganzem, tiefstem Herzen Milde, Wärme, Stärkung, Genesung! Ihr Plan ist vortrefflich, und Vetter Wesendonk soll dafür gepriesen und gelobt sein. —

Der grüne Hügel ist angekommen: — warum mir jetzt diess stille Bild der Unschuld und der Ruhe!! —

Adieu, für heute! Bald hört Ihr mehr!

Tausend Grüsse der Freundin!

R. W.

95.

Paris, 29. Oct. 59.

Einer Eigenschaft, die ich mir in meiner Kunst erworben, werde ich mir jetzt immer deutlicher bewusst, da sie auch für das Leben mich bestimmt. In meiner Natur liegt es ursprünglich, schnell und stark in den Extremen der Stimmung zu wechseln: die höchsten Spannungen können fast kaum auch anders, als nah sich berühren; darin liegt oft sogar die Rettung des Lebens. Im Grunde hat auch die wahre Kunst keine andren Vorwürfe, als diese höchsten Stimmungen in ihrem äussersten Verhalten zu einander zu zeigen: das, worauf es hier einzig ankommen kann, die wichtige Entscheidung, gewinnt sich ja nur aus diesen äussersten Gegensätzen. Für die Kunst entsteht aus der materiellen Verwendung dieser Extremitäten leicht aber eine verderbliche Manier, die bis zum Haschen nach äusserlichen Effecten sich verderben kann.

---

[1]) Glasenapp II, 2, 225 f. und die Anmerkung zu Brief 92, S. 183.

Hierin sah ich namentlich die neuere französische Schule, mit Victor Hugo an der Spitze, befangen . . . . Ich erkenne nun, dass das besondere Gewebe meiner Musik (natürlich immer im genauesten Zusammenhang mit der dichterischen Anlage), was meine Freunde jetzt als so neu und bedeutend betrachten, seine Fügung namentlich dem äusserst empfindlichen Gefühle verdankt, welches mich auf Vermittelung und innige Verbindung aller Momente des Ueberganges der äussersten Stimmungen ineinander hinweist. Meine feinste und tiefste Kunst möchte ich jetzt die Kunst des Ueberganges nennen, denn mein ganzes Kunstgewebe besteht aus solchen Uebergängen: das Schroffe und Jähe ist mir zuwider geworden; es ist oft unumgänglich und nöthig, aber auch dann darf es nicht eintreten, ohne dass die Stimmung auf den plötzlichen Uebergang so bestimmt vorbereitet war, dass sie diesen von selbst forderte. Mein grösstes Meisterstück in der Kunst des feinsten allmählichsten Ueberganges ist gewiss die grosse Scene des zweiten Actes von Tristan und Isolde. Der Anfang dieser Scene bietet das überströmendste Leben in seinen allerheftigsten Affecten, — der Schluss das weihevollste, innigste Todesverlangen. Das sind die Pfeiler: nun sehen Sie einmal, Kind, wie ich diese Pfeiler verbunden habe, wie sich das vom einen zum andern hinüberleitet! Das ist denn nun auch das Geheimniss meiner musikalischen Form, von der ich kühn behaupte, dass sie in solcher Uebereinstimmung und jedes Détail umfassenden klaren Ausdehnung noch nie auch nur geahnt worden ist. Wenn Sie wüssten, wie hier jenes leitende Gefühl mir musikalische Erfindungen — für Rhythmus, harmonische und melodische Entwickelung eingegeben hat, auf die ich früher nie verfallen konnte, so würden Sie recht inne werden, wie auch in den speziellsten Zweigen der Kunst sich nichts Wahres erfinden lässt, wenn es nicht aus solchen grossen Hauptmotiven kommt. — Das ist nun die Kunst! Aber diese Kunst hängt sehr mit dem Leben bei mir zusammen.

Meinem Character werden extreme Stimmungen in starkem Conflict wohl immer eigen bleiben müssen: aber es ist mir peinlich, ihre Wirkungen auf Andre ermessen zu müssen. Verstanden zu werden, ist so unerlässlich wichtig. Wie nun in der Kunst die äussersten, grossen Lebensstimmungen zum Verständniss gebracht werden sollen, die eigentlich dem allgemeinen Menschenleben (ausser in seltenen Kriegs- und Revolutionsepochen) unbekannt bleiben, so ist diess Verständniss eben nur durch die bestimmteste und zwingendste Motivirung der Uebergänge zu erreichen, und mein ganzes Kunstwerk besteht eben darin, durch diese Motivirung die nöthige, willige Gefühlsstimmung hervorzubringen. Mir ist nun nichts schrecklicher gewesen, als wenn hier in der Aufführung meiner Opern Sprünge vorgenommen wurden, wie z. B. im Tannhäuser, wo ich zuerst mit steigendem Gefühl von dieser schönen, überzeugenden Nothwendigkeit des Ueberganges verfuhr, und zwischen dem Ausbruch des Entsetzens nach Tannhäusers grauenhaftem Bekenntniss und der Andacht, mit welcher endlich Elisabeths Fürbitte gehört wird, einen (auch musikalisch) sehr bedeutungsvoll motivirten Uebergang ausführte, auf den ich von je stolz war, und der seine überzeugende Wirkung nie verfehlte. Sie denken leicht, wie mir zu Muthe war, wenn ich erfuhr, dass man hierin (wie in Berlin) Längen sah, und einen wesentlichsten Theil meines Kunstwerkes gerades weges herausstrich? —

So geht mir's in der Kunst. Und wie im Leben? Waren Sie nicht oft Zeuge, wie man mein Wort anmaassend, lästig, nicht enden wollend fand, wenn ich, von ganz gleichem Triebe geleitet, nichts andres wollte, als aus der Aufregung, oder nach einer ungewöhnlichen Aeusserung, zu einem versöhnenden bewussten Verständniss überleiten? —

Entsinnen Sie sich noch des letzten Abends mit Semper? Ich hatte plötzlich meine Ruhe verlassen und meinen Gegner durch einen stark accentuirten Angriff verletzt. Kaum war mir das Wort entflogen, als ich sogleich innerlich abgekühlt war, und nur noch die — eben von mir gefühlte — Nothwendigkeit begriff, zu versöhnen, und dem Gespräch wieder die schickliche Fassung zu geben. Zugleich aber leitete mich das bestimmte Gefühl davon, dass diess nicht durch ein plötzliches Verstummen, sondern nur durch ein allmähliches, bewusstes Ueberleiten verständlich geschehen konnte; ich entsinne mich, selbst als ich noch stark und meiner Meinung angemessen sprach, das Gespräch bereits nur noch mit einem gewissen künstlerischen Bewusstsein geführt zu haben, das, wenn man mich meiner Absicht nach gewähren lassen haben würde, ganz bestimmt zu einem intellectuell wie moralisch versöhnenden Schlusse geführt und als Verständigung und Beschwichtigung zugleich geendet haben würde. Ich gebe nun zu, dass ich hier zu viel verlange, weil, wenn der eigentliche Affect einmal angeregt ist, jeder nur noch Recht behalten, und lieber beleidigt gelten, als zur Verständigung gebracht sein will. Ich habe mir denn auch bei dieser, wie bei vielen andren Gelegenheiten nur den Vorwurf und die Abweisung der Selbstgefälligkeit im Sprechen zugezogen. Selbst Sie wurden, glaube ich, an jenem Abend einen Augenblick irre, und fürchteten, mein fortgesetztes, anfänglich noch starkes Sprechen, rühre von noch andauernder Aufregung her: und doch entsinne ich mich auch, dass ich Ihnen, sehr ruhig, erwiderte: „lassen Sie mich nur wieder zurückleiten, das kann doch nicht so schnell gehen!" —

Glauben Sie wohl, dass solche Erfahrungen etwas sehr schmerzliches für mich haben? — Wahrlich, ich bin menschenfreundlich, und es ist kein scheuer, egoistischer Trieb, der mich immer mehr aus jeder Gesellschaft forttreibt. Es ist nicht verletzte Eitelkeit, wenn ich gegen die Vorwürfe zu anhaltenden Sprechens empfindlich bin, sondern das traurige Gefühl — was kannst Du den Menschen sein, was können sie Dir sein, wenn es sich in Eurem Verkehr nicht darum handelt, Verständniss zu er-

191

zielen, sondern eben nur seine Meinung unverändert zu behalten? Ueber Gegenstände, die mir fremd sind, von denen ich weder Erfahrung, noch ein sichres Gefühl habe, verbreite ich mich gewiss nie anders, als um (mich) belehren zu lassen: aber wenn ich fühle, dass ich über einen mir vertrauten Gegenstand etwas Vernünftiges und Zusammenhängendes mitzutheilen habe, mir die Entwickelung meiner Ansicht im Zusammenhang durchreissen zu lassen, nur um dem Anderen den Anschein zu lassen, als ob auch er mit der entgegengesetzten Meinung Recht haben könnte, das macht doch wirklich jedes Wort unnütz, das irgend in Gesellschaft überhaupt gesprochen werden könnte. Ich lehne jetzt jede eigentliche Gesellschaft ab, und — fühle mich wirklich wohler dabei.

Aber da rede ich auch heute vielleicht wieder zu viel, und bringe zu viel in Zusammenhang, was auseinander bleiben könnte? — Verstehen Sie mich, wenn auch diesmal gegen Sie mein Gefühl mich zum „Uebergang" — zur Ueberleitung drängt, wenn ich die schroffen Enden meiner Stimmungen zu vermitteln suche, und nicht plötzlich schweigen will, um Ihnen plötzlich einmal zu sagen, dass ich ruhig und heiter sei? Würde Ihnen diess natürlich vorkommen können? Nein! Folgen Sie auch heute den Weg, den ich Ihre Theilnahme führen möchte, um bei einem beruhigteren Gefühle über mich anzukommen! Es kann meinem Herzen nichts schmerzlicher sein, als eine quälende Theilnahme zu erwecken: ist mir es entflohen, so gönnen Sie mir die schöne Freiheit, allmählich und sanft zu beruhigen. Es ist bei mir Alles so sehr im Zusammenhang verkettet: das hat seine üblen Nachtheile, denn es macht, dass gemeine und (unter Umständen) leicht zu hebende Bedrängnisse oft einen übermässigen Einfluss auf mich ausüben können; doch hat es auch wieder den Vortheil, dass ich aus demselben Zusammenhange die Mittel zur Beruhigung gewinne; wie Alles nach meiner letzten Lebensaufgabe, meiner Kunst, hinströmt, fliesst aus dieser endlich auch der klare Quell zurück,

der meine dorrenden Lebenspfade erfrischt. Ich durfte
heute, durch den herzlichen Wunsch, beruhigend und
vermittelnd auf Ihre theilnehmende Empfindung zu wirken,
mich der höchsten künstlerischen Eigenschaft mir bewusst
machen, die ich in meinen neuen Werken immer er-
spriesslicher entwickelt finde, und durfte so, wie von dem
Heiligthume meiner Kunst aus zu Ihnen sprechen, ohne
den mindesten Zwang, ohne den mindesten freundlichen
Trug selbst, ganz wahr und unverstellt. —

So klärt sich mir denn auch meine ganze Lage allmählich nach einem bestimmten Ausgange hin ab, der ja
einer Seite der Welt zugekehrt ist, von wo Freundschaft
und edler Wille beruhigend auf mich wirken können. Es
wird sich Alles einrichten lassen, und bin ich erst wieder
ganz zur Ruhe, ist mir völlige Zuflucht zu meiner Kunst,
zu meinem Schaffen wieder ermöglicht, so verliert bald
Alles wieder seine störende Macht auf mein Gemüth: ich
blicke dann ruhig nach Aussen, und, wenn ich am Wenigsten
nach dort mich bemühe, kommt mir am Ehesten wohl
auch von daher, was ich willkommen zu heissen habe. —
Und so — Geduld! —

Aus meinen Büchern griff ich unsren lieben Schiller
heraus. Ich las gestern die Jungfrau, und war so musikalisch gestimmt, dass ich namentlich das Stillschweigen
Johanna's, als sie öffentlich angeklagt wird, vortrefflich
mit Tönen ausfüllen konnte: ihre Schuld, — die wunderbare. — Heute hat mich eine Rede des Posa (am Schluss
des zweiten Actes) über die Unschuld und Tugend wirklich in Erstaunen gesetzt wegen der unglaublichen Schönheit der poetischen Diction. Wie leid thut es mir, einer
Aufforderung, die mir kürzlich vom Comité der Schiller-
feier in Berlin zuging (einen Gesang dazu zu schreiben)
nicht entsprechen zu können. Beklagen Sie mich, aber
freuen Sie sich auch, wenn ich Ihnen sage, dass ich
diesen Brief heute unter zahllosen Unterbrechungen der
Arbeiter, unter Hämmern und Pochen der Tapezierer,
des Instrumentenmachers, der Holzscheiter u. s. w. zu

Stande gebracht habe. Bald hätte ich vielleicht Musse gehabt, einen Schillergesang zu Stande zu bringen: doch ist die Frist zu kurz, und noch hat die Muse keinen Raum in meinem Häuschen. —

Leben Sie wohl! Seien Sie mir gut und vertrauen Sie! Es wird noch eine Zeit lang Alles zu ertragen sein! Tausend Grüsse und herzliche Wünsche!

R. W.

96.
Paris, 11. Nov. 59.
Mein theures Kind!

Sie machen mir grosse Freude! Gestern wollte ich endlich — so war ich abgehalten! — Ihnen mit dem Brief an Wesendonk schreiben, um Ihnen zu sagen, wie sehr mich Ihr letzter Brief gefreut: abermals unterbrochen kam noch der heutige Morgen heran, der mir auch die Schiller'sche Dithyrambe brachte. Diese habe ich nie so gut verstanden wie heute: Sie lehren mich immer neue Schönheiten sehen. Wie froh ersehe ich aus dem Allen, dass Sie wieder genesen sind! —

Auch ich genese nun langsam wieder, und zwar — ich sage es jetzt — von einer schweren Krankheit. Vor 10 Jahren litt ich — ebenfalls in Paris — an heftigen Rheumatismen; der Arzt rieth mir besonders, durch Ableitung nach aussen Alles daran zu wenden, damit die Angriffe sich nicht nach dem Herzen zu verlören. So zogen sich jetzt alle Leiden meines Lebens zusammen und drohten nach dem Herzen zu ihren letzten Ausgang zu nehmen. Ich glaubte wirklich diesmal zu erliegen. Doch soll nun noch einmal Alles nach Aussen zu getrieben werden: ich will suchen, durch irgend welche edel zerstreuende Activität den Drang nach dem Herzen abzuwenden. Ihr steht mir bei? Nicht wahr, Ihr Guten?—

Die erste gute Nachricht kam mir von mir selbst. Die Correcturen des dritten Actes von Tristan trafen plötzlich ein. Wie mich der Blick in diese letzte voll-

194

endete Arbeit belebte, stärkte, erfüllte und — begeisterte,
das mögen Sie mit mir fühlen. Diese Freude kann doch
kaum ein Vater beim Anblick seines Kindes empfinden!
Durch einen Strom von Thränen — warum die Schwäche
leugnen? — rief es mir zu: nein! Du sollst noch nicht
enden; Du musst noch vollenden! Wer soeben erst
noch so etwas schuf, der ist noch voll bis zum Ueber-
strömen! —

Und so sei es denn! —

Nun freute mich auch Ihr Brief so sehr, und nichts
mehr darin, als wenn ich das so sehr verständig gewordene Kind sich doch manchmal über mich in einem
kleinen Irrthum sich verlaufen sehe. Dann sage ich mir:
sie wird noch die Freude haben, auch hierüber sich noch
ganz klar zu werden; z. B. dass, wenn ich über Politik
disputire, dabei etwas ganz andres vor Augen habe, als
das scheinbare Thema u. s. w. Wie gern habe ich aber
Unrecht, wenn ich mit Ihnen streite: ich lerne immer
etwas Neues dabei. —

Dann kam denn ein sehr wehmüthiges Geschäft der
Liebe über mich. Plötzlich erfahre ich von der Todes-
krankheit meines lieben väterlichen Fischer in Dresden.
Sie entsinnen sich, dass ich Ihnen öfter von seiner
wunderbaren Treue und Ergebenheit erzählte. Eine —
Herzkrankheit brachte den Greis endlich dem Tode nahe:
als meine Frau zu ihm eintritt, ringt er, unter den schreck-
lichsten Herzkrämpfen, den jammernden Ausruf hervor:
„O, Richard! Richard hat mich vergessen und bei Seite
geworfen!" Ich hatte ihn diesen Sommer in Luzern erwartet, und dann nicht wieder geschrieben. Sogleich
schrieb ich ihm nun. Dann erhalte ich seine Todes-
nachricht, meinen Brief hat er nicht mehr sich lesen
lassen können.

Nun habe ich in diesen Tagen einen Nachruf[1]) an
den Lieben aufgesetzt: sobald ich ein Exemplar davon

---

[1]) Ges. Schriften 5, 133.

zurückhabe, schicke ich es Ihnen! — Das war denn auch eine Beschäftigung! —

Und die Arbeiter habe ich noch immer nicht aus dem Hause: diese Pariser sind zu Hause nicht anders als bei Ihnen. Endlich erst ist meine kleine Etage in Ordnung. Sie würden, träten Sie da ein, fast glauben, Sie träfen mich noch im Asyl. Dieselben Möbles, der alte Schreibtisch, dieselben grünen Tapeten: Gravüren, Alles — wie Sie es kennen. Nur sind die Zimmer noch kleiner, und ich musste eintheilen: mein kleiner Salon enthält den Erard, das grüne Kanapée mit den beiden Fauteuils, die im Theezimmer standen; an der Wand der Kaulbach, Cornelius und die beiden Murillo's.[1]) Daneben ein kleines Cabinet mit Bücherschrank, Arbeitstisch und der wohlbekannten Causeuse (Luzerner Angedenkens). Mein Schlafzimmer habe ich mir mit einfarbigem blass violettem Papier auslegen lassen, darin ich wenige grüne Streifen zur Einrahmung habe: die Madonna della Sedia bildet den Schmuck. Ein ganz kleines Cabinetchen daneben ist zum Badezimmer hergerichtet. Das wäre denn nun zum letztenmal häuslich Fuss gefasst. Sie wissen, ich kann halten, was ich sehr ernst beschliesse: nun —: nie, nie wieder „richte" ich mich ein! Gott weiss, was dieser letzten Niederlassung ihr Ende geben wird: aber ich weiss, es wird auch mit ihr ein Ende nehmen, ehe ich sterbe: aber das weiss ich, dass ich dann kein Nest mir wieder herrichte, sondern gänzlich besitzlos erharren will, wo man mir endlich die Augen zudrücken wird. —

Diesmal kam mir endlich doch wieder der lächerliche Eifer, Alles so schnell wie möglich herzurichten, damit ich noch einmal Ruhe fände: ich übernehme mich dann, nicht aus Freude an der Sache, sondern um schnell in dem beabsichtigten Zustand anzukommen, in welchem dann gewisse Bedürfnisse, oft bis in's kleinliche befriedigt, nicht mehr störend auf mich wirken sollen. So

---

[1]) Vgl. Brief an Otto Wesendonk bei Heintz S. 34.

muss es sein: denn anders kann ich mir sonst diesen lächerlichen Eifer nicht erklären, mit dem ich eine Zeit so etwas betreibe, da ich doch andrerseits weiss, wie wenig ich an alledem hafte, und wie rücksichtslos ich Alles wieder hinter mir werfen kann. Ja, lachen Sie nur! Ich lass' mir's noch einmal gefallen. —

Vor einigen Tagen lud man mich in eine musikalische Soirée, wo Sonaten, Trio's etc. aus Beethovens letzter Periode gespielt wurden. Die Auffassung und Ausführung verstimmten mich sehr, und sobald soll man mich nicht wieder fangen. Doch hatte ich einige Erlebnisse. Ich setzte mich neben Berlioz, der mir alsbald den neben ihm sitzenden Componisten Gounod — einen liebenswürdig aussehenden, redlich strebenden, aber wohl nicht sehr hoch begabten Künstler — vorstellte. Kaum war es nun bekannt, dass ich da war: so drängte es sich von allen Seiten an Berlioz, um mir durch ihn vorgestellt zu werden; sonderbarer Weise lauter Enthusiasten für mich, die meine Partituren studiert haben, ohne deutsch zu verstehen. Ich werde oft ganz confus dadurch. Ich fürchte nun manche Visite, und muss etwas auf meiner Hut sein. Die junge Charnacé habe ich bisher schändlich vernachlässigt. Besinnung habe ich — Paris gegenüber — noch nicht. Doch habe ich im Ganzen Lust, etwas zu unternehmen, rein um — die „Rheumatismen" nach Aussen abzuleiten.

Liszt's Zigeuner-Musik lese ich. Etwas zu schwülstig und phrasenhaft:[1]) doch hat mir die starke Vorführung der Zigeuner-Natur (unverkennbar die Tschandala's Indiens) Prakriti (oder Sawitri) wieder lebhaft vorgeführt. Darüber ein ander Mal! —

Und nun für heute — tausend Dank! Ach! Was sage ich Alles damit!! Bald plaudre ich wieder mit dem Kind! —

R. W.

---

[1]) Liszt hatte eine Vorrede zu den ungarischen Rhapsodien geschrieben. Fürstin Wittgenstein entwickelte diese Einleitung zu einem Buche.

97.

· Wie grosse Freude haben Sie mir wieder gemacht, Freundin! Glauben Sie, dürfte ich mich nur aus dem Spiegel erkennen, den die Welt und alle meine Freunde darin mir zeigen, ich müsste bald mit Abscheu mich von jedem Umschauen zurückwenden. Ich kann auch mit Niemand ganz offen und wahr sein: es bleiben überall Flecken und blinde Stellen, wo ich nicht weiss, wie ergänzen? Antworten nun Sie mir einmal, wie nobel komm' ich mir dann vor; Alles, und ich selbst dünkt mir dann edel: ich weiss mich geborgen. Kinder, dass wir D r e i sind, ist doch etwas wunderbar Grosses! Es ist unvergleichlich, mein und Euer grösster Triumph! Wir stehen unbegreiflich hoch über der Menschheit, unbegreiflich hoch! Das Edelste musste einmal Wahrheit werden: und das Wahre ist so unbegreiflich, weil es so ganz für sich ist. Geniessen wir diess hohe Glück: es hat keinen Nutzen, und ist zu nichts da — nur genossen kann es werden, und nur von denen, die selbst es sich sind. —

Nun seien Sie schön willkommen auf französischem Boden: hier tritt Ihnen der Dichter der Nibelungen entgegen, und reicht Ihnen die Hand. Ich begrüsse Sie sehr freudig auf der Wanderung nach Italien; Sie gehen einer Wohlthat, die ich nicht geniessen soll, entgegen, und die ich Ihnen deshalb doppelt gönne. Geniessen Sie den milden Himmel, das poetische Land, das lebendige Vergangene für mich mit, und seien Sie so dadurch zwiefach erfreut. Wie unglaublich gern wäre ich bei Euch! —

Mir bleibt jetzt nichts übrig, als einen endlichen energischen Versuch zu machen, ein ewiges Lebenshinderniss für mich ein für allemal zu beseitigen. So verwüstet und verwirthschaftet meine Lebensverhältnisse sind, habe ich doch eingesehen, dass Vieles sich darin erträglich und annehmbar gestalten kann, wenn ich mich mit den nöthigen äusseren Mitteln versehen kann, um jeder Zeit über meine Lebensweise, mein Vorhaben, Thun

und Lassen nach Bedürfniss und Gutdünken verfügen zu
können, ohne immer und ewig in dem einen Punkte gehemmt zu sein, der nun einmal einzig heut' zu Tage
Freiheit giebt, und dessen Erledigung von unsrem Thun
und Lassen alles Bedenkliche abstreift. Ich habe das jetzt
wieder stärker wie je — und eigentlich war es doch
immer so — erfahren, dass ich jedes Misslingen, jede
Enttäuschung, jedes Verschliessen aller Aussicht, Alles —
Alles mit grosser, verächtlicher Gleichgültigkeit ertragen
kann, jene von mir gemeinten Plagen mich aber wüthend
ungeduldig machen. Alles verachten, durch nichts vom
inneren Quelle abgelenkt zu werden,· jeder Anerkennung,
jedem Erfolge, selbst der Möglichkeit der Selbstaufführung
meiner Werke entsagen können, aber zähneknirschend
meine Füsse an dem Knüppel wund schlagen zu müssen,
der meinem ruhigen abgeschiedenen Gange vom Schicksal zwischen die Beine geworfen wird, das — kann ich
nun einmal nicht ändern, ich bin und bleibe in der
äussersten Empfindlichkeit dagegen, und — da ich nun
einmal so bin, und — so lange ich überhaupt aushalten
soll — nichts an mir hierin ändern kann, so setze ich
nun einmal, wie in äusserster Ungeduld, Alles daran, um
mir diesen Knüppel ein für allemal aus dem Weg zu
räumen. — Glücklicherweise kann ich mir gerade jetzt
weiss machen, es stimme vollständig zu meiner inneren
Lage, mich eine Zeitlang ausschliesslich nach Aussen zu
wenden. Wahrscheinlich lassen Sie sich nicht ganz dadurch täuschen, und wenn Sie annehmen sollten, ich
könnte es unbedenklich vorziehen, in einer angenehmen
Abgeschiedenheit, in trauter Umgebung, wie z. B. bei
Euch, meine innere Sammlung zu pflegen, und — schliesslich gleichgültig gegen ihre äusseren Schicksale — immer
wieder dem Schaffen neuer Werke mich hingeben, so
lassen Sie sich gesagt sein, dass Sie ganz richtig annehmen, (doch das so ganz unter uns! versteht sich!)
Aber, wie gesagt, ich glaube, es wird mir jetzt möglich
werden, das Andre mir weiss zu machen; und dazu tragen

sehr viel, ja fast entscheidend viel, meine neuesten Relationen mit meiner ganzen sogenannten deutschen Freundschaftswelt bei. Es ist wirklich unglaublich, wie es damit steht, so unglaublich, dass ich's Ihnen gern verschweige, weil Sie es am Ende eben nicht glauben würden. So bin ich z. B. überzeugt, dass Sie mich der Uebertreibung und falschen Auffassung zeihen würden, wenn ich Ihnen deutlich machen wollte, wie wirklich feindselig, und mindestens vollständig gewissenlos dieser Ed. Devrient an mir gehandelt hat: nur das sage ich Ihnen, dass ich lange darauf vorbereitet war, und schliesslich nicht mehr durch das letzte Innewerden überrascht wurde. Gern entschuldige ich ihn aber: jeder hat sein Steckenpferd, und das seinige ist ein wohlgeregeltes normales Theaterinstitut, ohne Ausschweifungen in das Gebiet, das nicht alltäglich betreten werden dürfte. In diesem Sinne war er instinctmässig stets gegen meine Werke, und nur die enthusiastische Forderung der jungen Grossherzogin trieb ihn — kopfschüttelnd und halb mürrisch — vorwärts damit. Jetzt hat er nun gesiegt. Er sagt offen: ich sei bis an's Unmögliche gelangt. — Ob das junge enthusiastische Frauenherz dem erfahrenen, besonnenen Manne — wenn Sie wollen, dem „weisen Manne" — nun nicht erschüttert und in sich gehend gegenüberstehen wird? Was meinen Sie? Der junge Grossherzog wird's gewiss. —

Sehen Sie, Kind, diess und Aehnliches ist es nun aber, was meine alte Kampflust wieder ein wenig aufreizt: thörig bin ich, aber — schon dass ich lebe, ist eine Thorheit; das müssen Sie zugeben. Mich könnte schon das Unmögliche reizen; und dass ich mich z. B. hier mit Paris einlasse, hat mir am meisten lange für unmöglich gegolten. Doch habe ich für das Unmögliche einen ganz besonderen Messer, und dieser zeigt bei mir nach Innen: ob ich es durchführe, werde ich einzig aus meiner Stimmung, aus meiner Neigung zur Ausdauer erfahren, und unmöglich wird mich daher dasjenige dünken, wozu ich endlich die Lust verliere. Damit kann es leicht gehen; der Ekel hat bei mir eine furchtbare Macht und ist, zeigt er sich einmal deutlich, unüberwindlich. Gegen diesen kämpfe ich daher nicht und ihm gehört das Urtheil über das mir Mögliche an. Ich spüre ihn oft, und er wirft mich dann auf elende Tage darnieder. Dann stillt ihn wieder dieses oder jenes verwundernde Entgegenkommen, Theilnahme, keimendes Verständniss, wo ich sie nie ver- hofft: dann webt sich Maja's Schleier wieder dicht, ein blitzgleicher Augenblick voller ausgestrahlter Wahrheit steht vor mir; Hindernisse reizen, Wagnisse befeuern — und — wir wollen sehen, wer auf dem Platze bleibt, der Ekel oder — die Streitlust? — Ich kann's noch nicht bestimmen. Wäre ich aber einer jener Glücklichen, denen das Schicksal Gold und Silber mitgab, als es ihm Stolz und Talent gab, so würde ich jetzt am allerliebsten auf 2 schöne Monate zu Ihnen nach Rom kommen. Das weiss ich. Nun geht Ihr Kinder hübsch allein: ich will sehen, wie ich mein Schicksal zwinge; dann komme ich auch einmal mit. Glück auf die Reise! Tausend schöne, innige Grüsse! —

R. W.

98.   Paris, 19. Dez. 59.

Bestes Geburtstagskind!

Komme ich recht? Ist heut' grade der 23ste? Wohl stimmt vielleicht der Tag, aber das Geschenk? Was sollte ich dem Kinde schenken? Ich bin jetzt so arm! Meine Gabenquelle ist so ganz versiecht. Wie das sein mag, guter Einfälle sich erfreuen, sie zu Papier bringen, mit- zutheilen, — es ist mir, als ob ich das schon lange nicht mehr wüsste! — Nur so als letzter Abschluss meines letzten (?) Werkes konnte mir noch etwas einfallen, und diess ist auch wahrlich kein schlechter Gedanke gewesen. Hören Sie, wie es damit ging. —

Sie wissen, Hans wollte vorigen Winter das Vorspiel zu Tristan aufführen, und bat mich, einen Schluss dazu zu machen. Mir wäre damals nichts eingefallen: es schien mir so unmöglich, dass ich es gradesweges abwies. Seitdem habe ich denn nun den dritten Act geschrieben und den vollen Schluss des Ganzen gefunden: diesen Schluss als dämmernde Ahnung der Erlösung im Voraus zu zeigen, fiel mir nun ein, als ich ein Programm zu einem Conzert in Paris entwarf, das mich besonders deshalb reizte, weil ich mir darin das Tristan-Vorspiel zu Gehör bringen wollte. Das ist denn nun ganz vortrefflich gelungen, und diesen geheimnissvoll beruhigenden Schluss[1]) schicke ich Ihnen heute zum Geburtstag als Bestes, was ich geben kann. Ich habe das Stück Ihnen so aufgeschrieben, wie ich es mir ungefähr auf dem Klaviere vorspiele: einige böse Griffe kommen darin vor, und ich denke mir, Sie werden sich einen römischen Baumgartner suchen müssen, der Ihnen die Sache vorspielt, falls Sie es nicht lieber selbst mit ihm à quatre mains spielen, wobei Sie sich die rechte Hand für Ihre beiden Hände zurecht legen müssen. Nun sehen Sie, was Sie mit dem schwierigen Geschenke anfangen! — Besser werden Sie verstehen, was ich als Erläuterung des ganzen Vorspieles für mein Pariser Publikum aufgesetzt habe: das steht auf der andren Seite des kaligraphischen Specimen's. Epheu und Rebe werden Sie aber in der Musik wieder erkennen, namentlich wenn Sie's vom Orchester hören, wo Saiten- und Blasinstrumente mit einander abwechseln. Es wird sich recht schön machen. Ich denke, Mitte Januar höre ich's: dann will ich's für Sie mithören.

Und nun viele tausend herzliche Wünsche und Grüsse aus meinem kalten Paris, wo wir vor Schnee, Eis und Frost fast umkommen! Wie ist's bei Ihnen? Bewährt sich Rom? Lassen Sie bald hören! Ich bedarf der Nachricht von Ihnen! —

Leben Sie wohl! Seien Sie gesegnet und innig verehrt! —

Ihr   R. W.

---

[1]) Hierzu siehe Faksimile am Schluß des Buches.

99.

Freundin, ich lebe noch! Diess das merkwürdigste, was ich Ihnen zu Neujahr melden kann.

Weiss Gott, wie es kam, dass ich mir schmeichelte, heute einen Gruss von Ihnen zu haben. Unsre Briefe sind jedoch jetzt sehr langsam und unberechenbar. Aus dem Datum Ihres Briefes ersah ich zu meinem Bedauern, dass der meinige an Sie nicht am 23. Dec. eingetroffen sein wird. Einen Gegengruss darf ich mir somit auch heute nicht erwarten.

Froh aber bin ich, Sie und Euch Alle glücklich in Rom angekommen und gut geborgen zu wissen. Ihr Brief zeigt mir, dass ich Sie recht gut jetzt sich selbst überlassen kann. Sie haben die Augen aufgemacht und — schauen. Vielleicht hatten Sie das übersprungen. Sehen und schauen Sie für mich mit: ich habe es nöthig, dass es Jemand für mich thut, und Niemand lieber mag ich für mich schauen lassen, als Sie. Mit mir hat es da eine eigene Bewandtniss: das habe ich wiederholt, und endlich am Bestimmtesten in Italien kennen gelernt. Ich werde eine Zeitlang durch bedeutende Wirkung auf mein Auge ungemein lebhaft ergriffen: aber — es dauert nicht lange. Gewiss kommt das nicht daher, dass mein Auge unersättlich wäre; es scheint aber, dass es mir als Sinn der Wahrnehmung der Welt nicht genügt. Vielleicht geht es mir, wie es dem so augenseligen Göthe selbst widerfahren, als er im Faust ausrief: „Welch Schauspiel! Aber ach — ein Schauspiel nur!" —

Vielleicht käme dies daher, dass ich zu entschieden Ohrenmensch bin: doch grade ich lebe so lange Perioden ganz ohne alle und jede Nahrung für mein Gehör, dass auch das mir nicht das rechte dünken will. Es muss da einen unbeschreibbaren inneren Sinn geben, der ganz hell und thätig nur ist, wenn die nach aussen gewendeten Sinne etwa nur träumen. Wenn ich eigentlich nicht mehr deutlich sehe, noch auch höre, ist dieser Sinn am thätigsten, und er zeigt sich in seiner Function als productive Ruhe: ich kann's nicht anders nennen. Ob diese Ruhe mit der von Ihnen gemeinten plastischen Ruhe übereinstimmt, weiss ich nicht; nur weiss ich, dass jene Ruhe von innen nach aussen dringt, dass ich mit ihr im Centrum der Welt bin, während die sogenannte plastische Ruhe mir mehr nur wie von aussen bewirkte, formell thätige Beschwichtigung der inneren Unruhe erscheint. Befinde ich mich in dieser inneren Unruhe, so vermag kein Bild, kein plastisches Kunstwerk auf mich zu wirken: das prallt wie wesenloses Spielwerk ab. Erst der Blick darüber hinweg ersieht mir dann das, was mich beruhigt. Es ist diess auch der einzige Blick, der mich an andern sympathisch berührt, dieser Blick über die Welt hinaus: er ist ja auch der einzige, der die Welt versteht. So blickte Calderon: und wer hat das Leben, die Schönheit, die Blüthe wundervoller nachgedichtet als er? —

Göthe in Rom ist eine sehr erfreuliche und höchst bedeutende Erscheinung: was er da ausbeutete, kam Allen zu Gute und Schillern ersparte er dadurch entschieden das Selbstsehen; dieser konnte sich nun vortrefflich behelfen und seine edelsten Werke schaffen, während Göthe mit der Zeit seine Augenlust bis zur Grille verfolgte, so dass wir ihn am Ende mit wunderlicher Begier beim Münzensammeln ankommen sehen. Er war ein ganzer und vollkommener Augenmensch!

Lassen wir uns von ihm leiten, wo es zu sehen giebt: gewiss sind wir dann vortrefflich berathen. Und in Rom mussten Sie mit ihm gehen; mögen Sie an seiner Seite schöne anmuthige Ruhe sich über das Kinderauge senken fühlen. Sehen Sie für mich mit! Und lassen Sie mich immer so lieblich Bedeutendes hören, wie diess erste Mal! —

Von mir ist nicht viel zu sagen, Kind! Ein Mensch, der von Thüre zu Thüre läuft, um sich einen geeigneten Conzertsaal aufzuschliessen, darf Sie in Rom nichts angehen: er darf Ihnen nicht einmal sagen, wie ihm dabei zu Muth ist.

Grüssen Sie aber Otto schönstens von mir, und sagen Sie ihm, es würde sich bald wohl manches machen. Am ersten Mai denke ich meine deutsche Oper[1]) in der Salle Ventadour zu eröffenen: die besten deutschen Sänger acceptiren alle mit Enthusiasmus, Frau Ney, Mayer-Dustmann (Wien), Tichatscheck, Niemann u. s. w. haben, selbst mit Bereitwilligkeit zu finanziellen Opfern, zu meiner Fahne geschworen. Ich bin der Aussicht, bald Alles fest machen zu können. Zunächst dann Tannhäuser und Lohengrin, währenddem Studium des Tristan, der ungefähr vom 1. Juni bis 16. gespielt werden soll. So — muss ich mir zu helfen suchen. Römisch' aber klingt es nicht! —

Sie wissen, ich hatte im Sinne, eine Zeitlang mich jetzt einmal nur so äusserlich zu beschäftigen: ich bin nun dazu gezwungen worden, namentlich durch das Fehlschlagen des Tristan in Karlsruhe. All' mein jetziges Vorhaben gilt nur der Möglichkeit, mir den Tristan vorzuführen. Dann werde ich's wohl wieder fahren lassen. Weiteres habe ich nicht im Sinne. Ich hab' vorläufig genug an dem, was ich auf diesen Zweck verwende, und — wäre ich Göthe, so käme ich heute zu Euch nach Rom: seien Sie des versichert! —

Und nun ein schönes, helles, klares Jahr! Ich fühle mich ungemein froh, Sie in Rom, unter Italiens Himmel zu wissen! Tausend herzliche Grüsse an Otto und die Kinder!

Mit treuer Liebe

Ihr

R. W.

100.

Paris, 28. Januar 1860.

Endlich, mein theures Kind, muss ich mich entschliessen, Euch flüchtig und aufgeregt von mir Nachricht

---

[1]) Glasenapp II, 2, 233.

zu geben. Mitten im Drangsal war es meine Labung, zu denken, wie ich mich sammeln würde, um recht ruhig und gemächlich Euch von allem Ausgestandenen zu berichten. Aber noch bin ich nicht zu Ende, und werde es nun auch nie wieder sein. Deshalb kein fruchtloses Zögern mehr, und dafür einige Zeilen der Gewissheit.

Alles Erlebte will nichts sagen, gegen eine Wahrnehmung, eine Entdeckung, die ich in der ersten Orchesterprobe zu meinem Conzerte machte, weil sie über den ganzen Rest meines Lebens entschieden hat, und ihre Folgen mich nun tyrannisch beherrschen werden. Ich liess zum ersten Mal das Vorspiel zu Tristan spielen; und — nun fiel mir's wie Schuppen von den Augen, in welche unabsehbare Entfernung ich während der letzten 8 Jahre von der Welt gerathen bin. Dieses kleine Vorspiel war den Musikern so unbegreiflich n e u , dass ich geradesweges von Note zu Note meine Leute wie zur Entdeckung von Edelsteinen im Schachte führen musste.

Bülow, der zugegen war, gestand mir, dass die in Deutschland versuchten Aufführungen dieses Stückes nur auf Treu' und Glauben vom Publikum seien hingenommen worden, an sich aber gänzlich unverständlich geblieben wären. Es gelang mir, diess Vorspiel dem Orchester und dem Publikum zum Verständniss zu bringen, ja — man versichert mich, es habe den tiefsten Eindruck hervorgebracht: aber, w i e ich diess zu Stande gebracht habe, danach fragt mich nicht! Genug, dass es nun hell und klar vor mir steht, dass ich an weiteres Schaffen nicht denken darf, ehe ich nicht die furchtbare Kluft hinter mir ausgefüllt habe. Ich m u s s meine Werke erst aufführen. Und Was h e i s s t d a s ? —

Kind, das heisst mich in einen Pfuhl des Leidens und der Aufopferungen stürzen, in dem ich wohl zu Grunde werde gehen müssen. Alles, Alles k a n n möglich werden; aber nur dadurch, dass ich zu Allem reiche Zeit und Musse habe; Schritt vor Schritt mit Sängern und Musikern vorwärts gehen kann; nichts zu übereilen habe, nirgends aus Mangel an Zeit etwas abbrechen muss, und stets Alles zu meiner Bereitschaft habe. Und was heisst das? Die Erfahrungen dieses Conzertes mit der knapp zugemessenen Zeit, haben es mir gesagt: ich muss reich sein; ich muss rücksichtslos tausende und tausende aufopfern können, um mir Raum, Zeit und Bereitwilligkeit zu erkaufen. Da ich nicht reich, nun so muss ich mich reich zu machen suchen: ich muss meine älteren Opern hier französisch geben lassen, um durch die daraus erwachsenden bedeutenden Einnahmen mich in den Stand zu setzen, meine neuen Werke der Welt zu erschliessen. — So steht es vor mir: ich habe keine andere Wahl! Und somit — auf Tod und Untergehen! Das ist noch meine Aufgabe, und dafür erhielt mich der Dämon noch am Leben! Thorheit, wollte ich noch an etwas Weiteres denken! Ich sehe nichts wie diesen schrecklichen Krämpfen der Weltgeburt meiner letzten Werke entgegen. —

O, bleiben Sie in Rom! Wie glücklich bin ich, Sie so aus der Welt zu wissen! Schauen Sie, betrachten Sie, sinnen Sie schön und lieblich! Sie thun es für mich, und es wird mein Labsal sein, diese tiefen innigen Bilder von Ihnen mir zugeführt zu erhalten! Das wird Kühlung und Erquickung sein dem vor Fieber Schauernden! Jetzt und so — sind Sie mein letzter Trost! —

Und noch zwei Worte über die äusseren Vorgänge. Nach unerhörtester Qual, Noth und Bemühung gelangte ich vorigen Mittwoch zu meiner ersten Conzertaufführung.[1]) Der Abend war nun wohl ein Fest, ich kann's nicht anders sagen. Das Orchester war bereits zu hellem Enthusiasmus begeistert und hing an meinem Auge, meinem Winke.

Ich wurde von ihm und vom Publikum mit unendlichem Jubel empfangen, und Glanz, Staunen, Hingerissenheit, trug jedes meiner Musikstücke. Das Aufsehen ist

---

[1]) Glasenapp II, 2, 239.

ganz ungeheuer, wunderbare Erfahrungen, Bekehrungen, Feuilletonisten (Patrie) die zu mir stürzten, um mir die Hand zu küssen. — Ich war zum Tode erschöpft. An diesem Abende erhielt ich meine letzte Leidensweihe: ich muss, muss vorwärts, — das war eben noch meine letzte Aufgabe. Die Blume soll sich der Welt erschliessen und vergehen: bewahren Sie die keusche Knospe! —

Viel innige Grüsse an Otto! Sagen Sie ihm, dass ich ihn liebe! Leben Sie wohl, mein theures, edles Kind! Leben Sie sanft und innig dahin, und stärken Sie mich dadurch! Mit treuer Liebe

Ihr R. W.

101.

Paris, 3. März 60.

Den heutigen Tag will ich mir denn einmal zum Festtag machen. Ich will Ihnen schreiben, Freundin! Mit gutem Bedacht und freundlicher Ueberlegung liess ich oft die Feder wieder sinken, die ich wiederholt in dieser Zeit zum Briefe an Sie ansetzte. Mein Bedürfniss ist gross, und ich will sehen, dass ich seine Erfüllung mir verdiene; ich will sehen, wie ich Ihnen manches Freundliche berichte.

Zuerst will ich Ihnen beschreiben, was statt einer Pendule — auf meinem Kamine steht. Das ist ein wunderliches Ding. Auf einem, mit rothem Sammet überzogenen Gestell ist ein silberner Schild ausgebreitet, der rings den Rand entlang mit Devisen aus meinen Dichtungen angefüllt ist, von Rienzi bis zu Tristan u. Isolde. Auf diesem Schild liegt, in einem silbernen Kranz, dessen einer Zweig Lorbeer, der andere Eiche, ein mächtiges silbernes Notenblatt, halb zusammengerollt: auf diesem Notenblatt sind Hauptthemen aus meinen Opern in Notenschrift ausgeführt. Eine schöne silberne Feder liegt in den Zweigen des Kranzes über dem Notenblatt; die Zweige sind mit einer goldenen Schleife zusammengebunden, darauf geschrieben steht:

„Des rechten Mannes Herz muss überströmen in der Sonnenhöhe grosser Männer". — und dann: „Dem hohen Meister gewidmet in aufrichtiger Verehrung von Richard Weiland". —

Dieser Richard Weiland[1]) ist ein schlichter Dresdener Bürger, den ich nie gekannt, der mich aber einmal Vormittags in Zürich — im Asyl — besuchte, und mir die drollige Kritik der Prager Aufführung des Tannhäuser lieferte, mit dem einfachen Bericht, dass dort die Ouvertüre, die unter meiner Leitung in Dresden nur 12 Minuten dauerte, 20 Minuten lang war. — Die Sendung, mit einem höchst bescheidenen Schreiben, fand ich eines Abends vor, als ich müde gehetzt von der Besorgung meiner Chöre nach Hause kam. — Ich habe nun den Taktstock[2]) und dieses Silberwerk. —

Hier haben mir meine Conzerte einige sehr ergebene und gescheidte Menschen zugeführt.

Gaspérini, ein zarter, sehr gebildeter und begabter Arzt, der aber wohl bald gänzlich nur noch literarische und poetische Arbeiten treiben wird, ein Mensch von feinem, schönem Aeusseren und grosser Herzenswärme, nur vielleicht ohne eigentliche Energie, — gehörte mir schon vor meiner Ankunft, und ist jetzt der eifrigste, ausdauerndste Verfechter meiner Sache. Er hat sich hierzu den „Courier du Dimanche" eröffnet. —

Einen vortrefflichen Kopf und ungemein gebildeten, von jedem Vorurtheil frei gewordenen, klaren und feinen Geist, habe ich mit Villot gewonnen. Dieser Mann, der bereits kürzlich einen Sohn verheirathete, ist Conservateur des Musées du Louvre, und hat als solcher die ganze Direction der Kunstschätze unter sich. In einem

---

[1]) Vgl. Glasenapp II, 2, 236 f.
[2]) Der Taktstock, nach Sempers Zeichnung ausgeführt, war ein Geschenk von Frau Wesendonk.

Riesenwerke, das ihn 15 Jahre des ausdauernden Fleisses kostete, hat er eine Geschichte der Sammlungen des Louvre geschrieben. —

Denken Sie sich nun aber, dass dieser Mann — schon lange ehe ich ihn kennen lernte — alle meine Partituren besitzt, dieselben genau studirt hat, und glücklich war, durch meine Vermittelung jetzt schon eine Partitur des Tristan von Härtels zu bekommen. Dieser Mann hat mich sehr überrascht durch die Schärfe seines Urtheils, namentlich auch über die Fähigkeiten seiner eigenen Nation, der er für den Ausdruck vollkommen angehört, während er durch seinen Geist weit über sie hervorragt. Sein Kopf ist sehr schön und fein. Sein Anerbieten, mich die Schätze des Louvre unter seiner Anleitung genau kennen zu lehren, habe ich noch nicht benützt, und werde es auch wohl lange, lange noch nicht benützen können.

Nun nenne ich Ihnen unter Manchen noch den Romancier Champfleury,[1]) dessen im ersten Eindruck hingeworfene Brochure ich Ihnen geschickt habe.

Er hat ein sehr sinniges, freundlich wehmüthiges Auge. Sein Freund, der Dichter Baudelaire hat mir ein paar wunderbare Briefe geschrieben, will mir aber noch nicht vorgestellt sein, bis er einige Dichtungen fertig hat, mit denen er mir zu huldigen gedenkt. —

Von Franck-Marie erzählte ich Ihnen: er hat bedeutend über mich geschrieben, ist mir persönlich aber noch fremd geblieben.

Dann ist noch ein junger Maler, Gustave Doré, der hier bereits grossen Ruf hat: er hat eine Zeichnung gemacht, die für die Illustration bestimmt ist, und mich auffasst, wie ich in einer Alpengegend ein Geisterorchester dirigire. Ferner giebt es noch viele Musiker und Componisten, die sich enthusiastisch für mich erklärt haben, unter ihnen Gounod, ein weicher, guter, rein aber nicht

---

[1]) Champfleury, Richard Wagner, Paris 1860.

tief begabter Mann, Louis Lacombe, Léon Kreutzer, Stephan Heller. Bedeutend als sehr tiefer Musiker ist Sensale[1]), der mir künftig meine Partituren spielen wird.

Ein Herr Perrin, bedeutend als Maler, ehemaliger Director der Opéra comique, und wahrscheinlich zukünftiger der grossen Oper, ist mir sehr ergeben, und hat in der Revue Européenne schön über mich geschrieben.

Berlioz ist dem Neid verfallen; meine Anstrengungen, mich ihm als Freund erhalten zu können, sind durch die, ihm unerträglich glänzende Aufnahme meiner Musik erfolglos geworden. Er findet sich in Wahrheit durch mein Erscheinen in Paris, am Vorabende einer Aufführung seiner Trojaner, empfindlich gekreuzt; auch hat ihm sein Unstern ein böses Weib gegeben, das sich bestechen lässt, um ihren sehr leidenden und schwachen Mann zu bestimmen. Sein Benehmen gegen mich war ein stetes Schwanken zwischen freundschaftlicher Neigung und Abprall von dem Beneideten. Sehr spät, und zwar so, dass er darin den Eindruck einer abermaligen Anhörung meiner Musik nicht aufzunehmen hatte, veröffentlichte er seinen Bericht, den Sie wohl gelesen haben werden. Ich musste es für gut halten, auf seine zweideutige, ja boshafte Berührung der „Zukunftsmusik-Frage" zu antworten. Sie finden diese Antwort im Journal des Débats vom 22. Febr.[2])

Besser hat sich Rossini benommen. Man hatte ihm einen Witz über meine Melodienlosigkeit untergeschoben, der mit Begierde bis in deutsche Blätter verbreitet wurde. Nun hat er eigens eine Ablehnung dictirt, worin er erklärt, nichts von mir zu kennen als den Tannhäuser-Marsch, der ihm das grösste Vergnügen gemacht habe, und dass er ausserdem, nach allem, was er von mir wisse, grosse Achtung vor mir habe. Dieser Ernst des alten Epikuräers hat mich überrascht. —

---

[1]) Gemeint ist wohl Saint-Saëns.
[2]) Ges. Schriften 7, 113.

Schliesslich sei noch eine Eroberung gemeldet, die ich an einem Marschall gemacht habe, nämlich Magnan, der alle meine 3 Conzerte besuchte, und die grösste Theilnahme bezeigte. Da es mir — unglücklicherweise — daran liegen muss, in gewissen Kreisen solch einen Mann gut unterrichtet von mir zu wissen, besuchte ich ihn, und war wirklich verwundert über seine Ausdrücke. Er hatte sich tüchtig herum streiten müssen, und konnte nicht begreifen, wie man in meiner Musik etwas Andres hören könnte, als eben Musik, wie sie Gluck und Beethoven geschrieben, nur mit dem besondern Stempel des Genie's „eines Wagner". —

Ich kann heute noch keines meiner Conzertprogramme wieder auftreiben. Doch sollen Sie noch Eines haben. Sie werden dann sehen, dass sie nicht zu intim ausgefallen sind. Ihr Bedenken gab den Ausschlag. Auch die Worte zu Tristan enthalten nichts als eine Notiz über das Sujet. —

Ueber die Conzerte will ich Ihnen noch einiges nachtragen. Die Streichinstrumente waren vortrefflich, 32 Violinen, 12 Bratschen, 12 Violoncello, 8 Contrabässe: eine ungemein sonore Masse, deren Anhörung Ihnen grosse Freude gemacht haben würde. Nur waren die Proben noch unzureichend, und das rechte Piano konnte ich noch nicht erzwingen. Die Blasinstrumente waren nur theilweise gut; alle hatten keine Energie, namentlich die Hautbois blieb immer pastoral und erhob sich nie zur Passion. Die Hörner waren miserabel und haben mich manchen Seufzer gekostet: die unglücklichen Bläser entschuldigten ihr häufiges schlechtes Eintreten mit der beängstigenden Wirkung, die mein Wink auf sie machte. Posaunen und Trompeten hatten keinen Glanz. Alles glich aber endlich der wirklich grosse Enthusiasmus aus, den das ganze Orchester, vom ersten bis zum letzten Musiker, für mich fasste, und der sich fortwährend auch in den Aufführungen so offen bekundete, dass Berlioz darüber in bedenkliches Staunen gerathen sein soll.

Die drei Abende wurden so zu wirklichen Festen, und was die Enthusiasmus-Bezeigungen betrifft, so waren die Züricher Feste nur ein Schatten dagegen. Das Publikum war von vornherein gefesselt. Zur Ouvertüre vom „fliegenden Holländer" hatte ich einen neuen Schluss gemacht, der mir sehr gefällt, und auch auf die Zuhörer Eindruck machte. Kindisches Freudejauchzen brach aber sogleich nach der zierlichen Melodie des Tannhäuser-Marsches aus, und so oft diese Melodie wiederkehrte, wiederholte sich dieselbe Explosion. Diese freimüthige Kindlichkeit machte mir wirklich gute Laune, denn ich habe so unmittelbar sich kundgebende Freudenausbrüche noch gar nicht gehört. Der Pilgerchor wurde das erste Mal sehr zaghaft und wirkungslos gesungen; später ging es besser. Die Tannhäuserouvertüre, die mit grosser Virtuosität gespielt wurde, brachte mir stets viele Hervorrufe ein. Das Vorspiel zu Tristan wurde erst im dritten Conzerte mir zu Danke gespielt: mich hat es an diesem Abende sehr gefreut. Auch das Publikum schien davon schön ergriffen zu sein, denn als — nach dem Applaus — ein Opponent zu zischen wagte, brach ein solcher Sturm aus, und zwar so intensiv, anhaltend und immer von neuem wieder ansetzend, dass ich Aermster auf meinem Platze wirklich in Verlegenheit gerieth, und durch Handbewegungen um Gotteswillen bitten musste, endlich aufzuhören, ich wäre vollkommen zufrieden; aber das machte wieder neue Hitze, und der Sturm ging wieder von Neuem los. Kurz, ich habe so etwas noch nicht erlebt. —

Die sämtlichen Stücke aus Lohengrin brachten von vornherein eine ungemeine Wirkung hervor; Orchester und Publikum trug mich nach jedem fast auf den Händen, und ich kann nicht anders sagen, als — es waren Festabende. —

Und nun frägt das Kind wohl verwundert, warum ich denn mit so schönen Erlebnissen nicht zufrieden sei, und so traurig vor mich hinblicke? — Ja, das hat eine eigene Bewandtniss; und ich kann nur sagen, Feste-feiern ist

leicht! — Und — ich habe keine Feste nöthig. Solche
Abende bleiben etwas ausser mir: es sind Berauschungen,
nichts anderes, und sie hinterlassen die Wirkungen jedes
Rausches; — doch, wäre ich nur anders gemacht, so
ginge es. Am Ende habe ich's doch weit gebracht; ich
könnte in Ruhe jetzt geniessen; behaglich abwarten, was
da kommt, und was, wie man mich versichert, unaus-
bleiblich ist, Ruhm, Ehre, und was weiss (ich) noch?
Welch ein Thor wäre ich denn? Denken Sie sich, dass
ich am ersten Conzertabend zerstreut war, weil der
gewisse Receveur général[1]) noch nicht von Marseille
angekommen war. Und was war's mit diesem Manne?
— Das war der reiche Mann, von dem mir Gaspérini
versichert, dass er sich lebhaft für mein Vorhaben, meine
Opern in Frankreich aufführen zu lassen, interessire, und
leicht zu bestimmen sein würde, mich zu diesem Zweck
energisch zu unterstützen. Ich hatte nur die Möglichkeit
einer ersten Aufführung des Tristan mit deutschen
Sängern im Mai in Paris im Auge: dies das einzige
Ziel, auf das ich zusteuerte, an das ich Alles setzte, und
namentlich auch die rasende Anstrengung dieser 3 Conzerte.
Mein reicher Mann sollte von Marseille kommen; der
Erfolg meiner Musik sollte ihn bestimmen, sich zu der
nöthigen Garantieleistung für das im Auge gehabte Opern-
unternehmen bereit zu erklären. Endlich zum dritten
Conzert kommt der Mann an; aber er hat diesen Abend
ein grosses Diner bei Mirès; doch — auf eine Stunde
kommt er in's Conzert, und — ist ein prachtvoller Franzose, der sich ungemein freut, später ein deutsches Opern-
unternehmen für bedenklich hält, u. s. w. —

Da war denn ich einmal wieder recht kindisch gewesen! Und ich weiss es eigentlich immer im Voraus,
und doch hofft man — und wagt man: — weil eben ein
Ziel, ein mir so nöthig dünkendes Ziel da ist. Und ich
bin nur da, mein Leben hat einzig nur noch Sinn, um in

---

[1]) Brief an Otto Wesendonk vom 12. Febr. 1860.

dieses Ziel zu blicken und Alles zu überblicken, was
zwischen mir und diesem Ziele liegt: nur in diesem
Hinblick kann ich ja nur noch leben; wie kann ich leben,
wenn ich die Augen von dem Ziele ablenke, und es in
die Kluft versenken soll, die mich vom Ziele trennt!

Ja wohl sollten das Andere für mich thun, und mich
in der Luft halten; aber wer kann dies von irgend Jemand
mit Recht verlangen? Lebt nicht Jeder mit einem Ziel
im Auge, nur dass es eben nicht das Ziel des Exzen-
trischen ist? So kommt es denn nun, Kind, dass der
dumme Meister einmal wieder tief und lange einzig in die
Kluft blicken muss: — ach! Wie's ihm dann zu Muthe ist!
Keine Höllengegend des Dante hat scheusslichere Klüfte!
— Genug der Andeutung. — Und das Ziel?? — bleibt
dennoch das Einzige, was mich noch belebt! — Aber wie
es erreichen? —

Ja, Freundin, so ist's! Alles einmal wieder Nacht um
mich! Hätte ich keine Ziele mehr, so wär's leicht anders.
Jetzt habe ich mich eben nur mit unsäglicher Mühe und
Qual wieder aus der Kluft herauszuwinden, in die ich
mit fast absichtlicher Blindheit zuletzt einmal wieder
stürzen musste. Noch sehe ich die Höhe nicht, von der
aus ich nur wieder den Blick auf mein Ziel richten
könnte. — Als ich zuletzt die unerlässliche Nothwendigkeit ersah, zunächst Alles und Alles an eine erste Aufführung des Tristan zu setzen, sagte ich mir auch; jetzt
giebt es, mit diesem Ziel im Auge, keine Erniedrigung
mehr für dich! Alles und Jedes, was Du thust, um zu
Macht und Mitteln zu gelangen, kann nichts Schmähliches
für Dich enthalten, und Jedem, der Dich nicht begreifen
könnte, wenn er Dich in ungewohnten Wegen schreiten
sähe, könntest Du zurufen: „Was weisst Du von meinem
Ziele?" — Denn, begreifen kann mich nur, wer dieses
begreift. —

Jeder Tag gebiert mir nun neue Pläne; bald schwebt
diese, bald jene Möglichkeit mir vor. Ich bin so unlösbar
an dieses Werk gebannt, dass ich — in vollstem Ernste

— willig mein Leben zum Opfer bringen kann, und
schwören will, keinen Tag länger leben zu wollen, sobald ich mein Werk aufgeführt habe. So ist es wohl
nahe liegend, dass mich jetzt auch der Gedanke beschäftigt, statt aller Mühen und Erniedrigungen, die ich
auszustehen hätte, um durch „Pariser" Erfolge zu den
mir nöthigen Mitteln zu gelangen, die einfachste Qual
über mich zu nehmen, nach Dresden zu gehen, mich
verhören, aburtheilen und — meinetwegen — begnadigen
zu lassen, um dann nur wieder ungeschoren das beste
deutsche Theater an Ort und Stelle mir aussuchen zu
können, dort den Tristan aufzuführen, und so den Zauber
zu lösen, der mich jetzt beherrscht. Ich habe nichts
anderes, was mich irgend einer Mühe werth dünken
könnte! Es scheint mir doch fast das Vernünftigste zu
sein, und es kommt mir wie eine unverzeihliche Selbst-
liebe vor, irgend eine Qual oder Schmach von mir ab-
zuweisen, die zur Erlösung meines Werkes führen könnte.
Was bin ich denn — ohne mein Werk? — Und dazu
nun dies Andere! Ich glaube nicht an meine Oper
im Französischen. Alles was ich dafür thue, ist gegen
die innere Stimme, die ich nur mit Leichtsinn und Gewalt betäuben kann. Ich glaube weder an einen französischen Tannhäuser, noch an einen französischen Lohengrin, geschweige denn an einen französischen Tristan.
Alle meine Schritte hierfür bleiben auch ungesegnet: ein
Dämon, — wohl mein Dämon — ist mir in Allem zuwider. Nur durch einen Despoten-Befehl könnten alle
die persönlichen Hindernisse zurückgeschlagen werden,
die sich meinem Aufkommen in der Pariser Oper
entgegensetzen. Um diesen nur zu erwirken habe ich
keinen wahren Eifer. Vor Allem, was liegt mir an
meinen alten, mir fast gleichgültig gewordenen Werken?
Ich ertappe mich immer auf der vollsten Interesse-
losigkeit gegen sie. Und nun die französischen Uebersetzungen! Ich muss sie für rein unmöglich halten.
Die wenigen Verse, die mir zu meinem Conzert über-

setzt wurden, kosteten unsägliche Mühe, und waren un-
ausstehlich. Noch ist, trotz ewiger Bemühungen darum,
kein Act meiner Opern übersetzt, und was etwa vorliegt,
ist mir widerwärtig. In der Sprache liegt denn auch mit
der Hauptgrund davon, dass mir eigentlich hier Alles
fremd bleibt. Die Qual einer französischen Conversation
ist für mich ungemein ermüdend, oft breche ich mitten
in einer Auseinandersetzung ab, wie ein Verzweifelnder,
der sich sagt: „es ist ja doch nicht möglich, und Alles
ist vergebens!" Da fühle ich mich denn jämmerlich
heimathlos. Und frage ich mich: wo gehörst Du denn
hin? Da weiss ich wieder kein Land, keine Stadt, kein
Dorf zu nennen. Alles ist mir fremd, und sehnsüchtig
blicke ich oft nach dem Land Nirwana. Doch Nirwana
wird mir schnell wieder Tristan; Sie kennen die
Buddhistische Weltentstehungstheorie. Ein Hauch trübt

die Himmelsklarheit: ; das schwillt
an, verdichtet sich, und in undurchdringlicher Massen-
haftigkeit steht endlich die ganze Welt wieder vor mir.
Das ist das alte Loos, so lange ich noch solch unerlöste
Geister um mich habe! —

Etwas Heimisches habe ich noch um mich, was ich
nun auch bald verlieren werde: Bülow. Der arme Junge
hetzt sich hier schrecklich ab, und ich habe wenig von
ihm: er kann mich nicht häufig besuchen. Aber es ist
mir schon lieb, ihn hier zu wissen. Ach Gott, es thut
mir so wohl, wenn ich natürlich reden kann, und das
kann ich jetzt nur mit ihm. Er ist und bleibt mir ganz
ergeben, und es ist oft rührend, wenn ich dahinter komme,
welche heimliche Mühe er sich immer für mich giebt.
Er ist dann sehr traurig, wenn ich ihm sage: das hülfe
doch Alles nichts! Ich will ihm aber, ehe er fort geht,
eine Freude machen, und ihm sagen, Sie liessen ihn
durch mich grüssen. —

Jetzt muss ich sehen, dass man mit mir etwas Geschäfte macht, um die fürchterliche Verheerung, welche die Kosten meiner Conzerte mir hinterlassen haben, mühsam etwas zu verwischen zu suchen. Man schlägt mir vor, dasselbe Conzert dreimal in Brüssel aufzuführen, unter Bedingungen, die mir einen kleinen Gewinn sichern. Ich werde es wohl thun müssen. Machen Sie sich darauf gefasst, von dort aus von mir zu hören. Auch von London spricht man mir. Es ist wohl traurig; aber, Sie wissen, ich kann einmal noch nicht sterben. —

Und nun wird's wohl gut sein, Freundin, wenn ich zum Schluss komme: es kommt, ich sehe wohl, nichts Freundliches mehr heraus, und eigentlich habe ich schon sehr über die Schnur gehauen. Nun ist's mir etwas leichter geworden, seit ich nun Ihnen wenigstens einmal wieder schreiben konnte: Dank Ihnen, dass Sie mir das gewähren konnten! Und viele schöne Grüsse an Otto und die Kinder; lassen Sie mich hören, wie es Allen geht! Mit treuer Liebe

Ihr

R. W.

102.

Paris, 10. April 60.

Aber liebstes theuerstes Kind, warum auch so gar keine Nachricht? Muss ich denn Alles erst abfragen? Kann denn mir Armen nicht auch einmal geschrieben, nicht nur geantwortet werden? — Ich bin wirklich recht in Unruhe. An Otto schrieb ich zuletzt: von dem auch keine Antwort! Nun bleibt mir nichts mehr als Träumen übrig: und damit helfe ich mir denn auch. Ich träume viel und oft: aber selbst die angenehmen Träume haben mir etwas beängstigendes, weil man sich nach den Regeln der Traumdeutekunst wieder daran halten soll, dass, wenn der Sorgen erweckende Gegenstand uns heiter und wohl erscheint, bei dem leisesten Uebermaass diess das Gegen-theil anzeige. Aber, welch schlimmer Behelf sind schon die Träume! Weiss man viel von dem, was einem träumt, so deutet dies schon nur auf die Leerheit unsres Daseins im wachen Zustande hin. Mir fällt da immer der grüne Heinrich ein, wie der endlich nur noch träumte. —

O Sie böses Kind! Auch Ihr letzter Brief — und das ist nun schon lange her — sagte mir so wenig, fast gar nichts von Ihnen. Immer nur soll mein albernes Schicksal das Besprechenswerthe sein! Fast muss ich zweifeln, ob diese Zeilen Sie nur noch in Rom antreffen werden: das sähe Euch ganz ähnlich, so aufzubrechen, ohne mir ein Wort zu sagen, wann und wohin! Sie sehen, ich zanke: vor wenigen Tagen hätte ich es noch sanfter abgemacht, aber nun werde ich von Tag zu Tag böser. —

Bitte, schreiben Sie mir doch recht viel davon, wie's Ihnen geht, was Sie Alles sehen, wie Sie täglich leben, welche Bekanntschaften Sie gemacht haben, wie's mit dem Wohlsein geht, und das Alles. Sie versprachen mir ja, mich dann und wann in Ihren Guckkasten blicken lassen zu wollen. Und nun auf einmal ganz excommunizirt? O, man merkt, wo Sie leben!

Fast sollte ich nun eigentlich einmal gar nicht von mir sprechen: aber was weiss ich denn von Ihnen! Nichts als dass ich nichts weiss: ächt philosophisches Bewusstsein! Und von mir?? Liebstes Kind, da wird sein Lebtag nichts Kluges draus, und vor Allem wird eben kein Gescheiter klug draus werden. Da werde ich denn jetzt z. B. von allen verständigen Leuten bejubelt, und alle Welt glaubt, ich müsse in Wonne und Behagen schweben, da ich nun endlich so Unglaubliches erreicht, und eine meiner Opern in Paris aufgeführt werden soll. „Kann er denn noch mehr verlangen?" heisst's da. Und denken Sie sich — ich bin der Sache nie überdrüssiger gewesen, als jetzt, und Jedem, der mir gratulirt, weise ich ergrimmt die Zähne. So bin ich nun! —

Niemand kann's mir recht machen, und Nichts ist mir recht. Da lässt man mich dann stehen, und das muss mir denn endlich wieder gefallen. — Doch gegen

Sie, will ich mich einmal nicht so ungezogen benehmen. —

Sie wissen, Kind, dass unser Eines nicht rechts noch
links, nicht vorwärts noch rückwärts sieht, Zeit und Welt
uns gleichgültig ist, und nur Eines uns bestimmt, die
Noth der Entladung unsres Inneren; somit wissen Sie
auch, was mir einzig wirklich am Herzen liegen kann.
Wäre es aber anders, wäre ich mit dem inneren Vorrath
bereits fertig, und dürfte ich nur noch um mich blicken
und die Erfolge meiner Arbeiten im Auge haben, die Zustände, die ich hervorrufe, die Wichtigkeit, von der ich
sein kann, so hätte ich genug ernstliche und erbauliche
Unterhaltung, wenn ich so um mich blicke. Ich kann
meine neuen französischen Freunde nicht bestreiten, die
in der Möglichkeit und in der vorausgesehenen Gewissheit eines grossen Eindruckes zunächst schon des Tannhäuser auf das Pariser Publikum, ein Moment von noch
gar nicht dagewesener Wichtigkeit erblicken, und diesem
eine Bedeutung beimessen, mit der sich gar nichts Er-
denkbares vergleichen liesse.

Wer ruhig dem Leben einer so begabten, aber so
unglaublich verwahrlosten Nation, wie der französischen,
zusehen und für Alles sich interessiren kann, was in
Bezug auf die Entwickelung und Veredelung dieses Volkes
sich als zweckdienlich darstellen mag, dem kann ich endlich nicht verdenken, wenn er grade in der Aufnahme
eines französischen Tannhäuser eine völlige Lebensfrage
für die Bildungsfähigkeit dieser Menschen erblickt. Bedenken Sie, wie miserabel es mit aller französischen
Kunst steht; dass Poesie diesem Volke eigentlich ganz
fremd ist, wofür es nur Rhetorik und Eloquenz kennt.
Bei der völligen Abgeschlossenheit der französischen
Sprache, und der Unfähigkeit derselben, das ihr fremde,
poetische Element durch Uebertragung aus einer anderen
in sich aufzunehmen, bleibt nur der eine Weg offen,
durch die Musik die Poesie auf die Franzosen wirken
zu lassen. Nun ist der Franzose aber auch nicht eigent-

lich musikalisch, und alle Musik ist ihm aus der Fremde gekommen: von je hat sich der französische Musikstyl nur durch den Contact der italienischen und deutschen Musik gebildet, und ist eigentlich nichts anderes, als der Transactionspunkt dieser beiden Style. —

Gluck hat aber den Franzosen, genau betrachtet, nichts anderes gelehrt, als die Musik mit dem rhetorischen Styl der französischen Tragédie in Einklang zu setzen: um wahre Poesie handelte es sich im Grunde hierbei nicht. Deshalb konnten auch seitdem die Italiener fast einzig das Feld behaupten, denn immer handelte es sich nur um die Manier in der Rhetorik, sonst aber so wenig um die Musik, wie um die Poesie. Die bis heute nun immer wachsende Verwahrlosung, die hieraus entstanden, ist unglaublich. Ich war letzthin, um die Sänger der Oper kennen zu lernen, genöthigt, das neue Opus eines Prinzen Poniatowski anzuhören. Wie ich mich da befand!! Welche Sehnsucht nach dem einfachsten Gebirgsthal der Schweiz mich erfasste!! Ich war gerade wie gemordet, als ich nach Hause kam, und jede Möglichkeit war spurlos vor mir geschwunden. Nun lernte ich aber, wie die grässlichen Eindrücke die Gegeneinwirkungen nur verstärken und bedeutender an Inhalt machen. „Sie sehen", sagte man mir, „w i e es steht, und w a s wir von Ihnen erwarten und verlangen!" Die mir das sagen, sind Männer, welche seit 20 Jahren nicht mehr die Oper betreten haben, nur noch die Conservatoire-Conzerte, die Quartette kannten, und endlich — ohne mich zu kennen — meine Partituren studirten, und nicht nur Musiker, sondern Maler, Gelehrte, ja — Staatsmänner. Sie sagen mir, „das, was Sie bringen, ist noch nie auch entfernt nur geboten worden, denn Sie bringen mit der Musik die ganze Poesie: Sie bringen das Ganze, und zwar ganz selbständig, unabhängig von jedem Einflusse, wie er früher von unseren Instituten aus auf den Künstler geübt wurde, der sich uns produziren wollte. Sie bringen es aber zugleich in vollendeter Form und mit der grössten Kraft des Ausdruckes: selbst der ignoranteste Franzose kann nichts daran ändern wollen; er muss es ganz aufnehmen, oder ganz von sich weisen. Und hierin liegt die grosse Bedeutung, die wir dem bevorstehenden Ereigniss beimessen: wird Ihr Werk zurückgewiesen, so wissen wir, woran wir mit uns sind, und geben die Hoffnung auf; wird es aufgenommen, und zwar sogleich mit einem Schlage (denn der Franzose kann nicht anders beeinflusst werden), so athmen wir Alle wieder auf; denn nicht die Wissenschaft und Literatur, nur die am unmittelbarsten und allgemeinsten wirkende, theatralische Kunst kann den Geist unserer Nation für seine Anschauungen stark imprimiren. Aber, — wir halten uns des grössten und nachhaltigsten Erfolges sicher!" —

In der That, selbst der Director, der nun das Sujet genauer kennen gelernt hat, rühmt aller Welt, jetzt endlich einmal mit dem Tannhäuser auf einen wirklichen „succés d'argent" rechnen zu können.

Nun habe ich mich in Brüssel viel mit einem merkwürdigen Manne, einem alten, sehr gewitzten, witzigen und ungemein erfahrungsreichen Diplomaten[1]) unterhalten, der mir denn doch herzlich empfiehlt, die Franzosen nicht aus der Acht zu lassen: man möge denken und sagen wollen, was immer, so viel bliebe unleugbar, die Franzosen seien gegenwärtig der eigentliche Prototyp der europäischen Civilisation, und auf sie entscheidend einwirken, hiesse auf ganz Europa wirken. —

Das klingt doch wirklich Alles recht ermuthigend, und ich sehe wohl, ich komme von der Wichtigkeit nicht los, von der ich für die Welt sein soll. Nur sonderbar, eigentlich ist mir so recht weder an Europa noch der Welt gelegen: und im Grunde des Herzens sage ich mir, was geht dich das Alles an? Aber das sehe ich, wie gesagt, dass ich nicht davon loskomme: oh, dafür sorgt schon der Dämon. Die sicherste Garantie für meine unausbleibliche Einwirkung auf Europa ist — meine Noth!

---

[1]) Staatsrat Klindworth, Glasenapp II, 2, 252.

Ich sage Ihnen das recht aufrichtig, damit Sie sich
keine irrigen Begriffe von mir machen, und nicht etwa
glauben, jene eitle Annahme treibe mich wirklich zu
irgend etwas, was eigentlich ausser mir liegt. Diese
Pariser Conzerte haben mich in eine unabsehbare Lage
gebracht: schon unternahm ich Brüssel nur, um mir
damit etwas zu helfen, was denn nun auch in's Gegentheil umschlug, so dass ich beim Fortgehen, mir (ähnlich
wie Rossini sich einstens, nach dem Durchfall einer
„sorgfältiger" gearbeiteten Oper sagte: „Si jamais on me
prend à soigner ma partition") sagte: si jamais on me
prend à faire de l'argent!" Deutschland schweigt mir
vollkommen, und wenn ich noch je Tristan und die Nibelungen in meinem Leben antreffen soll, muss ich jetzt
wahre Wunder ersinnen, um mich über den Wässern
dieses heiligen Lebens zu erhalten. So acceptire ich
denn die Hoffnungen meiner Pariser Freunde, aber
namentlich die meines Opern-Directors, und bin jetzt, da
alles Herrliche leider noch etwas auf sich warten lassen
wird, gar nicht übel aufgelegt, mich einem russischen
General[1] zu verkaufen, der nächstens hier ankommen
soll, um mich für eine Petersburger Tannhäuser-Expe-
dition zu gewinnen. Ich bitte, lachen Sie mit mir darüber:
man kann mir wirklich nicht anders aus diesen lächerlichen Widersprüchen helfen, in denen mich diese er-
lösungsbedürftige Welt als ihren erwarteten Heiland lässt!
Einstweilen muss ich gute Laune sammeln, um —
ein grosses Ballet zu schreiben. Was sagen Sie dazu?
Zweifeln Sie an mir? Nun, Sie sollen mir das abbitten,
wenn Sie's einmal hören und sehen. Jetzt nur so viel:
nicht eine Note, nicht ein Wort wird am Tannhäuser
geändert. Aber ein „Ballet" sollte gebieterisch drin sein,
und diess Ballet sollte im zweiten Acte vorkommen, weil
die Abonnés der Oper immer erst etwas später vom
starken Diner in's Theater kämen, nie zu Anfang. Nun,

---

[1] Herr von Sabouroff, Direktor der Kaiserlich russischen Theater;
Glasenapp II, 2, 260.

da erklärte ich denn, dass ich vom Jockeyclub keine Gesetze annehmen könnte, und mein Werk zurückziehen würde. Nun will ich ihnen aber aus der Noth helfen: die Oper braucht erst um 8 Uhr zu beginnen, und dann will ich den unheiligen Venusberg nachträglich noch einmal ordentlich ausführen.

Dieser Hof der Frau Venus war offenbar die schwache Partie in meinem Werke: ohne gutes Ballet half ich mir seiner Zeit hier nur mit einigen groben Pinselstrichen, und verdarb dadurch viel: ich liess nämlich den Eindruck dieses Venusberges gänzlich matt und unentschieden, was zur Folge hatte, dass dadurch der wichtige Hintergrund verloren ging, auf welchem sich die nachfolgende Tragödie erschütternd aufbauen soll. Alle späteren, so entscheidenden Rückerinnerungen und Mahnungen, die uns mit starkem Grauen erfüllen sollen (weil dadurch auch erst die Handlung sich erklärt), verloren fast ganz ihre Wirkung und Bedeutung: Angst und stete Beklemmung blieben uns aus. Ich erkenne nun aber auch, dass ich damals, als ich den Tannhäuser schrieb, so etwas, wie es hier nöthig ist, noch nicht machen konnte: dazu gehörte eine bei Weitem grössere Meisterschaft, die ich erst jetzt gewonnen habe: jetzt, wo ich Isolde's letzte Verklärung geschrieben, konnte ich sowohl erst den rechten Schluss zur Fliegenden-Holländer-Ouvertüre, als auch — das Grauen dieses Venusberges finden. Man wird eben allmächtig, wenn man mit der Welt nur noch spielt. Natürlich muss ich hier alles selbst erfinden, um dem Balletmeister die kleinste Nüance vorschreiben zu können: gewiss ist aber, dass nur der Tanz hier wirken und ausführen kann: aber welcher Tanz! Die Leute sollen staunen, was ich da Alles ausgebrütet haben werde. Ich bin noch nicht dazu gekommen, etwas aufzuzeichnen:[1] mit wenigen Andeutungen will ich's hier zum ersten Male versuchen. Wundern Sie sich nicht, dass diess in einem Briefe an Elisabeth geschieht.

---

[1] Glasenapp II, 2, 258 f.

Venus und Tannhäuser verweilen so, wie es ursprünglich angegeben ist: nur sind zu ihren Füssen die
drei Grazien gelagert, anmuthig verschlungen. Ein
ganzer, engverwachsener Kneuel kindischer Glieder umgiebt das Lager: das sind schlafende Amoretten, die, wie
im kindischen Spiel, balgend über einander gestürzt und
eingeschlummert sind.

Ringsum auf den Vorsprüngen der Grotte sind
liebende Paare ruhig gelagert. Nur in der Mitte tanzen
Nymphen, von Faunen geneckt, denen sie sich zu entziehen suchen. Diese Gruppe steigert ihre Bewegung:
die Faunen werden ungestümer, die neckende Flucht der
Nymphen fordert die Männer der gelagerten Paare zur
Vertheidigung auf. Eifersucht der verlassenen Frauen:
wachsende Frechheit der Faunen. Tumult. Die Grazien
erheben sich und schreiten ein, zur Anmuth und Ge-
messenheit auffordernd: auch sie werden geneckt, aber
die Faunen werden von den Jünglingen verjagt: die
Grazien versöhnen die Paare. — Sirenen lassen sich
hören. — Da hört man aus der Ferne Tumult. Die
Faunen, auf Rache bedacht, haben die Bachantinnen herbei gerufen. Brausend kommt die wilde Jagd daher,
nachdem die Grazien sich wieder vor Venus gelagert.
Der jauchzende Zug bringt allerhand thierische Ungethüme
mit sich: unter andern suchen sie einen schwarzen Widder
aus, der sorgfältig untersucht wird, ob er keinen weissen
Fleck habe: unter Jubel wird er nach einem Wasserfall
geschleppt; ein Priester stösst ihn nieder und opfert ihn
unter grauenvollen Gebärden.

Plötzlich entsteigt, unter wildem Jauchzen der Menge,
der (Ihnen bekannte[1]) nordische Strömkarl dem Wasser-
strudel mit seiner wunderbaren grossen Geige. Der spielt
nun zum Tanze auf, und Sie können sich denken, was

---

[1] Unter den Gedichten von Mathilde Wesendonk steht auch eine
Ballade vom Neck. Vgl. noch Gesammelte Schriften 9, 120 über das
Finale von Beethovens A-dur-Symphonie und Gesammelte Schriften
10, 319/20 über den Nix.

ich alles zu erfinden habe, um diesem Tanze seinen gehörigen Charakter zu geben; immer mehr mythologisches Gesindel wird herbeigezogen. Alle den Göttern heilige Thiere. Endlich Kentauren, die sich unter den Wüthenden herumtummeln. Die Grazien sind verzagt, dem Taumel wehren zu sollen. Sie werfen sich voll Verzweiflung unter die Wüthenden; vergebens! Sie blicken sich, auf Venus gerichtet, nach Hülfe um: mit einem Wink erweckt die da die Amoretten, welche nun einen ganzen Hagel von Pfeilen auf die Wüthenden abschiessen, mehr und immer mehr; die Köcher füllen sich immer wieder. Nun paart sich Alles deutlicher; die Verwundeten taumeln sich in die Arme: eine wüthende Sehnsucht ergreift Alles. Die wild herumschwirrenden Pfeile haben selbst die Grazien getroffen. Sie bleiben ihrer nicht mehr mächtig.

Faunen und Bachantinnen gepaart stürmen fort: die Grazien werden von den Kentauren auf ihren Rücken entführt; Alles taumelt nach dem Hintergrunde zu fort: die Paare lagern sich: die Amoretten sind, immer schiessend, den Wilden nachgejagt. Eintretende Ermattung. Die Nebel senken sich. In immer weiterer Ferne hört man die Sirenen. Alles wird geborgen. Ruhe. —

Endlich — — fährt Tannhäuser aus dem Traume auf. — So ungefähr. Was meinen Sie dazu? — Mir macht's Spass, dass ich meinen Strömkarl mit der eilften Variation verwendet habe. Das erklärt auch, warum sich Venus mit ihrem Hof nach Norden gewendet hat: nur da konnte man den Geiger finden, der den alten Göttern aufspielen sollte. Der schwarze Widder gefällt mir auch. Doch könnte ich ihn auch anders ersetzen. Die Mänaden müssten den gemordeten Orpheus jauchzend getragen bringen: sein Haupt würfen sie in den Wasserfall, — und darauf tauchte der Strömkarl auf. Nur ist diess weniger verständlich ohne Worte. Was meinen Sie dazu? —

Ich möchte gern Genelli'sche Aquarelle zur Hand haben: der hat diese mythologischen Wildheiten sehr anschaulich gemacht. Am Ende muss ich mir auch so helfen. Doch habe ich noch Manches zu erfinden. —

So, nun habe ich Ihnen wieder einen rechten Kapell-meister-Brief geschrieben. Meinen Sie nicht? Und dies-mal sogar auch einen Balletmeister-Brief. Das muss Sie doch guter Laune machen?

Und dennoch schreiben Sie mir nicht? Und auch Otto nicht? O Ihr bösen, bösen Menschen! Wo soll ich denn nun Briefe hernehmen, die mir Freude machen? Und Sie wissen doch, dass mir sonst nichts rechte Freude macht! Doch nur, wenn ich mir mit Ihnen zu thun mache.

Da hat man mir gestern von Brüssel mein Photo-graphie-Porträt nachgeschickt, was mir recht gut gelungen scheint. Da habe ich denn nun auch gleich an Sie ge-dacht. Wenn Sie mir bald recht hübsch schreiben und sagen wollen, wann Sie etwa wieder nach Zürich zurück-kommen, so schicke ich an Herrn Stünzig oder wen Sie mir sonst bezeichnen, das Bild, das Ihnen sagt, wie ich jetzt aussehe, und das soll man im Bildersaal über dem Klavier aufhängen.

Da Sie alles Ihrige mit nach Rom genommen haben, kann Euch ja kein Freund bei der Rückkehr begrüssen, wenn ich mich nicht, wenigstens im Bildersaale, einfinde.

Denken Sie sich nur, dass ich diesmal Otto's Ge-burtstag rein vergessen habe: ich wusste wohl, was im März vorging; aber den Tag, den Tag wusste ich nicht. Auch hatte ich gar nichts Rechtes ihm zu schenken. Nun, er soll auf nächsten März warten: da bin ich wahr-scheinlich bereits ein reicher Mann und werfe mit Millionen um mich. — Aber im Uebrigen bedenken Sie nur, mein liebes Kind, dass ich immer noch nichts auf der Welt habe, als Sie: dass ich für Sie, durch Sie und mit Ihnen lebe, und alles Spiel nur noch Reiz für mich hat, weil ich Ihnen meine Noth dabei klagen kann, und Sie das so lieb aufnehmen. Adieu! mein Kind! Tausend innige Grüsse: geben Sie davon ab an Mann und Kinder, was Ihnen zuviel ist.   R. W.

103.

Paris, 2. Mai 60.

Ich kann doch den Mai nicht einziehen sehen, ohne Ihnen, bestes Kind, noch ein Lebenszeichen nach Rom zu senden, wo Sie nun doch wohl nicht lange mehr weilen werden. Wenn mich heute etwas vom Schreiben abhalten könnte, so wäre es wirklich nur, weil ich Ihnen so gar nichts Rechtes zu schreiben habe. Das wissen Sie aber auch schon, dass nicht das, über was ich Ihnen schreibe, in Betracht fallen kann, sondern in welcher Stimmung ich mich auslasse. Somit wäre der Gegenstand gleichgültig: aber richtig genommen, ist meine Stimmung dieser Gegenstand, der Sie interessiren kann, und hierüber lässt sich eben nicht viel sagen. Wie könnte ich in schöner Stimmung sein? — Aber, ob meine Stimmung Ihrer Theilnahme würdig sei? Auch darüber kann ich mir nicht deutlich werden: nur sagt mir tief im Innern die Stimme — es sollte anders sein!

Gott weiss, wozu ich noch da bin! So weit mein Wille dabei im Spiele ist, habe ich nicht Ursache mich meines Ausdauerns zu freuen. Die lichten Augenblicke sind gar zu spärlich. Vielleicht schwinden auch diese einst ganz, und ich — erwarte sie noch immer, halte aus, warte, — und bleibe lebend in der Nacht! —

Ihre Erinnerungen haben mich sehr ergriffen. Es ist unglaublich, welche Verwüstungen seines Daseins man ertragen kann. Was übrig bleibt, müsste ein jammervoll Kleines sein, wenn es nicht ein erhaben Grosses sein könnte. In guten Augenblicken darf ich mir mit dem Grossen schmeicheln: was ist Grösseres, als volles Aufgeben alles Glückes für die ganze Breite des Daseins und Beschränkung auf einzige Augenblicke? Sicher ist nur das Gemeine, breit, lebend und eindringlich: das Edle nur Kraft des Widerstandes; nichts Bejahung, Alles Verneinung. —

Und nun der Künstler? — Der arme Thor! Der ist so recht der Narr seines eigenen Bewusstseins: aber, er

228

ist eben sehr künstlich so gemacht, den ewigen Widerstreit auszuhalten. Ja, immer im Widerstreit sein, nie zur
vollsten Ruhe seines Inneren zu gelangen, immer gehetzt,
gelockt und abgestossen zu sein, das ist eigentlich der
ewig brodelnde Lebensprozess, aus dem seine Begeisterung,
wie eine Blume der Verzweiflung, hervortreibt. — Nun,
das weiss ich: und Sie müssen es mitfühlen! Wer wollte
anders sein, als er ist?

Ich bin mir nun klar geworden, über die Wahl, die
mir vorsteht: noch nicht aber darüber, wie ich wählen
soll, — und wahrscheinlich wird die Wahl auch gar nicht
von mir abhängen, sondern Es wird wählen, das Brahm,
das Neutrum.

So heisst's: — entweder meine Werke aufführen,
oder neue ausführen. Das Erste heisst so viel, als alle
Consequenzen der Bejahung des Lebens bis zum Untergang über sich nehmen. Will ich meine fertigen Werke
der Welt eigentlich erst erschliessen, und ihr durch ganz
entsprechende Aufführungen genau zu Gefühl bringen,
was sie an ihnen besitzt, so ist dies Einzige ein Unternehmen, das eine stärkste Lebenskraft vollkommen auf-
zehren muss. Dann — ist Alles andere Abweg, Alles
Vertiefen nach Innen Verrath an meinem Vorhaben, dann
— nach Aussen, Alles nach Aussen, die Welt mir unter-
werfen, der Welt nur angehören, von ihr mich verrathen,
demüthigen, quälen, vernichten lassen, um so in ihr Gewissen überzugehen. Dann sage ich ihr, wie Jesus seinen
Jüngern beim Abendmahle: „ihr kennt nur die Milch
meiner Lehre; jetzt sollt ihr ihr Blut kennen lernen;
kommt und trinkt, auf dass ich in Euch sei!“ —

Oder: das Zweite. Ich entsage aller Möglichkeit,
meine Werke je zu hören, und je somit sie der Welt ganz
zu erschliessen: es ist ein Opfer, und doch — vielleicht
ist es, was meinen Genuss dabei betrifft, wohl nur ein
lockendes Wahnbild; denn deutlich sagt mir die Stimme,
dass ich nie zu Genuss und Befriedigung durch die Aufführung meiner Werke gelangen werde, und immer eine

geheime Qual übrig bleiben wird, die mir um so marternder wird, weil ich sie wohl noch verbergen und läugnen muss, um nicht als voll Wahnsinniger zu gelten. Dann, entsagte ich diesem: — oh, welches wonnige Bild dämmert mir dann auf! Zuerst: volle, gänzliche, persönliche Armuth; nie die mindeste Sorge um Besitz mehr. Eine Familie, die mich bei sich aufnimmt, mir die bescheidensten Bedürfnisse stillt, der ich dafür Alles übergebe, was je mein sein kann. Dort nun nichts mehr thun und treiben, als meine letzten Werke schreiben: Alles, was ich noch im Kopfe habe. So überliesse ich dann ruhig auch dem Dämon, der mich erhält, denjenigen zu berufen, der einst meine Werke der Welt erschliessen solle: es hinge von meiner guten Laune ab, mir diesen vorzustellen, oder sanft es geschehen zu lassen, wenn ich mir ihn nicht möglich denken sollte. Das — das wäre mein Wunsch, und meine feste Wahl, — wenn ich zu wählen hätte! —

Der Ausfall der Wahl wird zeigen, was nöthiger war. Kann nur ich meine Werke aufführen, so wird dies geschehen; des bin ich sicher! — Kann nur ich noch die Werke schreiben, die ich im Kopfe habe, — so wird diess geschehen. Was mag nun das Schwerere sein? Oder — woran mag mehr gelegen sein? Ich glaube fast mehr an dem Ersteren. Ob noch einige neue Werke dieser Art der Welt geschenkt werden, ist dem Weltgeiste wahrscheinlich gleichgültiger, als dass diese Art Werke überhaupt, ihrem Wesen nach, der Welt vollkommen verständlich erschlossen werden. Es leuchtet ein. Für das Wesen der Dinge handelt es sich nie um die Vielheit: diese ist unwesentlich, aber die Hauptsache ist der innere Gehalt der ganzen Art. Erschliesse ich diesen vollkommen, so werfe ich dadurch ein zündendes Bewusstsein in Einzelne, die damit fähig werden, das Empfangene in Vielheit zu vermannigfaltigen. So erklären wir uns auch die ungemeine individuelle Vielheit und Mannigfaltigkeit der italienischen Malerschule, der spanischen

Dichterschule u. s. w. Somit, glaube ich sicher zu erkennen, liegt dem Weltgeiste weit mehr daran, dass ich
meine fertigen Werke der Welt durch vollkommene Aufführungen erschliesse, und zwar auf allermöglichst breitem
Terrain, weil die Wenigen, auf die es hier für das
Zünden ankommt, sehr selten, wie in der Zeit, so auch
im Raum sehr zerstreut sind. Denn in einem gewissen
sehr tiefen, und dem Weltgeiste einzig verständlichen
Sinn, kann ich mit neuen Werken jetzt mich nur noch
wiederholen: ich kann keine andere Wesenhaftigkeit mehr
offenbaren. —

Somit stünde es mit der Wahl sehr übel, und mein
Wunsch wird nicht dabei gefragt werden können. Aber
auch hier wird ausgeholfen, und mir spiegelt sich ein
trügendes Wahnbild vor, nämlich: dass ich vielleicht Beides
vereinigen könnte, in Zwischenpausen, oder nach dem
Kampfe wieder süsse Ruhe finden, und auch meine Werke
noch vollenden würde. Oh, an Lockbildern lässt Es nie
fehlen! Aber ich k e n n e den Dämon; und es giebt ernste
Stunden, wo ich Alles weiss, kein Lockbild mich berückt,
und ich — doch Alles zu ertragen mich entschliesse.
Heute — schreibe ich Ihnen aus solcher Stimmung. Seien
Sie mir gut, ehren Sie mich und lieben Sie mich! Ich
verdiene es — um meiner Leiden willen! —

Viele tausend Grüsse! Lassen Sie bald hören, wann
ich Ihnen nach Venedig schreiben soll!

An Otto antworte ich nächstens lateinisch, da das
jetzt seine Lieblingssprache geworden ist. Er hat Recht,
was ihm da auf lateinisch gesungen wurde, ist herrlich:
ich kenne es!

104.

23. Mai 60. Paris.

Im Bett erbrach ich heut' früh Ihren letzten römischen
Brief, und schaute, was er enthielt. Maurice kam wieder,

um mir das Bad anzukündigen: er fand mich in Thränen gebadet, und zog sich schweigend zurück. —

Mein Kind, die Götter ehrten mich gestern mit dem schönsten Tage dieses Jahres. Nie war es noch vollkommen heiter und klar geworden. Zum ersten Mal grüsste mich gestern bei meinem frühen Morgenspaziergang ein ganz reiner Himmel und dazu ein erquickender Ostwind: alles grün und leuchtend. Ohne den mindesten Grund zum Erfreutsein über meine individuelle Lage, von heut' zu morgen in der schwankendsten Ungewissheit hinlebend, gezwungen wie ein Belagerter gegen fortgesetzte Angriffe gegen meine Ruhe täglich mich zu vertheidigen, — war mir doch wohl und heiter. Die Götter liebten mich: das machte mich lächeln. Nichts begegnete mir, nichts trat mir grüssend entgegen, als der Himmel und der schöne Wind, die mir so lange ausgewichen. Das war aber genug, und schöne Bilder reihten sich vor meiner Seele. Gewiss musste es heut' überall schön sein, und — empfinge ich auch keine Grüsse, mancher würde wohl an mich denken und sich sagen: die Götter lieben ihn doch! Wie so kindisch ich noch bin, wie gern ich mir schmeicheln lasse: der Himmel und die Lüfte, die Sonne und das Maiengrün nahmen Ihnen diesmal die Sorge ab, das bange Sinnen mir von der Stirn zu scheuchen. Danken Sie ihnen ein wenig! —

Was ich sonst nur im erhabenen Affecte kannte, ward mir diessmal zu still klarem Triebe: mich durch eine, Andren zugewandte edle Regung zu erfreuen. Zu Haus fand ich die neueste Nummer des Journal des Débats: darin ein Artikel von Berlioz über Fidelio. Ich hatte seit meinen Conzerten Berlioz nicht wieder gesehen: er hatte sich seitdem zu immer grösseren Feindseligkeiten und hämisch versteckten Ausfällen verleiten lassen: ich musste den Unglücklichen um so mehr aufgeben, da alle Versuche im anderen Sinne von ihm eigentlich nur als Beleidigungen empfunden werden mussten. Nun war ich durch diesen Artikel über Fidelio sehr erfreut, und aller

Möglichkeit, ja Wahrscheinlichkeit eines gänzlichen Miss-
verständnisses seiner Seits trotzend, schrieb ich ihm etwa
Folgendes: „Soeben las ich Ihren Aufsatz über Fidelio.
„Seien Sie tausendmal dafür bedankt! Es ist für mich
„eine ganz besondere Freude, die reinen und edlen Ac-
„cente des Ausdruckes einer Seele, einer Intelligenz zu
„vernehmen, welche die innigen Geheimnisse der Schöp-
„fung eines andren Heros der Kunst vollkommen versteht
„und sich aneignet. Es giebt Augenblicke, wo mich das
„Innewerden eines solchen Actes der Würdigung fast mehr
„entzücken kann, als das gewürdigte Werk selbst, wohl
„weil hierdurch es sich deutlich bezeugt, dass eine
„ununterbrochene Kette grosse Geister zusammenfasst,
„welche einzig durch dieses Band davor geschützt sind,
„jemals in das Unbegriffensein zu verfallen." [1]
    Wie soll mich's freuen, wenn er das gut aufnimmt.
Als ich nochmals den Artikel durchlas, bemerkte ich zwar,
wie unendlich viel Berlioz selbst in dieser Würdigung
Beethovens noch von mir entfernt steht; seinerseits noch
viel zu viel Beachtung der äusserlichen Momente des
Kunstwerkes, und den zufolge noch eine mir ganz unbe-
greifliche Aufmerksamkeit auf die Beifallsbezeugungen,
womit dieses Kunstwerk aufgenommen wird. Immerhin
aber sah ich, wie einsam selbst auf dieser Stufe Berlioz
noch steht, und wie thörig er ist, sich der einzigen Erquickung in solcher Stellung durch rückhaltloses Erfassen
des Verwandten zu berauben. Aber der Neid —: mein
Gott!!
    — Ich sann nun viel ruhig und hell vor mich hin.
Auch an Liszt dachte ich. Von dem kenne ich doch nun
keinen Zug, der mir ihn nicht eigentlich liebenswürdig
darstellte: die Schatten seiner Natur liegen nicht in seinem
Charakter, sondern hier und da einzig in seinem Intellect;
er wird von dieser Seite her leicht beeinflusst, und ver-

---

[1] Bayreuther Blätter 1900 S. 3/4, wo Wagner in einem Brief an
Liszt dasselbe mitteilt.

liert sich in Schwäche. Seit lange habe ich ihm nicht mehr geschrieben: selbst mein grosses Leid über den Verlust seines Sohnes, ist ihm nur durch Andere bezeugt worden. Ich kann einem so lieben Menschen nur intim schreiben: Geschäfte habe ich nicht mit ihm. Nun aber gewiss zu sein, unsre Innigkeiten immer vor Zwei[1]) eröffnet zu sehen, das ist doch nicht zu ertragen; es wird ja da Alles auf einmal Gaukelei und Absicht. So ist's hier aber: Liszt ist ein gänzlich geheimnissloser Mensch geworden, und nicht seine innige Einheit, sondern seine offenbar gemissbrauchte Schwäche haben ihn in eine unschöne Abhängigkeit gebracht. Ich habe ihm — oder, leider! vielmehr den Beiden — endlich traurig, aber bebestimmt erklärt, ich könne ihm (oder ihnen!) nicht mehr schreiben. Der Arme opfert nun schweigend Alles, und leidet Alles: er glaubt nicht anders zu können. Aber er liebt mich immerfort, wie er mir immer ein edler, höchst theurer Mensch bleibt. Nun denken Sie sich, wie rührend sich dann und wann ein Gruss zu uns stiehlt: wir finden Mittel, im Vertrauen uns dann und wann die Hand zu drücken, wie ein durch die Welt getrenntes Liebespaar. So kam denn auch gestern der feurigste Glückwunsch zu meinem Geburtstage durch den Telegraphen an. Wie lächle ich da, und freue mich! —

So verging der Tag: ich verblieb in ungetrübter Laune, und genoss fast zum ersten Mal geistig das Glück und das Wohlgefühl des körperlich ganz Gesunden, der sich keines Grundes zu seinem Behagen bewusst ist, eben weil es aus einer harmonischen Uebereinstimmung seiner Lebenskräfte hervorgeht. Und Ihnen habe ich sogar nicht nöthig zu sagen, aus welchem Quelle dieses Gefühl mir quillt: das eben giebt mir diese Gesundheit. Aber das ist etwas wunderbar Köstliches, und noch fühle ich, dass nur selten ein schöner Tag mir diese ungestörte Harmonie noch geben kann. Aber am Abend leuchtete der Jupiter wundervoll strahlend auf mich zu: er steht jetzt

[1]) Vgl. Glasenapp II, 2, 230; Bayreuther Blätter 1900, 85 ff.

in seinem vollsten Glanze. Der soll ja der Stern des Fünfzigers sein (nach unsres Schopenhauers launiger Deutung): noch habe ich drei Jahre bis dahin. Ich werde sie durchleben: wird mir der Jupiter dann treu und unwandelbar leuchten? O, es werden noch sternenlose Nächte kommen, ich kenne sie alle, die Bängen und Peinen, durch die ich zu steuern habe: und eine grässlichste Nacht steht vor mir. Werde ich dann den Stern wieder gewahren: wird Jupiter mir leuchten, wenn ich den Leitstern am nöthigsten habe? Das frug ich: und der wundervolle Abend antwortete mir mild und weich, und kühlte mir das Auge. —

Ein paar junge Deutsche, die ich mir ganz nach Zufall ausgesucht, kamen Abends. Sie liessen mir vor dem Fortgehen keine Ruhe: ich musste ihnen noch das Vorspiel zu Tristan spielen, auf welches das junge Volk nun einmal ganz versessen ist, besonders, wenn dann der neue Schluss kommt. Den Schluss musste ich noch ein paar Mal spielen: dann schickte ich sie fort und legte mich nieder. Nun erwache ich heut', und Ihr Brief wird mir an's Bett gebracht. Nun aber, Kind, nun kann ich nicht mehr beschreiben — und deshalb kein Wort über Eure Porträts! — Ihr werdet das meinige erhalten, so bald ich weiss, wann ich es nach Zürich dirigiren soll. Es ist das beste meiner Porträts. Besonders ist mir es dadurch merkwürdig, dass es unter sehr ungünstigen Umständen so gut gelungen ist, und namentlich so einen ruhigen unbefangenen Ausdruck der Physiognomie erhalten hat. Ich war sehr verdriesslich, und von den Brüsseler Musikern geplagt, ihnen mit meiner Photographie ein Andenken zu hinterlassen. Es regnete (Otto weiss, dass es in Brüssel immer regnete) und ich wollte nicht in das Atelier gehen. Endlich, spät am Tage, werde ich doch noch geholt, hatte keinen Parapluie, sollte Abends noch dirigiren, musste fünf Treppen steigen, und äusserte dem Künstler meine volle Entrüstung, unter solchen Umständen etwas Erträgliches zu Stande bringen zu wollen. Die Zuversicht, mit der mir der — (allerdings ausgezeichnete) Künstler begegnete, machte mich wirklich guter Laune, und mit der Erklärung: „nun das wäre wirklich die Möglichkeit, wenn Sie etwas zu Stande brächten", nahm ich ganz verwundert meine Stellung, und dachte mir, „nun für die Brüsseler wird's am Ende wohl auch noch gut genug ausfallen!" Jetzt entsinne ich mich übrigens, doch noch inne geworden zu sein, wie ganz unglaublich schnell die Gehirnfunctionen mit den sie leitenden Stimmungen von Statten gehen, und das Fernste schnell mit dem Nächsten sich verbinden kann. Man hatte mich zuvor in Paris photographirt, und der Unmensch von Künstler hatte es für geeignet gehalten, mir, ohne dass ich dessen inne werden konnte, eine recht affectirte Stellung, mit nach der Seite hin verdrehtem Auge, zu geben: mir ist das daraus entstandene Porträt höchst zuwider, und ich erklärte, ich sähe darauf wie ein sentimentaler Marat aus. Dieses unglückliche Conterfei[1]) wurde für die Illustration benutzt, und — noch grässlich verzerrt — macht es seitdem durch derlei illustrirte Blätter (jetzt auch in England) die Runde. Mein Widerwille dagegen bestimmte mich nun, bei der Brüsseler Operation, unwillkürlich für einen anderen, anständigeren Ausdruck zu sorgen, damit ich, recht unaffectirt, ein ruhiges, vernünftiges Ansehen gewinne: die Ironie dieses ganzen Vorganges gab mir denn mit Blitzesschnelle auch die rechte Stimmung: Alles verschwand mir, und ich sah ruhig über die Welt hinweg, als ginge sie mich nicht das Mindeste an: nur der Wunsch war vielleicht da, den Jupiter zu sehen. Vielleicht kommt es Ihnen vor, als hätte er mir wirklich ein wenig geschimmert.

Nun habe ich Ihnen meinen Geburtstag erzählt, und Alles, was damit zusammenhängt, erklärt. Sie haben gestern in der Fontäne geschöpft, und auch mir einen Heilsbecher geleert: oh, mein Kind! was Schönes haben

---

[1]) Das Brüsseler Bild ist diesem Buche vorangestellt, das Pariser Bild findet man bei Chamberlain, Richard Wagner S. 73.

Sie mir damit gewünscht! Glauben Sie, nichts Lieberes könnten mir die Götter erfüllen, als von Ihnen mir den Willkommen an jener Quelle trinken zu lassen, um durch sie die schönen Geheimnisse Rom's kennen zu lernen, denen ich schon ein so grosses Glück zu danken habe, da sie Ihnen so lieb und wohlthätig geworden sind. Nun! hoffen wir denn auf den Jupiter! —

105.   Paris, 22. Juli 60.

Soll ich endlich diesen dunklen Bogen, den ich mir schon wiederholt zurecht legte, wirklich beschreiben? Soll ich Ihnen einmal wieder eine Nachricht von mir geben? Oder soll ich warten, bis wenigstens ein klarer Sonnentag mir reinen Himmel giebt, um durch seinen Einfluss einen Zug von Heiterkeit in mir zu beleben, den ich dankbar Ihnen widmen dürfte? —

Auch diese Gunst zeigt sich nicht! Ewig herrscht West und Süd um meine armen Nerven in der tiefsten Herabgestimmtheit zu erhalten. Was endlich? Vielleicht ängstigen Sie sich mehr als nöthig, wenn ich schweige!

Können selbst Sie sich eigentlich wohl einen vollen Begriff von meinem Leben machen? Kaum kann ich's glauben, schon weil es vielleicht nicht möglich ist. Ich muss das Wunderliche erleben, dass ich mich schliesslich fast vor jeder mir bezeugten Theilnahme zurückziehen muss, weil ich überall stets endlich auf einen Punkt stosse, wo meine sonderbare Stellung zur Welt und zu Allem, was ich thue und treibe, Missverständnissen anheim fällt, die meiner Empfindung sich so deutlich machen, dass ich wahrnehmen muss, wie man mich eigentlich — genau genommen — für eine Art Heuchler nimmt. Schon wird es mir aber sehr schwer nur genau zu bezeichnen, was ich dabei meine. Auch diese Wahrnehmung bleibt daher mein Geheimniss, und der Welt gegenüber habe ich nur den seltsamen Trost, dass sie in ihrem Missverständniss nur etwas Allen Gemeinsames, ganz Natürliches, also nicht besonders Tadelnswerthes zu er-

237

blicken vermeint. — Es giebt gewiss keinen Menschen, der weniger Freude, Genuss, oder nur Erfrischung, ja vorübergehende Anregung irgend welcher Art hätte, als ich. Was ich thue und treibe, nie kommt auch nur für einen Augenblick dabei in Betracht, mir einen Genuss, eine Annehmlichkeit zu bereiten, schon weil ich immer bestimmter einsehen lernte, dass das Gesuchte nie eintraf, und stets in das Gegentheil umschlug. Diess ist mir so bestimmt, dass ich nach einem kürzlich unternommenen Ausflug nach Fontainebleau, wo mich die versprochenen schönen Bäume anzogen, mir nun fest vorgenommen habe, für diesen Sommer z. B. an keine Zerstreuung irgend welcher Art nur mehr zu denken, weil so vieles, wofür ich nun einmal äusserst empfindlich geworden bin, mir auch diesen Ausflug schliesslich mehr als eine Erfahrung voll Pein, als von Annehmlichkeit, erkennen liess. In meine Einsamkeit tritt Niemand ein, den ich nicht lieber wieder von mir gehen sehe.

Regt sich die unerlöschliche Sehnsucht nach vertrauter Berührung, ja nur nach irgend einem kleinen Wechsel, so sage ich mir jetzt schon immer bestimmter, wie jede mögliche Erfüllung mir nur Pein machen würde, und verbleibe ruhig bei mir mit dem Bewusstsein, dass ich doch selbst die erwartete kleinste Erfrischung nicht finden würde. Diese vollendete gänzliche Resignation kann sich wohl kaum Jemand vorstellen, am Wenigsten wer Kinder hat! —

Und nun mit all diesem unerhört freudenlosen Dasein immer noch in einer Welt, unter Erfordernissen und Rücksichten sich bewegen, die auf mich in den Augen Anderer fast immer wieder das Licht zurückwerfen, in welchem ein Begehrlicher sich zu zeigen scheint, das führt endlich zu den wunderlichsten Empfindungen meiner Seits von dieser Welt. Ich sage es Ihnen offen, die Bitterkeit, die ich Ihnen oft bekannte, schwindet mir jetzt immer mehr, und die Verachtung tritt ganz dafür ein. Diess Gefühl ist nicht heftig, sondern es giebt mir immer mehr

Ruhe: es giebt keine Beziehung meiner Seits zu irgend wem mehr, in welcher dieses Gefühl jetzt nicht vollständig die Oberhand nimmt: und diess erspart meinem Herzen viel; es ist jetzt viel weniger mehr verwundbar: — ich kann verachten, wo ich früher mich erbitterte! —

So spreche ich mich denn auch immer weniger aus, und denke mir, ich sei nicht dazu, durch meine Handlungen verstanden zu werden, und will denn wenigstens hoffen, dass etwas wenigstens einmal von meinen Werken verstanden wird. Aber so viel sage ich Ihnen: nur das Gefühl meiner Reinheit giebt mir diese Kraft. Ich fühle mich rein: ich weiss in meinem tiefsten Innern, dass ich stets nur für Andre, nie für mich wirkte; und meine steten Leiden sind mir des Zeugen. —

Aber Freude? Aber Freude macht mir nichts mehr! Und das ist mein Trost: jede Freude, auf der ich mich ertappte, würde mein Ankläger sein, und um mein stolzes Recht zur Verachtung wäre es geschehen. —

So kann ich Ihnen denn auch heute mit einem seltsamen Gefühl von Genugthuung berichten, dass die vor einigen Tagen mir gemachte Eröffnung der Aufhebung meiner Verbannung aus Deutschland mich durchaus kalt und gleichgültig gelassen hat. Telegraphische Depeschen trafen jubelnd bei mir ein mit Glückwünschen: ich habe keine einzige beantwortet. Wer würde es begreifen, wenn ich ihm sagen wollte, dass hiermit mir nur wieder ein neues Feld des Leidens eröffnet ist, eines Leidens, das gewiss jede Möglichkeit irgend welcher Befriedigung in dem Grade aufwiegt, dass ich nur Opfer meinerseits vor mir erblicke? Wer mir zufällig einmal ganz zu nahe kommt, der scheint diess dann auch plötzlich zu verstehen: aber es ist ihm nur ein Anflug von Verständniss; er wendet den Rücken, und nicht lange währt es, so meint er endlich doch, ich affectire! Und das sind noch die halbweg besten! Nun aber was sonst so da ist! — Zum Ekeln! —

Aber einen Freund habe ich, den ich immer von

239

Neuem lieber gewinne. Das ist mein alter, so mürrisch
aussehender, und doch so tief liebevoller Schopenhauer!
Wenn ich mit meinem Fühlen am Weitesten und Tiefsten
gerathen bin, welche ganz einzige Erfrischung, beim Aufschlagen jenes Buches mich plötzlich so ganz wieder zu
finden, so ganz verstanden und deutlich ausgedrückt zu
sehen, nur eben in der ganz anderen Sprache, die das
Leiden schnell zum Gegenstande des Erkennens macht,
und aus dem Gefühl schnell alles in den marmornen,
kühlen, tröstenden Verstand umsetzt, aber in den Verstand,
der, indem er mich mir selbst, zugleich mir die ganze
Welt zeigt! Das ist eine ganz wundervolle Wechsel-
wirkung, und ein Austausch der allerbeglückendsten Art:
und immer ist diese Wirkung neu, weil sie immer stärker
ist. Das giebt dann Ruhe, und selbst die Verachtung
klärt sich als Liebe auf: denn alles Schmeicheln ist fort;
klares Erkennen kühlt das Leiden: die Falten glätten
sich, und der Schlaf gewinnt wieder seine erquickende
Kraft. Und wie schön, dass der alte Mann gar nichts
davon weiss, was er mir ist, was ich mir durch ihn bin.
Und nun noch eines ganz andersartigen Freundes
lassen Sie mich gedenken. Lachen Sie, aber ich spreche
von einem wahren Engel, den ich immer um mich habe:
ein Wesen von unerschütterlicher Freundlichkeit, das
mich nie nur erblickt, ohne einen ganzen Schwall von
Freude und Liebkosung an mir zu verschwenden. Das
ist das Hündchen, das Sie einst auf dem Krankenbette
für mich bestimmten! Es ist unsäglich, wie liebenswürdig
dieses unvergleichliche Thier gegen mich ist. Alle Abende
verliere ich mit ihm mich in dem Bois de la Boulogne!
Da denke ich denn oft an mein stilles Sihlthal! Leben
Sie wohl, Sie freundliche Seele! Und haben Sie Dank! —

106 a.   [Paris]
                              [Anfang August 1860]
    Was für ein Dichter bin ich doch! Hilf Himmel,
ich werde ganz anmassend! — Diese nie endende Ueber-

setzung des Tannhäuser hat mich schon so eingebildet
gemacht: grade hier, wo Wort für Wort durchgegangen
werden musste, kam ich eigentlich erst dahinter, wie
concis und unabänderlich schon diese Dichtung ist. Ein
Wort, ein Sinn fortgenommen, und meine Uebersetzer,[1]
wie ich, wir mussten gestehen, dass ein wesentlicher
Moment geopfert werde. Ich glaubte anfangs an die
Möglichkeit kleiner Aenderungen: wir mussten alle und
jede als unmöglich aufgeben. Ich wurde ganz erstaunt,
und fand dann im Vergleich, dass ich wirklich nur sehr
wenig kenne, dem ich die gleiche Eigenschaft zusprechen
kann. Kurz, ich musste mich vor mir selbst entschliessen
anzuerkennen, dass gerade schon die Dichtung gar nicht
besser hätte gemacht werden können. Was sagen Sie
dazu? In der Musik kann ich eher verbessern. Hie und
da gebe ich namentlich dem Orchester ausdrucksvollere
und reichere Passagen. Nur die Scene mit Venus will
ich ganz umarbeiten. Frau Venus habe ich steif erfunden; einige gute Anlagen, aber kein rechtes Leben.
Hier habe ich eine ziemliche Reihe von Versen hinzu-
gedichtet: die Göttin der Wonne wird selbst rührend,
und die Qual Tannhäusers wird wirklich, so dass sein
Anruf der Maria wie ein tiefer Angstschrei ihm aus der
Seele bricht. So etwas konnte ich damals noch nicht
machen. Für die musikalische Ausführung brauche ich
noch sehr gute Laune, von der ich noch gar nicht weiss,
wo sie herbekommen! —
    Es soll bald eine Prosa-Uebersetzung der vier Stücke:
Holländer, Tannhäuser, Lohengrin und Tristan, herausgegeben werden, zu der ich eine Vorrede[2] schreiben
will, die meinen hiesigen Freunden etwas Aufschluss
namentlich über das Formelle meiner Kunsttendenzen
geben soll. Diese Uebersetzungen ging ich soeben durch,

---

[1] Charles Nuitter; Glasenapp II, 2, 271. Die französische Tann-
häuser-Übersetzung behandelt ein besonderer Aufsatz von W. Golther,
Musik II, 3, 271 ff.
    [2] „Zukunftsmusik", Ges. Schriften 7, 121 ff.

und war eben dabei wieder genöthigt, meine Dichtungen mit allem Detail mir genau wieder vorzuführen. Gestern ergriff mich der Lohengrin sehr, und ich kann nicht umhin, ihn für das allertragischeste Gedicht zu halten, weil die Versöhnung wirklich nur zu finden ist, wenn man einen ganz furchtbar weiten Blick auf die Welt wirft.

Nur die tiefsinnige Annahme der Seelenwanderung konnte mir den trostreichen Punkt zeigen, auf welchen endlich Alles zur gleichen Höhe der Erlösung zusammenläuft, nachdem die verschiedenen Lebensläufe, welche in der Zeit getrennt neben einander laufen, ausser der Zeit sich verständnissvoll berührt haben. Nach der schönen buddhistischen Annahme wird die fleckenlose Reinheit des Lohengrin einfach daraus erklärlich, dass er die Fortsetzung Parzifals — der die Reinheit sich erst erkämpfte — ist. Ebenso würde Elsa in ihrer Wiedergeburt bis zu Lohengrin hinanreichen. Somit erschien mir der Plan zu meinen „Siegern" als die abschliessende Fortsetzung von Lohengrin. Hier erreicht „Sawitri" (Elsa) den „Ananda" vollständig. So wäre alle furchtbare Tragik des Lebens nur in dem Auseinanderliegen in Zeit und Raum zu finden: da aber Zeit und Raum nur unsre Anschauungsweisen sind, ausserdem aber keine Realität haben, so müsste dem vollkommen Hellsehenden auch der höchste tragische Schmerz nur aus dem Irrthum des Individuums erklärt werden können: ich glaube, es ist so! Und in voller Wahrheit handelt es sich durchaus nur um das Reine und Edle, das an sich schmerzlos ist. —

Ich kann Ihnen nichts andres schreiben, als solches Geplaudre: das einzig lohnt der Mühe! Und mit Ihnen einzig plaudre ich solche Dinge gern! Da schwindet denn Zeit und Raum, die ja nichts wie Qual und Noth enthalten! Und — ach! wie selten bin ich zu solchem Plaudern aufgelegt! —

Der Tristan ist und bleibt mir ein Wunder! Wie ich so etwas habe machen können, wird mir immer unbegreiflicher: wie ich ihn wieder durchlas, musste ich Auge und Ohr weit aufreissen! Wie schrecklich werde ich für dieses Werk einmal büssen müssen, wenn ich es mir vollständig aufführen will: ganz deutlich sehe ich die unerhörtesten Leiden voraus; denn, verhehle ich es mir nicht, ich habe da Alles weit überschritten, was im Gebiet der Möglichkeit unsrer Leistungen liegt; wunderbar geniale Darsteller, die einzig der Aufgabe gewachsen wären, kommen nur unglaublich selten zur Welt. Und doch kann ich der Versuchung nicht widerstehen: wenn ich nur das Orchester höre!! —

Viel ist wieder der Parzival in mir wach gewesen; ich sehe immer mehr und heller darin; wenn Alles einmal ganz reif in mir ist, muss die Ausführung dieser Dichtung ein unerhörter Genuss für mich werden. Aber da können noch gute Jahre darüber hin gehen! Auch möchte ich's einmal bei der Dichtung allein bewenden lassen. Ich halte mir's fern, so lange ich kann, und beschäftige mich damit nur, wenn mir's mit aller Gewalt kommt! Dann lässt mich dieser wunderbare Zeugungsprozess aber mein ganzes Elend vergessen. — Soll ich davon plaudern? Sagte ich Ihnen schon einmal, dass die fabelhaft wilde Gralsbotin ein und dasselbe Wesen mit dem verführerischen Weibe des zweiten Actes sein soll? Seitdem mir diess aufgegangen, ist mir fast alles an diesem Stoffe klar geworden. Diess wunderbar grauenhafte Geschöpf, welches den Gralsrittern mit unermüdlichem Eifer sclavenhaft dient, die unerhörtesten Aufträge vollzieht, in einem Winkel liegt, und nur harrt, bis sie etwas Ungemeines, Mühvolles zu verrichten hat, — verschwindet zu Zeiten ganz, man weiss nicht wie und wohin? —

Dann plötzlich trifft man sie einmal wieder, furchtbar erschöpft, elend, bleich und grauenhaft: aber von Neuem unermüdlich, wie eine Hündin dem heiligen Grale dienend, vor dessen Rittern sie eine heimliche Verachtung blicken lässt: ihr Auge scheint immer den rechten zu suchen, — sie täuschte sich schon — fand ihn aber nicht. Aber was sie sucht, das weiss sie eben nicht: es ist nur Instinct. —

Als Parzival, der Dumme, in's Land kommt, kann sie den Blick nicht von ihm abwenden: wunderbares muss in ihr vorgehen; sie weiss es nicht, aber sie heftet sich an ihn. Ihm graust es — aber auch ihn zieht es an: er versteht nichts. (Hier heisst's — Dichter, schaffe!) Nur die Ausführung kann hier sprechen! — Doch lassen Sie sich andeuten, und hören Sie so zu, wie Brünnhilde dem Wotan zuhörte. — Dieses Weib ist in einer unsäglichen Unruhe und Erregung: der alte Knappe hat das früher an ihr bemerkt zu Zeiten, ehe sie kurz darauf verschwand. Diesmal ist ihr Zustand auf das höchste gespannt. Was geht in ihr vor? Hat sie Grauen vor einer abermaligen Flucht, möchte sie ihr enthoben sein? Hofft sie — ganz enden zu können? Was hofft sie von Parzival? Offenbar heftet sie einen unerhörten Anspruch an ihn? — Aber alles ist dunkel und finster: kein Wissen, nur Drang, Dämmern? — In einem Winkel gekauert wohnt sie der qualvollen Scene des Anfortas bei: sie blickt mit wunderbarem Forschen (sphinxartig) auf Parzival. Der — ist auch dumm, begreift nichts, staunt — schweigt. Er wird hinausgestossen. Die Gralsbotin sinkt kreischend zusammen; dann ist sie verschwunden. (Sie muss wieder wandern.)

Nun rathen Sie, wer das wunderbar zauberische Weib ist, die Parzifal in dem seltsamen Schlosse findet, wohin sein ritterlicher Muth ihn führt? Rathen Sie, was da vorgeht, und wie da Alles wird. Heute sage ich Ihnen nicht mehr! —

106b.   10. August.

Ich schreibe Ihnen dieses zweite Blatt viele Tage später. Wie viele? — weiss ich nicht! „Schon zähl' ich nicht die Tage mehr!" Da ist Alles ein trübes, dämmeriges Einerlei: Sorgen und Widerwärtigkeiten in immer neuer Form, aber immer dieselben: gänzlich freudlos. Aber nicht stürmisch: mehr schleichend. Dagegen Ruhe, völlige Resignation, nichts — erwarten, nichts — hoffen, kaum — wünschen. Mit den Launen meines Schicksals durchaus vertraut: still meiner Sendung mich fügend. Geduldig. Selbst gegen das Wetter. Und diess Wetter belehrt mich: es ist, man kann's nicht ändern, man muss sich dran gewöhnen; so mit allen moralischen Constellationen, die uns umgeben. Da hilft kein Wüthen: — nur Ertragen! —

Aber leuchtet's dann und wann im Innern auf: wie sich alles von Aussen, unbefriedigt, dahin zurückdrängt, so lebt's dann immer wärmer und leuchtender innen. Das ist wohl die Tristanische Nacht! „Barg im Busen uns sich die Sonne, leuchten lachend Sterne der Wonne!" — Alles scheint mir so nichtig, was ich Ihnen von meinem Dasein melden könnte: das ist wohl auch am allerschwersten zu verstehen. So ein Lebenslauf, namentlich wie der meinige, muss den Zuschauer immer täuschen: er sieht mich in Thaten und Unternehmungen, die er für die meinigen hält, während sie mir im Grunde ganz fremd sind; wer gewahrt oft den Widerwillen, der mich dabei beseelt? Das ist Alles nur zu verstehen, wenn einmal die Summe und das Facit vorliegen wird: dann wird man finden müssen, dass dieses Ungewöhnliche eben nur so zu bewirken war, und man wird — lernen, um die Lehre doch ein andermal wieder nicht anwenden zu können. Das ist nun einmal so! Ich suche Andren wenig mehr zu erklären, sondern, wie ich eben nur das Bewusstsein ununterbrochenen Leidens habe, leide ich auch diess, und — weiss, dass es so sein muss. Aber! Der Tag der Aufklärung wird einmal kommen. Es gestaltet sich danach. Und manches wird die Welt erblicken, wovon sie sich nichts träumen liess. Das sage ich, ohne mir im mindesten zu verbergen, welchen Unmöglichkeiten ich immer noch entgegengehe. Deutschland liegt mir nun offen: und nun erst graut mir! Ich habe noch keine

Ahnung davon, wo Tristan geboren werden soll. Ach!
nun wird sich ja wohl erst das Elend zeigen! So zerstreut mich der Pariser Tannhäuser, giebt mir Zeit, über
Deutschland nachzudenken, nichts zu übereilen, und —
was ungemein wichtig! — er giebt mir vielleicht die
Mittel, gegen die deutschen Aufführungen meiner neuen
Werke mich so zu verhalten, wie es einzig nöthig ist, um
mit Ruhe und Geduld das Beste dort vorbereiten zu
können. Glückte diess — wie wunderbar wäre dann das
Exempel aufgegangen, dessen Zahlen jetzt jeden ver-
wirren, weil sie keiner reimen kann. Und doch war —
ich gestehe es bescheidentlichst —, so gar keine wahre
Berechnung meinerseits dabei! —

Doch lassen wir diesen Irrlichtertanz weltlichen
Wollens und Wähnens! Wir sind für wenig anderes dabei,
als mit dem Leiden! —

Aber vom Parzival kann ich Ihnen heute auch nicht
weiter erzählen: da geht Alles noch sehr embryonisch
und unaussprechlich her. Dafür will ich Ihnen eine alte
Geschichte erzählen, die vor einiger Zeit ihrer Eigenthümlichkeit und tiefen Charakteristik wegen grossen
Eindruck auf mich machte. In einem Band des Gr.
v. Villemarqué „Les contes des anciens Bretons", worin
ich, nach dem Mabinogion, die ältesten Gestaltungen der
später von französischen Dichtern behandelten Sagen z. B.
von Artus, Parcival, Tristan u. s. w. fand, traf ich auch
auf das Gedicht von Erec und Enide, welches ich nach
einer mittelalterlichen deutschen Bearbeitung[1] in meiner
ehemaligen Dresdener Bibliothek noch „besitze" — ohne
es gelesen zu haben. Der Hergang ist ungefähr folgender:

Erec hat nach langen Kämpfen Enide als Weib heim-
geführt; sein von Feinden befehdetes Land hat er nach
allen Seiten hin gesichert, so unerhörte Wunder der
Tapferkeit verrichtet, dass er eben sich und Allen als

---

[1] Dem Gedichte des Hartmann von Aue, der Kristian von
Troyes folgte.

der unbesieglichste Held gelten muss, keinen Grund zu kämpfen mehr findet, und nun einzig der Liebe zu seinem schönen Weibe lebt, friedlich und wonnig. Das ängstigt sein Volk und seine Freunde: sie fürchten, er werde sich verweichlichen und seine Kraft verlieren, und bezüchtigen den zu starken Einfluss des liebenswürdigen Weibes. Diese selbst beginnt sich zu ängstigen, und wirft sich vor, der Grund dieser (wie Allen dünkt) bedenklichen Aenderung des Wesens Erec's zu sein. Eines Morgens erwacht sie sorgend, blickt wehmüthig auf den schlummernden Geliebten, und auf seine nackte Brust, aus der ihr die Tapferkeit gewichen scheint, fallen zwei heisse Thränen. Im Erwachen hört er noch ihre Worte: „Oh, muss ich Schuld sein, dass die Heldenkraft aus ihm wich?" Erstaunt, glaubt er — mit der ungemeinen Empfindlichkeit einer edlen Natur — ihrer Klage den Sinn unterlegen zu müssen, als begehre sie eines würdigeren Helden Weib zu sein — oder gar zu werden. Dieser sonderbar feine, eifersüchtige Wahn bestimmt ihn sofort. „Verhüte Gott, dass ich Dir wehren wolle, über Deines Gatten Leiche einem Würdigeren Deine Hand zu reichen!" — ruft er. Sofort lässt er für sich und Enide satteln, nimmt von Allen schnellen Abschied, reitet mit ihr allein in die Welt, und gebietet ihr, ihm stets voran zu reiten, und — möge sie hören und sehen was immer — nie sich nach ihm umzukehren und nie zu ihm zu sprechen, ausser wenn er sie frage. Im fernen Walde kommen drei Räuber auf sie zugeritten: sie kann nicht umhin Erec zu warnen. „Habe ich Dir nicht Schweigen geboten?" herrscht er sie an, bekämpft die Räuber, erlegt sie, giebt ihre Rosse, zusammengebunden, in Enide's Hut, und gebietet ihr, die Pferde vor sich treibend, weiter ihm voran zu ziehen. So geht es schweigend fort. Dasselbe Abenteuer, nur mit immer stärkerer Steigerung der Gefahr, der Angst Enide's, des Zornes Erec's und der tapferen Anstrengung des Siegers, wiederholt sich. Die furchtbarste Ermüdung Enide's von der langen Fahrt ohne Ruhe und Erquickung, darf sie sich kaum gestehen, denn wie viel schrecklicher muss die Erschöpfung Erec's sein, der die ungeheuersten Kämpfe rastlos zu bestehen hat. Endlich gebietet er einmal Halt: auf einer blumigen Aue bietet er ihr Erfrischung, ein Landmann bringt Nahrung, Wein u. s. w. Er geht bei Seite, während sie sich erquickt, und netzt an einem Quell nur seine glühenden Lippen. Er lässt sie schlummern, und wacht. Dann geht es wieder fort und weiter, zu den unerhörtesten, gefahrvollsten Abenteuern, immer in gleicher Weise.

Endlich, nach einem Kampfe mit einem entsetzlichen Riesen, kommt Erec zum Tode erschöpft zu Enide's Rastplatz zurück, und sinkt zusammen. Nun ihre Klagen! Da kommt ein Ritter mit reichem Gefolge — ein Feind Erec's. Dieser rafft sich auf zum abermaligen Kampf: für tot stürzt er hin. Der Graf, von Liebe zu Eniden entbrannt, führt sie mit der Leiche auf sein Schloss. Enide muss sich in den Festsaal gesellen: der Graf wirbt um sie: ausser sich vor Weh schreit sie auf! „Oh Erec, lebtest Du noch, wer dürfte es wagen, um mich zu werben." Da springt die Thüre auf: Erec hat den Nothschrei vernommen, vom Tode erweckt, überblickt er den Vorgang, erschlägt den Feind, zieht Enide an seine Brust, bittet sie, nun künftig nicht mehr an ihm zu zweifeln, wenn er auch nicht immer drein schlüge, und zieht mit der Ueberseeligen heim! —

Was sagen Sie dazu? Sind das nicht ganze Menschen? So unglaublich zart, dass wir sie heute gar nicht mehr begreifen können; die furchtbarsten Kraftäusserungen aus übermässigem Feingefühl! —

Nun ist auch der 2. Bogen voll! — Leben Sie wohl! Grüssen Sie Wesendonk schön! Ich werde ihm bald schreiben! Tausend Dank und stete Liebe!

R. W.

107.   Paris, 30. Sept. 60.

Mein liebes, theures Kind!

Bisher war es immer nur Unwohlsein, was mir eine
Unterbrechung in meinen Beschäftigungen gestatten zu
dürfen schien. Heute aber muss ich mich einmal auf
eine Stunde frei machen, um — frei zu sein! —

Ach, was schwelgt das Kind in Raphael und Malerei!
Was ist das schön, lieblich und beruhigend! Nur mich
will das nie einmal berühren! Ich bin immer noch der
Vandale, der seit einem Jahresaufenthalt in Paris nicht
dazu gekommen ist, das Louvre zu besuchen! Sagt Ihnen
das nicht Alles?? —

Und wie mir's sonst geht? — Denken Sie sich, dass
ich jetzt auch mit aller Gewalt Musik zu erfinden suche.
Venus soll besser singen lernen! Wie geht mir's da? —
Dass ich Ihnen immer stumme (oder vielmehr unsicht-
bare) Briefe schreibe, wissen Sie wohl. In einem derselben schrieb ich Ihnen sehr viel von zwei ganz kleinen
indischen Vögeln, die mir hier in's Haus gekommen
sind, und die ich nicht wieder fortgeben lassen wollte,
weil sie im Sommer ganz wunderlieblich sangen, und
damit beim Frühstück mich stets einen Augenblick er-
heiterten. Das Männchen und das Weibchen, jedes hatte
seinen besondern Schlag, sehr fein und melancholisch
melodisch.

Endlich gegen Mitte August, als ich vom Rheinausflug[1])
zurückkomme, höre ich das Weibchen gar nicht mehr,
und das Männchen immer nur zwitschernd, immer ängst-
licher und angestrengter, um den melodischen Schlag
wieder zu finden: — umsonst, er gelang nicht mehr! Er
konnte nicht mehr singen. Ich hatte das nie beobachtet,
sondern eben nur gehört, dass die Singvögel von Ende
Sommer an verstummen, und erst mit dem Nahen des
Frühjahrs wieder ihr Lied beginnen. Aber ich dachte, ihr
Geschäft sei nun einmal abgethan um diese Zeit, und sie
fänden dann grade nur kein Bedürfniss mehr, und vergässen

---

[1]) Glasenapp II, 2, 275.

es so! Aber das lehrte es mich nun anders: mein Männchen schien ganz erstaunt über sich, dass ihm die Melodie abhanden gekommen sei, und er sie mit keiner Anstrengung wieder hervorbringen könne. Das hat mich ganz ungemein gefesselt und ergriffen! Diese Entfremdung des innersten Wesens, dieses Versagen der melodischen Kraft! Wem gehört sie an? Dem Vogel? — oder wer leiht sie ihm nur? Gewiss ist es, dass nur ein extatischer Zustand die Melodie ihm ermöglicht: dieser Zustand wird ihm so zur Gewohnheit in der rechten Zeit, dass er, sobald die andre Zeit kommt, eben ganz erschrocken ist, den Zauber plötzlich von sich gewichen zu sehen. Endlich gewöhnt er sich wohl daran: etwas in ihm sagt ihm, im Frühjahr werde er wieder singen können! — Ich schrieb Ihnen viel hierüber. Das Zwitschern und klägliche Zirpen dauerte noch lange. — Jetzt: — ein andrer Brief! — Denken Sie sich! — eines Morgens fängt das Weibchen an zu zwitschern und — gelangt richtig zu seinem ganzen Schlag, den es nun rastlos wohl zehnmal hintereinander wiederholte! — Ich war ausser mir! — Was sollte ich dazu sagen? War es eine Anomalie? Giebt es auch in der Natur Ausnahmen? So viel weiss ich, dem Weibchen war's gelungen: seitdem habe ich's aber nicht wieder gehört. —

Ach! wenn nur der Himmel wenigstens einmal wieder rein werden wollte! Wie halt' ich nur das schon seit einem ganzen Jahre aus? Es hilft aber nichts: trotz Himmel und Herbst, ich muss componiren. Und geschriftstellert habe ich auch schon. Ich werde Ihnen das Buch bald schicken. Die Verse zum Tannhäuser sind deutsch noch nicht in Ordnung: ich gebe Ihnen den Entwurf, nach welchem sie französisch ausgeführt wurden, und diese französischen Verse musste ich componiren! Was sagen Sie dazu? Weiss Gott! Am Ende geht Alles! Aber wie? Doch ist mir all diese Beschäftigung recht. Sie verdeckt diese Weltfremde, in der ich nun immer bleiben werde. Ich muss aushalten: das will dieselbe

Macht, die meine Vögel singen und wieder schweigen lässt. Aber zur eigentlichen, persönlichen Besinnung darf ich nicht viel kommen: denn da ist nichts wie Wüste und Hoffnungslosigkeit. Ich muss das nun so bevölkern mit Beschäftigung, und wird diese mir zuwider, so helfen die Sorgen weiter zu leben. Und Frau Sorge bleibt immer treu. —

Machen Sie sich aber keine falschen Vorstellungen: mit Gewalt würde ich an nichts festhalten. Am Wenigsten würde ich mich z. B. mit diesem Pariser Tannhäuser abgeben, wenn ich hier etwas zu ertrotzen, oder gar etwas aufzuopfern hätte. Im Gegentheil mache ich gute Miene zu diesem närrischen Spiele, weil man mir so gute Miene entgegenbringt. Was Aufführungen meiner Werke betrifft, habe ich's in meinem Leben noch nicht so gut gehabt und werde es auch wohl nie wieder so haben. Alles, was ich nur irgend verlange, geschieht: nirgends der mindeste Widerstand. Jetzt haben die Klavierproben begonnen. Zeit wird im wohlthuendsten Sinne verwendet. Jedes Detail wird meiner Prüfung unterworfen: die Decorationspläne habe ich dreimal verworfen, ehe man's mir recht machte. Jetzt wird Alles vollkommen, und die Aufführung wird jedenfalls — wenn sie nicht an das Ideal reicht — die beste, die je stattgefunden und in Zukunft so bald wieder stattfinden kann. Vor Allem verlasse ich mich auf meinen Recken: Niemann. Der Mensch hat unerschöpfliche Fähigkeiten. Noch ist er fast roh, und Alles that in ihm bisher nur der Instinct. Jetzt hat er Monate lang nichts anderes zu thun, als sich von mir leiten zu lassen. Alles wird bis auf den letzten Punkt studirt. — Zur Elisabeth habe ich eine ebenfalls noch halbwilde, junge Sängerin, Sax: ihre Stimme ist wundervoll und unverdorben und ihr Talent ergiebig. Sie ist mir gänzlich unterworfen. — Venus — Mad. Tedesco, für mich eigens engagirt, hat einen süperben Kopf zu ihrer Rolle; nur ist die Gestalt fast etwas zu üppig. Das Talent sehr bedeutend und geeignet. — Wolfram machte die letzten Schwierigkeiten; ich habe endlich einen Herrn Morelli engagiren lassen, einen Mann von stattlichem Aussehen und wunderschöner Stimme. Ich muss nun sehen, wie ich ihn einstudire. Glücklicherweise wird die Oper nicht eher gegeben, als bis ich ganz mit dem Studium zufrieden bin. Und diess ist wichtig. — Ich konnte ein so wichtiges Anerbieten nicht von der Hand weisen! —

An der Oper hat man mich bereits lieb gewonnen; es findet in allen meinen Relationen nichts Gezwungenes mehr statt: man hat begonnen mich zu verstehen, widerspricht mir in nichts, und freut sich der Dinge, die da kommen sollen. — So wäre denn das Alles recht schön: wenn mir es nur sonst bei meiner ganzen Existenz etwas wohler wäre. Mir hilft Alles nichts! Ich wache traurig auf, und lege mich traurig nieder. Das böse Wetter mag mit daran Schuld haben: die Momente des Wohlseins werden gar so selten, und das Unbehagen, ja die Angst, machen sich immer breiter. —

Nun geben Sie aber auch auf diese Klagen nicht zu viel. Am Ende bin ich immer noch fähig, das grösste Wohlgefühl zu empfinden, sobald nur ein bedeutender schöner Eindruck kommt. Sie wissen, an meinem letzten Geburtstage that es der Ostwind. Heute hatten wir den ersten Herbstnebel: er erinnerte mich stark an Zürich. Vielleicht bringt er gutes Wetter. Das hilft dann viel. — Etwas habe ich auch schon an der Musik meiner neuen Scene gearbeitet. Sonderbar: alles Innerliche, Leidenschaftliche, fast möchte ich's: Weiblich-Extatisches nennen, habe ich damals, als ich den Tannhäuser machte, noch gar nicht zu Stande bringen können: da habe ich Alles umwerfen und neu entwerfen müssen: wahrlich, ich erschrecke über meine damalige Coulissen-Venus! Nun, das wird diesmal wohl besser werden, — zumal wenn der Nebel gut Wetter bringt. Aber das Frische, Lebenslustige im Tannhäuser, das ist Alles gut, und ich kann da nicht das mindeste ändern: alles, was den Duft der Sage um sich hat, ist auch schon da ätherisch; Klage und Busse Tannhäusers durchaus gelungen: die Gruppirungen unverbesserlich. Nur in leidenschaftlichen Zügen habe ich auch sonst dann und wann nachhelfen müssen: z. B. habe ich eine sehr matte Passage der Violinen bei Tannhäusers Aufbruch am Schlusse des zweiten Aktes durch eine neue ersetzt, die sehr schwer ist, mir aber einzig genügt. Meinem hiesigen Orchester kann ich aber Alles bieten: es ist das erste der Welt. —

Und genug vom Tannhäuser! — Dann und wann plaudre ich viel mit Ihnen auch über Menschen, die mir begegnen: doch wüsste ich diesen Augenblick nichts sonderliches hervorzuheben: es möchte vieles wichtiger aussehen, wie es ist. Im Ganzen lebe ich fortwährend durchaus einsam. Es bekommt mir nichts besser. Oft aber ist doch auch meine Einsamkeit mismuthig. Was hilft dann? — Erinnerung und — Schlaf! —

Höchst abgeneigt bin (ich) den Plänen geworden. Selbst für eine Aufführung des Tristan habe ich noch gar nichts projectirt. Ich denke immer, das Rechte muss einmal von selbst kommen. Einstweilen hat sich Königin Victoria in den Kopf gesetzt, diesen Winter den Lohengrin hören zu wollen. Der Director des Coventgarden-Theaters suchte mich auf, die Königin wünscht Lohengrin englisch — im Februar soll es sein. Noch weiss ich nichts Näheres, und ob ich mich werde damit abgeben können. Drollig wäre es, wenn ich diess Werk auf englisch zum ersten Mal hören sollte! —

Und nun ziehe ich bald aus. Vom 15ten October an wohne ich 3, rue d'Aumale.[1]) Es ist eine kleinere Wohnung, und ich hoffe drin nicht dichten noch componiren zu müssen: sie kann nur zum Geschäftscomptoir taugen. Meinen Prozess habe ich halb verloren; man zahlt mir keinen Sou Entschädigung. Ach! wann wäre ich denn auch jemals zu etwas gekommen. Das war eine

---

[1]) Glasenapp II, 2, 261 ff. 278 ff.

böse, höchst verunglückte Sache: die Wohnung selbst, die ich wegen ihrer Stille wählte, wurde durch die Demolitionen des Quartiers über alle Maassen lärmend und unerträglich. Man behauptet, mein Proprietaire habe nichts davon gewusst. Möglich! —

Nun, Kind! Ihnen ist's besser gegangen, das ist mein Trost! Der Himmel segne Ihre schönen Bilder und vor Allem das Porträt! Auch ich werde das Alles ja bald einmal sehen. — Grüssen Sie Otto tausendmal! Ich schreibe nun ihm das nächste Mal. Noch Eines. Auf dem Rhein, in der Gegend von Rolandseck, stiegen schlanke, blonde Kinder ein, — dann stiegen sie wieder aus. Das war ganz der Kinderschlag: Eines sah sogar der Myrrha ähnlich! Ich wusste wohl, dass Sie da zu Hause waren! —

Tausend Grüsse, und mein ganzes Herz! —

R. W.

Und nun noch der Entwurf zu den neuen Tannhäuserversen.

Schlagen Sie auf! Nach dem dritten Vers des Tannhäuser: Venus (in Zorn ausbrechend) — bis zu den Worten:

> „Zieh hin, Bethörter, suche dein Heil!
> „Suche dein Heil, und find' es nie!" —

Nun soll folgen, etwa: —

> „Die du bekämpft, die du besiegt,
> „Die du verhöhnt mit jubelndem Stolz,
> „Flehe sie an, die du verlacht;
> „Wo du verachtest, jamm're um Huld!
> „Deiner Schande Schmach blüht dir dann auf;
> „Gebannt, verflucht, folgt dir der Hohn:
> „Zerknirscht, zertreten seh' ich dich nahn,
> „Bedeckt mit Staub das entehrte Haupt:

„O, fändest du sie wieder,
„Die einst dir gelacht!
„Ach, öffneten sich wieder
„Die Thore ihrer Pracht." —
„Da liegt er vor der Schwelle,
„Wo einst ihm Freude floss:
„Um Mitleid, nicht um Liebe,
„Fleht bettelnd der Genoss.
„Zurück der Bettler! Sclaven nie,
„Nur Helden öffnet sich mein Reich!"

Tannhäuser.

„Der Jammer sei dir kühn gespart,
„Dass du entehrt mich nahen säh'st:
„Für ewig scheid' ich: Lebe wohl!
„Der Göttin kehr' ich nie zurück."

Venus.

„Ha! Kehrtest du mir nie zurück! —
„Was sagt' ich? — was sagt er? —
„Wie es denken? — Wie es fassen? —
„Mein Trauter — ewig mich verlassen!"
„Wie hätt' ich das verschuldet?
„Der Göttin aller Hulden,
„Wie ihr die Wonne rauben
„Dem Freunde zu vergeben?
„Wie lächelnd unter Thränen
„Ich sehnsuchtvoll dir lauschte,
„Den stolzen Sang zu hören,
„Der rings so lang verstummt:
„O könntest je du wähnen,
„Dass ungerührt ich bliebe,
„Dräng' deiner Seele Seufzen
„In Klagen zu mir her?
„Dass ich in deinen Armen
„Mir letzte Tröstung fand,
„Lass dess mich nicht entgelten,

255

„Verschmäh' nicht meinen Trost! —
„Ach, kehrtest du nicht wieder,
„Dann träfe Fluch die Welt,
„Für ewig läg' sie öde,
„Aus der die Göttin schwand! —
„Kehr' wieder! Kehr' mir wieder!
„Trau' meiner Liebeshuld!"

Tannhäuser.

„Wer, Göttin, dir entflieht,
„Flieht ewig jeder Huld.

Venus.

„Nicht wehre stolz dem Sehnen,
„Wenn neu dich's zu mir zieht!

Tannhäuser.

„Mein Sehnen drängt zum Kampfe;
„Nicht such' ich Wonn' und Lust!
„O, Göttin, woll' es fassen,
„Mich drängt es hin zum Tod!

Venus.

„Wenn selbst der Tod dich meidet,
„Ein Grab dir selbst verwehrt?

Tannhäuser.

„Den Tod, das Grab im Herzen,
„Durch Busse find' ich Ruh'.

Venus.

„Nie ist dir Ruh' beschieden,
„Nie findest du das Heil:
„Kehr' wieder, suchst du Frieden,
„Kehr' wieder, suchst du Heil!

Tannhäuser.

„Göttin der Wonne, nicht in dir —,
„Mein Fried', mein Heil liegt in Maria!"

———

108.   24. Oct. 60.

    Ein flüchtiges Wort, mein theuerstes Kind!

    Tief und herzlich froh haben mich Ihre letzten Zeilen
gemacht: — so ist man nun einmal nach der Angst!

    Der Brief ist an einem unglücklichen Tage hier an-
gekommen gewesen. Ich entliess meinen Diener, den ich
bis dahin mit Mühe ertragen hatte, plötzlich. Er hatte
mir oft die Vergesslichkeit begangen, Briefe mehre
Tage mit sich herumzutragen, wenn sie ihm vom Brief-
träger eingehändigt waren; ich hatte ihn oft sehr heftig
deshalb gescholten. Jetzt — es war genau in jenen Tagen
— jagte ich ihn schnell fort; in einer halben Stunde
musste er (aus guten Gründen) mein Haus verlassen.
Noch ein andrer Brief ist mir nicht eingegangen. Jetzt
erklärt sich's mir. Aus Tücke oder Angst — gab er die
Briefe beim Fortzug nicht ab. — Ich will ihn nun suchen
aufzufinden. Gelingt es mir nicht, — ach! so müssen
Sie mir noch einmal schreiben. Ich mache allen Menschen genau so viel Noth, als ich mir selbst mache: wir
müssen's zusammen tragen. — Ich bin sehr angestrengt:
man ist mir hier zu unausgesetzt fleissig. Gar kein
Aerger — aber grosse Anstrengung!

             Tausend schöne Grüsse!

             Ich muss wieder fort! —

             Aber noch ein Gruss mehr!

                        R. W.

109.

                  Paris, 13. Nov. 60.

    Liebes treuestes Kind! Schöne freundliche Seele!
Haben Sie Dank für Ihre Grüsse!

    So oft wie möglich sollen Sie ein kurzes Bulletin
von mir haben.

    Es geht — sehr langsam — aber es geht wieder. —
Von der ersten Woche meiner Krankheit[1] habe ich fast

---

[1] Glasenapp II, 2, 282.

gar keine Erinnerungen mehr. Jetzt wird es mir allmählich
wieder klarer. Mehre Tage wurde ich fast ganz blind.
Jetzt bin ich ungemein schwach: erstaunlich abgemagert,
mit tiefeingefallenen Augen. Dass ich eigentlich immer
Schmerzgefühl habe, wissen Sie: nur die nervöse Aufregung konnte immer betäuben; nun ich jede Aufregung
meiden muss, können Sie denken, was mir übrig bleibt! —
      Aber mir ist noch zu viel vorgesteckt, und das Leben
wird mich bald wohl wieder ganz haben!
      Gestern hat man mich nach den Champs Elysées
gefahren und in der Sonne ein wenig spatzieren geführt.
Das ist mir gut bekommen. Es wird wieder werden!
Auch habe ich die Geduld wieder gefunden. —
      In meiner bescheidenen neuen Wohnung hängen die
drei römischen Kupferstiche eingerahmt über und neben
meinem Ruhebett! —
      Adieu für heute! Ich kann nicht mehr schreiben! —
Dank, tausend Dank! Und herzliche tiefe Treue! —

                                                R. W.

110.
                                    Paris, 17. Nov. 60.
      Da kommt wieder ein Bulletin, mein Kind! Es geht
— aber sehr matt und langsam: das Wetter will mich
gar nicht begünstigen, sondern wirft mich immer wieder
zurück! Doch habe ich ein erstes Geschäft besorgt: — ich
war beim Buchbinder. Der Klavierauszug von Tristan
ist endlich erschienen. An Härtels hatte ich Auftrag gegeben, einige Exemplare direct nach Zürich zu schicken,
auch eines für Frau Wille. Für die Freundin wollte ich's
natürlich aber so nicht abmachen: ich liess mir ein Exemplar
nach Paris kommen; es sollte nach meinem Wunsche ein-
gebunden und aus meiner Hand Ihnen zugestellt werden.
Nun kam das Exemplar gerade im bösesten Stadium
meiner Krankheit an: denken Sie sich meinen Kummer!
Ich musste es da liegen sehen, ohne mich damit beschäf-

tigen zu können. Nun aber war ich beim Buchbinder: ob es nach meinem Wunsche ausfällt, muss ich leider bezweifeln; diese Menschen sind alle so schrecklich phantasie- und erfindungslos! —

Ich werde mich wohl mit etwas ganz gewöhnlichem begnügen müssen: und Sie müssen mit dem guten Willen vorlieb nehmen. Lange genug wird's immerhin dauern, bis es fertig wird, und Sie werden's als Geburtstags- und Weihnachts-Geschenk rechnen müssen! —

Im Uebrigen bin ich so — todt! Ich kann's kaum anders nennen! Im ruhigen Zustand ohne alles Interesse für die Existenz: die zukünftigen Aufführungen meiner letzten Werke alles Traum und Nebel. Gar kein Eifer oder Wunsch in mir! —

Meine armen Nerven immer sehr gedrückt und schmerzhaft: immer nur ist's die Aufregung des Augenblickes, die meinem Zustand einen besseren Anschein giebt. Und doch — geht's, und wird gehen — aber wie? Gott weiss! — Wären nur die Sonnenflecken nicht: heitres Wetter hilft immer noch am Besten. — Montag will ich wieder einer Probe beiwohnen: ich muss recht ruhig zu sein lernen. —

Aber Ihr Hündchen ist ja ganz allerliebst! Wie heisst es nur? War das ein Meisterstreich von Freund Otto? — Glauben Sie mir, Sie werden viel Freude an dem Thierchen haben: der Thierumgang hat etwas ungemein beruhigendes. Ich gratuliere! —

Und nun noch innigsten Dank für die lieben Grüsse, die mir in's Krankenzimmer kamen: dass sie seit einigen Tagen ausgeblieben, betrübt mich. Sind Sie doch nicht selbst krank? Beruhigung! —

Und tausend herzliche Grüsse an Wesendonk! Er wird bald von mir hören.

Leben Sie wohl, und seien Sie gesund!

Ihr

R. W.

111.   Paris, 3 Rue d'Aumale
                                  4. Dez. 60.

Schnell einen herzlichen Gruss an das theure Kind!
Und etwas Trost! —

Seit einer Woche hat meine Genesung gute Fort-
schritte gemacht. Die Kräfte kehren wieder, mein Aussehen bessert sich: man freut sich über meinen Blick. —

So war es denn eine ernste Mahnung. Sie hat auf
mich grossen Eindruck gemacht: ich lege mir meine Zukunft sorgsam zurecht, um meine Lebensaufgabe erfüllen
zu können: doch hoffe ich wieder, sie erfüllen zu
können! —

Sind Sie zufriedener, liebe Getreue?

Mit dem Tannhäuser wollen wir's noch abwarten.
Ich dirigire das Orchester nicht selbst, und einmal die
Proben überstanden — Alles überstanden! —

Bald mehr vom

                     Lebenden.

112.   [Paris, Dez. 60.]

Nur wenige Zeilen, die Ihnen genug sagen werden,
Freundin! —

Ich thue mein Aeusserstes, um — mit grösster Schonung — den täglichen Proben regelmässig beiwohnen zu
können. Dieses fange ich folgendermaassen an: —

Um 10 Uhr gehe ich zu Bett, bleibe in der Regel
3, 4 bis 5 Stunden schlaflos, stehe dann — sehr schwach
gegen 10 Uhr des Morgens wieder auf, strecke mich nach
dem Frühstück wieder aus, unternehme nichts, schreibe
keine Zeile, lese ein sehr weniges, kleide mich dann an,
fahre in die Oper — um 1 Uhr —, wohne der Probe bei,
komme zwischen 4 und 5 Uhr todtmüde nach Haus,
strecke mich von Neuem aus, suche ein wenig zu schlafen,
speise 5$^1/_2$ Uhr, ruhe dann wieder etwas, empfange ausser
dem Arzt keinen Menschen — um nicht zu sprechen,
lese ein wenig, und fange endlich wie oben gemeldet
wieder an. —

Daraus sehen Sie, wie tief krank meine armen Nerven sind. Nie darf ich wieder singen; wie ich bisher, wenn auch nur selten, ganze Acte aus meinen Opern vortrug, davon kann nun n i e mehr die Rede sein.

Es waren diess jedesmal übermenschliche An-strengungen, die ich nun zu büssen habe. Auch wie ich sonst Orchester dirigirte, das kann nicht mehr vor-kommen! — Wie ich demnach meine Lebensaufgabe zu Ende führen werde, weiss ich nicht. —

Doch ist viel von Ruhe, Schonung und von All-mählichkeit zu erwarten, und besser werden wird es jedenfalls. —

Es ist Ihrer würdig, daran gedacht zu haben, jetzt sich mir Armen zu nähern: doch glaube ich auch, Frau Vernunft hat Recht. Kommen Sie zum Tannhäuser, und vielleicht nicht einmal zu den ersten Aufführungen, son-dern wenn ich mich bereits etwas erholt habe: in einem ähnlichen Zustande, wie meinem jetzigen, bin ich rein gar nicht vorhanden. Gehen Sie schön mit Otto zu Rathe! —

Höchst lieb war mir, was Sie mir von Frau Wille sagten: ich dachte mir's wohl, und bin ihr in nichts mehr böse. Ich weiss doch, was sie werth ist, wenn sie auch nicht zum Handeln gemacht ist. Oft bedürfen wir aber dieser Energie gar nicht, sondern nur Verständniss und Mitgefühl: und welchen Werth hat es, diess gefunden zu haben! — Grüssen Sie sie herzlich von mir! —

Und innige Grüsse an die Familie mit dem guten Papa! Schwach und wehmüthig, aber immer treu und dankbar, bleibe ich der Ihrige.

R. W.

113.   Zum 23. Dezember 1860.

Da finde ich noch einen Bogen von meiner Farbe[1]): der soll Ihnen, Freundin, meine Geburtstagsgratulation bringen!

---

[1]) Der Meister schrieb gewöhnlich auf lila Briefpapier; vgl. das Tristanfaksimile am Schluß des Bandes.

Was soll ich Ihnen wünschen? Was darbieten? Ein höchst mühseliges, ruheloses Dasein, lässt mich als das Wünschenswerthe — Ruhe erscheinen! Ich verlange so sehnlich nach ihr, dass ich auch Andern, und namentlich dem Liebsten, sie einzig als höchstes Gut wünsche. Sie ist so schwer zu gewinnen: wem sie nicht angeboren, dem wird sie kaum je zu Theil, und nur die gänzliche Brechung des eigentlichen Charakters kann ihm diesen Siegespreis zuführen. Wer so im Leben bleibt, und seine Natur immer wieder an dieses Leben dran setzt, der kann im Grossen und Ganzen über Vieles sehr, fast vollkommen ruhig geworden sein; das kleine Lebenswesen von heute zu morgen wird aber immer wieder sein Temperament aufreizen, ihn ungeduldig, unruhig machen. Wie sonderbar geht es mir nun! Ich bleibe kalt und unberührt von Allem, was fast ausnahmslos die Welt in Bewegung setzt. Ruhm hat gar keine Macht über mich: Gewinn nur so weit, als er mich zur Noth unabhängig erhalten soll. Für beide ernstlich etwas unternehmen, wäre mir nie möglich. Rechtbehalten ist mir auch gleichgültig, seit ich weiss, wie unglaublich wenig Menschen dazu gemacht sind, den Andern erst nur zu verstehen. Das mir so sehr natürliche und verzeihliche heftige Verlangen, von jedem meiner Werke eine vollkommen entsprechende Aufführung zu erleben, hat sich endlich doch auch sehr abgekühlt, und diess namentlich noch in dem letzten Jahre. Das erneute Befassen mit Musikern, Sängern u. s. w. hat mir wieder tiefe Seufzer entpresst, und meiner Resignation auch nach dieser Seite hin eine sehr erkräftigende Nahrung gegeben. Ich muss immer mehr einsehen, wie ganz unermesslich weit ich von dieser — in unsrem modernen Leben ganz unveränderlichen — Basis auch meiner Kunstbildungen mich entfernt habe. Gern gestehe ich, dass ich — wenn ich jetzt plötzlich auf meine Nibelungen, auf den Tristan blicke — wie aus einem Traum aufschrecke, und mir sage: „wo warst du? — Du hast geträumt! Schlag die Augen auf und erkenne: hier ist Wirklichkeit!" —

Ja, ich läugne nicht, dass ich meine neuen Werke eigentlich geradesweges für unausführbar halte. Wenn nun aber doch der innere Drang, auch hier eine Möglichkeit zu verwirklichen, sich wieder belebt, so ist diess immer wieder nur dadurch möglich, dass ich mein Gehirn wieder in das Traumreich streifen lasse. Dann müssen mir unerhörte, nie dagewesene hülfreiche Verhältnisse sich als möglich darstellen, und ich muss mir die enorme Kraft zutrauen, diese Verhältnisse herbeizuführen. Gegenüber den ununterbrochenen Erfahrungen von unglaublicher Schwäche und Oberflächlichkeit aller der Personen und Beziehungen, auf welche die Möglichkeit meiner Annahmen sich stützte, macht auch hier die Resignation sich immer mehr geltend, und giebt mir jene Trägheit ein, die mit Scheu vor unnützem Trachten sich abwendet. Ich denke sehr wenig nur noch daran. —

Wenn mich nun etwas für die hiesige Tannhäuser-Unternehmung belebt, so ist diess eigentlich nur die unvertilgbare Eigenschaft meiner Natur, sich unter den Einflüssen künstlerischer Zwecke zu erregen. Mit Mühe zwinge ich mich den ganzen Tag über, mich für die Sache zu interessiren: bin ich dann aber in der Probe, so nimmt das Unmittelbare der Kunst seine Gewalt über mich ein: ich vergeude mich und meine Kräfte, und zwar — eigentlich für eine Sache, die mich ausserdem gleichgültig lässt. —

So ist mir's in Wahrheit! —

Und nun — wie himmelweit verschieden hiervon, und ganz anders, sieht nicht nur die Welt, nein, alle meine Bekannte, ja der mir ergebenste Freund mich an! Ich kann sagen, dass ich fast einzig an dieser wahnsinnigen unvertilgbaren Meinung Jedes, der sich mir naht, leide! Ich kann predigen, Beredsamkeit, Gram, Zorn und Wuth verschwenden, — da antwortet mir immer nur das Lächeln des Bedauerns über eine augenblickliche Verstimmung! Könnten die Menschen dann mein Schweigen errathen, wenn ich plötzlich Einhalt thue,

bleich und anscheinend gleichgültig mich in mich zurück-
ziehe!

O, mein Kind! Wo finde ich dann meinen einzigen,
einzigen Trost? — Ich habe einmal das Herz und die
Seele gefunden, die in diesen Augenblicken mich ganz
verstand, und denen ich lieb ward, weil sie mich so
verstanden und verstehen durften! Sehen Sie, zu dieser
Seele flüchte ich dann, wie ein Todtmüder lasse ich die
Glieder sinken, und senke mich in den weichen Aether
dieses freundlichen Wesens. Alle meine Erlebnisse, die
unerhörten Rührungen, Sorgen und Leiden aus jener
Vergangenheit lösen sich, wie aus Sturmgewölk, in einen
erfrischenden Thau auf, der mir die brennenden Schläfe
benetzt: da fühle ich Erfrischung, und endlich Ruhe,
süsse Ruhe: ich bin geliebt — erkannt! —

Und diese Ruhe, ich trage sie Ihnen zu! Lassen Sie
in dem holden Bewusstsein, was Sie mir sind — der
Engel meiner Ruhe, die Hüterin meines Lebens, auch
sich den edlen Quell finden, der die Dürren Ihres Daseins berieselt! Theilen Sie meine Ruhe, und empfangen Sie sie heute ganz, wie ich sie in diesem Augenblicke geniesse, da ich ganz in Sie mich versenke!
Diess mein Wunsch, mein Geschenk!

R. W.

114.

Mardi gras [12. Februar 1861].

Der fette Dienstag soll mir endlich einmal wieder
einen ruhigen Morgen gewähren, um Ihnen, Freundin,
ein weniges von mir sagen zu können.

Wenn ich den Kopf mit nichts voll habe, als mit
den hundert Details, die mein jetziges Vorhaben in sich
fasst, hat es für mich gar keinen rechten Sinn, Ihnen von
mir zu sprechen. Das war ja eben immer das Ausgezeichnete unsres Verkehrs, dass der eigentliche Inhalt
des Thuns und Denkens in geläuterter Form uns unwillkürlich einzig als beachtungswürdig erschien, und wir

gewissermassen vom eigentlichen Leben uns sofort eman-
zipirt fühlten, sobald wir nur zusammentrafen. Jage ich
allen Plunder aus dem Kopf, um ihn vollkommen frei
für Sie zu bekommen, so kann eben nur noch das Beste
übrig bleiben, und von der Plage ist nicht mehr zu
reden: dagegen sich dann eine dämmernde Melancholie
um die Seele lagert, die uns alles Uebrige im gebühren-
den nichtigen Lichte zeigt; denn recht werth ist eigentlich
für denjenigen nichts, der da fühlt, wie viel er immer
zu opfern hat, wenn er dem Schein der Realität Bedeutung geben will. —

Was mich bei der vielen Plage, die mir die Kunst
macht, tröstet, ist, dass sie Ihnen immer in heitrem Lichte
erscheinen kann. Sie haben und lieben Gemälde, lesen,
studiren, hören: Sie erfassen davon, was Ihnen werth
und edel dünkt, unberührt von dem, was Sie unbeachtet
lassen dürfen. Alle, auch Ihre letzten Nachrichten aus
diesem Winter, stimmen darin überein, dass Ihnen das
Glück eines ruhigen, sanften Geniessens gegönnt ist. Die
Bedeutung dieses Genusses wird Ihnen jetzt tief aufgegangen sein: vielleicht ist er für Sie, was für mich
meine Thätigkeit, vielleicht meine Noth ist. Doch bilde
ich mir oft ein, dass auch ich zu solchem Geniessen
fähig wäre, und dass nur meine Sendung mich davon abhält. Wenn ich beachte, was ich wieder aushalten kann,
muss ich mich wohl verwundern, und den oft so sehn-
lichen Wunsch nach stiller abgeschiedener Ruhe für ganz
unberechtigt halten. Und doch begleitet mich stets eine
gewisse innere Ruhe: es ist die der tiefsten und vollsten
Resignation. Eine durchaus ungehässige, aber desto
sicherere Ungläubigkeit hat sich meiner bemächtigt: ich
hoffe so gar nichts mehr, und namentlich sind alle meine
Beziehungen zu den Menschen, die sich mir nähern,
trotz aller zeitweiligen Lüftung meines oft sehr mittheil-
samen Naturells, auf so leichten Grund errichtet, dass
unmöglich je eine Erschütterung darin vorgehen kann.

Ob ich Jemand, der sich heute lebhaft mir nahte,

Monate — viertel ja halbe Jahre lang nicht wieder sehe,
bringt auch nicht ein Stäubchen von Trübung in jene
Beziehungen. Ich bin nie unfreundlich, aber unglaublich
gleichgültig. Die Gewohnheit hängt sich nirgends mir an.

Sie frugen mich nach meinem Frauenumgang? Ich
habe manche Bekanntschaft gemacht, bin aber mit keiner
auch nur in Gewohnheit getreten.

Mad. Ollivier ist sehr begabt und sogar von blen-
dendem Naturell, . . . ich denke daran, wie es kommt,
dass wir uns so sehr selten sehen . . . Aehnlich verhält
es sich mit allen meinen Bekanntschaften: die Chancen
des Gewinnes bei einem mehr gepflegten Umgange sind
so ungleich, dass ich gern nach allen Seiten hin resignire,
und — je nach Laune — ganz mit dem vorlieb nehme,
was mir der Zufall in's Haus bringt. Da ist unter andren
. . . ein Frln. von Meysenbug,[1]) die gegenwärtig als
Gouvernante russischer Kinder sich hier aufhält: sie . . .
hatte, als sie mir zugeführt wurde, das für sich, dass ich
vor Zeiten in London sie . . . in einem Anfall böser
Laune einmal sehr schlecht behandelt habe. Diese Erinnerung rührte mich nun, und sie befindet . . . sich jetzt
wohler in meiner Nähe . . .

Aus der sogenannten höheren Welt hat diesmal eine
Dame, die ich bereits früher oberflächlich kannte, mir
grössere Aufmerksamkeit abgewonnen, als eben zuvor:
diess ist Gräfin Kalergis,[2]) Nichte des russischen Staats-
kanzlers Nesselrode, von der ich Ihnen wohl früher
schon einmal erzählte . . .

Vorigen Sommer war sie einige Zeit in Paris, suchte
mich auf, und brachte es dahin, dass ich Klindworth aus

---

[1]) Vgl. M. v. Meysenbug, Genius und Welt, in der Zeitschrift
Cosmopolis 1896 (Augustheft). Aus diesen Erinnerungen erhalten
wir ein anschauliches Bild der Pariser Tannhäusertage. Vgl. auch
Glasenapp II, 2, 235 ff.

[2]) Marie Kalergis-Nesselrode, nachmals Frau von Muchanoff, an
die die „Aufklärungen über das Judentum in der Musik" (Ges.
Schriften 8, 299 f.) gerichtet sind. Vgl. Glasenapp II, 2, 265.

London kommen liess, um mit ihr zu musiziren. Ich sang mit der Garzia-Viardot[1]) den zweiten Act aus Tristan: ganz unter uns, nur Berlioz war mit dabei. Auch aus den Nibelungen wurde musizirt. Es war diess überhaupt das erste Mal, seit ich von Ihnen fort bin. — Was mich näher auf diese Frau aufmerksam machte, war die Wahrnehmung eines sonderbaren Ueberdrusses, einer Weltverachtung und eines Ekels, der mir gleichgültig hätte erscheinen können, wenn ich nicht zugleich ihre ganz offenbare tiefe Sehnsucht zur Musik und Poesie wahrgenommen hätte, die unter diesen Umständen mir von Bedeutung erschien. Wie auch ihr Talent hierfür bedeutend war, blieb endlich die Frau nicht ohne Interesse für mich. Auch war sie die erste mir begegnende Person, die mich — sehr spontan — durch eine wirklich grossartige Auffassung meiner Lage überraschte . . .[2])

Frau v. Pourtalès, preussische Gesandtin, scheint nicht ohne Tiefe zu sein und jedenfalls einen edlen Geschmack zu haben. —

Eine ganz kernige Natur habe ich in der Frau des Sächsischen Gesandten, Frau v. Seebach, entdeckt. . . . Ich war von einem gewissen zarten Feuer überrascht, das hier unter der Lava glimmt. Sie begriff nicht, wie Jemand die ungeheure Gluth meiner Conceptionen übersehen könne, und hielt es für bedenklich, ihre junge Tochter mit in den Tannhäuser zu nehmen. Solch curiose Bekanntschaften macht man nun! Aber es sind eben — Bekanntschaften! . . .

Ach! Kind —, lassen wir das Alles! Und glauben Sie mir, man schleppt sich eben nur so durch, mühsam, mühsam — und giebt sich kaum gern davon Rechenschaft, wie man's thut. Alles Wünschen ist eitel: thun

---

[1]) Vgl. Bayreuther Blätter 1890 S. 176 in der „Einladung zur Aufführung des Tristan in München" 1865.

[2]) Als rein persönliche Huldigungsgabe erstattete Gräfin Kalergis aus eigenen Mitteln dem Meister die bei den Pariser Konzerten eingebüßte Summe. Dafür erhielt sie zum Danke die Orchesterskizzen des Tristan.

und sich plagen ist das Einzige, worüber man sein Elend vergisst.

Ihr Entschluss, mein Kind, nicht zum Tannhäuser zu kommen, hatte mich — Sie können sich das wohl denken! — sehr betrübt, einfach — weil er mir die Freude raubte, Sie bald einmal wieder zu sehen. Die Gründe dafür, wie sie sich alle in Ihnen zusammen gestellt hatten, musste ich für Ihr Inneres gelten lassen, denn ich verfuhr ja immer am Sichersten, wenn ich mich Sie zu verstehen bemühte, und mein eigenes Gefühl durch Aneignung des Ihrigen bereicherte, ja oft berichtigte. Ich war traurig — und schwieg. —

Nun schrieb mir Otto kürzlich, Sie würden doch noch mitkommen, um dem Ereigniss beizuwohnen. Sehen Sie, das freute mich so schmerzlich innig! Ich wusste, dass Sie sich Unrecht thaten, und das machte mich so glücklich, dass ich kaum wagte, auf die Erfüllung der Verheissung zu hoffen. — Soeben nun schreibt mir Otto wieder — Sie würden nicht mitkommen. Nun beunruhigt mich das wieder unsäglich! Das denken Sie sich wohl? —

Lassen Sie sich vom Freunde, der nun eben viel wieder durchkämpfte, ein ruhiges Wort sagen: —

Diese erste Tannhäuserzeit wird viel über meinen Hals bringen: ich halte diese Zeit nicht für segenreich für das stille Bedürfniss unsrer Seelen. Viel Unnöthiges wird unabweislich sein, und Alles wird eine äusserliche, unerquickliche Richtung haben. Ich müsste es demnach für besser halten, auf Ihren Sinn einzugehen, und eine beruhigtere Zeit abzuwarten, um zum ersten Male ein volles Werk von mir mit so sorgfältiger Vorbereitung ausgeführt Ihnen vorzuführen, wie es diesmal mit diesem Tannhäuser hier der Fall ist: die Aufführung selbst muss und wird Ihnen dann, und bei ruhiger Stimmung, viel bieten, und wir werden es ruhig geniessen. —

Diess Alles sage ich, und gestehe es Ihnen zu. Soll ich Ihnen aber verschweigen, dass Alles und Jedes verschwindet vor dem Gedanken, Sie endlich — auch eine

Stunde — einmal wieder sehen zu können? — Nein!
mein Kind, das soll Ihnen nicht verschwiegen sein. Und
— kämen Sie dennoch, auf die Gefahr mich und meine
rechte Art wenig vor sich zu haben, so würde ich dennoch — ich Egoist! — die Stunde selig preisen, in der
ich Ihnen einmal wieder in das Auge blicken könnte! —

Und nun genug! Sie wissen das Alles besser wie
ich! — Augenblicklich habe ich etwas Ruhe, nämlich
nicht die täglichen Proben. Durch mannigfaltige Nach-
arbeiten ist meine Zeit aber immer auf das Aeusserste in
Anspruch genommen. Die Proben gehen mit einer unerhörten, mir oft unbegreiflichen Sorgfalt vor sich, und
eine durchweg ungemeine Aufführung steht jedenfalls bevor. Niemann ist durchweg erhaben; er ist ein grosser
Künstler der allerseltensten Art. Das Gelingen der übrigen
Partien wird mehr ein künstliches Resultat sein: doch
hoffe ich, dass es der äussersten Sorgfalt gelingen wird,
die Fäden zu verbergen. —

Und nun tausend Herzensgrüsse! Danken Sie Otto
schönstens für seine treue Ausdauer: wie er's hier auch
treffen möge, er wird's ertragen, und gewiss einen bedeutenden Eindruck mit zurücknehmen.

Adieu, Freundin!

Die Vorstellung steht immer noch auf Freitag 22. fest.
Doch möge sich Otto auch erst auf Montag 25. gefasst
halten!

115.

Paris, 6. April 61.

Mein bestes Kind! Ich glaube Sie thaten mir Unrecht, als Sie sich ein wenig empfindlich darüber zeigten,
dass ich Ihnen letzthin eben nur einen an mich gelangten,
nicht bedeutungslosen Brief zur Mitdurchsicht übersandte,
und kein Wort fand, mit dem ich ihn hätte begleiten
sollen. Hat das Schweigen seine Bedeutung für Sie verloren, und könnten Sie sich nur vorstellen, dass ich in

solchen Fällen überhaupt nichts zu sagen hätte? Das
wäre doch nicht richtig verstanden. —

Wirklich, ich bin es müde, ewig meinen Freunden
nur Sorge zu machen. Ich hab' von dem ganzen bedenklichen Pariser Abenteuer[1]) nichts übrig, als diess bitt're
Gefühl. Der Unfall selbst hat mich im Grunde ziemlich
gleichgültig gelassen. Wäre ich nur auf ein äusserliches
Gelingen ausgegangen, so hätte ich natürlich Vieles ganz
anders angreifen müssen; das aber — kann ich eben
nicht. Jenes Gelingen konnte für mich nur als eine Folge
des inneren Gelingens der Sache zählen. Die Möglichkeit einer wirklich schönen Aufführung irgend eines
meiner Werke reizte mich: als diese von mir aufgegeben
werden musste, war ich eigentlich bereits fertig und geschlagen. Was nun über mich erging, war eigentlich die
gerechte Strafe für eine mir abermals gemachte Illusion.
Sie hat mich nicht mehr tief berührt. Die Aufführung
meines Werkes war mir so fremd, dass, was ihr wider-
fuhr, mich gar nicht recht anging, und ich konnte dem
Allen wie einem Spectakel zuschauen. Ob der Vorfall
Folgen haben kann oder nicht, lässt mich noch kalt:
Alles, was ich in Bezug hierauf empfinde, ist — Müdig-
keit, Ekel. —

Wirklich war, was mich einzig nagte, das schnell
wieder hervortretende Bewusstsein, dass von so unberechenbar tollen Chancen, wie denen eines Pariser
Erfolges, eines meiner innigsten Werke,[2]) zugleich meine
ganze Lebenslage so schwerwiegend abhängen muss. Es
ist diess so graunvoll und wahnsinnig, dass eine Zeit lang
es mir wirklich das Vernünftigste schien, einer durchaus
schiefen und uneinrichtungsfähigen Existenz zu entsagen,
und zwar gründlich!

Ich ermüde meine Freunde auf das Unverantwort-
lichste, und schleppe Lasten mit mir, die ich wirklich

---

[1]) Glasenapp II, 2, 290—315: „die drei Schlachtabende".
[2]) Nämlich der Tristan; vgl. oben S. 214 und 216.

länger nicht mehr tragen kann. — Der gute Bülow, der mein Leid auf das Innigste empfand, hat nun versucht, auf deutschem Boden mir eine etwas beruhigende Aussicht zu erwirken. Ich — hab' wenig Vertrauen, und glaube wohl, im Trachten nach Ruhe so allmählich mich aufreiben zu müssen, bis ich die rechte Ruhe finde. Doch habe ich Pflichten, die mich noch aufrecht erhalten: die Sorge giebt mir neues Leben. —

Weiter kann ich dem Kinde nichts von mir sagen: behalte mir aber vor, ganz artig wieder darüber zu lächeln, wenn man — vom falsch beurtheilten Anscheine getäuscht — vorzeitig glaubt gratuliren zu können, — wie mir das vor gar nicht langer Zeit einmal geschehen ist. —

Mein Kind, wohin ist das Glück der Calderon-Abende entflohen? Welcher Unstern hat mich um mein einzig würdiges Asyl gebracht? — Glauben Sie, was Sie auch anders lautend erfahren sollten, — als ich jenes Asyl verliess, war mein Stern dem Untergang geweiht; ich kann nur noch fallen! —

Nie — nie lassen Sie eine andre Meinung aufkommen! Halten Sie daran einzig fest! — Ich klage nicht, und verklage nichts: — das musste Alles so sein; aber, um mir immer gerecht zu bleiben, — vergessen Sie es auch nie! — Diess wollte ich Ihnen noch sagen: oh, prägen Sie es sich recht ein! —

Und nun grüssen Sie Otto bestens. Sein Hiersein in der bösen Zeit hat mich fast mehr bekümmert als erfreut, wiewohl ich von ganzem Herzen betheuren muss, dass seine Sorge und Theilnahme, sein ganzes Wesen mich tief gerührt hat. Aber ich konnte ihm so gar nichts Persönliches sein. Es war eine ewige Hetze, und das eigentliche Missglücken meines Unternehmens entschied sich so recht erst grade in der Periode seines Hierseins. In jenen Proben, in denen mir mein Werk immer fremder und unwiedererkennlicher wurde, litt ich das Meiste. Die Aufführungen wirkten dagegen nur wie ganz physische Schläge, die mich aus meinem Seelenkummer nur zum Bewusstsein meines — traurigen Daseins weckten. Die Schläge selbst wirkten nur oberflächlich. —

Sagen Sie Otto auch, dass vermuthlich in der Leipziger Illustrirten nächstens ein Bericht[1]) von mir selbst über die ganze Pariser Tannhäuser-Angelegenheit zu lesen sein werde: ich hatte etwas Aehnliches einem Verwandten versprochen. —

Leben Sie wohl, Freundin!

Nächster Tage muss ich auf ganz kurze Zeit nach Karlsruhe und dann schnell wieder zurück, weil ich hier noch gar zuviel zu ordnen habe. —

Mit tausend Grüssen!

R. W.

116.

Wien,[2]) 11. Mai 61.

Soeben habe ich der Probe zum Lohengrin beigewohnt! Ich kann die unglaublich ergreifende Wirkung dieses ersten Anhörens unter den schönsten und liebevollsten Umständen, künstlerischer wie menschlicher Art, nicht in mir verschlossen halten, ohne sie Ihnen sogleich mitzutheilen. Zwölf Jahre meines Lebens — welche Jahre! — durchlebte ich!! Sie hatten Recht, mir diese Freude oft zu wünschen! Aber nirgends hätte sie mir so vollständig geboten werden können, als hier! Ach! wäret Ihr morgen da!! —

Tausend innige Grüsse!

R. W.

117.

Paris, 27. Mai 61.

Soeben hier wieder angekommen, finde ich den lieben Brief des theuren Kindes vor, der mir, von Wien nachgeschickt, dort zu meinem Geburtstag mich erfreuen

---

[1]) Ges. Schriften 7, 181 ff.

[2]) Über die Reise nach Wien und Karlsruhe vgl. Glasenapp II, 2, 316 ff.

sollte. Unbeschreiblich schön war die Wirkung dieser Zeilen jetzt, wo das Wiedersehen dazwischen lag: ein Traum war Wahrheit geworden, um wieder in traumhafte Erinnerung aufgelöst zu werden!

So giebt es denn noch Mittel der freundlichsten Herzstärkung und Ermuthigung! Sie gehören uns, und wir gewinnen sie immer neu, weil unser Bewusstsein rein und frei. Gewiss, wir werden uns oft wieder begrüssen, und jedes Wiedersehen wird eine schönere, edlere Blume in den Kranz unsres Lebens flechten!

Tausend treue Grüsse von dem kurz Geschiedenen! —

In Karlsruhe habe ich nun recht angenehmen Verkehr mit dem Grossherzog gehabt: seine Freude über meinen fest verkündeten Entschluss, eine dortige Niederlassung jeder andren in Deutschland vorziehen zu wollen, war gross. Was er dazu beitragen kann, um mir zu einer geeigneten Wohnung zu verhelfen, wird er mit Eifer thun. —

Hier treffe ich noch Liszt, und werde ihn diesen Abend bei mir länger sehen . . . — Im Uebrigen, mein Kind, sehe ich jetzt einer bösen, schwierigen Periode entgegen: möge ich Alles bis Anfang Juli, wo ich dann über den Rhein zurückgehen würde, glücklich hinter mir haben; diess ist mir zu wünschen! Einstweilen hilft mir der kleine Tausig, der mir richtig von Wien nachgereist ist und mich schon in Karlsruhe einholte, dann und wann zu einer lächelnden Laune. Ich betrachte ihn, als ob Sie mir ihn mitgegeben hätten. —

Und nun noch schönsten Dank für die hübschen Geschenke, die ich beim Schlafengehen fand und sorgfältig egoistisch alsbald zu mir steckte. Den Kranz liess ich Ihnen; ich weiss, Sie verwenden ihn schön!

Meinen herzlichsten Gruss an Otto und die Kinder! Dank und Liebe für Sie!

Ihr

R. W.

118. Paris, 15. Juni
1861.

Da habe ich einmal lange dem vortrefflichsten Kinde nicht geschrieben, — und ich hätte doch für den lieben letzten Brief noch so viel Dank zu sagen gehabt! —

Ich lebe bleiche, seelenlose Tage dahin; habe zu nichts in der Welt Lust, nicht zu irgend einer Arbeit noch zu sonst zu etwas: kaum entschliesse ich mich zum nöthigsten Briefschreiben! Vielleicht kann ich meinen Zustand eine Gedulds-Bewährung benennen! Vollständige Ungewissheit — ist Alles, was ich andeutend ausdrücken kann! —

Ich gehe wenig mehr aus: Ekel vor Allem ist gross. Ich suche rein die Zeit zu tödten, und lese Göthe, wie es kommt; zuletzt die Campagne von 1792. Es ist eine völlige Lethargie, und der Fisch auf dem sandigen Lande ist ein ganz treffendes Bild für mich.

Liszt und Tausig sind seit 8 Tagen fort. Ich liess sie gern ziehen — so steht's mit mir! Es ist eben Alles nicht das Rechte, und nichts hilft mir. Sonderbar muss mir wohl Liszt's Lebensbegegnung vorkommen. Zum ersten Mal traf ich ihn vor 20 Jahren in Paris, zu einer Zeit, wo mich — in misslichster äusserer Lage — bereits tiefer Ekel vor der Welt fasste, in welcher er eben glänzend und strahlend vor mir herangaukelte. Jetzt, wo ich nur zu bereuen habe, dieser Welt durch mein Schicksal einmal wieder entgegengetrieben worden zu sein, wo ich meine Jugenderfahrung so gründlich erneuere, und nichts, keine Vorspiegelung, kein Anschein mich mehr bewegen kann, gegen sie den Finger aufzuheben, muss Liszt abermals sich vor meinen Augen darin herumsonnen! . . . Niemand weiss besser wie er, was das ist, das dort zu erreichen ist. Richtiger beurtheile ich ihn daher, wenn ich annehme, da das Rechte ihm selbst versagt bleibt, liebt er es, sich dann und wann im Schein zu berauschen . . . Ich konnte ihm nirgends hin folgen, und somit habe ich ihn wenig gesehen. Aber ich habe

ihm versprochen, ihn für ein paar Wochen in Weimar
zu besuchen; er will da grosse symphonische Werke
aufführen. —

Ach! Mein Kind! Wenn ich Sie nicht hätte, säh'
es bös' mit mir aus! Glauben Sie das recht treu und
fest! — Und lassen Sie sich damit Alles gesagt sein! —

Aber ein Leben habe ich nicht mehr! Vielleicht
fasse ich wieder etwas Lust — namentlich zum Arbeiten
— wenn ich erst hier heraus bin; wenn nur das erst
gelänge! —

Einzig regt mich das Tristan-Vorhaben an. Ueber-
legen Sie sich's doch, wie Sie es mit Papa anfangen, den
Herbst und einen Theil des Winters diesmal in Wien zu
verleben. Es würde Ihnen doch wohl auch gut thun: ich
würde mich, so lange ich dort bin, schönstens von Euch
pflegen lassen; denn ich gehe allein hin, und werde vorläufig bei Kolatscheck absteigen. Sie hörten dann einmal
ruhig Alles an, was ich zum Gehör gebracht habe,
Tristan, Lohengrin, Holländer, Tannhäuser —: es sollte
Ihnen doch einmal einen heimischen Winter machen. —

Also darüber wollen wir noch viel verhandeln! —
Und nun schönsten, herzlichsten Gruss! Und viel
Schönes und Gutes an Otto, die Kinder und den ganzen
grünen Hügel,

von Ihrem

grauen

R. W.

119.   Paris
78 Rue de Lille. Légation de Prusse
12. Juli 61.

Mein Kind! Ich schreibe Ihnen aus dem Hotel der
preussischen Gesandtschaft, wo ich bei Graf Pourtalès
für einige Wochen, die ich noch in Paris aushalten muss,
Asyl gefunden habe. Ich habe einen Garten mit schönen
hohen Bäumen und einem Bassin mit zwei schwarzen

Schwänen vor mir, über dem Garten die Seine, und über der Seine der Garten der Tuilerien, so dass ich ein wenig aufathme, und doch wenigstens nicht mehr im gewohnten Paris bin.

Meine Meubles sind einmal wieder eingepackt und hier im Depôt zurückgestellt: wo sie einmal ausgepackt werden, weiss Gott; wahrscheinlich werde ich sie nie wiedersehen. Ich wünsche, dass meine Frau sich in Dresden niederlässt und sie dort zu sich nimmt. Ich für mein Theil denke an keine Niederlassung mehr. Diess das Resultat einer letzten, schweren, unendlich mühseligen Erfahrung! Es ist mir nicht bestimmt, meine Muse im Schoosse einer traulichen Häuslichkeit zu pflegen: von innen und aussen wird jeder Versuch, trotz aller Ungunst meines Schicksales einem mir so stark eingeborenen Verlangen zu willfahren, immer bestimmter vereitelt, und jeden künstlichen Schein wirft mein Lebensdämon über den Haufen. Es ist mir nicht bestimmt, und jede gesuchte Ruhe wird mir der Quell peinigendster Beunruhigungen.

Somit weihe ich denn nun den Rest meines Lebens der Wanderschaft: vielleicht ist es mir beschieden, hie und da einmal im Schatten an einem Quelle auszuruhen und mich zu erquicken. Diess ist die einzige Wohlthat, die mir noch beschieden sein kann! —

Nach Karlsruhe gehe ich also n i c h t !!

Sie nehmen aus dieser Mittheilung von Ergebnissen ab, welches die letzten inneren und äusseren Vorgänge meines Lebens waren. —

Endlich starb noch das Hündchen,[1] das Sie mir einst vom Krankenbett zuschickten: schnell und räthselhaft! Vermuthlich stiess ihn auf der Strasse ein Wagenrad, wodurch sich innerlich dem Thierchen ein Organ zerstörte. Nach 5 Stunden, die er liebenswürdig, freundlich, ohne einen Klagelaut von sich zu geben, aber mit

---

[1] Fips; vgl. Glasenapp II, 2, 330.

zunehmender Schwäche verbrachte, hatte er lautlos geendet. Nicht ein Stückchen Erde stand mir zu Gebot,
um das liebe Freundchen zu begraben: mit List und
Gewalt drängte ich mich in Stürmer's kleines Gärtchen
ein, wo ich ihn verstohlen unter Gebüsch selbst ver-
grub. —

Mit diesem Hündchen begrub ich viel! — Nun will
ich wandern, und auf meinen Wanderungen werde ich
nun keinen Begleiter mehr haben. —

Nun wissen Sie Alles! —

Eine Porträtkarte von mir kann ich Ihnen nächstens
senden! Liszt, der hier allen Photographen sass, zwang
auch mich zu einer Sitzung. Noch habe ich mir die
Karten nicht geholt: nächstens soll's aber geschehen. —

Leben Sie wohl und heiter! Viele herzliche Grüsse
an Otto und die Kinder! Alles Liebe von mir! —

R. W.

120.

Paris, 25. Juli 61.

Ich wollte auf zwei Tage zu Ihnen kommen, ehe ich
nach Wien reise. Jetzt macht mir das Liszt zu nicht. Er
führt am 5. und 6ten August grosse Musik (Faust u. s. w.)
von sich in Weimar auf, und hatte abgemacht, ich sollte
ihn für einige Zeit besuchen. Nun ich erfuhr, dass er
aus Nah und Fern Freunde erwartet, wollte ich mich
nicht drunter mischen, und kündigte an, ich würde nicht
kommen. Das scheint ihm aber an's Leben zu gehen,
und will ich ihn nicht entscheidend kränken, so muss ich
kommen. —

Mich betrübt das, denn mein Plan nach Zürich wird
dadurch unausführbar. Bald dachte ich, ob Sie es vielleicht möglich machten, zum 5. und 6ten August nach
Weimar zu kommen, was Euch Beiden denn doch immer
sehr interessant sein müsse, schon um des Ausbleibens
von St. Gallen willen. Glauben Sie, dass Otto dazu zu
bringen wäre? —

Wenn nicht, so baue ich desto stärker auf Euch für Wien. Dort müsstet Ihr spätestens so Ende September hinkommen, und wo möglich recht lange bleiben. —

Ich schreibe Ihnen nicht, weil ich Sie nicht betrüben will. Ich denke eben zuviel an Sie! — Das Gefühl der Fremde in dieser Welt wird für mich immer stärker. Wahrlich, ich weiss nicht, warum diesen Lebensunsinn aushalten? —

Gott weiss, ob mich der Tristan wieder belebt. Blicke ich durch Zufall einmal in die Partitur, so erschrecke (ich) doch mannigmal über die Möglichkeit, das bald hören zu sollen. — Von Neuem erstaune ich darüber, wie wenig Einen eigentlich die Menschen kennen können. Wie ganz anders bin ich, wenn ich für mich bin, und wenn ich zu Andren trete. Ich muss oft über das Gespenst lachen, was dann vor die Leute tritt! —

Doch, zu was das? —

Wie geht's mit der Gesundheit? Wirken nun die Bäder gut? — Kraft! wir brauchen's noch! —

Montag will ich hier fort reisen: eine schnelle Antwort trifft mich noch. Dann bis 6. August Weimar. Dann — Wien, K. K. Hofoperntheater. — Doch schreibe ich wohl, wenn ich Sie nicht sehe! —

Gegrüsst aus tiefstem Herzen!

R. W.

121.

Wien, 19. Aug. 61.

Es ist eine eigene Sache mit dem Briefschreiben, Freundin! Endlich wird eine Stunde festgehalten und der Mittheilung geweiht: welches ist nun grade diese Stunde, mitten herausgerissen aus diesem ewigen Wechseldrang des Lebens, der Eindrücke, der Stimmungen? Gewiss sagt so ein Brief sehr wenig, und an Geliebte könnten wir uns gar nicht mittheilen, wenn nicht anzunehmen wäre, dass jener Wechseldrang selbst dem Andren sympathisch bekannt wäre.

Ihrem Weimarer Briefe musste ich recht geben, sobald ich einsah, dass Ihr Besuch in Weimar Wien hätte gefährden können. Gebe nun der Himmel, dass der Preis des Opfers uns nicht entzogen werde! Amen!

Von Ruhe und Genuss war in Weimar natürlich nicht die Rede. Von nah und fern drängte sich Alles zusammen, mich wieder — oder überhaupt zu sehen. Ich hatte eigentlich jede halbe Stunde einer neuen Person meine Lebensgeschichte zu erzählen. Meine Verzweiflung gab mir endlich meine alte tolle Laune ein, und alle Welt war erfreut über meine Spasshaftigkeit. Nur ernst durfte ich nicht werden, weil ich es überhaupt nicht mehr sein kann, ohne in fast auflösende Weichheit zu verfallen. Diess ist überhaupt ein Fehler meines Temperamentes, der jetzt immer mehr überhand nimmt: ich wehre dem noch, so gut ich kann, denn es ist mir, als ob ich mich einmal geradesweges verweinen müsste.

Es ist mir doch immer mehr, als wäre ich jetzt so ziemlich am Ende meiner Lebensreise angekommen: von Ziel ist längst keine Rede mehr; bald wird mir aber auch der Vorwand, wohl gar der Ausweg fehlen. Verstehen Sie mich recht, wenn ich mit weichster Offenheit bekenne, dass es mir immer schwerer wird, irgend etwas noch ernster Beachtung für werth zu halten: es haftet nichts mehr bei mir, und aller Glaube fehlt; ein einziges giebt es, mich zu gewinnen, — wenn man mit mir weint! — Das hat denn der gute Hans, auch Liszt gethan! Auch die gute alte Frommann[1]) kam, und half mir! Das half mir denn einigermaassen ertragen, dass andrerseits man so oft meinen Muth pries und mir von wunderbaren Glorien sprach. — Somit schied ich auch ganz freundschaftlich von Weimar, und namentlich nahm ich auch ein sehr liebliches Angedenken an Liszt mit fort, der nun auch Weimar — wo er nichts pflanzen konnte — verlässt, um zunächst in's Unbestimmte zu gehen. Sein Faust hat mir

---

[1]) Alwine Frommann aus Berlin; Glasenapp II, 2, 57; 108.

wirklich grosse Freude gemacht, und der zweite Theil (Gretchen) hat einen unvergesslich tiefen Eindruck auf mich gemacht. Mit grosser Wehmuth erfüllte es mich, dass diess alles ganz ungemein mittelmässig nur executirt werden konnte. Mit einer Probe musste Alles hergestellt werden, und Hans, welcher dirigirte, that Wunder, um die Ausführung nur erträglich zu machen. Also diess war endlich das Ziel aller Opfer auch des glücklichen Liszt, dass er dieser elenden Welt nicht einmal die gemeinen Mittel zu einer guten Aufführung seines Werkes abringen konnte! Wie tief bestärkte mich diese Wahrnehmung in meiner Resignation! Noch viel und mancherlei hatte ich bei dieser Gelegenheit zu erfahren, was mir die letzte Klarheit über auch meine Stellung zur Welt gebracht hat. Ich erfuhr noch genau, wie es mit all den Fürsten steht, von denen mehr oder weniger irgend etwas zu erwarten ich seit einiger Zeit mich nothwendig gedrängt fühlte. Ich weiss jetzt, dass selbst dem Besten beim besten Willen es ganz unmöglich ist, etwas für mich zu thun. Diess war für mich eigentlich wohlthätig, und ich konnte nicht eine Miene drüber verziehen. Aber ich habe das Gefühl, dass es nun bald aus sein muss, und — wahrlich! — das ist mir eben recht!

Nun bin ich seit mehreren Tagen in Wien. Ein gutmüthiger Enthusiast, Dr. Standthardtner,[1] nahm mich für einige Wochen, solange seine Familie verreist ist, in sein Haus auf: dann muss ich sehen, wie ich mir weiter forthelfe. Vielleicht finde ich dann wieder Jemand, der mich zu sich nimmt! Leider ist mein Tenorist, Ander, noch an der Stimme leidend, und das Studium des Tristan wird dadurch verzögert. Da ich nichts andres vorhabe, auch dem Unternehmen schaden würde, wenn ich mich wieder von Wien entfernte, bleibe ich ruhig und warte ab, was die Sterne über mein letztes Vorhaben, welches mich genau genommen an dieses Leben fesselt (wie das letzte

---

[1] Glasenapp II, 2, 342.

Flattern des Schleiers der Maja), bestimmen werden. Die Leute sind mir hier gut; keines kennt aber eigentlich die Gefahr, in die ich sie mit meinem Tristan bringe, und vielleicht wird noch Alles unmöglich, wenn sie dahinter kommen. Nur Isolde, mit der ich kürzlich ein wenig ihre Partie durchging, ahnt, worum es sich handelt. Was werden sie alle erschrecken, wenn ich ihnen eines Tages offen sage, dass sie alle mit mir zu Grunde gehen müssen! —

Bis jetzt kann ich mir bezeugen, dass ich noch Niemand absichtlich betrogen habe: es war mir unmöglich, von der Theaterdirection, die mich nach meinen Bedingungen frug, Geld zu verlangen oder zu stipuliren, wogegen ich mir einzig ausbedang, dass vier Wochen vor der projectirten ersten Aufführung meine Sänger und das Orchester auf das Sorgfältigste für mich geschont würden. Diess giebt mir die nöthige Gelassenheit: denn ich nahe mich jetzt meinem letzten Ziel, und weiss, dass ich nur dann Einiges zu seiner Erreichung wirken kann, wenn ich jede Art von Verbindlichkeit von mir weise. —

So kommen Sie denn, mein Kind, je früher, desto besser! Ich bin ein grosser Egoist, wenn ich Sie dazu auffordere, und wenn mich Otto nicht sehr lieb hat, so hat er vollen Grund, in meine Bitte nicht zu willigen. Es handelt sich um ein Letztes: der Lauf und die Bedeutung der Welt sind mir vollständig zuwider; mein letztes deutliches Zeichen kann ich ihr nur aufdrücken, wenn ich nicht an die mindeste Schonung für mich denke. Zu Ihrem Troste sage ich Ihnen aber, dass ich auffallend wohl und gesund bin, mein Aussehen, wie mir Alle sagen, vortrefflich ist, und meine Geduld sich erfreulich gestählt hat. Einzig, dass ich übermässig weich bin, und z. B. die Thiere unter der Menschen Händen mich mehr jammern wie je: auch bin ich hellsehender, wie je, und weiss mich nur sehr schwach noch der Illusion zu bedienen. Somit, wagen Sie es, Kind!

Ueber meine Reise über München und Reichenhall

(bei Salzburg) mit Olliviers schreibe ich ein ander Mal. Tausend schöne Grüsse! Alles freundliche an Otto und die Kinder! Adieu, liebes Kind!

R. W.

(Seilerstätte 806.
3 Treppen Wien.)

122.   Wien, 13. Sept. 61.

Ich hatte nun drei schöne Stunden. Von denen soll die Freundin wissen. —

Unlängst wurde ich auf den Landsitz einer ungarischen Familie, Graf Náho,[1]) entführt, welche sich rühmt, die erste und glühendst meiner Musik ergebene in Wien gewesen zu sein. Ein junger, liebenswürdiger Mann, Fürst Rudolph Liechtenstein, der unterwegs seine gleich würdige, sehr sanfte Frau mit abholte, geleitete mich nach dem Fuss der Hochgebirge, wo Schwarzau liegt. Wundervolle Lage: die Ebene, wäre sie mit Wasser ausgefüllt, könnte mit Glück an einen Schweizer See erinnern. Die Einrichtung des Schlosses, von durchaus ungewöhnlichem Geschmacke, verrieth den seltensten phantasievollen Sinn in der Wahl, Anordnung und Erfindung. Die Gräfin, eine Dame am Ende der dreissiger Jahre, mit überraschend geistvollem grossem schwarzen Auge, ist berühmt durch ihr eigenthümliches musikalisches Naturtalent; sie hält sich eine Zigeunerbande als musikalische Hauskapelle, setzt sich zu ihr an's Klavier, und phantasirt mit den Leuten Stundenlang das wunderbarste Zeug. Ich fürchtete in ihr Exaltation, vielleicht Affectation antreffen zu müssen: ihre Haltung beruhigte mich bald. Besser noch belehrten mich über den Ernst ihres Schönheitssinnes mehrere staunenswürdig ausgeführte Copien schönster Vandyk'scher Porträts, von denen sie mir sagte, dass sie ihr viel Mühe gekostet haben, da sie leider auch in

---

[1]) So im Brief. Der Name lautet richtig Nako.

der Malerei nichts Ordentliches gelernt. Etwas Aehnliches
wie ihr Atelier habe ich noch nicht gesehen. Beim
Frühstück wurde der Lectüre erwähnt: sie las jetzt
Tschudi's Thierleben der Alpenwelt. Zu einem wunder-
schönen hellen Jagdhunde kam bald ein herrlicher, raben-
schwarzer Neufoundländer von riesiger Gestalt hinzu:
beide fühlten sich, von der Herrin geliebkost, unbeschreiblich wohl. Wir geriethen auf das Verhalten der
Thierwelt zum Menschen: ich entwickelte mein Lieblingsthema, und fand höchst sympathisirende Zuhörer bis zur
vollen Höhe meines Glaubensbekenntnisses. Die Zigeunerbande war augenblicklich in Ungarn: die Gräfin versuchte
nun allein auf dem Klavier uns einen Begriff davon zu
geben, wie sie mit ihnen musizire. Diess war sehr originell und fesselnd. Bald mischte sie Motive aus Lohengrin
hinein: da musste endlich auch ich an's Klavier. Ich
freute mich der schönen Stille, mit der Alles aufgenommen wurde. Nur der Graf, ein schlanker schöner
Ungar von ächtem Schlage, glaubte mir durch viel Erzählen und Reden von dem Eindrucke meiner Werke
sprechen zu müssen. Ich litt es mit vieler Geduld, weil
er unglaublich gutmüthig mir den Inhalt der über mich
gehörten Gespräche vorführte. An dem jungen Liechtenstein lernte ich eine rührende Melancholie kennen: er
hat sich zur politischen Laufbahn entschlossen, nachdem
er sehr jung den Seedienst erwählt hatte, und muss sich
nun immer mehr eingestehen, wie wenig er zum Politiker
gemacht sei. Der Tag wurde mit Spatzierfahren und
-Gehen angenehm und sanft ermüdend vollbracht. Am
Morgen musste ich dann sehr früh geweckt werden, weil
ich anderen Tages mit meinem Sänger A n d e r ein Rendezvous in Mödling, was auf dem Weg von Schwarzau
nach Wien liegt, verabredet hatte. Alles fand sich in der
frühesten Morgenfrische noch einmal zum Frühstück auf
der Terasse zusammen, und mit zwei andren ungarischen
Magnaten, Zichy und Almasy, welche unaufhörlich von
ihren Pferdezüchtungen sprachen, begab ich mich auf die

Rückreise bis Mödling; wo ich früh um 8 Uhr, bei herrlichem Wetter, ausstieg. Es war mir noch zu früh, um
Ander aufzusuchen: auch war ich vom vielen Reden und
schliesslich Redenhören ermüdet, und beschloss, zuvor
ein wenig mir allein anzugehören. Ich nahm einen
Wagen, fuhr in das reizende Thal der Brühl; dort steht
ein Vergnügungsort, der um diese Tageszeit ganz einsam
war. Hinter das Haus, in den Garten, mit dem Blick auf
herrliche Auen und Bergwälder, prachtvoll von der frühen
Sonne beleuchtet, — dorthin setzte ich mich, und erlebte
— still und einsam — die erste schöne Stunde, von der
ich erzählen wollte. Ich schied von dort tief beruhigt,
versöhnt und beglückt!

Die zweite schöne Stunde war nun die, in welcher
die Freundin mir genau und bestimmt sagte, was ich in
jener ersten Stunde empfunden. Dass ihr Ulrich v. Hutten
die Feder geführt, machte ihre Weissagung nur bedeut-
samer. Die volle, ganze Seele meines Daseins trat zu
mir, deutete mir das Schweigen jener Stunde, und der
Engel hauchte seinen Segenskuss auf meine Stirn. — Und
das war die zweite schöne Stunde. —

Und nun die dritte? —

Diess war ein unerwartet schönes Gelingen. Der
fliegende Holländer (die einzige Oper von mir, die man
bei Anders fortwährender Unpässlichkeit jetzt geben kann)
war zu gestern angesetzt. Ich hatte vor Kurzem diese
Oper bereits wieder gehört, und war diesmal sehr unbefriedigt geblieben. Besonders verletzten mich einige
sehr bedeutende Missverständnisse in der Auffassung und
im musikalischen Tempo, so wie mehre Roheiten im
Vortrage des Frauenchores. So liess ich denn zu gestern
früh die beiden Hauptsänger, den Chor und den Kapellmeister zu einer kleinen Mittheilung zusammenrufen. Es
betraf hauptsächlich die grosse Scene zwischen dem Holländer und Senta: kurz und bestimmt machte ich ihnen
das nöthige klar; sie schienen betroffen zu sein, so etwas
Richtiges verfehlt zu haben: Chor und Kapellmeister

wurden gleichmässig instruirt. Es betraf eine bereits sehr zur Routine gewordene Aufführung, und leicht war es, da das Orchester nicht hatte zusammengerufen werden können, dass durch die Neuerungen auffällige Störungen veranlasst würden. Nun war meine Freude über die Aufführung desto grösser. Ein neuer Geist war in Alle gekommen. Der Kapellmeister selbst war erstaunt über die Präzision, mit welcher die Neuerungen ausgeführt wurden: meine beiden Sänger waren gerade an diesen Stellen wirklich e r h a b e n. Aber von Anfang bis zu Ende war Alles ergreifend, ja überwältigend für mich! Ich kann nicht anders sagen: ich erlebte viel Schönes und ich muss diesen Abend meine dritte schöne Stunde nennen! —

Und diess sei genug für heute! Das Glück der Erinnerung der drei Stunden sei nicht gestört; und darum — nichts mehr heute von mir! Aus Nebel und Grauen reiche ich Dir die Hand, und rufe: diess war möglich! — Nun denn, Muth! Muth! Noch steht die schönste Stunde bevor! —

R. W.

123.

Wien, 28. Sept. 61.

Kaiserin Elisabeth
Weihburg Gasse.

O mein edles, herrliches Kind! —

Ich sollte fast nichts als diesen Ausruf heute niederschreiben. Es ist Alles so nichtig, was ich dem hinzu setzen kann! Die Musik macht mich nun einmal eigentlich ganz nur zum exclamativen Menschen, und das Ausrufungszeichen ist im Grunde die einzige mir genügende Interpunction, sobald ich meine Töne verlasse! Das ist auch der alte Enthusiasmus, ohne den ich nicht bestehen kann; und Leiden, Kummer, ja Verdruss, üble Laune nimmt bei mir diesen enthusiastischen Charakter an, — weshalb ich denn auch gewiss andren so viel Noth mache! —

Was man doch Alles in Zürich zu Stande bringt! Wien, Paris und London kann man durchstöbern, um so etwas photographisches zu finden, als da der Herr Keller zu Stande gebracht hat! Ach, Kind, was sind Sie schön! Das ist gar nicht zu sagen!! — Ja Gott! in diesem Herzen muss es königlich hergehen: der elendeste Bettler, der darin wohnt, muss bald sein Haupt in die Wolken ragen fühlen! — Auch die Geburtswehen der höchsten Geburt sind auf diese Wangen geschrieben, die einst so kindisch lächelten! — Ja! Nun wohnt Gott in dem Kinde! — Verneigt Euch tief!! — — —

Sie meinen, ich komme heute spät mit meinem Danke? — Wahrlich, ich komme eben erst heut' zu irgend etwas. Ich tauche eben erst nur einmal wieder auf aus allerhand Trübsal, von der die stolze Frau möglichst wenig wissen soll. Nun bin ich auch einmal wieder umgezogen: ein Bekannter, der mir — weil er mit seiner Familie abwesend war — seine Wohnung bisher zu Gebot gestellt, kommt in diesen Tagen zurück; und da mich Unglücklichen nun einmal das Loos einer anständigen Gastfreundschaft durchaus nicht treffen will (ich muss den liebenswürdigen preussischen Gesandten in Paris ausnehmen), so blieb mir nichts übrig, als mich wieder einmal in einen Gasthof einzunisten. Hier habe ich mich nun für einige Monate eingerichtet, und hier erst packte ich meinen kleinen fliegenden — Holländer — Hausstand aus. Da kam denn auch erst die grosse grüne Mappe wieder zum Vorschein. Die hatte ich seit Luzern verschlossen gehalten. Nun suchte ich den Schlüssel hervor, um den Schatz in Augenschein zu nehmen. Himmel, wie ward mir da! Zwei Photographien, die Geburtsstätten des Tristan: der grüne Hügel mit dem Asyl und der venetianische Palast. Und nun die Geburtsblätter mit ersten Skizzen, wunderlichen Embryonen, auch den Widmungsversen,[1]) mit denen ich dem Kind einmal die vollendeten Bleistiftskizzen des ersten Actes zusandte: wie freute ich mich dieser Verse! Sie sind so rein und treu! — Auch das Bleistiftblatt des Liedes fand ich, aus dem die Nacht-szene entstanden. Weiss Gott! Mir gefiel diess Lied besser als die stolze Szene! Himmel, das ist schöner als Alles, was ich gemacht! Ich erbebe bis in den tiefsten Nerv, wenn ich's höre! — Und ein solch allgegenwärtiges Nachgefühl im Herzen tragen, ohne überselig zu sein!! Wie wäre diess möglich? — Ich schloss die Mappe schön wieder zu: aber den letzten Brief mit dem Bild öffnete ich wieder: — und da kam nun der Ausruf!! Verzeihung! Verzeihung — ich will nicht wieder rufen! —

Und am wenigsten sollte ich es jetzt, wo ich meine Zeilen an Sie nach Düsseldorf richte, dort, wohin Sie gingen, einer schwerleidenden Mutter beizustehen! — Wie tief betrübt mich der Gedanke, ihr von gar keinem Trost sein zu können! Ich danke ihr so Unsägliches, und vielleicht muss selbst mein Name vor der Kranken nicht ausgesprochen werden! Ich fürchte dies in höchster Be-scheidenheit, das können Sie wohl glauben!! Sagen Sie ihr aber an dem Tage, wo Sie sie nach diesem Briefe zuerst wieder sehen, dass Sie heute aus doppeltem Herzen ihr Geduld, Besserung und Genesung wünschten! —

Nun sehe ich dem 20. October entgegen. Nicht wahr? — Ich denke an allerhand Gutes, das ich Euch hier bereiten will: den Holländer und den Lohengrin sollt Ihr alsbald und öfter hören, und auch zum Tristan ist nun Hoffnung da. Mein Sänger ist wieder im Besitz seiner Stimme, voll Hoffnung und Eifer. So soll es denn endlich nun ernst an das Studium gehen.

Nun seid gesegnet, meine Lieben!

Viele schöne Grüsse an Otto und die Kinder, die doch wohl mit sind? Alles Edle und Ewige der Königin!

R. W.

---

[1]) Vgl. oben S. 23.

124.

Glaubten Sie wohl, ich würde Ihnen nicht zum Geburtstag gratuliren? Das wussten Sie wohl, dass Weih-
nacht um einen Tag voraus gerückt ist! —

Glück und Gedeihen von ganzem Herzen! —

Ich habe mich wieder in die Arme meiner alten Geliebten geworfen: — die Arbeit hat mich wieder, und zu
ihr rufe ich nun: „gieb Vergessen, dass ich lebe!" —

Vor drei Wochen reiste ich von Wien ab, sofort nach
Paris. Niemand wollte mich. Vor einem Jahr kann ich
den Tristan nicht aufführen. Wie und wohin diess Jahr?
Ich hatte keine schönen Tage. Metternich's Einladung
blieb mir einzig treu. Nur war, in Folge des plötzlichen
Todes der Schwiegermutter, unversehens ein Verwandter
nach Paris gekommen, der das mir bestimmte Apparte-
ment in Beschlag hielt. Erst Anfang Januar kann ich
einziehen. In Wien konnte ich nicht bleiben. Nirgends
sonst war ich willkommen. So reiste ich schon Anfang
Dezember nach Paris, und helfe mir bis Januar mit einem
kleinen Zimmer am Quai Voltaire. Ich bin so weit, die
Aufnahme in ein wohlgepflegtes Haus mit guter Bedienung
und ohne nöthigen Aufwand für bequemen Lebensunter-
halt, als ein mir bevorstehendes segenswerthes Glück
anzusehen. Gewiss gönnen Sie mir's! —

Hier gebe ich mir die grösste Mühe, mich zu verläugnen. Gelingt mir's nicht ganz, so stelle ich mich doch
wenigstens vor mir so, als wüsste man nichts von meiner
Anwesenheit. Jetzt gelang mir's doch schon drei Tage
hintereinander, mit Niemand sprechen zu müssen. (Das
böse Sprechen!) Beim Restaurant sah ich Royer, den
Director der grossen Oper; stellte mich aber, als bemerkte ich ihn nicht. Als ich ihn bald darauf wieder
sah, hatte ich während dem die Anzeige einer von ihm
erschienenen Uebersetzung verschollener Theaterstücke
des Cervantes gelesen: plötzlich interessirte mich der

Mensch. Nun war es drollig, dass ich auf ihn zuging, mich eine volle halbe Stunde mit ihm unterhielt, und dabei den Opern-Director so vollständig ignorirte, dass zwischen uns nur einzig von Cervantes die Rede war. Er schickte mir andren Tages sein Buch. Ueber alle Maassen rührte mich die Vorrede des Dichters. Welch tiefe Resignation! —

Ich muss oft laut auflachen, wenn ich von meinem Arbeitsplane auf den Blick auf Tuilerien und Louvre mir gegenüber richten muss! Sie müssen nämlich wissen, dass ich mich jetzt eigentlich in Nürnberg herumtreibe, und dabei mit ziemlich eckigem, derbem Volk zu thun habe. Es blieb mir nichts andres übrig, als mich unter solche Gesellschaft zu machen. Die Rückreise von Venedig nach Wien[1]) war recht lang: zwei volle, lange Nächte und einen Tag sass ich zwischen Einst und Jetzt hilflos eingeklemmt, und fuhr so recht in's Graue hinein. Eine neue Arbeit musste es sein, sonst — war's zu Ende! Leider werden meine Gesichtsfunktionen immer stumpfer: meinen Blick fesselt gar nichts, und alles Lokale, so wie Alles was dran haftet oder haften kann, und wären's die grössten Meisterbilder der Welt, zerstreut mich nicht, ist mir gleichgültig. Ich hab' das Auge nur noch, um Tag oder Nacht, hell oder düster, zu unterscheiden. Es ist wirklich ein Absterben gegen aussen und nach aussen: ich sehe nur noch innere Bilder, und die verlangen nur nach Klang.

Aber kein passionirtes Bild wollte mir auf jener grauen Reise mehr hell werden: es kam mir die Welt recht wie Spielware vor. Und das brachte mich denn wieder nach Nürnberg, wo ich im vergangenen Sommer einen Tag zugebracht hatte. Da ist viel Hübsches zu sehen.

Jetzt klang mir's nach, wie eine Ouvertüre zu den Meistersingern von Nürnberg. Als ich in meinem Wiener

---

[1]) Glasenapp II, 2, 350. Der Meister hatte Wesendonks in Venedig auf einige Tage besucht, im November 1861.

Gasthof wieder angekommen, arbeitete ich mit sonderbarer Hast den Plan schnell aus; es wurde mir ganz wohl, dabei zu bemerken, wie klar mein Gedächtniss geblieben, wie willig und ergiebig meine Phantasie im Erfinden war! Es war eben eine Rettung, wie eintretender Wahnsinn ja auch das Leben retten kann! Nun schloss ich links und rechts ab, schob den Jahresriegel vor Tristan, dankte schön für einige Einladungen zu Triumphen in verschiedenen Städten meines herrlichen deutschen Vaterlandes, und — gelangte dahin, wo ich bin, um „zu vergessen, dass ich lebe!" —

Ihre Heimreise über den heiligen Gotthardt wird auch nicht lieblichster Art gewesen sein! Doch war mir's lieb, Sie nicht an meiner Seite auf der Reise über Wien zu wissen: ich war für diesmal so engherzig geworden, mir zu gratuliren, keine Mitschuld an einem Uebelbehagen für Sie und Ihren Gemahl mir zumessen zu müssen. Auch kam Iphigenie am vermutheten Tage richtig nicht heraus. Dagegen beruhigte es mich, Sie bald auf dem grünen Hügel angelangt zu wissen, wo Sie nun wieder der Kinder sich erfreuen konnten.

Ihres Mannes Befinden thut mir sehr leid. Er ist auffallend Hypochonder. Ob die Züricher Zurückgezogenheit ihm vortheilhaft ist, muss doch bezweifelt werden. Man will bemerkt haben, dass er bei Zerstreuung in grossen Städten, bei viel Gesellschaft u. s. w. bei weitem weniger auf sich selbst achtet, und dann sich ganz gut befindet. Wohl ist er nicht gemacht, mit Erfolg sich mit sich selbst zu beschäftigen: Lectüre kann ihm nicht viel helfen; es fehlt ihm da zuviel von dem, was man in früherer Jugend sich gewinnen muss, und was später nicht nachzuholen ist. So geräth er in müssiges Grübeln und peinliche Zweifelhaftigkeit. Ich glaube, liebe Freundin, es ist wichtig, dass Sie hierfür mit der Zeit an eine Aenderung denken: denn ersichtlich ist es besonders demjenigen, der eine Zeitlang ferne von Ihnen war, dass es sich hier um Krankheiten handelt, die nicht nur im tiefen, sondern fast mehr noch im kleinen Leiden ihren Grund haben. —

Vielleicht lächeln Sie über meine Besorgniss und meinen Rath? Ach! Wohl bin ich nicht eigentlich berufen dazu. — Wenn man aber darüber ist, sich selbst so zu helfen, wie ich es eben mit mir thue, wird man völlig übermüthig, und traut sich wohl zuviel zu, indem man auch andren helfen will: dieser Uebermuth ist aber wenigstens wohl gutmüthig. Zürnen Sie mir also darum nicht! —

Auch vergeben Sie mir jetzt meine Nürnberger Meistersinger! Sie werden einen ganz artigen Sinn bekommen, und schnell, wohl schon zu Anfang nächsten Winters über die deutschen Theater gehen, wo ich mich dann nicht viel um sie bekümmern werde.

Die Aufführung des Tristan bleibt mein Hauptaugenmerk: ist diese geglückt, dann habe ich nicht viel mehr auf dieser Welt zu thun, und gern lege ich mich dann zu Meister Cervantes schlafen. Dass ich den Tristan geschrieben, danke ich Ihnen aus tiefster Seele in alle Ewigkeit! —

Nun leben Sie wohl! Walten Sie ruhig fort, lernen und lehren Sie! Geduld haben Sie ja: die lernte nun auch ich! Tausend schöne Grüsse zum Geburtstag!

Ihr
R. W.

125.

[Paris, Ende Dezember 1861.]

Haben Sie schönsten, herzlichsten Dank, mein Kind! —

Ich erwidere Ihnen mit einem Bekenntniss. Es wird unnütz sein es auszusprechen: Alles in und an Ihnen sagt mir, dass Sie Alles wissen, und doch treibt es mich, Ihnen auch meinerseits Sicherheit zu geben. —

Nun erst bin ich ganz resignirt!

Das Eine hatte ich nie aufgegeben, und glaubte es mir schwer gewonnen zu haben: mein Asyl noch einmal wiederzufinden, in Ihrer Nähe wieder wohnen zu können. — Eine Stunde des Wiedersehens in Venedig genügte, um dieses letzte liebe Wahngebild mir zu zerstören!

Ich musste schnell erkennen, die Freiheit, die Ihnen nöthig ist, und auf die Sie für Ihr Bestehen halten müssen, können Sie nicht behaupten, sobald ich in Ihrer Nähe bin: nur meine Entfernung kann Ihnen die Macht geben, sich frei nach Ihrem Willen zu bewegen; nur wenn Sie nichts zu erkaufen haben, haben Sie keinen Preis zuzugestehen.

Ich kann es nicht ertragen, um den Preis meiner Nähe Sie beengt und bedrängt, beherrscht, abhängig zu sehen: denn ich kann dann dieses Opfer nicht vergüten, weil meine Nähe Ihnen nichts mehr bieten kann, und der Gedanke, dass das Elend-Wenige, was ich Ihnen unter solchen Umständen sein kann, eben mit aller Freiheit, mit der eigentlichen Menschenwürde erkauft ist, lässt mich dieser Nähe selbst als einer Qual empfinden.

Hier hilft kein Schmeicheln mehr. — Ich sehe, Sie fühlen und wissen es selbst: und wie sollten Sie nicht zu allererst! Sie wussten es lange und eher als ich, der ich heimlich lange immer noch unverbesserlicher Optimist blieb. —

Das war's, das allein, was sich in Venedig wie Blei auf meine Seele legte. Nicht meine Lage, mein sonstiges Missglücken: das ist und war mir, seit ich Sie kenne, an sich immer gleichgültig. Sie glauben kaum, mit welcher völligen Gefühllosigkeit ich in all diesen Dingen mich entscheide, die in Wahrheit mein Gefühl gar nicht treffen, oder doch nur ganz vorübergehend, und zwar immer nur im Hinblick auf die Lage, die eigentlich meiner würdig wäre, und in der es für mich Gelingen und Mislingen gar nicht geben würde. —

Ich bleibe dabei, dass es mir ein Trost ist, Sie mit Neigungen ausgestattet und in einer bürgerlichen Lage befindlich zu wissen, die Ihrem Leiden einen idyllischen, sanften Charakter ermöglichen. Für mein Theil trachte ich nur noch, mein äusseres Leben mir so zurecht zu legen, dass ich ganz unbehelligt meinem inneren, gänzlich frisch erhaltenen Schöpfungsdrange nachgehen kann. Dazu bedarf ich vor allen Dingen einer häuslichen Niederlassung: diese nehme ich unter allen Bedingungen an. Denn nun kann ich Alles, Alles ertragen, weil mich nichts mehr drückt. Das Leben und Alles, was sich darauf bezieht, hat gar keinen Sinn mehr für mich. Wo? und wie? — ist mir gränzenlos gleichgültig. Arbeiten will ich: nichts weiter mehr! — Dann auch Ihnen eben kann ich nur noch ganz für mich etwas sein. Das weiss ich, und das wissen Sie auch! Das Grässliche, Letzte ist überstanden: Venedig, die Rückreise und die darauffolgenden drei Wochen — schrecklich! — sind hinter mir! — Nun guten Muth! 's muss gehen! —

Ich will Ihnen oft 'was von meiner Arbeit schicken. Was werden Sie für Augen machen zu meinen Meistersingern! Gegen Sachs halten Sie Ihr Herz fest: in den werden Sie sich verlieben! Es ist eine ganz wunderbare Arbeit. Der alte Entwurf[1]) bot wenig, oder gar nichts. Ja, dazu muss man im Paradies gewesen sein, um endlich zu wissen, was in so etwas steckt! —

Von meinem Leben erfahren Sie immer nur das Nothwendigste — Äusserlichste. Innerlich — seien Sie das versichert! — geht gar nichts mehr vor; nichts als Kunstschöpfung. Somit verlieren Sie gar nichts, sondern das einzige Werthvolle erhalten Sie, meine Arbeiten. Aber auch sehen wollen wir uns dann und wann. Nicht wahr? Dann ohne allen Wunsch! Somit auch gänzlich frei! —

So! Das ist ein merkwürdiger Brief! Sie glauben

---

[1]) Er ist jetzt vollständig gedruckt in der Musik I, 1902, S. 1799 bis 1809. Frau Wesendonk, die den Entwurf als Geschenk des Meisters bewahrte, hatte ihn am 25. Dezember 1861 nach Paris geschickt; vgl. unten S. 346.

nicht, wie leicht es mir nun ist zu wissen, dass Sie
wissen, dass ich weiss, was Sie lang wussten! —

Da noch ein Schusterlied![1] —

Ade! mein Kind!

Der
Meister!

126.

Viel Glück, und dass es blüh' und wachs'
Das wünscht von Herzen euch Hans Sachs.

Was Neu's[2] im alten Jahr! —

Gut Jahr.

R. W.

127.

Paris. 19. Quai Voltaire.
7. Januar 62.

Mein Kind! Ich bin noch hier! Ende des Monates
denke ich mich nach Wiesbaden zu wenden. — Ich gestehe, mich so schwach zu fühlen, ein freundliches Wort
zu bedürfen.

Ich bin nicht wohl mit mir dran!

Doch helfen die Meistersinger: ihnen zu lieb halt'
ich aus!

Adieu!   R. W.

128.

[Ende Januar 1862]

Pogner.

„Und du, mein Kind, du sagst mir nichts?

Eva.

Ein gutes Kind, gefragt nur sprichts.

Also, in dritter Person gefragt zu werden, verstehen
manche Kinder nicht.

---

[1] Dem Brief liegt das Schusterlied aus dem 2. Aufzug der
Meistersinger bei. Siehe das Faksimile am Schlusse des Buches.

[2] Der Zettel enthält Walthers Lied „am stillen Herd" — „da
lernt ich auch das Singen!"

Der alte enthusiastische Zug wollte sich regen. Ich
hatte im Sinne, Euch in Basel um eine Abendzusammen-
kunft zu bitten, die Meistersinger vorzulesen. 's kam mir
schwer an, der alten Gewohnheit zu entsagen. Doch
musst' es sein, und ich glaube, Sie danken mir's! —

Aber mein Manuscript[1]) habe ich Ihnen eingepackt;
das geht soeben gleichfalls an Sie ab. Sehen Sie, wie Sie
sich da durchschlagen: es sieht manchmal grässlich aus,
auch Dintenflecke sind drin. Mir wär's spasshaft zu sehen,
ob Sie überall daraus klug wurden.

Manchmal konnte ich vor Lachen, manchmal vor
Weinen nicht weiter arbeiten. Ich empfehle Ihnen
Herrn Sixtus Beckmesser. Auch David wird Ihre Gunst
gewinnen.

Lassen Sie sich übrigens nicht irre machen: was
drin steht, ist Alles von mir eigens gefertigt. Nur die
8 Zeilen, mit denen in der letzten Scene S a c h s vom
Volke begrüsst wird, sind von S a c h s aus seinem Lied
auf Luther. Auch die Namen der Meister-Weisen und
Töne (mit Ausnahme einiger von mir erfundener) sind
ächt: im Ganzen wunderts mich, was ich aus den wenigen
Notizen machen konnte.

Morgen gehe ich nach Mainz, um von da aus in
Biebrich oder Wiesbaden das Nest zu suchen, in welchem
ich mein gelegtes Meister-Ei musikalisch ausbrüten kann.

Wollen Sie mir, ehe Sie wieder etwas von mir erfahren, einmal schreiben, so adressiren Sie aux soins
de J. B. S c h o t t's S ö h n e i n M a i n z.

Gott behüte Sie, mein Kind!

Schön Gruss vom

M e i s t e r.

---

[1]) Die mit vielen Korrekturen versehene vom 25. Januar 1862
datierte Handschrift ist im Nachlaß von Frau Wesendonk erhalten.

Biebrich a. Rh.[1]

13. Februar 1862 bis 9. Juni 1862.

Wien

21. Dezember 1862.

---

[1] Zur Ergänzung vgl. die Briefe an Otto Wesendonk (Heintz S. 81/84).

129.

Das böse Kind will den Meister wohl gar nichts mehr von sich wissen lassen? Ich hätte gern erfahren, wie ihm die Meistersinger gefallen. Nun werd' ich gar ängstlich, es möchte krank sein! — Ich bleibe nun bis zum Spätherbst (zur hoffentlichen Vollendung der Composition) hier in Biebrich, beim Architecten Frickhöffer, wo ich mir auf ein Jahr ein paar hübsche, wunderschön gelegene Zimmer, dicht am Rhein, neben dem Schloss gemiethet habe, die ich mit allerhand Miethmöbeln mir herrichte. Mein einziges Eigenthum bildet dabei die bekannte Theemaschine nebst Kanne. Ich denke nun bald darin zur Ruhe zu kommen. Wenn nur das Kind vom grünen Hügel schrieb!

R. W.

130. Biebrich,
16. Febr. 62.

Freundin!

Sie thun Unrecht mich zu beachten: es wird mir diess jetzt zur Beschämung. Ich war unwissend, und somit unruhig. Ein Wort genügte. Ein trauriges, trostloses Wort! O wie viel glücklicher, todt zu sein, als ein Geliebtes todt zu sehen! — So geht es denn über Sie, und Sie erhalten eine Weihe nach der anderen! Dem Ernsten.

Tiefen ist es eine Weihe: Denken und Fühlen wird ihm Eines; er fühlt das Tiefst-Gedachte, und weiss, wie furchtbar wahr es ist!

Der Mutter habe ich eine inhaltsschwere Thräne geweint! Seien Sie mir willkommen in diesem ernsten Reiche, das mich nun ganz aufgenommen hat, und aus dem ich einzig nur noch auf die Welt schauen kann. Sie kann mir nun hell erscheinen, denn ich blicke nun nicht mehr in die Nacht, sondern aus der Nacht!

Lassen Sie die Meistersinger ganz bei Seite! Das Manuscript gehört Ihnen: ich hatte nichts anderes im Sinne, als Ihnen Ihr Eigenthum zuzustellen!

Herzliche Grüsse an Otto und die Kinder!

R. W.

Biebrich
(bei Architect Frickhöffer)

131.

Ich schrieb Ihnen zuletzt einmal von Paris, Sie sollten von meinem Leben fortan wenig mehr erfahren, dafür nur noch von meinem Schaffen,[1] weil das Erstere keine rechte Bedeutung mehr haben könnte. Wie aber nun, wenn ich nicht zum Schaffen komme, wenn mir nur das Leben zu thun macht? Dann muss es denn wohl solche bedenklichen Lücken geben, wie diesmal, wo ich auf Ihre Briefe, auf Ihr Geschenk, Sie so lange auf ein dankendes Lebenszeichen warten lassen musste? — Nun sage ich Ihnen denn auch heute nichts weiter, als: Morgen gedenke ich endlich meine Arbeit zu beginnen. Das war eine Unterbrechung von sechs Wochen, während welcher ich allerdings nur „gelebt" habe. Es war darnach! —

Jetzt bin ich hier völlig eingerichtet, habe zwei Zimmer auf ein Jahr gemiethet, Flügel, Bücherschrank,

---

[1] Vgl. oben S. 293/4.

das berühmte Ruhebett, die drei römischen Kupferstiche und das alte Nibelungenblatt. Vorm Schreibtisch hängt auch die Photographie vom grünen Hügel: in einem Fenstererker der Palazzo Giustiniani. Die Lage ist ausserordentlich schön: dicht am Rhein, dem Schloss zur Seite, in einem ganz alleinstehenden Hause, das Gott vor weiteren Bewohnern bewahren möge! Es ist auf Speculation sehr schön gebaut und enthält eine ganz wunderhübsche grosse Wohnung, in welche ich gern etwas anständiges wünschte. Schöner, sehr geräumiger Garten: aus dem Park und von der Insel gegenüber singen die Vögel um die Wette: die Nachtigallen sollen ihrer Zeit zahllos sein, und völlig betäubend werden. So will ich denn hier mein Meistersinger-Schicksal erwarten!

Schönen Dank für den Brief, mit dem Sie mich eigentlich doch beschämten: Sie lasen zu früh, und schrieben mir zu früh! Sie hätten mich noch ganz im Winkel lassen sollen. Uebrigens merkte ich doch, dass Sie diesmal zum ersten Male ein Gedicht von mir durch Lectüre, nicht durch Vorlesung meinerseits kennen lernten! Auch das schwierige Manuscript hat Ihnen grosse Mühe gemacht. Ja, das ist etwas andres, wenn man sich allein selbst helfen muss. Ich hab' es nun mehremal vorgelesen, zuletzt Grossherzog's in Karlsruhe:[1]) die haben sehr gut zugehört, wenn auch noch lange nicht so wie das grosse Micky. Gerade über die Regeln der Tabulatur haben sie sehr lachen müssen: Sie, Kind! darauf ist's ja mit dem wunderlich pedantischen Kram abgesehen: lachen soll man. Zu den Walther-Liedern fehlt Ihnen die Melodie: die ist hier allerdings die unumgängliche Hauptsache: ich hab' die Verse nach der Melodie im Kopfe gemacht: die können Sie sich nun allerdings nicht denken. Hören Sie aber einmal, wie leicht das klingt; z. B.

---

[1]) Glasenapp II, 2, 302.

Mässig

Fern mei - ner Ju-gend gold - nen To - ren zog ich einst

aus in Be - trach-tung ganz ver - lo - ren:

Das Volk hört dann von der ganzen Sache nur die Melodie: mein Geheimniss erräth, wer kann. —

Zum ersten Mal las ich's am 5. Februar in Mainz bei Schott's[1]) vor; es Ihnen zuerst vorzulesen, hatte ich aufgeben müssen. Doch musste ich für Sie einigen Ersatz haben, und schrieb vor meinem Fortgang von Paris nach Wien an Cornelius, von dem Sie mit der Zeit mehr erfahren werden, er müsse am 5ten Abends bei Schott's in Mainz sein, sonst würde ich ihn wieder „Sie" nennen. Nun ging's wie in der Bürgschaft her: Sie wissen, alle Flüsse waren übergetreten, viele Eisenbahnzüge gingen gar nicht mehr; völlige Gefahr überall. Macht Alles nichts: Schlag 7 Uhr am 5ten tritt mein Cornelius ein, und andren Tages reist er nach Wien zurück! Nun müssen Sie aber wissen, welch armer Teufel das ist; wie der sich mit Stundengeben quält, es monatlich auf 40 fl. zu bringen. Aber — er liebt mich sehr. Und Sie sahen, was ich auf ihn gebe. Schreiben Sie ihm, Kind: er liebt Sie auch. Er wohnt „Weissgärber-Pfefferhofgasse 30 Wien" und heisst „Peter Cornelius", ist auch ein Neffe des berühmten Malers.

Nun leben Sie wohl, und seien Sie allerschönstens gegrüsst. Ich konnte erst heut' schreiben: ich hatte auf gute Laune zu warten. Adieu, mein Kind!

R. W.

P. S. Ach, das schöne Kissen! Sehen Sie, so 'was stecke ich nun ein, und sage gar nichts erst dazu! Schön verwöhnt!!

---

[1]) Glasenapp II, 2, 356.

132.   Biebrich a/Rh.
                                         22. Mai 1862.
          Liebe Freundin!

Heut' ist mein Geburtstag. Man hat mir Blumen
in's Haus geschickt. Ich war krank, und bin erst gestern
wieder in den Park gekommen. An Sie durfte ich jetzt
wenig denken, da ich Ihnen in Nichts mehr helfen und
nur stille Wünsche noch für Ihr Wohlergehen hegen darf.
          So sass ich einsam.

Plötzlich kam mir ein Einfall zur Orchestereinleitung
des dritten Aktes der Meistersinger.[1]) In diesem Akte
wird den ergreifendsten Culminationspunkt der Moment
abgeben, wo Sachs vor dem versammelten Volke sich erhebt, und von diesem durch einen erhabenen Ausbruch
seiner Begeisterung empfangen wird. Das Volk singt da
feierlich und hell die acht ersten Verse von Sachsens
Gedicht auf Luther. Die Musik dazu war fertig. Jetzt
zur Einleitung des 3. Aktes, wo, wenn der Vorhang aufgeht, Sachs in tiefem Sinnen dasitzt, lasse ich die Bass-
instrumente eine leise, weiche, tief melancholische Passage
spielen, die den Charakter grösster Resignation trägt: da
tritt, von Hörnern und sonoren Blasinstrumenten die feierlich freudig-helle Melodie des „Wacht auf! Es rufet[2]) gen
den Tag: ich hör' singen im grünen Hag ein' wonnig-
liche Nachtigall" wie ein Evangelium hinzu, und wird
wachsend von dem Orchester durchgeführt.

Es ist mir nun klar geworden, dass diese Arbeit
mein vollendetstes Meisterwerk wird und — dass ich
sie vollenden werde.

Mir aber wollte ich ein Geburtstagsgeschenk machen;
ich thu' es, indem ich Ihnen diese Nachricht sende.

Bewahren Sie sich; pflegen Sie sich, und — müssen
Sie an mich denken — so stellen Sie sich vor, Sie sähen

---

[1]) Vgl. Richard Wagner, Entwürfe, Gedanken, Fragmente S. 104—5
und nachgelassene Schriften 1902 S. 154/5: „Vorspiel zum III. Akte
der Meistersinger."

[2]) So im Brief statt „nahet".

303

mich immer in der Stimmung dieser Geburtstags-Morgen-
stunde: diess wird Ihnen tröstlich sein, und auch Sie
werden gedeihen. Gewiss! —

Schönsten Gruss von

Ihrem

Richard Wagner.

133.   Biebrich

9. Juni 1862.

Liebe Freundin!

Ich wollte dieser Tage immer schon der Myrrha
schreiben, um ihr für den Antheil an dem schönen Kissen,
den ich gewiss ihr zusprechen muss, zu danken. Auch
sie muss sich aber an meine Undankbarkeit gewöhnen,
die nicht im Undanke selbst liegt, sondern in der so oft
unterlassenen Bezeugung desselben. Solche Bezeugungen
sind angenehme, schmeichelnde Ergiessungen, mit denen
man sich selbst am meisten erfreut und schmeichelt. Ich
komme selten nur noch zur Ausführung so behaglicher
Vorhaben. Bei mir geht Alles nur auf einen letzten,
ernsten Abschluss hinaus. So kann ich auch auf die
Blume, die auf diesem letzten Wege mir gestreut wird,
nur noch mit Wehmuth blicken.

Das Gedicht, das Sie mir heut' schickten, ist sehr
schön, ich glaube, wirklich meisterhaft.

Der Witz der Sage erscheint mir nur jetzt anders.
Dem Neck wird dort die schmeichelnde Hoffnung gegeben: ich für mein Theil verstehe keine Hoffnung mehr,
und für nichts bin ich unzugänglicher geworden, als für
ihren Zuspruch. Dagegen verstehe ich jetzt die Seligkeit, die wir wirklich nicht erst zu erhoffen haben, sondern deren wir Herr sind. Vielleicht entsinnen Sie sich,
wie ich Ihnen schon früher einmal mittheilte, im Laufe
meines Lebens immer lebhafter inne geworden zu sein,
dass die Kunst mir erst dann ungeahnteste Seligkeit bereiten
würde, wenn alles und jedes Gut des Lebens mir ent-
rissen, Alles, Alles verloren, und jede Möglichkeit des

Hoffens abgeschnitten wäre. Ich entsinne mich noch, um mein dreissigstes Jahr herum, mich innerlich zweifelhaft befragt zu haben, ob ich denn wirklich das Zeug zu einer höchsten künstlerischen Individualität besässe: ich konnte in meinen Arbeiten immer noch Einfluss und Nachahmung verspüren, und wagte nur beklommen auf meine fernere Entwickelung, als durchaus originell Schaffender zu blicken. Damals, als ich Ihnen jene Mittheilung machte, in den Zeiten wunderbarer Leidenschaft, war mir eines Tages — auf einsamem Spaziergange — plötzlich die Möglichkeit des Verlustes eines Gutes erschienen, dessen möglicher Besitz mir von je undenklich hatte scheinen müssen. Da fühlte ich, dass die Zeit kommen würde, wo mir die Kunst eine ganz neue, ganz wunderbare Bedeutung erhalten müsste: die Zeit, wo keine Hoffnung mehr das Herz zu umstricken im Stande sein würde.

So erhält mir denn auch die alte Messias-Sage endlich ihre volle Bedeutung. Sie erwarteten ihn, den Befreier und Erlöser, aus dem Samen David's, ein König Israels: alles traf zu; ihm wurden Palmen gestreut; — nur die Wendung war überraschend, dass er ihnen sagte: „mein Reich ist nicht von dieser Welt!" [1]) — So erstreben und ersehnen die Völker alle ihren Messias, der ihnen die Wünsche des Lebens erfüllen soll. Er kommt, und sagt ihnen: gebt das Wünschen selbst auf! — Das ist die letzte Lösung des grossen Wunsch-Räthsels, — die allerdings Ihr Freund Hutten, u. A., nicht verstand.

Ich wünsche nur noch arbeiten zu können: selbst auf die Aufführungen meiner Werke erstrecken sich jetzt meine Wünsche nicht mehr, und die Nöthigung hierzu acceptire ich als eine unerlässliche Calamität. Von Wien bin ich nun definitiv für Herbst zur Aufführung des Tristan eingeladen worden: diess stört mich jetzt. Doch peinigt es mich auch, in meiner Arbeit gedrängt zu werden: wie ich jetzt arbeite, kann ich nicht schnell

---

[1]) Glasenapp, II, 2, 376 f.

arbeiten. Gesicherte Musse wäre mein Wünschens-
werthestes: kann ich sie nicht erreichen, so muss ich
wohl des Lebens Qual noch empfinden; doch steigert
sie mir bereits den Genuss meines Schaffens. Ich
wünschte ein Asyl in allervollkommenster Einsamkeit:
das ist sehr schwer zu erreichen. —

Nehmen Sie meine Glückwünsche! Grüssen Sie
und danken Sie Myrrha, so wie Ihrem Mann, dem
ich für sein letztes Schreiben noch herzlichen Dank
schulde!

Von Herzen der Ihrige

Richard Wagner.

134.   Wien, 21. Dez. 62.
Ich hatte einen schönen, lieblichen Traum von Ihnen
diese Nacht, gleich nach dem Einschlafen. Möge er
Gutes, — all das Gute zu bedeuten haben, das ich
Ihnen, theurer Freundin, von Herzen wünsche!

Es war mir sehr rührend zu gewahren, dass, unter
allem Drang und Elend der Gegenwart, der Traum noch
zu rechter Zeit mich an Ihren Geburtstag erinnerte. Das
war schön; und ich sehe, dass mindestens der Traum sich
noch um mich bekümmert.

Innigen Gruss!

Richard Wagner.

Penzing bei Wien

5. Juni 1863 bis 21. Dez. 1863.

135.

221. Penzing bei Wien.

5. Juni 1863.

Theure verehrte Freundin![1]

Ich will dieser Tage endlich einmal wieder[2] Wesendonk's schreiben. Allein, — ich kann nur i h m schreiben. Ich liebe die Frau zu sehr, mein Herz ist so überweich und voll, wenn ich ihrer gedenke, dass ich unmöglich an sie in der Form mich wenden kann, die nun zwingender als je mir gegen sie auferlegt sein müsste. Wie mir's um das Herz ist, kann ich ihr aber nicht schreiben, ohne Verrath an ihrem Manne zu begehen, den ich innig schätze und werth halte. Was ist da zu thun? Ganz in meinem Herzen verheimlicht kann ich's auch nicht halten: e i n Mensch wenigstens muss wissen, wie es mit mir steht. Drum sag' ich's Ihnen: sie ist und bleibt meine erste und einzige Liebe! Das fühl' ich nun immer bestimmter. Es war der Höhepunkt meines Lebens: die bangen, schön beklommenen Jahre, die ich in dem wachsenden Zauber ihrer Nähe, ihrer Neigung verlebte, enthalten alle Süsse meines Lebens. Der leisesten Veranlassung bedarf es, so bin ich mitten drin, ganz erfüllt

---

[1] An Frau Eliza Wille, Zürich.

[2] Wagner war im Frühjahr 1863 in Rußland gewesen und richtete sich im Mai in Penzing ein; vgl. Glasenapp II, 2, Kap. XVI und XVII.

von der wundervoll weichen Stimmung, die noch jetzt, wie damals, mir den Athem benimmt und nur den Seufzer mir gestattet. Und gäb' es sonst keine Veranlassung, so thut's der Traum, der, so oft er sie mir vorführt, stets lieblich und wohlthätig ist. — Nun sagen Sie, Freundin! Wie kann ich mit dieser Frau so reden, wie es jetzt sein soll und muss? — Unmöglich! — Ja, ich fühle sogar, ich darf sie nicht wiedersehen. Ach, schon in Venedig machte mich dieses Wiedersehen recht unglücklich: erst nachdem ich diese Erinnerung ganz wieder verloren, ist die Frau mir ganz wieder, was sie war. Das fühle ich, sie bleibt mir immer schön, und nie wird meine Liebe zu ihr erkalten: aber ich darf nicht wieder mit ihr zusammentreffen, nicht unter diesem grässlichen Zwange, der — so nothwendig gefordert ich ihn anerkenne — doch der Tod unsrer Liebe sein müsste. Was mache ich nun? Soll ich die Liebste in dem Wahne wissen, sie sei mir gleichgültig geworden? Das ist doch sehr hart! Sollen Sie sie aus solchem Wahne reissen? Würde das ein Gutes haben? Ich weiss nicht! — Und endlich schwindet doch das Leben. Es ist ein Elend! —

Seit meinem Fortgange von Zürich lebe ich eigentlich wie in der Verbannung: — was ich da Alles geopfert habe, ist nicht zu sagen! — Jetzt ist nun mein einzig Verlangen, wenigstens einmal wieder zu häuslicher Ruhe zu gelangen, um nur noch der Arbeit leben zu können. Durch unerhörte Anstrengungen erkaufte ich mir jetzt wenigstens die Möglichkeit, mir wieder einen Herd zu gründen, den ich nun vollständig einsam fortan zu pflegen habe. Wiederholte Versuche überzeugten mich und meine Freunde, dass ein fortgesetztes Zusammenleben mit meiner Frau unmöglich und für uns Beide durchaus verderblich ist. So lebt sie in Dresden, wo ich über meine Kräfte reichlich für sie sorge. Sie kann sich noch nicht ganz fassen, und mit gewaltsamer Bekämpfung der stets wiederkehrenden Regungen des Mitleides muss ich mich zu einer Härte zwingen, ohne die ich ihre Leiden verlängere

und mich aller Aussicht auf Ruhe beraube. Ich kann
sagen, dass diese Mühe die schwerste ist, die ich je er-
trug. Dafür aber entsag' ich auch Allem, und will nur
meine Arbeitsruhe, das einzige, was mich vor meinem
Gewissen frei spricht und mich wirklich frei machen
kann! —

Nun aber, Liebe! Lassen Sie sich erbitten, und erzählen Sie mir manchmal von unsrer Freundin! Hoffentlich lieben Sie sie noch, und sie ist Ihnen ebenfalls treu?
Es ist doch zu hart, ein so gränzenlos theures Dasein so
ganz fern und fremd von sich dahin leben zu wissen,
ohne irgendwie noch einen Blick darauf werfen zu
können. Das begreifen Sie, dass, was ich durch ihren
Mann erfahren kann, mir nicht die Freundin zeigt, der
ich meine ewige Liebe betheuren darf, weil ich sie nie
wiedersehen will. Nie? — Es ist hart, — aber muss
so sein! —

Nun hab' ich wieder die grüne Mappe aufgeschlagen,
die sie mir einst nach Venedig schickte: wieviel Lebens-
qual war seitdem ausgestanden worden! Und nun, mit
einem Male wieder ganz umfangen von dem alten, unsäglich schönen Zauber! Darin Skizzen zu Tristan, zu
der Musik ihrer Gedichte —! Ach, Theuerste! Man
liebt doch nur einmal, was auch Berauschendes und
Schmeichelndes das Leben an uns vorbeiführen mag: ja,
jetzt erst weiss ich ganz, dass ich nie aufhören werde, sie
einzig zu lieben. Die Unschuld dieser Versicherung
werden Sie zu ehren wissen, und mir verzeihen, dass ich
dies Bekenntniss Ihnen ablege.

Leben Sie wohl, und seien Sie freundlich

Ihrem

Richard Wagner.

136.

221. Penzing
bei Wien.

6. Juni 1863.

Bester Freund!

Endlich muss ich doch wieder einmal etwas von
Euch erfahren! Von mir können Sie etwas Erfreuliches
nur dann hören, wenn ich Ihnen melden kann, dass ich
wieder bei der Arbeit bin! Erlebnisse, und seien es die
mannigfaltigsten, haben keinen eigentlichen Sinn mehr für
mich. Meine russische Reise, Petersburg, Moskau, mit
allen Vorgängen, die sich daran knüpften, Alles beeinflusste
mich nur in so weit, als es dazu beitragen sollte, mir
wieder von allen diesen Dingen zu helfen und mich einem
Arbeitsasyle zuzuführen. Meine Bitterkeit ist unter solchen
Umständen und Zuständen, namentlich im Hinblick auf
die Vielen und Manchen, die mehr Musse und Sicherheit
haben, als sie damit anzufangen wissen, oft sehr gross,
und giebt mir ein ironisches Beigefühl meist gegen jede
mir bezeugte Freundschaft und Theilnahme. Bedenke
ich, in welche ruhlose Zustände ich gerathen bin, seitdem
ich Zürich verliess, so kann ich nicht umhin, mein
Schicksal hart anzuklagen. Die Möglichkeit, doch endlich
noch einmal zur Ruhe zu kommen, um meine projectirten
Werke noch zu schreiben, giebt dieser thörigen Jagd
nach Ruhe vor meinem Gefühle einzig noch einen Sinn.
Meinen fünfzigsten Geburtstag habe ich nun begangen:
ich musste mich fast darüber beglückwünschen, ihn in
völliger Einsamkeit zu begehen! Man brachte mir nachträglich vor meine ländliche Wohnung einen Fackelzug,[1]
dem ich in ziemlicher Zerstreutheit beiwohnte. Als der
leuchtende Zug sich über eine Brücke zu mir her
näherte, ging eben der prachtvollste Vollmond über den
Wipfeln des Schönbrunner Schlossgartens auf, und blickte
mystisch erhaben auf das Gaukelwerk unter ihm. Noch

---

[1] Glasenapp II, 2, 432.

als man sang, hörten ein paar junge Leute, die oben bei
mir waren, nichts wie Ausrufe über den herrlichen Mond
von mir: er war der einzige, alte, traute Freund, der
über diese kindisch fremde Welt zu mir trat, — ganz
so wie einst über den fernen Alpenkranz hervor über
Euren Garten weg zu meinem — Asyl! — Asyl! —
Wie oft glaubte ich nun schon, ein Asyl gefunden zu
haben!! —

Diesmal war ich endlich so Ruhe-Wohnungsbedürftig,
dass ich, nur eine stille Wohnung mit einem Garten in
das Auge fassend, diess Gesuchte annahm, wo es sich
mir zuerst darbot. Acht Tage später hätte ich mich wahrscheinlich in Bingen niedergelassen; das verzögerte sich;
während dem wies man mir hier das Gesuchte nach:
gleichgültig um das Wo? schlug ich hier zu, und habe
nun den einzigen Wunsch, dass es mir vergönnt sein
möge, endlich hier wenigstens bis zu meinem Ende zu
verbleiben! — Wie es in Deutschland, und mit mir, steht,
sehe ich die Möglichkeit hierzu nur durch periodische
übermässige Anstrengungen, wie Reisen nach Russland
herbeizuführen: wie ich das auf länger aushalten soll, begreife ich allerdings nicht. In meiner Biographie wird
man's wohl einst lesen, und mancher wird sich dann
wundern. Natürlich werde ich einmal bei solcher Gelegenheit liegen bleiben. Wollen Sie sich einen Begriff
machen, wie mich solche Unternehmungen angreifen, so
vergleichen Sie zum Spass die drei Petersburger Photographien, welche anfänglich gemacht waren, mit der Moskauer, zu welcher ich 14 Tage später sass! — Nun, es
muss einmal so sein! —

Bei alledem verliere ich die alte Lust noch nicht,
meine endlich erwählte Wohnung mir so behaglich wie
möglich herzurichten. Wollt Ihr etwas dazu beitragen,
so wird mir das von niemand willkommener sein: das
wissen Sie! Denn eigentlich seid Ihr doch die Einzigen,
denen ich auf dieser Erde gewissermaassen angehöre: das
ist nun einmal so geworden, und ich kann nichts wieder

neu beginnen. Dass ich Euch gehöre, habt Ihr Euch
mit Schmerzen und Opfern jeder Art erworben.

— Was sagten Sie zu dem Schweizer Landhaus,[1]
das mir die Grossfürstin Helene von Russland geschenkt? Sie hatten wohl schon Sorge, mich wieder auf
den Hals zu bekommen? Glücklicherweise steht das
Landhaus da, wo die 50000 fr. stehen, die ich in Russland gewonnen haben soll. Wie willkommen muss das
meinen deutschen Gönnern sein, nun zu wissen, dass ich
so herrlich versorgt bin, und dass ihnen das keinen
Pfennig kostet! — Das ist nun auch noch mein Ge-
schick, dass ich eigentlich immer beneidenswürdig er-
scheine!

Ach, Liebster! Genug von mir! Bin ich erst wieder
an den Meistersingern, so hört Ihr wieder: noch bin ich
so zerstreut, dass ich mich zu nichts sammeln kann.
Besser aber, Sie geben mir baldigst Anlass, durch herz-
lichst erbetene Nachrichten von Euch! Darnach verlange
ich sehr!

Mit tausend guten Grüssen

Ihr

Richard Wagner.

Ein hübsches, grösseres Porträt (Photographie) von
Ihrer Frau hätte ich doch gern: der grüne Hügel hängt
schon eingerahmt in meinem Zimmer.

137.
221. Penzing bei Wien.

28. Juni 1863.
Freundin!

Heute kam eine schöne, wunderschöne Mappe an:
sie ist für die Meistersinger bestimmt. Bis jetzt half ich
mir mit der grünen noch ganz vortrefflich. Letzthin
packte ich sie wieder aus (— ich habe mich ja einmal

---

[1] Glasenapp II, 2, 426.

wieder angesiedelt! —): da waren allerhand Skizzen und wunderbare Blätter drin, ganz wo in der Ecke. Lieber Himmel, es sah noch recht nach Tristan drin aus! Es half aber nichts, die Meistersinger mussten mit hinein. Nun seien Sie mir einmal nicht bös: ein rechter Meister bin ich noch nicht, ich hab' es auch mit der Musik noch nicht viel über die Lehrbuben gebracht; wie das demnach wird damit, weiss Gott! also, das ganz Fertige soll immer in die neue Mappe kommen: da soll's prangen, und wenn ich drauf hinblicke, so will ich mir sagen: „nun bist du schon ein Stück Meister, — wenn auch noch lange nicht soviel als die, die dir die Meistermappe schickte!“ Einstweilen aber soll das Unfertige (ach! und wie viel ist in und an mir unfertig!) in der grossen grünen Mappe sich herumtreiben, mit allen Resten aus alten wunderbaren Zeiten zusammen. Ich bin einmal doch treuer, als Sie vielleicht glauben, und als es Ihnen vielleicht auch manchmal weis gemacht wird, dass ich's wäre. Die Meistersinger, soll was dran sein, müssen partout noch in der alten Mappe zur Welt kommen: Gott weiss, wie's ihnen glücken wird. Aber, wie gesagt, was nachher ganz in Ordnung ist, das kommt in die neue braune: jetzt sind schon 40 Seiten Partitur drin.

Aber wie's glücken wird? das weiss ich noch gar nicht.

Wie soll ich Ihnen das verständlich machen? — Gestehen Sie, so ein unfertiger Meistersinger hat es schwer, Ihnen zu schreiben. Wenn ich Ihnen nun sagte z. B. ein Meister muss Ruhe haben, so müsste ich sogleich auch bekennen, dass i c h keine habe, und — das ist das Schlimme! — auch wohl nie haben werde. Das ist das Garstige, worüber ich mir jetzt recht klar geworden bin: ich hab' keine Ruhe! Ich fliehe die Menschen, die Verhältnisse, endlich jeden Verkehr — auf das Vollständigste, weil im Grunde mich Alles martert — ich bin nun einmal so! — Nun richte ich mir eine schöne stille Wohnung ein: jede Ecke muss

mir recht sein; wie ein Fieber quält's mich, mir's darin
ungeheuer behaglich und lieblich zu machen, weil ich
mir sage, darin sollst du stecken, alle Zeit zubringen (im
glücklichsten Falle!) und ganz mit dir allein sein! Allein-
sein! Ach — welche Wonne durchschauert mich oft,
wenn ich mir diess sage, sobald ich eben nicht allein
bin. Gut! Nun bin ich allein: — ich Thor! Als ob
mein Herz nicht bei mir wäre! — und nun erst geht
die Unruhe recht los, bald in der Gestalt der Sorge,
bald des Verlangens. Da ersehne ich denn eine Gegenwart; denn eben n u r Gegenwart kann beruhigen! Glauben
Sie mir, der Gott der Seligkeit und Ruhe heisst „Gegenwart"! — Ja! nun muss es gehn ohne Gegenwart. Da
halt' ich mich denn zuerst an die Dienstleute, die mich
schnell lieben: dann kommt ein Hund daran. Doch hab'
ich mir noch keinen angeschafft: ich bange und zage jetzt
sehr vor allem Neuen, vor neuen Verhältnissen, selbst
mit einem Hunde. Kürzlich brachen aber Diebe bei mir
ein, und stahlen mir eine goldene Dose, die mir das
Moskauer Orchester zum Andenken geschenkt. Das ergriff meinen alten Baron, der unter mir wohnt: er stellte
mir seinen alten Jagdhund zur Verfügung, der schläft nun
Nachts in meinen Zimmern, und will mich auch Tags
nicht mehr verlassen: auf Tritt und Schritt werd' ich ihn
nicht mehr los. Er heisst P o h l,[1] ist braun und stark:
aber, wie gesagt, schon alt: bald wird er sterben, wie
Fips und Peps. Es ist ein Elend! — — Wie gesagt, ich
glaube zu keiner eigentlichen Ruhe zu gelangen: auch
auf die Meistersinger bin ich noch misstrauisch, so ernst
und ruhig mich auch die braune Mappe ansieht. — Otto
ist mir wohl böse, weil ich ihm so lange nicht geschrieben
hatte? Nun schrieb ich ihm, als mein Geburtstag, —
der so bedeutungsvoll erwartete 50ste[2] — vorbei war,
damit er nicht denken sollte, ich schrieb ihm nur, wenn

---

[1] Pohl erlebte noch die ganze Münchener Zeit und starb im
Januar 1866 in Genf; vgl. Glasenapp III, 1 im Namenregister.

[2] Vgl. oben S. 235.

ich ihn mit was quälen wollte. Wenn Sie nicht wären, so wüsste ich nun am Ende gar nicht, ob er meinen Brief erhalten. Wie geht es mit seiner Gesundheit? Quält ihn sein Halsleiden noch? Ich hoffe auf gute Nachrichten von ihm.

Wie steht es um die schöne Schweiz? Ist der See noch so licht grün und blau? Und die Gebirge mit den Schneefeldern? — Kinder, Ihr habt Euch doch ein schönes Land erwählt, und manchmal kommt mir recht die Sehnsucht nach ihm an. Ich hoffte einmal einst dort zu sterben! Im Ganzen ist's mir, als ob ich doch dort oft ruhiger war, als ich es jetzt bin. So eine Schweizer Gegend hat wirklich etwas Beruhigendes! Einen Sonnenuntergang kenne ich gar nicht mehr: zuletzt noch ein paar mal am Rhein. Da wollte es sich aber mit keiner Wohnung machen: jetzt sitz' ich hier, einiger schönen, hohen Bäume wegen, die ich im Garten habe. Auch ist die Wohnung ruhig, — aber nicht ich! Doch, das sagte ich Ihnen schon. — Und wie geht es Ihnen? Ihnen wurde der Hans Sachs leicht; mir fällt er noch schwer. Auch die Kunst kann ernst sein — nicht nur das Leben! Adieu, Freundin!

Bleiben Sie gütig

Ihrem

R. W.

138.

Penzing. 3. August 1863.

Liebste Meisterin!

Nach Ihren letzten lieben Zeilen hätte ich eigentlich noch auf „ausführlicheres" aus Schwalbach zu warten gehabt. Ich reiste drüber nach Pest,[1] wohin ich von den Ungarn eingeladen worden war, um zwei „Conzerte" zu geben. Von da kam ich vor einigen Tagen zurück, und fand wenigstens die verhiessene Lampe vor, die ich sehr

---

[1] Am 23. und 28. Juli 1863; vgl. Glasenapp II, 2, 434.

schön und meisterlich finde, und wofür ich bestens ge-
dankt haben wollte. —

Mit meinem Asyl ist's so — so; eigentlich curios.
Das Bedürfniss einer stätigeren Niederlassung mit ent-
sprechender angenehmer Wohnung war überwältigend
geworden. Ich fühlte, dass ich erst von solch einer
Grundlage aus mich noch einmal — zum letzten Mal —
nach der Welt umsehen konnte, um zu erkennen, wie es
mit ihr und mir steht. Ich finde nun, dass es nicht
allerbestens steht, und bereue innigst mein armes, theuer
erworbenes Geld daran gewandt zu haben, mir die kost-
spielige Basis zu jener Erkenntnisstufe zu schaffen. Da
mich nun einmal Niemand bei sich aufnehmen will, so
hätte ich besser gethan, mit meinen paar tausend russischen Rubeln mich in irgend einen italienischen Spittel
einzukaufen, um fortan die Welt Welt sein zu lassen. Ich
weiss wirklich nicht mehr, was ich in ihr soll. Das sage
ich Ihnen recht wahr und ruhig aus tiefster Seele! Sollte
ich Ihnen die sonderbaren Missgeschicke aufzählen, die
seit meinem Fortgange aus der Schweiz mich verfolgen,
so müssten Sie selbst darin eine fast systematische Berechnung des Schicksals, mich von meinem Vorhaben
abzubringen, finden. Ich hab' kein Glück! Und etwas
Glück gehört dazu, um unser Eines in der Täuschung zu
erhalten, als gehöre er zur Welt. —

Meisterin, es steht nicht gut mit mir! — Und des
Lebens bin ich recht überdrüssig. Das habe ich letzthin
während einer Todesgefahr, in welche ich gerieth, recht
deutlich erfahren. Das begegnete in Pest auf der Donau,
in demselben Kahn, in welchem vorigen Sommer zwei
junge ungarische Cavaliere von Rotterdam bis Pest fuhren.
Eine artige, gescheite Frau, Gräfin Bethlen, Mutter von
sechs Kindern, hatte es übernommen zu steuern. Bei
heftigem Sturm wurde sie ängstlich und brachte den
Kahn unter den Wind: die Wellen schlugen ihn gegen
ein Floss, dass er zerkrachte. Mich fasste nur Mitleid
für die arme Mutter, während mich persönlich ein so

318

eigenthümliches Wohlgefühl ergriff und so angenehm
stärkte, dass unsre jungen Leute sich gar nicht genug
über mein Benehmen wundern konnten, während sie bei
mir nervösen Menschen eine grosse Aufregung voraus-
setzen zu müssen geglaubt hatten. Als sie mich belobten,
— denn ich trug Einiges zur Rettung bei, — musste ich
fast laut lachen!

Was hilft das Alles! Es stirbt sich nicht so leicht,
und namentlich wenn's noch nicht sein soll. Diese Bewandniss muss es aber mit mir haben. Nur kann ich
gar nicht mehr ersehen, zu was ich aufgespart bin. Vielleicht meinen Lieben etwas zu sein?? Kann ich ihnen
weniger sein, wenn sie mich todt wissen, als so, da ich
von allen Seiten her abgeschieden bin, und nur leide?
Persönlich kann ich Niemand mehr etwas sein: und mein
Geist? Der bleibt ihnen, während er mein Herz nicht
mehr erquickt. Ich hab' keine Lust mehr, — zu nichts.
Mir fehlt jede Andacht, jede Sammlung: eine tiefe, ruhe-
lose Zerstreutheit beherrscht mein Inneres. Ich hab'
keine Gegenwart, und ganz ersichtlich keine Zukunft.
Von Glauben nicht eine Spur. Wohl hätte die rechte
künstlerische Thätigkeit, die Aufführung meiner neuen
Werke Vieles und Grosses ändern können. Meine Rückkehr nach Deutschland hat mir dagegen den Todesstoss
gegeben: es ist ein elendes Land, und ein gewisser Ruge
hat Recht, wenn er sagt: „der Deutsche ist niederträchtig."
Es ist da nicht eine Spur von Hoffnung vorhanden, und
wie es mit meinen einst vermeinten hohen Gönnern steht,
können Sie nur daraus schon ersehen, dass ich zur
Wiederaufführung meiner Wiener Conzerte von den
Prager Czechen, von den Russen, von den Ungarn eingeladen worden bin, während ich mich darauf gefasst
mache, dass meine biedren Deutschen, wenn ich mich
ihnen anbiete, mir den Abschlag geben. In Berlin hat der
Intendant[1] sich geweigert, mich zu empfangen. U. s. w. —

[1] Glasenapp II, 2, 426 f.

319

Seit meiner Zurückkunft aus Russland ist mir es noch nicht möglich gewesen, einen Menschen vom hiesigen Theater aufzusuchen. Mein Ekel vor dem Verkehr mit diesen Leuten ist so stark, dass ich unfähig bin, mehr etwas zu unternehmen, wozu ich sie gebrauchen würde. Das findet endlich jeder natürlich, der es kennt: nur ist damit auch erklärt, dass meine Laufbahn hiermit geschlossen ist. Glauben Sie mir, das ist ein seltsames Gefühl, zu wissen, dass selbst Sie eigentlich meine Werke nicht kennen: ich brauche nur ein Bruchstück davon völlig aufzuführen, als auch die begabtesten und erfahrensten meiner Jünger sogleich gestehen müssen, zuvor von dem Tonstück so gut wie keinen Begriff gehabt zu haben. — Was ist nun mein Geist, meine Werke? — ohne mich sind sie für Niemand da. Ja! Das macht mir meine arme Person sehr wichtig: nur gerade diese Person — existirt eben auch nur für mich! Das ist eine böse Sache. Es mag sich wohl darüber sprechen lassen, auch manches Trostreiche, emphatisch Täuschende: — aber, es fruchtet eben bei mir nichts mehr! Ich hör', es sind Worte, und sehe es sogar, namentlich wenn sie geschrieben sind, wie denn all' mein Verkehr mit den Menschen fast nur noch brieflich ist.

Was mache ich nun mit meinem Asyl, trotz Mappe und Lampe? Eine schlimme Frage, namentlich bei meiner grossen Zerstreutheit. — Ich überlege mir das hin und her. Soll ich mir noch einmal eine Zeit setzen, eine gewisse Anzahl von Jahren, vielleicht fünf? Wie fang ich's an, diese Jahre zu gewinnen? Das wird mir sehr schwer, und eigentlich begreife ich gar nicht, wie? Meine Bedürfnisse mehren sich: ich habe einen doppelten Hausstand zu unterhalten, zwei ganz elende! — Da bin ich denn endlich auf meine Person verfallen. Nach meinen Werken frägt Niemand: die Welt kennt und beachtet nur den Virtuosen. Nun hat mir die Noth aber gezeigt, dass ich auch ein Virtuos bin. An der Spitze eines Orchesters scheine ich diese Wirkung auf die Menschen hervorzu-

Lichtdruck von Albert Frisch, Berlin W.

Mathilde Wesendonk

1864

Nach einem Relief von Joseph Kopf.

nder Duncker, Verlag, Berlin.

bringen. Die Ungarn, die keinen Begriff von meiner Musik hatten, und auf ihrem Nationaltheater einzig von Verdi u. s. w. leben, erfassten jedes meiner Stücke aus Nibelungen, Tristan, Meistersinger, ganz unglaublich lebhaft, — wie es deutlich war, weil i c h sie ihnen auf- und vorführte. So sage ich mir denn, wenn ich mir jetzt so überlege, wie ich meine „Zeit" gewinnen wollte, ich müsse herumreisen und Conzerte geben. Dazu werde ich ganz wahrscheinlich auch greifen. Nur ist das Schlimme, ich halte das nicht oft und lange aus. Meine Ueberanstrengung bei solchen Aufführungen und Proben ist maasslos. Doch versuchen will ich's. Vielleicht arrangiren Sie mir, wenn ich Sie darum angehe, selbst in Zürich so ein neues Bruchstück — „Conzert"; nur möchte es dort schwer fallen, denn meine arme „Person" braucht sehr viel andere Personen, um persönlich wirken zu können. Doch, sei dem wie ihm wolle, Sie werden nächstens erfahren, dass ich irgendwo wieder Conzerte gebe: die Einen werden sagen: „ah, der will sich Geld machen!" — wenige Andere vielleicht: „man sagt, er wolle sterben!" —

Aber vielleicht geht Alles ganz gut ab, und mein Asyl (das wie vielste?) kommt mir noch einmal zu statten: die Lampe leuchtet noch, die Mappe füllt sich, und — ein Theeservice (mein altes ist mir unerreichbar!) erquickt mich behaglich. Gott! es ist Alles möglich, und obwohl ich immer Schmerz und Pein in meinem nervenzermarterten Leibe empfinde, lacht doch mein Arzt, wenn ich ihn frage, ob das nicht endlich bald einmal zu einer zerstörenden Krankheit führen müsse. Das soll Einem nun frischen Muth machen! In Wahrheit, man befindet sich elend, aber man befindet sich. Nur die völlige Einsamkeit kann ich nicht mehr ertragen: mit dem alten Jagdhunde, den mir mein Hauswirth geschenkt hat, geht es doch nicht allein. Mit meinem 50sten Jahre ist mir so eine Sehnsucht nach einem töchterlichen Elemente gekommen. Als Bülow vor Kurzem in Berlin mir sein kleines Töchterchen, mit dem Bedauern, dass es nur ein Töchterchen sei, präsentirte, leuchtete mir etwas auf, und ich sagte ihm: sei froh, an dieser Tochter wirst du grosse Freude haben. Mir ward neulich ein junges Mädchen von 17 Jahren aus unbescholtener Familie als sanft, dienstwillig und recht unverdorben empfohlen. Ich nahm sie in's Haus, mir den Thee zu serviren, meine Sachen in Ordnung zu halten, und bei Tische und des Abends zugegen zu sein. Gott, welche Pein für mich, das arme Kind, ohne es zu ersichtlich zu kränken, wieder aus dem Hause zu bekommen! Sie langweilte sich fürchterlich, sehnte sich in die Stadt zurück, gab sich aber wieder alle Mühe, das zu verbergen, so dass ich mir nur dadurch wieder endlich einmal ein relatives Glück erschuf, dass ich sie los ward, wozu mir meine Verreisung helfen musste! — Ach Gott! Und doch wäre es leicht, mich zu befriedigen: ich hab' die Erfahrung, wie gut ich mir schon mit meinen Dienstboten helfe. Ich dachte an Vreneli, die mich in Luzern bediente: sie konnte nicht abkommen. Neuerdings hat sich die ältere Schwester des heimge- schickten Mädchens bei mir gemeldet: sie ist erfahrener, gemessen, scheint sanft und ist nicht unangenehm. Ich denke wohl nun, mit der es noch einmal zu versuchen.

Sehen Sie, so geht es: ich muss mir nun einmal Alles mit Geld zu verschaffen suchen, vermuthlich weil ich so viel hab'! — Sie sollen erfahren, wie's ausfällt.

Jetzt sehe ich aber ein, ich muss in meinem Brief- schreiben etwas Einhalt thun. Ihr Mann wird mit Recht mich zu schelten haben, dass ich Sie aufrege! Wirklich, Beste, ich hab' es schwer, Ihnen zu schreiben. Alles Süsse, was mich jetzt einzig noch zu Zeiten labt, ist Er- innerung und liegt in der Vergangenheit: davon kann und darf ich nicht schreiben! Was bleibt nun? Eine wirklich reine Freude, ein angenehmes Erlebniss aus der Gegen- wart würde ich Ihnen so gern mittheilen; aber wo her- nehmen und nicht erfinden? Dass ich bald ertrunken wär', hab' ich Ihnen schon erzählt, und nun ist's aus! —

Soll ich Ihnen schreiben, wie ich vom Publikum da oder dort gefeiert und applaudirt worden bin? Glauben Sie mir wirklich, ich rechne das den Leuten hoch an, und schätze es nicht gering, dass ich mit meiner Musik die Menschen fast ganz zu dem gleichen Enthusiasmus bewege, wie dies gewöhnlich von Tänzerinnen und ähnlichen Künstlern geschieht: aber, Gott verzeih' mir's, ich bin allemal froh, wenn es vorüber ist, und denke nicht gern wieder dran. Es ist vielleicht reine Undankbarkeit, die überhaupt erwiesener Maassen eines meiner Hauptlaster ist. Hie und da kreuzt meinen Trübsinn eine angenehm täuschende flüchtige Erscheinung lieblicherer Art: z. B. hatte ich in Pest zum Vortrag kleiner Bruchstücke der Elsa ·eine blutjunge, schöne Sängerin mit seelenvollster naiver Stimme; sie war Ungarin, sprach das Deutsche reizend correct aus, und hatte in ihrem Leben wohl noch nichts rechtes von Musik gewusst. Ich war ganz gerührt, einmal so etwas Reines, Unverdorbenes für meine Musik zu bekommen, und das gute Kind schien wieder von mir und der Musik in der Weise gerührt zu sein, dass sie zum ersten Male in ihrem Leben wirklich empfand. Unbeschreiblich lieblich und ergreifend war der Ausbruch dieser Empfindungen, und es konnte manchem den Anschein haben, als hätte das Mädchen eine heftige Liebe zu mir gefasst. Auch der habe ich nun einmal wieder zu „schreiben". — Sehen Sie, ich sage Ihnen alles Gute; aber nun weiss ich nichts Rechtes mehr, und ich weiss noch nicht einmal, ob Sie die letzte Geschichte mir als etwas „Gutes" anrechnen werden. — Aber, es giebt doch dem Briefe eine Wendung, und Sie können schliesslich doch Ihrem Manne etwas von mir erzählen. Dem Ärmsten scheint auch allerhand Plage beschieden zu sein: von Amerika will ich gar nicht sprechen (denn ich habe an meinem Deutschland gerade genug!) aber dass ihn immer noch das ärgerliche Halsleiden plagt, und ihn selbst oft vom Widersprechen abhält (wie er mir sehr liebenswürdig bekannte) das ist doch Misgeschick genug. Er meint, er müsse sich einmal in eine Situation bringen, wo er gar nicht zum Sprechen verführt würde: ich will ihm vorschlagen, einmal für ein paar Monate mit mir zu tauschen, — wohl gemerkt: wenn ich in Penzing bin, nicht gerade wenn ich Conzerte gebe, denn dann wäre er in 14 Tagen hin. — Mich muss doch Otto eigentlich fürchterlich satt haben: wie hat er mir nicht immer schon zu helfen gesucht; wie oft hat er nicht schon gemeint, es müsste doch nun endlich mit mir gehen, — und immer steht's wieder auf dem alten Fleck, nichts will fruchten — es ist alles weggeworfen! Ja, ich glaub' auch, 's ist Alles verschwendet an mir: die Jäger sagen in solchem Falle, es sei Einem „ein Waidmann gesteckt", d. h. es sei ihm ein Zauber angethan, dass er nicht mehr treffen kann. — So mag's wohl sein! —

Jetzt weiss ich nicht, wohin ich den Brief schicken soll? Am 15. Juli schrieben Sie mir von Zürich, in spätestens 3 Wochen würden Sie wieder zurück sein. Daher halte ich's für das Sicherste, die 3 Wochen in diesen Tagen für abgelaufen anzunehmen, und die alte Adresse auf den Brief zu setzen.

Leben Sie wohl, und haben Sie tausend schönen Dank für Ihr Dasein. Sie existiren noch, — da muss ich wohl auch noch ein wenig mit existiren, wenn's auch darnach ist. Beste Grüsse an Mann und Kinder; sie sollen immerfort anständig von mir denken. Der lange Plauderbrief ist fertig: möge er Sie nicht zu traurig stimmen! Bedenken Sie, dass ich ihn doch immer noch schreiben konnte! — Adieu, beste Meisterin!

Ihr

R. W.

139.

Lieb' Kind!

Ein gross mächtiger Brief — dem ich für den Augenblick nichts rechtes beizufügen hätte — ist vor wenig Tagen an Sie nach Zürich abgegangen. Bitte, da Sie

noch so lange bleiben, lassen Sie sich ihn schicken. (Er
ist aber nicht sehr lustig.)

Tausend Grüsse!

Ihr

R. W.

7. Aug. Penzing.

140.

10. Sept. Penzing.

Ich hätte Ihnen, Beste, wohl wieder etwas schreiben
sollen: vielleicht erwarteten Sie's? — Nun leb' ich aber
so im Drucke, dass ich gar keinen Sinn finde, an Sie zu
schreiben. Einmal wollte ich Sie enthusiastisch auf-
fordern, etwas Enormes für mich zu thun. Dann musst'
ich wieder traurig darüber lächeln. — Ich bin ein Un-
glücksmensch!

Ich glaubte auch Ende August schon an den Rhein
(Darmstadt, Karlsruhe) zu Conzerten berufen zu werden:
dabei wollte ich Euch besuchen, namentlich auch einen
Gebirgsausflug in mein altes Heil-Land zu machen, um
meinem schrecklich leidenden Unterleibe aufzuhelfen.
Aus Darmstadt ward gar nichts, und nach Karlsruhe bin
ich gebeten, erst Ende October zu kommen. Um diese
Zeit hätte ich nun eigentlich im Osten erst einige En-
gagements: es wird sich dann wieder Alles drängen, und
doch muss ich Alles mitnehmen, ja — ich bin jetzt nur
so ganz übel dran, weil sich das Alles so lang verzögert.
— Ach Gott, wie bereue ich bereits meine hiesige Niederlassung: und doch habe ich Alles dran gegeben, mich
ihrer nur auf die Dauer zu versichern —, so gross war
mein Bedürfniss, nur irgendwie und irgendwo wieder
festen Fuss zu fassen. Nun ging mir's mit der sauer ge-
wonnenen russischen Beute wie dem Mann in einem
Lustspiel, der sein Unglück verwünscht, etwas in der
Lotterie gewonnen zu haben, weil er nachweisen kann,
dass ihm das mehr, als der Gewinn beträgt, kostet. Was
ist mir nicht zu meiner russischen Fortüne gratulirt

worden! Und von wem Alles! — von Gläubigern, von denen ich gar nichts wusste. Ach, wie war nun Alles froh, dass ich so gut versorgt wäre, und nun Niemand sich mehr um mich zu bekümmern hätte! —

Nach Karlsruhe gehe ich, um den letzten Versuch zu machen, ob von fürstlicher Protection etwas für mich zu erwarten sei. — Sagen Sie nicht, dass ich ein „helfeloser" Mann sei. Dafür, wo niemand allerdings mir helfen kann, kann ich mir jetzt selbst und allein helfen: — aber wo die Mitwelt mir helfen könnte, das wird die Nachwelt — vermuthlich sehr bald — einsehen. Da wird's offen stehen, wie leicht mir zu helfen gewesen wäre, und was sie gewonnen haben würde, wenn mir meine letzten guten Schaffensjahre nicht so elend verkümmert worden wären. — Soll ich aber, um dieser zukünftigen Verwunderung abzuhelfen, jetzt für mich thun, was man dann für meine Denkmäler thun wird? — Welch sinnloses Behagen rings umher. Und das Volk will noch „einiger" werden!

Doch — ich hoffe noch es möglich zu machen, vielleicht vor Karlsruhe Sie in der Schweiz zu besuchen. Vielleicht aber — verschwinde ich vorher schon spurlos. Ach verschallen zu können!! So als letzter Klang von sich in weiter Ferne zu verhallen! —

Da haben wir's! Solches Zeug schreibe ich Ihnen nun! Wohl sollt' ich's nicht abschicken: Sie thaten aber einmal ein Gleiches, und meinten dazu, was geschrieben sei geschrieben! —

Und wirklich, auch seinen besten Freunden noch in künstlicher Umschreibung sich mittheilen zu sollen, hebt alle Nöthigung zur Mittheilung auf. Ich gestehe, ich wüthe jetzt und werde dabei anmaassend über alle Maassen: Es ist, das fühle ich eben, der letzte Kampf, der letzte Krampf! Dann lass' ich die Hände sinken, und geb' den Rossen den Lauf —: wohin sie wollen! Nie werde ich mich mehr um mein Leben bekümmern, als diess eine Mal noch. —

Kind, und so geht's bei mir jetzt fort, — drum — genug! —

Nach Wien zu kommen, kann ich Euch nicht rathen. Kunst? gar nicht. Oper gänzlich würdelos und elend: ich weiss gar nichts mehr vom Theater. Ob Ihr mich aber treffen würdet, weiss Gott! Ich steh' jeden Augenblick auf dem Sprunge. Aber ein solcher Sprung kann mich auf ein paar Tage zu Euch bringen; geht mir's gemüthlich, so komme ich — wie gesagt — vor Karlsruhe, Ende October.

Das war nun ein Brief! — Verzeihung! Ich weiss es nicht besser zu machen! — Vielleicht ein ander Mal! Ein schwacher Rest ist noch in mir vorhanden, aus dem sich — vielleicht — die Sache noch machen lässt!

Allerschönsten Gruss!

R. W.

141.

Auf mir lastet's schwer, Sie letzthin so unbändig mit meinen Klagen befallen zu haben; sollten Sie es mir verzeihen können, so wird es doch Otto schwerer vermögen. Das beunruhigt mich herzlich! —

Es scheint mir etwas — wie man sagt — „in den Gliedern gelegen" zu haben: ich wurde krank und war es 8 Tage lang. — Das hat mir wohl gethan, und ich bin in mir zur Ordnung gekommen, und habe es auch nun bloss noch mit mir zu kommen. —

Demnach habe ich zunächst noch eine äusserst mühselige Zeit vor mir: Beschwerden und Drangsale aller Art: aber diess werden die letzten sein. —

Im October besuche ich euch jedenfalls. Nehmt, liebe, theure Freunde, mich gütig auf: ich hoffe euch willkommen zu werden.

Von Herzen

R. W.

Penzing. 20. Sept. 63.

142.

Penzing. 17. Oct.

Ich muss meine gestrige Nachricht[1]) dahin berichtigen, dass mein Conzert in Karlsruhe erst am 14. November stattfinden kann. Hätten Sie daher mir eine beruhigende freundliche Mittheilung, namentlich über das Befinden Otto's zu machen, so würde ich Sie bitten, diese für jetzt mir noch hierher nach Penzing zukommen zu lassen.

Von Herzen ergeben

R. W.

143.

Wohl ahnen Sie es, wie wichtig mir Ihr Brief war, Freundin! Wenn ich Ihnen vor einiger Zeit sagte, dass mein Entschluss sich nicht besprechen lasse, sondern nur unmerklich durch die Ausführung sich zu erkennen geben könnte, so erwidern Sie mir ganz richtig: la vie est une science! — Diese muss denn erlernt und bewährt werden. Ich glaube reif dazu zu sein, und kenne nur noch eine Sehnsucht: Ruhe! Arbeit! —

Von meinen Unternehmungen[2]) für diesen Winter steht noch vieles unklar vor mir: ich weiss nur eben, dass ich eine äusserste Anstrengung zu machen habe, nicht um zu erringen, sondern um hinter mir abzuschliessen. Uebermorgen (31. Oct.) gehe ich nach Prag (schwarzes Ross) zu 2 Conzerten. Am 10. Nov. treffe ich in Karlsruhe ein; 14. desselben ist dort das Conzert: wäre Otto soweit, für diesen Tag mit Ihnen dorthin zu kommen, so glaube ich Ihnen Beiden einen schönen Eindruck versprechen zu können. Von dann ab tritt Unklarheit für meine weiteren Pläne ein: im Ganzen habe (ich) in der Zeit bis Weihnachten Breslau, Löwenberg in Schlesien (Fürst von Hechingen), Dresden, vielleicht

---

[1]) Nicht vorhanden.
[2]) Glasenapp II, 2, 437 ff.

Hannover, gewiss noch einmal Prag, zu Conzerten in
Aussicht. Möglicher Weise tritt dann für März und
April Petersburg ein: denkbar wäre aber auch im Januar
bereits Kiew und Odessa; vielleicht auch noch einmal
Pest. Wie meinen armen Nerven angesichts solcher
Geographie zu Muthe wird, denken Sie wohl! Es kommt
mir wohl wie Frevel vor. Nur bleibt mir nichts anderes
übrig. — In der Zwischenzeit möchte ich mich nun, wenn
Sie mich aufnehmen wollen, zu einer kurzen Rast bei
Ihnen einfinden. Vielleicht um die Weihnachtszeit, wenn
nicht bereits von Karlsruhe aus möglich. Wundern Sie
sich dann, wenn es auch nur für wenige Tage ist, nicht,
wenn ich die Mappe herausziehe, und etwas zu arbeiten
versuche. Auch habe ich in Betreff der Bewirthung eine
Bitte: Frühstück und Mittagessen schicken Sie mir auf
mein Zimmer; gemeinschaftliche Mahlzeiten bleiben für
besondere Feste aufgespart, und dazu wird Ihrerseits eingeladen. — Otto's Genesung ist mir ein wahres Himmels-
geschenk: wir (ich und mein Arzt) theilen hier Ihre Ansicht, dass dies ein kritisches Leiden von vortheilhaftesten
Folgen war. Dies Alles ist mir schön und tief erfreulich. —

Nun haben Sie noch ernsten innigen Dank für Ihren
guten Brief. — Grüssen Sie Otto und die Kinder aus
treuem Herzen. Alle sollen mir gut sein, und Sie auch!

Ihr

R. W.

Penzing. 29. Oct. 63.

Otto schicke ich eine Broschüre.[1]) Ihr werdet daraus
erkennen, wie versöhnlich ich aus der Welt zu scheiden
gedenke; die Nothwendigkeit dieses Ausscheidens aber
auch daraus entnehmen, dass ich mit Sicherheit weiss,
wie auch so praktische, einfache Vorschläge kein Gehör
finden werden.

---

[1]) Über das Wiener Hofoperntheater, Ges. Schriften 7, 365/94.

144.

Penzing. 15. Dez. 63.

Eine kurze Nachricht!

Seit 9ten. d. M. Abends bin ich zurück. Die Ankunft in der vom Schicksal mir als Heimat zugewiesenen Wohnung machte einen wehmüthig behaglichen Eindruck auf mich: Alles war warm und behaglich, Franz und Anna[1]) glücklich, nichts Uebles war vorgefallen. Nur Pohl hatte sich so über meine Abwesenheit gegrämt, dass er wirklich stark gealtert war. Mir war es sonderbar, eine Vertrautheit von Wesen und Dingen um mich zu fühlen, von denen ich vor einem Jahre noch kein Atom kannte.

Das Traurigste ist meine grosse Erschöpfung; diess das Ergebniss dieser „Kunstreise", dass ich an Fortsetzung und Wiederholung gar nicht denken kann. Unmöglich nach Russland zu gehen. Was aber ohne diesen Hülfsquell mit mir geschehen soll, — darüber starre ich vor mir hin.

In Löwenberg fand ich einen sehr gutmüthigen Menschen, den Fürsten, der bereits leider zu alt, und zu sehr gemissbraucht ist, um mir von Nutzen werden zu können. In Breslau fand ich mich innerlich recht beschämt und kam mir recht traurig vor. —

Eine alte Bekanntschaft wurde bedeutungsvoll neu! Frau Wille's Schwester, Fr. v. Bissing kam nach Löwenberg und Breslau zum Conzert. Meine grosse Ermüdung und Angegriffenheit, der sie sich freundlichst unterordnete, gab unsrem Zusammensein keine rechte Freiheit: doch waren die wenigen Stunden von tiefem Werthe für uns Beide.

Cornelius wird hoffentlich täglich zu mir heraus

---

[1]) Franz Mrazek und seine Frau Anna; vgl. über sie die Namenverzeichnisse bei Glasenapp II, 2 und III, 1. Wagners Briefe an sie wurden veröffentlicht durch Lubosch im Zeitgeist (Beilage zum Berliner Tageblatt) vom 17. und 24. Juni 1901.

kommen, trotz Sturm und Wetter. Ich trachte mit seltsam bittrer Sorge, mir dies Asyl zu erhalten.

Lassen Sie bald Gutes hören, und grüssen Sie herzlich Mann und Kinder von

Ihrem

R. Wagner.

145.

Tausend innige herzliche Grüsse zum Geburtstag!
Ich kann Ihnen nur Gaben des Herzens bieten; meine
Phantasie will mir noch nicht wieder die altgewohnten
Dienste leisten: sie sinnt auf Ruhe und auf die Wege,
die dazu führen sollen. Doch werde ich im Geiste bei
Euch sein und mir das Familienfest recht lieblich vor-
stellen!

Tausend gute Wünsche mit den Grüssen!

R. W.

Penzing, 21. Dez. 63.

München — Tribschen

Januar 1865 bis **28.** Juni 1871.

146.

[München,[1]) Januar 1865]

Bestes Kind! Ich glaub', es geschähe am besten, die ganze Mappe zu schicken. Dass sie unversehrt, und eher bereichert als vermindert wieder zur Besitzerin zurückkehren soll, dafür verbürge ich mich mit Allem, was mir lieb ist. Sonst würde es schwer fallen, Alles zu bezeichnen, was etwa copirt und uns geschickt werden sollte: besser ist's, ich such's aus den Sachen selbst aus.

Hiermit mich nur abzugeben bedurfte es starker Anregung. Mein junger König ist aber eben ganz dazu gemacht, all' das in Ordnung zu bringen: er hat die. rechte Obstination, und aller Antrieb dazu kommt aus ihm selbst. Jetzt muss Semper[2]) ein herrliches Theater für mich bauen, das geht nun schon nicht anders: von allen Enden her sollen mir die besten Sänger zur Aufführung meiner Werke geschafft werden, und — aus allen versteckten Mappen muss zusammen geschafft werden, was ich etwa einmal schriftlich von mir gegeben habe. Er weiss, dass er mir nicht viel damit zu thun geben darf, und wendet sich immer geschickt an Befreundete. Hiermit hat er's auch so gemacht. Ich hatte ihm nämlich auf seine oft wiederholte Bitte angeben müssen, was ich geschrieben habe und wo es hingekommen wäre. Da musste ich denn die grosse Mappe auf dem grünen Hügel denunziren, —

---

[1]) Vgl. hierzu die Briefe an Otto Wesendonk (bei Heintz S. 85 ff.) und unten S. 360 Nr. 14.

[2]) Am 29. Dezember 1864 war Semper vom König zur Beratung über den Theaterneubau empfangen worden; vgl. Glasenapp III, 1, 37 ff.

es ging nicht anders. Sonst ist kein Arges dabei: Er wird nur Alles zusammen stellen lassen, um es in Verwahrung zu nehmen, und zu wissen, dass er mich recht vollständig besitze.

Ja, Kind, der liebt mich; das ist nun einmal so! — Wenn es trotz alledem noch nicht so recht mit mir gehen will, so mag das wohl seine Gründe haben. Je leichter ich an Glaubensfracht werde, desto theurer werde ich: — schon glaube ich fast an gar nichts mehr, und wie nun diese Leere ausfüllen: da braucht es einen ganz ungeheuren Ballast von königlicher Gnade! Ich war einst wohlfeiler zu haben: jetzt ist meine Hellsichtigkeit schrecklich, und die Täuschung ob der furchtbaren Schwäche, die überall wie vor einem Wahnsinnigen vor mir zurückwich, wird mir fast gar nicht mehr möglich. Doch thue ich immer noch, was ich kann, und erwarte mir gern noch etwas von den Menschen. Dazu hilft eben mein junger König: der weiss Alles und — will! — Da muss ich denn auch noch wollen, wenn mir auch oft sonderbar dabei zu Muth ist. —

Schönsten Gruss dem grünen Hügel: — man sagte mir neulich, er sei diesen Sommer zum Verkauf ausgeboten gewesen? — Ist das so? — Wohin soll's dann gehen? — Bin ich recht indiscret? — Soll ich für die Weihnachtgeschenke noch schön danken? Hat das das grosse Micky erwartet? Wohl nicht! Es giebt noch einen alten Brief[1]) zu lesen —: werd' ich den in der Mappe finden? —

Adieu! Ich gedenke mit Liebe!   R. W.

147.   [1865]
          Freundin!
     Der Tristan wird wundervoll.
          Kommen Sie??
                                        Ihr
15. Mai 1. Aufführung.   R. W.

---

[1]) Der Brief ist nicht vorhanden.

148.

Verehrte Freundin!

Hätten Sie wohl die Güte, unter den freundlich von Ihnen bewahrten Skripturen aus alter Zeit nach einem Notenblatt —

An Webers letzter Ruhestätte,

Gesang für 4 Männerstimmen — nachzusehen, und, falls Sie es finden, mir eine Copie davon zukommen lassen zu wollen? Herzlich würden Sie damit verbinden Ihren, mit seiner Frau Sie bestens grüssenden

Richard Wagner.

Tribschen.
28. Juni 1871.

Nachtrag.

Folgendes Telegramm, etwa S. 25 als Nr 51a einzustellen, bezieht sich auf das Beethovenkonzert im Hause Wesendonk (vgl. Einleitung S. XXIV). Ob das Konzert auf Anfang April verschoben wurde, konnte ich nicht feststellen.

Telegramm: Luzern 8,55.

Zürich, 31. März 58, 9 Uhr 10.

Herrn Otto Wesendonk Zürich.

Der getreue Kapellmeister kann leider heute das Konzert nicht dirigiren, der heilige Gotthart hat Zoll genommen und ihm dafür einen starkgläubigen gediegenen Katarrh bescheert, das Konzert soll aber doch noch dirigirt werden; die Musiker mögen nur immer noch gut einstimmen.

Ihr
Richard Wagner.

Anhang.

Mathilde Wesendonk

an

Richard Wagner

14 Briefe

(24. Juni 1861 bis 13. Januar 1865).

1.

Ich habe in dieser heissen Zeit Sie oft bedauert, denn in Paris ist es dann erstickend schwül. Sie flüchten wohl wieder ins bois de Boulogne, allein es ist doch immer mühsam erkauft. Auf dem grünen Hügel ist es jetzt sehr schön, und die Mondschein-Abende sind unvergleichlich. Lange hatten wir keinen solchen Sommer, es ist Einem dabei auch ganz seltsam zu Muthe, und man fürchtet sich zu Bette zu gehen, sorgend, es könne den nächsten Morgen anders sein. Letzte Woche machten wir einen kleinen Ausflug mit den Kindern nach Baden-Weiler, der Stammburg der Zehringer-Fürsten. Es liegt eine Stunde Eisenbahn von Basel, und trägt schon ganz die Physionomie des badischen Ländchens weiter unten. Schöne Nussbäume, Waldungen, Hügel, Matten, und in der Ferne die Silberstreifen des Rheines. Das wird so ungefähr Ihre zukünftige Heimath sein. Freundlich, still und einsam, ich fürchte fast zu einsam, was den Verkehr mit feinfühlenden, geistigen, künstlerischen Menschen betrifft. Darin verwöhnt Paris. Lessing ist eine schweigsame, fast allzubescheidene Natur, dessen höchste Leidenschaft die Jagd ist. Schirmer ist durchaus Naturmensch. Der Grossherzog? Das müssen Sie besser wissen, als ich. Unsere deutschen Prinzessinnen werden meistens recht hausbacken erzogen, sie lernen haushalten, d. h. mit ihrem Taschengelde auskommen, und rühren uns durch ihr einfaches, anspruchsloses Wesen. Die Grossherzogin indessen hat einnehmende Züge. Sie hing im Römerbad zu Baden-Weiler, sammt dem Herzog in Goldrahmen an der Wand, während das frühere Regentenpaar seitwärts mit einem schlichten schwarzen Rahmen sich begnügen musste. In fünfzig Jahren vielleicht, sind die Jungen ebenfalls zum schwarzen Rahmen vorgerückt, während ein neuer Stern im Goldrahmen prangt, und der Ahn gänzlich verschwunden ist. Das war gleich ein Bild der Zeit. Vorigen Samstag war ein Concert in der Frau Münsterkirche. Papa Heim dirigierte, war aber seiner Aufgabe nicht gewachsen. Schmidt aus Wien sang eine Arie aus der Schöpfung. Eine herrliche Stimme, die selbst im Verklingen klar und deutlich bleibt. Das muss ein prächtiger König Heinrich sein. Auch freute ich mich über die kräftige Gestalt, die wenigstens etwas auszuhalten scheint. Er singt immerfort, bald hier, bald dort, aber sein Programm ist schrecklich, nur auf das allergewöhnlichste Publikum berechnet. Es wurde Einiges aus Orpheus und Euridice von Gluck gegeben, was mich sehr ergriff. Sehr schön ist die Stelle, wo Orpheus in den Orkus hinabsteigt und die Höllengeister ihm ihr: nein, nein, entgegendonnern. Die Harfenklänge fallen so weich und schön dazwischen, und lehren uns glauben an den endlichen Sieg des Schönen. Ich möchte wohl das Werk einmal ganz erleben. Frau Dr. Wille war auch zum Concert in die Stadt gekommen, und schlief die Nacht bei uns. Sie trug mir viele Grüsse an Sie auf. Ich habe sie mit dem Rhein-Golde beglückt. Sonntag Morgen frühstückten wir auf der Nord-Terrasse und plauderten viel von Ihnen. Zu Tische kommen Keller, Dr. Wille, Köchly und Frau, und die alte Fräulein Ulrich, deren Sie sich vielleicht noch erinnern. Wir haben die Alte mit ihrem originellen Wesen gerne. Ich plaudre so fort; vielleicht erheitert es den Freund, oder ruft ihm doch frühere Zeiten zurück. Er weiss zwar viel, aber was grau ist, weiss er Gott sei Dank noch nicht. Ebbe und Fluth, Licht und Schatten, das ist Jugend. Stimmungen, wie sie sich in Ihrem letzten Briefe[1] ausdrückten, hat der Graue[2]

---

[1] Vgl. oben Nr. 118.

[2] Vgl. oben S. 275 die Unterschrift Wagners.

nicht. Auch wissen wir, dass sie vorübergehend sind, das ist mein Trost. Wie ich jetzt am Balkon sitze und schreibe, glühen die Alpen im zartesten Abendroth. Könnte ich den rosigen Wiederschein an dieses Blättchen fesseln, und in Ihre Seele hauchen!

Ich freue mich, dass Sie nach Weimar gehen. Liszt ist bei alledem derjenige Mensch, der Ihnen am Nächsten steht. Lassen Sie ihn sich nicht verderben. Ich kenne ein schönes Wort von ihm: d. h. „ich schätze die Menschen nach dem, was sie für Wagner sind." Was Wien betrifft, so wollen wir sehen, ob das Schicksal uns Gunst vergönnt. Wir denken gerne daran. Von der Fürstin habe ich nun zum Erstenmale aus Rom gehört. Sie besucht dort nur die Nazzarener, die christlichen, kirchlichen Maler. Es dient ihren Zwecken, und sie führt es mit eiserner consequence durch, obschon sie sich schmählich dabei ennuyiren soll. Ausser Cornelius und Overbeck ist da nicht viel Genuss zu suchen; natürlich, ich meine unter den lebenden Künstlern. Und nun noch eine Bitte, die Sie mir gelegentlich einmal erfüllen sollen. Ich habe nämlich ein kleines Photographienbuch erhalten, und seitdem fand sich schon die eine oder andere Photographie von Bekannten hinzu, in Visitenkartenformat, wie das Meinige. In wenigen Sekunden macht man ein Dutzend. Nun besitze ich allerdings Ihre grosse Photographie, aber das kleine Buch möchte gar so gerne auch Eine haben, und der Platz dafür bleibt offen. Werden Sie dem kleinen Buche seinen Eigensinn verzeihen? Es will sich gedulden, und das Kind will auch geduldig sein, und den Meister nicht mit Schreiben quälen. Er muss es doch nur thun, wenn es Ihm Bedürfniss ist, denn früge Er nur das Kind, ich fürchte, Er hätte viel zu thun. Es sucht sich einstweilen zu stählen, durch stärkende Bäder, aber sie greifen an, und nehmen noch das bischen Kraft vollends hinweg. Doch der Erfolg soll gut sein. Nun ist es dunkel geworden, die Berge liegen bleich und leblos da, und alles ist so still. Ruhe, Ruhe, heilige Ruhe senke sich auch in Ihr Herz!

Ihre
Mathilde Wesendonk.

Juni 24. 61.

Am Morgen. Vorige Woche war der Pascha von Aegypten hier oben, und ging dann auf die Bürkli-Terrasse, wo einige Minuten später der Pilgerchor und Abendstern gespielt wurde. Die Klänge drangen deutlich zu mir herüber. Sulzer ist nach Winterthur zurück, um in der Kur eine Pause zu machen. Während er die Bilder besichtigte, blieb ich im Unklaren über die Kraft seiner Augen; später im Garten aber nahm er, um kräftige, sehr grosse Blüthen am Immergrün zu unterscheiden, doppelte Gläser. Das that mir leid, denn die Blumen sind licht blau, und stechen aus dem saftigen Grün der Blätter bemerklich hervor. Noch einen freundlichen Gruss! Das ist nun einmal ein rechter Plauderbrief!

2.

Ihre letzten Zeilen[1]) haben mich sehr traurig gemacht. Ich konnte lange nicht darauf antworten. Der Gedanke an unser Zusammensein in Wien war mir so nahe getreten, war mir nun endlich Zuversicht geworden. Ich hatte ja doch lange nicht daran geglaubt, nun glaubte ich, um es wieder zu verlernen. Was in die Hand der Zukunft gelegt wird, ist uns für den Augenblick, vielleicht für immer genommen. Der Augenblick gehört uns, doch was die dunkle Mutter in ihrem Schoosse für uns birgt, wer weiss es? Die Schwierigkeiten, die der Geburt eines Tristan entgegenstehen würden, wohl ahnend, lag mir zunächst unser Zusammensein im Sinne, und hätten wir gewusst, dass Sie nur noch kurze Zeit in Wien bleiben würden, wir wären sicherlich früher gekommen. Es sollte nicht sein! Aber schlafen kann ich jetzt nicht.

---

[1]) Der erwähnte Brief, zwischen Nr. 123 und 124 fallend, ist verloren.

Die Mutter wollen wir belauschen, wo sie noch wach ist,
in Venedig. Montag reisen Otto und ich dahin ab. Lange
werden wir nicht dort bleiben; in 14 Tagen, drei Wochen
spätestens, sind wir zurück. Es soll uns vor dem Winter-
schlafe eine Erfrischung, Stärkung und Anregung sein,
wie ich sie von Wien gehofft hatte. Scheint auch das
Leben hier und da eine Idylle, der richtige Blick fände
bald den Stoff zur Tragödie heraus. Gegenseitige Kurz-
sichtigkeit schützt die Menschen vor dem Erkennen. Dann
ist das „Sehen" an und für sich leidlos, das „Sein" aber
immer leidend. Sie, Verehrer von Schopenhauer, sollten
das wissen! Somit wären die Menschen, die viel sehen
und nichts sind, gewiss am glücklichsten! Und auf das
„glücklich sein" kommt's ja am Ende an, nicht wahr?
Gross sein, Gut sein, Schön sein, genügt dem Menschen
nicht, er will auch glücklich sein. Wunderliche Marotte!
Mich däucht, wer Eines von jenen Dreien wäre, brauche
den ganzen mühseligen Scheinapparat des Andern nicht
mehr! Doch, was weiss ich davon?

In der hiesigen Welt der berühmten Männer sind
grosse Veränderungen eingetreten. Gottfried Keller ist
zum Staatsschreiber ernannt worden, und bezieht das alte
Quartier des Reg.-R. Sulzer an der Staatskanzelei. So
erlebt die arme Mutter des „grünen Heinrich" noch die
Freude, ihren Sohn auch äusserlich angesehen und ge-
ehrt zu sehen!

Ferner ist Moleschott in seinem Fache als Prof. an
die Universität nach Turin berufen worden. Er lebte zuletzt hier gänzlich verlassen, und fast freundlos.

Und last but not least, erhielt Ihr Herwegh einen
Ruf als Professor der „vergleichenden Literatur" nach
Neapel. Für seine Verhältnisse war es Zeit; sie standen
gänzlicher Zerrüttung nahe. Vielleicht wird er durch
eine ehrenvolle, seinen Lieblings-Neigungen entsprechende
Beschäftigung, sich selber wiedergegeben. Die Herren
hier schütteln die Köpfe über den Leichtsinn von de
Sanctis, aber mich freut es doch, dass einmal einige

tönende Namen zum Klange kommen. Es ist in Deutschland so äusserst selten. Was da genannt wird, klingt meistens hohl, und nur die, von denen man nicht spricht, sind der Rede werth.

Was werde ich nun nächstens vom Freunde hören? Den Kummer seiner abermaligen Enttäuschung theile ich mit Ihm! Wo werden Ihn die Schicksals-Götter zunächst hingeleiten? Wird es eine Zeit geben, wo Er auf dem grünen Hügel ausruht? Hoffen wir, so hoffnungslos es scheint? Dank für die Photographien und innige Liebe!

Mathilde Wesendonk.

Octob. 23. 61.

3.

Eben las ich den Entwurf der Meistersinger.[1]) Ich finde ihn vortrefflich, und hoffe, Sie werden viel daraus benutzen. Unzählige feine Züge sind darin angedeutet, und es kann Ihnen viel Anstrengung dadurch erspart werden. Ich segne die Wiederaufnahme dieser Arbeit, und freue mich darauf wie auf ein Fest. In Venedig hätte ich solche Hoffnung kaum zu schöpfen gewagt.

Eine stille Weihnachtsfreude, die ich mir selbst bescheert hatte, haben Sie mir zu Nichte gemacht. An meinem Geburtstage sollte Sie ein Brief treffen — er liegt in Wien. Ein Kistchen, mit einigen Kleinigkeiten, die wir in unserer Unterhaltung zufällig berührten, sollte Sie am Weihnachtstage überraschen. Die Arbeit hatte ich mit unendlicher Freude ungemein rasch und leicht gemacht, in der geheimen Furcht, sie könnte zu spät fertig werden. Nun erhalte ich sie wohl nächstens von Wien zurück. —

Die Uebersetzung des Cervantes ist ein kostbarer Fund. Das Manuscript ist doch wohl unbezweifelt? Es würde schwer sein, Cervantes täuschend nachzuahmen!

Haben Sie Dank für Ihren lieben Brief,[2]) der mir

---

[1]) Vgl. oben S. 293.
[2]) Vgl. Nr. 124.

doch wenigstens Ihre Handschrift wieder brachte, wenn
ich auch nicht ganz die frühere, erhabene Stimmung des
Freundes darin erkannte, und empfangen Sie die innigsten
Grüsse und Wünsche

Ihrer

Mathilde Wesendonk.

Decbr. 25. 61.

4.

Ich las in Schopenhauer's Biographie,[1]) und fühlte
mich unbeschreiblich angezogen von seinem Wesen, das
mit dem Ihrigen so viel Verwandtes hat. Eine alte Sehnsucht überfiel mich, einmal in dies begeistert schöne Auge
zu blicken, in den tiefen Spiegel der Natur, der dem
Genius gemeinsam ist. Unser persönlicher Verkehr trat
mir in's Gedächtniss zurück, ich sah die ganze reiche
Welt vor mir, die Sie dem Kindergeist erschlossen, mein
Auge hing mit Entzücken an dem Wunderbau, höher und
höher schlug das Herz vor innigem Dankgefühl, und ich
fühlte, dass mir Nichts davon verloren gehen könne! So
lange ich athme, werde ich nun streben, das ist Ihr Theil.
Schopenhauer selbst sollte Sie nicht kennen und Ihre
Tonschöpfungen blieben ihm unerschlossen. Was thut's,
würde Er lächelnd heute sagen, wir Beide gehören dem
Ganzen. Ein Einsamkeit blickendes Auge ist unser Loos!
Das Buch enthält ein vortreffliches Bildniss des Verstorbenen, wo die krasse Nacktheit der Photographie
durch die geistige Macht des Mannes verschönt und verklärt ist. Sind Sie einmal von Paris mir näher gerückt,
so freue ich mich, Ihnen wenigstens dann und wann ein
Buch mittheilen zu können, ohne Sie auf das Ministerium
zu bemühen. Mein armes Kistchen ist zurückgekehrt,
ich habe es traurig bei Seite gestellt. Sind Sie erst einmal wieder irgendwo niedergelassen, so schleiche ich

---

[1]) W. Gwinner, Schopenhauer aus persönlichem Umgang dargestellt. Leipzig 1862.

mich sicher abermals bei Ihnen ein, so sicher, wie die Wichtel-Männchen den armen Bauer verfolgten![1]) — Wie geht's mit der Gesundheit — und mit der Arbeit?

Ihre von Herzen!

Jan. 16. 62.   Mathilde Wesendonk.

5.

Der geflügelte Löwe[2]) auf Ihrem Schreibtisch ist erwacht! Kraft und Geist sind sein Symbol. Er rüttelt den schweren Traum von den Gliedern, und schüttelt die Mähne. Das macht mich froh, und weiter denke ich nichts. Dem Schicksal sei anheimgestellt, was von Aussen kommt. Innen sitzt der Feind in der eigenen Brust. —

Fast niemals, so will's mir scheinen, sprudelte der Quell Ihrer Dichtung reicher und ursprünglicher als diesesmal. Auch ist es eine Art Gerechtigkeit gegen sich selbst, dem tiefen, unverwüstlichen Humor, einer so bedeutenden Ingredienz Ihres Charakters, einmal seine überwiegend entsprechende Deutung zu geben. Der göttliche Knabe stieg mit seinem Bruder, dem Amor, von den Höhen des Olympos in die Menschenbrust herab, und nur wo der Eine gerne weilte, kehrte der Andere ein.

Mir ist, als habe ich eine Höhe erstiegen, und blicke nun in ein wundervolles Abendroth, den Hymnus der Schöpfung!

Gruss und Lebewohl!

Ihre

Jan. 19. 62.   Mathilde Wesendonk.

6.

Ich wusste es wohl: Träume[3]) sind treu. Je mehr die Wirklichkeit sich uns entzieht, je wacher wird der

---

[1]) Vgl. oben Nr. 23 und die Anspielungen auf „Koboldchen" S. 78, 83 und 122.

[2]) Ein Briefbeschwerer mit dem Löwen von San Marco, ein Geschenk von Frau Wesendonk.

[3]) Vgl. Nr. 134.

348

Traum. Möchte Ihnen der Himmel noch viele solche Träume schicken.

Ihre

Decbr. 23. 62.   Mathilde Wesendonk.

7.

Legen Sie diese Blätter zu den Uebrigen in die grüne Mappe! Bald schreibe ich. Einstweilen lasse ich mich pflegen wie ein krankes Kind, und mir wohlthun. Grüssen Sie mir den Arzt!

Ihre

Juli 3. 63.   Mathilde Wesendonk.

7 a.

Mir erkoren —
Mir verloren —
Ewig geliebtes Herz.

————————

Die Nachtigallen hörst Du wonnig schlagen,
wenn ihren Blütenschmuck die Bäume tragen,
doch in des Herbstes zweifelsvollen Tagen
will sich kein Vöglein an die Lieder wagen.
Die Alpenhäupter hoch zum Himmel ragen
in ewig kaltem, schweigendem Entsagen,
doch tief erröthen siehst Du sie vor Zagen,
naht sich die Göttin auf dem Sonnenwagen.
O frage nicht, Du sollst mich nimmer fragen,
ich lernte viel, nur Eines nicht ertragen,
doch dieses Eine kann ich Dir nicht sagen:
warum mein Singen trauervolles Klagen.

————————

Fasst denn Ein Kelch den gold'nen Schein
    der ganzen grossen Sonne?
Und Du, mein Herz, Du bist so klein,

349

und willst allein
die ganze Erdenwonne?
Der Liebe Unermesslichkeit
begrenzt im Raum, —
und aller Himmel Seligkeit
im Lebens-Traum?

———————

Im Herzen trübe und traurig
da seufzt ein tiefes Weh,
so abgrundsvoll und schaurig
wohl wie die tiefe See.

Und Seufzer streichen als Winde
hinüber, herüber die Fluth,
Erinn'rung strahlet linde
darein wie Abendgluth.

Als Schifflein segelt die Hoffnung
von Sehnsucht getrieben zum Strand,
es schwanket in wilder Brandung,
stösst nimmermehr an's Land.

———————

Wenn der Schmerz mit schwarzem Trauerflügel
schaurig sich auf Deine Seele senkt,
wird Dein Sinn vom Ewig Wandelbaren
zu dem Bandelosen hingelenkt.
Wenn vom Aug' die Täuschungsschleier fallen,
und Dein Eden Dir zerfliesst in Schaum,
aus dem Grab die bleichen Schatten schreiten,
und die Gegenwart erbleicht zum Traum.
Nur im Nicht-Sein suchst Du noch das Sein,
alles Dasein wird zum leeren Schein,
w i r k l i c h nur ist das pochende Herz
mit seinem ewig bejahenden Schmerz.

———————

Am 22ten Mai 63.

Eine Seele gross und rein
schliesst die kleine Blume ein,
die mit ihrem ganzen Sein
lebt und webt im Sonnenschein;
die mit eifrigem Bemühn
einzig sorgt, recht schön zu blühn,
die, obgleich der gold'ne Strahl
tausend Schwesterkelche küsst,
nimmer fühlt des Neides Qual,
freudig ihm entgegenspriesst,
stets zu ihm ihr Antlitz wendet,
ihm allein ihr Duften spendet,
und — wenn er sie ganz vergisst —
still ihr freundlich Auge schliesst,
sanft das Köpfchen nieder neigt
leise seufzt — verhaucht — und schweigt. —

Herz, was wäre Deine Pein,
wärst Du wie die Blume rein?

Ich hab' ein Grab gegraben
und legt' meine Liebe hinein,
und All' mein Hoffen und Sehnen
und Alle meine Thränen
und All' meine Wonne und Pein.
Und als ich sie sorglich gebettet —
da legt' ich mich selber hinein.

8.

Ihr inhaltschwerer Brief [1]) sank mir heute recht
schwer auf's Herz, das werden Sie mir glauben, Freund!
Aber ich zürne jenen Sorgen nicht, die Sie mir dadurch

[1]) Vgl. Nr. 138.

bereiten, denn ich leide gern mit Ihnen. Mein ganzes Sein fühlt sich geadelt mit Ihnen leiden zu dürfen. So traurig mich diese Buchstaben anstarren, wenn ich sie nach ihrem Sinn befrage, so lieb und freundlich blicken sie mich an, wenn ich mir sage, sie sind von ihm und zwar für Dich geschrieben. Freund, ich fürchte, Sie könnten mir viel Böses sagen, und ich müsste Ihnen doch gut bleiben! —

Sie „freudehelfeloser Mann", — ein Ausdruck, den ich einmal in Walther v. d. Vogelweide[1]) fand, und im innersten Herzen gleich auf Sie anwandte. Wer Ihnen zu helfen vermöchte, müsste sehr glücklich sein! Mir schwindelt der Kopf, wenn ich an all' die Trostlosigkeit denke, die Sie umgiebt. Einzelne schöne Momente ausgenommen, die dem gefahrvollen „Guten" gleichen, das Sie mir so reizend beschreiben, und die Ihnen mehr als jedem Andern zu Theil werden, bleibt das Schicksal Ihr Schuldner. Ich weiss das, und traure darum aus voller Seele, und habe kein leeres Wort des Trostes, weil ich auch keine Hoffnung habe, dass es einmal anders werden könnte. Wie entsetzlich es mir ist, Sie so in der Welt herumgehetzt zu sehen, um Conzerte zu geben, brauche ich Ihnen nicht zu sagen. Und wenn der Himmel vom Beifall der Menge widerhallte, es wäre ja doch kein Ersatz, Ihrem Opfer angemessen. Mit blutendem Herzen folge ich Ihren sogenannten „Triumphen" und kann fast bitter werden, wenn man mir diese als ein erfreuliches Ereigniss darstellen will. Ich fühle dann nur, wie wenig man Sie kennt, das heisst, versteht, und — fühle dann auch — dass ich Sie kenne — und liebe! — Was der Einzelne vermag, ist so wenig, dem tausendköpfigen Ungeheuer gegenüber, das sich Welt nennt. Man könnte sein Herzblut vergiessen und gewänne ihr nicht ein Bischen Liebe ab. So ist es und so war es wohl vor uns. Die Mappe und die Lampe sollen Ihr Asyl nicht

---

[1]) Lachmanns Ausgabe S. 54, 37.

beschweren, sie werden „Wanderer" wie Sie, wenn Sie
es einst verlassen. Wäre die Schwierigkeit, dieses Asyl
los zu werden denn so gross, wenn Sie es später einmal
wünschen sollten? Haben Sie gekauft oder nur gemiethet? Ist Ihnen der Aufenthalt in der Nähe von
Wien nicht in künstlerischer Beziehung, sei es auch nur
um des Wohlklangs willen, nützlich und wünschenswerth?
Mein Herz ruft Sie wohl immer in die Schweiz zurück,
doch dieses Herz ist egoistisch, und darf nicht gehört
werden. Wäre ein Asyl in der Schweiz, ausserhalb jenes
e r s t e n Asyles undenkbar? Vor andern Bewohnern
haben es bis jetzt meine Thränen geschützt, allein ich
verzweifle daran, für die nächste Zukunft· m e h r zu erringen. Was die musikalischen Verhältnisse in Zürich
betrifft, so existirt dort ein Orchester-Verein, d. h. stehen-
des Orchester von 30 Mann, als Unterlage zu gebrauchen,
welches den Dienst des Theaters, der wohllöblichen
Musik-Gesellschaft und unzähliger Garten-Concerte ver-
sieht, mit einem Dirigenten Namens Fichtelberger, der
mit saurem Schweisse eine Beethoven'sche Symphonie
in Grund und Boden schlägt. Papa Heim, der (en
· Parenthèse bemerkt), früher zu den Unzufriedenen gehörte, seitdem in's Comité gewählt worden ist, und nun
im Hochgefühl seiner neuen Würde als milder Herrscher
sich bewährt, d. h. Alles gut und schön findet. Ausser
dieser Gesellschaft existirt und florirt das Quartett Heister-
hagen und Eschmann; an die Stelle von Schleich trat ein
junger, anscheinend musikalischer Mann, Namens Hilpert.
Sollten Sie im Ernste den Plan haben, uns mit einer
musikalischen Aufführung unter eigener Direction zu beglücken, so schlage ich vor, einen längeren Aufenthalt
auf dem grünen Hügel zu nehmen, sich von dem Kinde
hegen und pflegen zu lassen, und dann das Weitere zu
besprechen. Von Ihrer Arbeit sagen Sie mir Nichts, nur,
dass sich die Mappe füllt. Und ich soll Sie aus einem
fremden théservice Thee schlürfen lassen? Grausamer,
Karger, mir die Freude zu rauben, Ihnen ein Neues zu

senden? Wissen Sie nicht, dass, Ihre kleinen Wünsche
zu erfüllen, der einzige Trost für so inhaltschwere Zeilen
ist, und dass Sie den wohl spenden dürfen?

Wenn ich wieder in Zürich bin, so ziehe ich mir
ein Hündchen an, und hat es mich dann recht lieb, so
sollen Sie es haben. Nicht wahr?

Sonntag in der Frühe reise ich ab, vielleicht noch
auf einige Tage nach Homburg, wo Otto „Schweigkur"
braucht, und gegen Ende nächster Woche hoffen wir zu
Hause zu sein. Sollte Ihnen im Laufe der nächsten
Monate die Schweiz unerreichbar sein, so kommen wir
nach Wien oder sonst wo hin. Ihren Unfall übergehe
ich, da Sie ja, Gott sei Dank, gerettet sind! Es ist spät
geworden und ich schrieb in Eile — aber ich konnte
nicht schweigen, es drückte mich zu Boden. Möge Ihnen
leichter sein, wenn Sie dieses erhalten, und seien Sie
mir innigst gegrüsst! Ich bin und bleibe Ihnen gut.
Wir wollen treu aushalten.

Ihre

Mathilde Wesendonk.

[Schwalbach] August 9. 63.

Freud' und Leid mit Einander tragen, so bleibt uns
immer noch viel!

9.

Septbr. 23. 63.

Seit 3 Wochen schon liegt Otto an einem rheu-
matischen Fieber und Muskelentzündung darnieder, und
ich pflege ihn bei Tag und Nacht, ohne bis jetzt noch
ein günstiges Resultat erzielt zu haben. Sein Zustand ist
schmerzhaft und mannigfachen Wechselfällen unterworfen
— und, wie ich fürchte, langwierig. Morgen wird
Griesinger zur Consultation berufen und auf seine
Kenntnisse setze ich meine Hoffnung. Unter solchen
Umständen werden Sie begreifen, Freund, warum ich

schwieg. Die Trostlosigkeit Ihrer Stimmung[1]) machte
mir das Blut erstarren. Ich fühlte, dass ich da Nichts
vermag. Ich sollte mir sagen, dass alle Gaben der Natur,
und die herrlichsten, verschwendet sind, wenn sie nicht
der leere äussere Erfolg krönt. An und für sich sind
sie nichtig, und wer sie vor Andern voraus hat, besitzt
nur das Recht vor Andern elend zu sein. Und dass ich
Ihnen das glauben sollte, das machte mich fast bitter.
Meine Religion und mein Glaube, (was wohl eigentlich
Eins ist), hat es nur mit dem Ding an und für sich zu
thun. Geradezu unbegreiflich ist mir, wie man den Erfolg schlechtweg, d. h. Beifall, zugleich verachten und
doch suchen kann. Nur der Weise, däucht mich, der
von der Welt Nichts will, darf sie verachten, der Andere,
der sie braucht, wird durch die blosse Berührung mit
ihr schon Mitschuldiger und kann nicht mehr ihr Richter
sein. Sie sind Wissender und Mitschuldiger im höchsten
Grade. Jede neue Täuschung ergreifen Sie mit Hast,
scheinbar die Unbefriedigung vergangener Täuschungen
im Busen auszuwischen, und Keiner weiss so gut wie
Sie, dass es nie sein kann noch sein wird. Freund, wie
soll das enden? Sind fünfzig Jahre nicht Erfahrung
genug, und sollte da nicht endlich der Moment eintreten,
wo Sie ganz mit sich im Reinen wären? —

Heute erhielt ich Ihren freundlichen Boten,[2]) der
mir unendlich wohl that, und ich habe wieder Muth, an
Ihr Kommen zu glauben. Wie innig sollte es mich freuen,
Ihnen einen recht ruhigen behaglichen Aufenthalt zu bereiten! Die Herbsttage sind in der Schweiz oft sehr
schön, und selbst im Winter ist es hier im Hause höchst
gemüthlich. Sollte, was der Himmel verhüte, Otto's Unwohlsein sich über Erwarten hinausziehen, so wäre es
Ihnen vielleicht möglich, das Weihnachtsfest mit uns zu

---

[1]) Vgl. Nr. 140.
[2]) Vgl. Nr. 141.

feiern? Indessen hoffe ich von ganzem Herzen, für Sie und uns, dass es früher sein kann.

Gruss und Liebe

Ihrer

Mathilde Wesendonk.

10.

Ihr Gestriges, worauf Sie sich berufen, ist mir leider nicht zugekommen, doch danke ich Ihnen für Ihr Heutiges.[1])

Ich hoffe Sie bald in Zürich zu sehen, sei es nun vor oder nach den Karlsruher Aufführungen. Mit unserem Patienten geht es nun täglich besser. Freilich geht es schon in die 8te Woche hinein und die Kräfte kommen langsam wieder. Indessen hoffen wir, dass diese Crise eine heilsame Wendung in Otto's Befinden, welches lange schon zu wünschen liess, vorbereitet habe, und werden durch das Urtheil der Aerzte darin bestärkt.

Nun allen Ernstes auf Wiedersehen, und grüsst Sie von ganzem Herzen

Ihre

Mathilde Wesendonk.

Octob. 20. 63.

11.

Octob. 27. 63.

Lieber Freund!

Immer mehr beschäftigt mich der Gedanke, Sie nun bald in unserer Mitte zu sehen, und es soll mir ein rechter Sonntag des Herzens sein, es Ihnen so behaglich wie möglich zu machen. Ich glaube unsere Häuslichkeit birgt die Elemente zu einem traulichen Zusammenleben in sich, ohne Gêne oder sonstige Opfer für den Einzelnen. La vie est une science, sagt ein geistreicher Franzose, sie muss erlernt werden. Wie auf dem Meere Windstille

---

[1]) Vgl. Nr. 142.

eintritt, wie der Himmel zuweilen wolkenlos erscheint, so auch giebt es im Menschen-Dasein Augenblicke, wo das Schicksal den Athem einhält. Möchte uns ein solcher Augenblick zu Theil werden!

Was ich so innig wünsche und erstrebe, ist zugleich so wenig, dass es Ihnen vielleicht nur ein Lächeln entlockt. Nämlich, Sie wenigstens Einmal im Jahre bei uns heimisch zu sehen, so sehr, dass Ihnen jede Ecke des Hauses bekannt sei, und dass die Kinder Ihnen nicht entfremdet werden.

Die Erinnerung an Ihr Zusammen-Leben mit uns, den Kindern frisch zu erhalten, war ich stets bemüht, und noch heute kennen sie das Asyl nur unter dem Namen: Onkel Wagner's Garten. Schmerzlich berührte mich der Gedanke, es in fremde Hände übergehen zu sehen. Jetzt erst erhalte ich hierin einige Sicherheit und Ruhe, da nun das Häuschen zu dem Uebrigen hinzugezogen worden ist, und mit dem grossen Gute als zusammengehörend betrachtet wird, vermittelst Gemüse-Anlagen und dergleichen, dann aber auch, weil in den untern Räumen Carl's Lernzimmer und das Zimmer seines Lehrers eingerichtet wurde. Auf diese Weise kommt das Häuschen unter meine specielle Aufsicht, und mir ist es gegeben, es vor Verfall oder Vernachlässigung zu schützen. Dass auch das mir eine Art wehmüthiger Freude gewährt, brauche ich Ihnen kaum zu sagen. Sie selbst wissen zu gut, welche Befriedigung das Herz in solchen Dingen sucht, die an und für sich nichts sind, und bei der Menge so gern mit dem Worte „nutzlos" bezeichnet werden. Dem Herzen ist hier Alles wichtig, es bleibt stets ideal, und die Welt kann ihm nichts anhaben. Es schliesst mit goldenem Schlüssel auf, und ist entwischt, wenn sie glaubt, es recht gefesselt zu haben.

Hoffentlich höre ich nun bald von Ihnen und Ihren Plänen! Die schönen zauberhaft verklärten Herbsttage sind nun vorüber, und der frostige Freund Winter steht vor der Thüre. Innen aber wird es warm und hell.

Otto's Genesung schreitet nach Wunsch voran, und bald hoff' ich, wird die letzte Spur der Krankheit getilgt sein. Halten auch Sie sich tapfer, und bewahren in liebendem Herzen Ihre

Mathilde Wesendonk.

12.

In das schwarze Ross zu Prag[1]) sende ich Ihnen einen freundlichen Gruss! Ihre Brochüre las ich gestern, und musste darüber lachen, sie kommt mir vor wie lauter Ironie. Senden Sie mir doch von dort das Programm Ihrer Aufführungen. Das Letzte, was mich von Prag erreichte, trug das Motto der Faust-Symphonie. Vieles im menschlichen Dasein ist dem Vergessen geweiht, Weniges nur ist unvergesslich, aber nach diesem Wenigen bestimmt sich zuletzt der Werth des Daseins überhaupt.

Sein oder Nichtsein heisst es auch hier, und dem Sein ist das Kreuz auferlegt.

Nach Karlsruhe käme ich sehr gerne, doch wollen die Kräfte Otto's sich noch nicht so ganz einfinden. Er erträgt noch sehr wenig, und wir vermeiden jede Aufregung. Indessen ist es vielleicht bis zum 14ten doch möglich. Er selbst bezeigt Lust dazu.

Und nun seien Sie mir innigst gegrüsst, und bereiten Sie sich auf die grüne Mappe vor. Ich hoffe, es soll uns gelingen, Ihnen Ruhe zu verschaffen. Bringen Sie gerne einen Ihrer Getreuen, wie Bülow oder Cornelius mit, so ist er uns ebenfalls willkommen.

Ich hoffe, der grüne Hügel soll Ihnen einmal wieder lieb werden!

Ihre

Mathilde Wesendonk.

Sonntag Abend.
[November 1863]

---

[1]) Vgl. Nr. 143.

13.

Jede Ihrer Nachrichten, geliebter Freund, ist ein Gedanke von Ihnen zu mir, und als solcher der liebste Gruss, den mein Herz ersehnt! Haben Sie Dank darum für jede, noch so kurze Mittheilung![1] Es bedarf unter uns ja nur noch der Notizen, gleichsam ein sichtbares Band uns durch das Leben zu leiten, der Unermesslichkeit der Empfindungs-Welt gegenüber, der wir angehören. Die Wift der geheimnissvollen Weberin, die unsere Schicksalsfäden ineinanderschlang, ist unlösbar, sie kann nur zerrissen werden. „Wisst Ihr, wie das ward! —«

Ihre Trauer, Ihre Erschöpfung begreife ich, und weiss, was es Sie kostet, nach Russland zu gehen. Rettung und Rath finde ich nirgends, ob ich mir das Hirn darum zerquäle, es will nicht tagen. Da schweige ich lieber, als mit leeren Hoffnungen trösten zu wollen, an die ich selbst nicht glaube. Es ist der Menschheit traurigstes Verhängniss, ein Uebel zu erkennen, ohne es ausrotten zu können. Es wird mit uns geboren, und wir schleppen es wider Willen weiter, wie eine ansteckende Krankheit. Wohl that es mir zu wissen, dass Sie in Löwenberg und Breslau Frau v. Bissing hatten. Selig sind, die Liebes thun auf Erden! Sie sind in Wahrheit die einzigen Seligen! —

Die Freundin verliess mich eben. Sie hatte die Nacht hier geschlafen, und wir plauderten von schönen, unvergesslichen Stunden.

Auch Christkindchen war da. Es sagte, es wolle nach Wien, dem Freunde die trauliche Wohnung zu schmücken. Ich fand das sehr hübsch und wäre am Liebsten gleich mitgegangen. Christkindchen aber hat in der Welt ein gewisses Vorrecht, und so bat ich denn nur, dass es ja den Rechten aufsuche, und gab ihm seinen Namenszug mit. Nun bittet es um freundliche Aufnahme!

---

[1] Vgl. Nr. 144.

Die Kinder sind voll Erwartungen. Der Baum wird im Speisesaal, umgeben von der Rafaelschen Glorie, angezündet. Das macht einen schönen Eindruck. Grüssen Sie Cornelius und behalten Sie lieb

Ihre

Decbr. 21. 63.   Mathilde Wesendonk.

14.
Mein Freund!

Frau v. Bülow ersucht mich in einem Schreiben heute, um einige Ihrer literarischen Manuscripte, die in meinem Besitz sind. Ich habe die Mappe durchblättert, allein es ist mir unmöglich Etwas zu senden, es sei denn, auf Ihren persönlichen Wunsch hin. Da Sie wohl kaum noch sich erinnern werden, welche verlorenen Blätter und Blättchen sich in meiner Mappe zusammenfinden, so übersende ich Ihnen eine Liste des gesammten Inhalts, und bitte Sie, mir zu sagen,[1] ob und was ich schicken solle.

Ich nehme natürlich an, dass Sie von der projectirten Publikation Ihrer Werke, durch seine Majestät,[2] Kenntniss haben. Recht innig habe ich mich gefreut, aus den Zeilen der liebenswürdigen Frau zu sehen, dass Sie wohl sind und Ihre Lieben um sich versammelt haben. Seien Sie mir von Herzen gegrüsst und gedenken Sie in Liebe

Ihrer

Januar 13. 65.   Mathilde Wesendonk.

Pariser Periode.

Der Freischütz.

Ueber deutsche Musik.

Caprices esthétiques. Aus dem Tagebuche eines verstorbenen Musikers.

---

[1] Vgl. Nr. 146.
[2] Glasenapp III, 1, S. 60/1.

Eine Pilgerfahrt zu Beethoven, wichtige Erinnerungen aus
dem Leben eines deutschen Musikers.
Eine Pilgerfahrt zu Beethoven (Schluss).
Wie ein armer Musiker in Paris umkam. Novelle. —
Ein glücklicher Abend.
Die Königin von Cypern. (Abendzeitung).
Die Königin von Cypern. (Fortsetzung).
Rossini's Stabat Mater. (Zeitschrift f. Musik).
Revue critique, Gazette musicale.
Die Feen. Grosse romantische Oper in 3 Akten. —
Der Venusberg, romantische Oper in 3 Akten. Entwurf. —
Entwurf zu Wieland der Schmied.
Entwurf zum jungen Siegfried.
Der junge Siegfried (Dichtung).
Entwurf zu Siegfried's Tod.
Siegfried's Tod I. (Dichtung).
Vorrede zu Siegfried's Tod.
Siegfried's Tod II. (Dichtung).
Die Sage von den Nibelungen.
Das Rheingold. (Entwurf).
Das Rheingold. (Dichtung).
Die Walküre. (Entwurf).
Die Walküre. (Dichtung).
Brief über die Göthestiftung, an Liszt. —
Siegfried's Brief. —
An Herrn von Ziegesar.
Ueber eine Zeitschrift f. Musik.

Dresdener Periode.

Entwurf zu Lohengrin.
Die Kunst und die Revolution.
Die Dichtkunst etc. Bildhauerkunst etc.
Künstlerthum der Zukunft.
Das Genie der Gemeinsamkeit.
Das Judenthum in der Musik.
Brief an * * *
An die Dresdener Kapelle. —

An einen Staats-Anwalt. (Gedicht).

Die Noth. (Gedicht).

Theater-Reform (Dresdener Anzeiger 16. Jan. 49).

Wie verhalten sich republikanische Bestrebungen dem
    Königthume gegenüber? (Dresdener Anzeiger
    14. Juni 1848).

Künstler und Kritiker mit Bezug auf einen besonderen
    Fall. (Dresdener Anzeiger 11. August 1846).

Programm zur neunten Symphonie von Beethoven. —

Beethoven's Ouverture zu Coriolan.

Beethoven's heroische Symphonie.

Ouverture zu „Iphigenia in Aulis" von Gluck. (Mittheil.
    an d. Redact. der Neuen Zeitschrift f. Musik.)

Ein Schluss zu Gluck's Ouverture der Iphigenia in Aulis. —

Bemerkungen zur Aufführung der Oper „Der fliegende
    Holländer".

Entwurf der Meistersinger, komische Oper in 3 Akten. —

Rede an Weber's letzter Ruhestätte auf dem Friedhofe
    zu Dresden.

Cantate an Weber's Grabe gesungen 10. Novbr. 44.
    Dresden. —[1])

---

[1]) Zu der Liste bemerke ich, daß die Einteilung in die Pariser und
Dresdner Zeit sehr flüchtig und ungenau ist. Von allen diesen hier
erwähnten Schriften fand sich nur der ‚Entwurf der Meistersinger' in
Frau Wesendonks Nachlaß. Mit „Revue critique, Gazette musicale"
ist gemeint Wagners Aufsatz über das Stabat mater von Pergolese, der
in der kritischen Rundschau der Gazette musicale 1840 S. 492 erschien. „Siegfrieds Brief" ist ganz unverständlich; Ashton Ellis ver-
mutet einen Schreibfehler für ‚Schopenhauers Brief'; vgl. oben S. 79
Anm. Aufsatzentwürfe scheinen „Die Dichtkunst, Bildhauerkunst",
„Das Genie der Gemeinsamkeit". „Das Künstlertum der Zukunft" ist
gedruckt in den „Entwürfen, Gedanken, Fragmenten" 1885 und in
Richard Wagners nachgelassenen Schriften und Dichtungen, 2. Auflage 1902. „An einen Staatsanwalt" und „die Noth" sind Gedichte aus
der Revolutionszeit. Das übrige ist ohne weiteres klar und großen-
teils in die gesammelten Schriften aufgenommen.

Namen-Verzeichnis.

Inhalt.

Verzeichnis der Beilagen.

9 781016 118149